史秀菊 著

山西方言语法研究

商务印书馆
The Commercial Press
创于1897

《山西大学建校 120 周年学术文库》总序

喜迎双甲子，奋进新征程。在山西大学百廿校庆之时，出版这套《山西大学建校 120 周年学术文库》，以此记录并见证学校充满挑战与奋斗、饱含智慧与激情的光辉岁月，展现山大人的精学苦研与广博思想。

大学，是萌发新思想、创造新知识的学术殿堂。求真问理、传道授业是大学的责任。一百二十年来，一代又一代山大人始终以探究真理为宗旨，以创造新知为使命。无论创校初期名家云集、鼓荡相习，还是抗战烽火中辗转迁徙、筚路蓝缕；无论是新中国成立后"为完成祖国交给我们的任务而奋斗"，还是改革开放以后融入科教强国建设的时代洪流，山大人都坚守初心、笃志求学，立足大地、体察众生，荟萃思想、传承文脉，成就了百年学府的勤奋严谨与信实创新。

大学之大，在于大学者、在于栋梁才。十年树木、百年树人。一百二十年的山大，赓续着教学相长、师生互信、知智共生的优良传统。在知识的传授中，师生的思想得以融通激发；在深入社会的广泛研习中，来自现实的经验得以归纳总结；在无数次的探索与思考中，那些模糊的概念被澄明、假设的命题被证实、现实的困惑被破解……，新知识、新思想、新理论，一一呈现于《山西大学建校 120 周年学术文库》。

"问题之研究，须以学理为根据。"文库的研究成果有着翔实的史料支撑、清晰的问题意识、科学的研究方法、严谨的逻辑结构，既有基于社会实践的田野资料佐证，也有源自哲学思辨的深刻与超越，展示了山大学者"沉潜刚克、高明柔克"的学术风格，体现了山大人的厚积薄发和卓越追求。

习近平总书记在 2016 年哲学社会科学工作座谈会上指出，"一个国家的发展水平，既取决于自然科学发展水平，也取决于哲学社会科学发展水平。

一个没有发达的自然科学的国家不可能走在世界前列，一个没有繁荣的哲学社会科学的国家也不可能走在世界前列"。立足国际视野，秉持家国情怀。在加快"双一流"建设、实现高质量内涵式发展的征程中，山大人深知自己肩负着探究自然奥秘、引领技术前沿的神圣责任，承担着繁荣发展哲学社会科学的光荣使命。

百廿再出发，明朝更璀璨。令德湖畔、丁香花开，欣逢盛世、高歌前行。山大学子、山大学人将以建校 120 周年为契机，沿着历史的足迹，继续秉持"中西会通、求真至善、登崇俊良、自强报国"的办学传统，知行合一、厚德载物，守正创新、引领未来。向着建设高水平综合性研究型大学、跻身中国优秀知名大学行列的目标迈进，为实现中华民族伟大复兴的中国梦贡献智慧与力量。

目　录

前　言

山西省位于华北平原以西，黄土高原的东翼，地理坐标为北纬 34°34′ ～ 40°43′，东经 110°14′ ～ 114°33′。东西宽约 290 公里，南北长约 550 公里，全省总面积 15.67 万平方公里。目前全省 117 个县级行政单位，总人口约为 3491.56 万。汉族是山西人口的主体，约占总人口的 99.74%。山西有回族、满族、蒙古族、朝鲜族、藏族等 53 个少数民族，与汉族处于杂居状态，而且大多只会说汉语。

对外封闭，对内层层隔绝是山西地理的主要特点。这种封闭的地理环境，使得山西方言发展相对缓慢，具有明显的保守性。如山西晋语区至今仍保留入声，而且在很多方面表现出不同于北方官话的特点。另外，易守难攻，适于严寒向炎热地区过渡的地理特点使山西成为北方少数民族的必争之地，山西历史上曾是民族融合的大舞台。山西方言不可避免地受到北方少数民族语言的影响，有大量阿尔泰语言的底层残留。山西独特封闭的地理位置和民族融合大舞台的历史，促使山西方言显示出独有的特点。

本书的主要研究对象是山西省境内的方言语法。根据《中国语言地图集》(2012)，山西方言包括晋语区和中原官话区，这两个区的语法现象都在本书的研究范围之内。

山西位于中国北中部，地处北方方言的包围之中，因此，山西方言语法与北方方言语法有很多共性，但由于山西地理与历史方面的特殊性，山西方言与北方方言又有很多个性差异。本书重点选取了人称代词、指示代词、定语领属、副词、时体系统、处置式、疑问句和复句关联标记模式八个具有山西方言语法特色的专题展开研究。在写作过程中，对上述山西方言语法现象进行了尽可能翔实的调查，在此基础上尝试对语法事实做出尽可能合理的解释，归纳出山西方言语法的类型特点。

第一，对山西方言语法事实进行深入调查，掌握翔实的一手语料，并如实描写。翔实的一手语料需要深入田野，寻找理想的发音合作人，进行反复询问、核实、辨正方言事实，这是方言研究的基础。没有翔实的语料，其他研究都属于无本之木。得到翔实的语料之后，需要研究者如实描写，如实描写包括对语料的归纳、概括和整理，描写过程中需要理论的指导，所以我们借助学界已有成熟的语言理论与方法，拓展山西方言语法描写的深度和细度。我们深切体会到，只有不断提升研究者的理论高度，才能不断提升研究者对语法事实的认知。

第二，尝试对有特点的语法事实做出尽可能合理的解释。我们认为，描写和解释是一个有机的整体，都需要强有力的语言理论体系作为支撑，只有在描写中进行科学的归纳和概括，合理的解释才能呼之欲出。合理的解释是要通过现象看本质。例如，我们在调查山西平遥方言语法过程中，发现有一个单句末的语气词"门"，在复句中既可以前置于后分句前端，又可以后置于前分句句末，而且以居于后分句前端为常态，在走访了多名发音人，反复核实、辨析其语法功能后，我们对这一现象进行了如实描写，并以 Dik 的"联系项居中原则"为指导，归纳概括"门"的句法位置与功能，最后解释"门"由后置到前置的动因是为了追求与 VO 语序相和谐（参见第八章第二节）。如果没有理论指导，我们就看不出"门"从后置到前置的特点，甚至注意不到这一独特的语法事实，更不能对这种语法事实做出合理的解释。所以描写和解释是一个有机的整体，都需要强有力的理论支撑。

第三，尽可能归纳山西方言语法的类型特点。要做到这一点，必须要有语言类型与语言共性的国际视野。我们主要以方言语法事实为依据，以语言类型学的理论和方法为指导，尝试归纳出山西方言语法的类型特点。类型学方面包括语法共性与语法类型上的异同，尝试求出语法现象的优势等级序列或蕴含关系，把山西方言语法事实与全国方言、共同语做比较，尽可能使山西方言语法在全国方言中有一个较为准确的定位，并检验山西方言语法是否符合世界语言共性规律与类型特征。

　　第四，山西封闭的地理和人文环境，使山西方言中保存了大量的存古形式，方言语法也不例外，所以本书也有部分内容是对共时层面语法现象的探源，这些内容在指示代词、时体系统、疑问句等多个章节中都有所体现。

　　本书是两个国家社科基金项目——"晋方言语法史研究（05BYY052）"和"类型学视野下的晋方言语法比较研究（13BYY047）"的主要研究成果，这两个课题都是在大量田野调查的基础上归纳比较山西方言语法的各类现象，揭示其规律，进一步尝试解释其成因。因此本书最基本的方法是描写法与比较法，主要理论依据是历史语言学与语言类型学，同时借鉴功能语言学、语法化理论等语言理论及其研究方法。

　　"晋方言语法史"主要用的是历史语言学的研究方法。历史语言学的研究方法主要有"前瞻"和"回顾"两种途径（徐通锵，2001），"前瞻"法是以历时书面语料为研究对象，排比不同历时时期的文献，找出期间的差异，从中整理出不同时期的音系或语言发展的线索；"回顾"法是从现实的语言材料出发去探索语言发展的线索和规律（徐通锵，2001：7页）。本书部分内容是对山西方言语法史的研究，因此我们不完全用"前瞻"法，也不完全用"回顾"法，而是把二者结合起来，在阅读历史语言学文献和大量田野调查的基础上，有针对性地进行历时文献检测、搜集，以古证今，从而梳理出山西方言语法的演变历史。

　　"类型学视野下的晋方言语法比较研究"主要用的是语言类型学的研究方法。语言类型学是现代语言学的一个分支。作为分支的类型学，可以是形式语言学或功能语言学的一个组成部分，其主要理论和方法遵循形式语言学或功能语言学的基本原则，但同时具有跨语言的研究视野（刘丹青，2017a）。所以，不论语言类型学是作为现代语言学的一个流派或分支，其本质属性是跨语言比较，从比较中概括语言共性和语言类型。本书的研究任务不是跨语言比较，而是方言之间的比较。我们主要是借鉴语言类型学的研究方法和已有研究成果，对山西方言语法进行比较研究，试图寻找山西方言在全国方言中的类型定位，检验山西方言与世界语言共性规律是否一致，并对其做出比较合理的解释。语言类型学的表述方式基本有三类：蕴涵性共性表述、等级序列表述、和谐性表述（详见刘丹青，2005b）。这三种表述方法在本书中都有涉及。

第一章　山西方言人称代词

第一节　人称代词研究概述

近年来，人称代词研究成为学界关注的热点之一，共时层面、历时层面、方言层面、少数民族语言层面都成果颇丰。

一、共同语层面的人称代词研究

共同语层面人称代词研究代表性文章有：李广瑜、陈一（2016），从语法、语用角度探讨了同位结构"人称代词＋一个NP"的指称性质应确定为单指而非类指，其语用功能为明示人称代词所指当事人的身份属性，激活相关身份属性的社会评价意义，为针对相关当事人展开评议、质疑、推测或询问等提供依据。李文浩（2016）认为同位复指式"人称代词＋一个NP"是表示类同的个体指，是说话人对人称代词所指对象作为范畴典型成员的主观认定。闫亚平（2018）重点讨论了"人称代词＋NP"同义同指组合中人称代词的"立场指向""立场标记"作用。朱俊玄（2012）总结了"们"由复数标记逐渐演化为单数的虚化层次，分析了"X们"单数用法产生的动因。

二、历时层面和少数民族语层面的人称代词研究

历时层面值得我们重点关注的有，王力（1989）指出，上古人称代词第一人称有"吾、我、卬、余、予、台（音怡）、朕"等；第二人称有"汝

（女）、若、乃、而、戎"等；第三人称有"其、之、厥"等（王力，1989：41页），并指出，上古汉语的人称代词单复数并没有明确的界限，战国以后出现了"吾侪""吾等""我曹""我属"等复数形式，但并非真正的复数（不是复数标记），直到中古时期才有了复数标记"们"（同上，50—51页）。吕叔湘、江蓝生（1985）用大量翔实语料分析了近代汉语中三身代词的用法、历史沿革，指出近代的复数词尾"家"由领属用法发展而来。

关于现代汉语复数词尾"们"的来源，学界有不同的观点。吕叔湘、江蓝生（1985），王力（1989），江蓝生（1995），罗杰瑞（转引自蒋绍愚、曹广顺，2005：110页），太田辰夫（2003），俞敏（1999），张惠英（2001），李艳惠、石毓智（2000），冯春田（2000），梅祖麟（2000）等都有相关讨论，其中吕叔湘、江蓝生认为"们"源自"辈"字，这一观点影响最大，不过王力很谨慎地认为"们"的来源还不清楚。

还有学者关注了少数民族语言的人称代词。例如洪波、曾惠娟、郭鑫（2016）认为，专用词汇形式表示人称谦敬是东亚、东南亚地区的语言区域特征，这类人称代词的产生是由社会文化和宗教因素促成的。盛益民（2017）通过考察中国境内有包括式、排除式对立的75种少数民族语言和42种汉语方言，总结出包括式和排除式的三条蕴含共性。

三、方言层面的人称代词研究

现代汉语方言层面的成果更为丰富。方言中人称代词单复数的表现形式纷繁复杂，讨论人称代词单复数词形的单点单篇论文不计其数，也能见到集中讨论某一方言区的论著或论文集，如卢小群（2004）、伍云姬（2009）等，着眼全国方言人称代词研究具有代表性的是张惠英（2001）、汪化云（2008）等。另外，李蓝（2008）将人称代词的单复数转换方式归纳为四种类型：同用型、换用型、换用型、复用型，分别采用同字的方法、换字的方法、增标的方法等。李小军（2014）结合语言的标记理论，根据语音弱化，分析了汉语单复数转换的总体方向、人称代词与复数标志的规律。裴瑞玲、王跟国

（2015）认为，汉语许多方言点的单数人称代词做定语和做主宾语时的语音形式不同，常用来做主宾语的形式称为一般式，只能做定语的形式称为音变式。陈晖（2016）对湖南省泸溪县梁家潭乡话的人称代词进行研究，重点探讨了单复数同形问题。

语言类型学的研究者也对人称代词进行了深入研究，例如伯纳德·科姆里（2010），刘丹青（2008），陆丙甫、金立鑫（2015）等著作和大量学术论文中都涉及了人称代词问题，诸如人称代词的生命度问题、数的问题、在领属关系中的位置问题、形态问题等。人称代词的生命度问题和领属关系我们放在第三章中详细讨论。

关于山西方言人称代词，多位学者已有单点调查和分析，较有代表性的论文如郭校珍（1997）、宋秀令（1992）、范慧琴（2007）等。有关人称代词的相关描写和分析散见于乔全生主编的《山西方言重点研究丛书》之中。丛书涉及的方言点包括大包片：山阴、阳高、左权、右玉、平定等；五台片：浑源、应县、五台、代县、朔城区等；吕梁片：隰县小片有永和、大宁，汾州小片有兴县、汾阳市等；并州片：榆次、太原市晋源区、盂县、榆社、娄烦、交城等；上党片：晋城小片有高平市，长治小片有安泽、壶关、长治县等；中原官话区：解州小片有永济、运城市盐湖区、吉县、平陆，绛州小片有襄汾县襄陵、绛县，平阳小片有霍州市、古县、浮山、洪洞等。

第二节　山西方言主宾语位置上人称代词复数的类型特征 ①

本节主要考察三身代词复数在主宾语位置上的表现形式及类型特点。就

① 本节曾发表在《方言》2010 年第 4 期，人大复印资料和中国社会科学网全文转载。这里对原文有所增删和修改。

单数和复数的转换关系来看，山西方言的人称代词有变调法、异根法、合音法、附加法四种表现形式，这四种形式有的是独立使用，有的是两种形式或几种形式并行使用，有的是同一种形式的叠加，还有的是同一种构成式的不同语音形式在同一种方言中反复叠用或在不同语法位置上叠置使用。概括起来，有单纯型、并用型、叠加型、叠用型和叠置型五种。

一、单纯型

（一）单纯附加法

在单数后附加词尾"们、弭、每、家"构成复数形式，这四个词尾的语音及地域分布大体如下：

表 1-1　人称代词复数词尾分布一览表

词尾及其读音	方言片区	分布区域
们 [mən/mə̃]	晋语并州片、五台片、上党片	晋中和晋东南
弭 [mi/mʅ]	晋语吕梁片	晋西
每 [məʔ]	晋语大包片	晋北
家 [tɕia/tɕie/ɕia/tɕi]	晋语上党片、中原官话汾河片	晋东南和晋南

上表中，"每"读 [məʔ] 应当是近代汉语"每"的促化形式（邢向东，2006）；"家"还有 [tʌu][təu][tei][tiɑ][ti][tɯ][kəʔ] 等读音，乔全生（2000）认为是"家"的音变形式，本节无意考证，采用了这种说法。

另外，并州片的祁县和大包片的大同县等地复数词尾是 [m̩]，根据词尾的分布情况，应该分别是"们 [mən]"和"每 [məʔ]"的脱落形式。另外还有一种既无鼻韵尾又非促化形式的轻声 [mə] 尾，主要出现在并州片和五台片，也零星出现在上党片，可以看作是"们"或"每"的弱化形式。上党片武乡县的故城镇复数形式有一个似合非合的 [ʌŋ] 尾，根据其方言的语音系统，应该是"们"的声母脱落形式。分别举例如下：

表1-2　山西方言人称代词单纯附加法例举

地区	第一人称		第二人称		第三人称	
	单数	复数	单数	复数	单数	复数
岢岚	我 [uə²¹³]	我每 [uə²¹³məʔ³³]	你 [ni²¹³]	你每 [ni²¹³məʔ³³]	他 [tʰA²¹³]	他每 [tʰA²¹³məʔ³³]
左权	我 [vɣɯ⁵³]	我们 [vɣɯ⁵³məŋ⁰]	你 [n̩⁵³]	你们 [n̩⁵³məŋ⁰]	他 [tʰa²¹]	他们 [tʰa²¹məŋ⁰]
临汾	我 [ŋuɔ⁵³]	我家 [ŋuɔ⁵³tɕia⁰]	你 [ni⁵³]	你家 [ni⁵³tɕia⁰]	那 [na²¹]	那家 [na¹³tɕia⁰]
垣曲	我 [ŋuo⁴⁴]	我家 [ŋuo⁴⁴təu⁰]	你 [n̠i⁴⁴]	你家 [n̠i⁴⁴təu⁰]	他 [tʰa⁵³]	他家 [tʰa⁵³təu⁰]

　　山西方言加"们"的单纯说法很少，大多都与合音或变调等同时使用。左权除了单纯附加法外，还有一种叠加的复数词尾，参见下文。

（二）单纯合音法

单纯合音法一般是词尾的音节附着在词根上。主要有三种类型。

1. 第三人称"他家"是非合音形式；第一、二人称采用合音形式。例如：

洪洞：我 [ŋo³³] + 家 [tiɑ²¹] → 我家 [ŋuɑ⁴²]

　　　你 [n̠i³³] + 家 [tiɑ²¹] → 你家 [n̠ia⁴²]

古县：我 [ŋɣ⁵³] + 家 [tɕiA²¹] → 我家 [ŋuA²⁴]

　　　你 [n̠i⁵³] + 家 [tɕiA²¹] → 你家 [n̠yA³⁵]

新绛：我 [ŋɣ³²⁴] + 家 [tɕia³¹] → 我家 [ŋa⁵³]

　　　你 [n̠i⁵³] + 家 [tɕia³¹] → 你家 [n̠ia⁵³]

2. 第一、三人称是非合音形式；第二人称采用合音形式。例如：

柳林：你 [ni³¹⁴] + 家 [tɕia³¹⁴] → 你家 [nia³¹⁴]

　　　（第三人称单数为"那 [no³¹⁴]"，复数词尾为"家 [tɕia³¹⁴]"）

昔阳：你 [ni⁵⁵] + 们 [məŋ⁰] → 你们 [nəŋ³¹]

　　　（第一、三人称复数都是非合音形式，词尾都为"们 [məŋ⁰]"）

兴县：你 [ni³²⁴] + 家 / 些 [ɕiɛ⁰] → 你家 [niɛ³²⁴]

　　　（第一人称复数为"弭些 [mi³²⁴ɕiɛ⁵⁵]"，此处的"些"很可能是"家"的音变形式，因与当地方言"些"同音，故本书一律记作"些"）

河曲：你 [ni^{213}] + 家 [tɕie^{0}] → 你家 [nie^{213}]

（第一、三人称词尾"家"的读音为 [tɕie^{0}]）

3. 其他合音形式

（1）合音弱化。有的方言虽然"家"的读音与合音后的读音不完全相同，但大体相似，根据周边方言同类代词特点判断，应该是合音后的弱化形式。例如：

定襄：你 [ni^{214}] + 家 [tɕia^{214}] → 你家 [nia^{214}]（弱化）→ 你家 [nie^{214}]

高平：你 [ni^{212}] + 家 [cia^{33}] → 你家 [nia^{33}]（弱化）→ 你家 [nie^{33}]

岚县：你 [ni^{213}] + 家 [tɕiʌ^{214}] → 你家 [niʌ^{213}]（弱化）→ 你家 [niɛ^{213}]

沁源：你 [ni^{424}] + 家 [tɕia^{214}] → 你家 [nia^{424}]（弱化）→ 你家 [nie^{424}]

（2）合音舒化。例如偏关和朔州方言第二人称复数应为"你每"合音的舒化形式：

偏关：你 [ni^{213}] + 每 [məʔ^{0}] → 你每 [niəu^{213}]

朔州：你 [ni^{312}] + 每 [məʔ^{0}] → 你每 [niəu^{312}]

（3）合音脱落。例如岚县第一人称代词为 [əŋ^{213}məŋ^{55}]，阳泉方言的第二人称复数为 [əŋ^{313}məŋ^{0}]，这个 [əŋ] 可能分别是"我们""你们"合音后的声母脱落形式。

另外，有的方言第二人称复数的合音形式与第三人称的合音形式相同，功能互补（不在同一句法位置出现，参见史秀菊等，2014a）。例如兴县方言第二人称合音为 [nie^{324}]，第三人称单数合音为 [nie^{324}]。根据吕梁片第三人称多为指示代词兼用的总体情况判断，我们认为第二人称复数应是"你家"的合音形式，这与周边方言包括陕北方言相同（参见邢向东，2006），第三人称单数应是"那家"的合音形式。而且同为吕梁片的汾阳方言合音形式"那家 [nia^{312}]"与非合音形式"那家 [nəʔ^{22}tɕia^{0}]"同时存在。

吕梁片兴县、中阳等方言中还有一个 [miʌ] 或 [mie]，根据当地的语音系统，应该是"弭家"的合音形式：弭 [mi/m̩] + 家 [tɕiʌ/tɕie] →弭家 [miʌ/mie]。

祁县、文水、介休等方言第二人称单数为"你 [n̩^{212}]"，复数词根是"你

[ni³³]"，根据周边方言多"弲 [mi]"尾，我们认为复数 [ni] 很可能是"你弲"的合音形式。词尾"们"可能是后来又叠加上去的，这与周边方言复数形式先合音后叠加词尾的规律一致。

有些语音形式我们目前无法判断其本字，例如灵石方言第三人称单数和复数词根为"[ya²¹²]"，应该是一个合音形式，因为在当地单字音系统中没有 [ya] 韵母，是"那家"或"人家"合音的声母脱落形式，还是"兀家"的合音形式？平顺、黎城等方言的第三人称单数和复数词根为"[xɑ²¹²]"，是单音节还是合音形式，其本字为何字？这些都有待进一步研究。

（三）单纯变调法

通过改变调值来区别单复数，多见于山西南部官话汾河片。虽然这些方言同时大都有附加词尾的说法，但在句子中单纯变调就完全可以区别单复数意义。例如：

表 1–3　山西方言人称代词单纯变调法例举

地区	第一人称		第二人称		第三人称	
	单数	复数	单数	复数	单数	复数
临猗	我 [ŋuɤ⁵³]	我（得）[ŋuɤ²⁴(tei⁰)]	你 [nɪi⁵³]	你（得）[nɪi²⁴(tei⁰)]	他 [tʰʌ⁵³]	他（得）[tʰʌ²⁴(tei⁰)]
侯马	我 [ŋɤ²¹³]	我（家）[ŋɤ²¹(tɕiʌ⁰)]	你 [nɪi⁴⁴]	你（家）[nɪi²¹³(tɕiʌ⁰)]	他 [tʰʌ²¹]	他（家）[tʰʌ²¹(tɕiʌ⁰)]

二、并用型和叠加型

并用型是附加、合音、变调、异根几种形式并行使用于同一方言之中，或第一、二人称用合音，第三人称用附加，或第一人称用异根，第二、三人称用附加等；叠加型即变调、异根、合音和附加两两叠加甚至两种以上形式叠加在同一个人称代词上表示复数意义。并用型与叠加型各片都存在，可以独立使用，但更多的是相互结合使用。

（一）并用型

如表1-4所示：A为"合音—合音—附加"形式；B为"异根—合音—附加"形式。

表1-4 山西方言人称代词并用型例举

地区	第一人称		第二人称		第三人称	
	单数	复数	单数	复数	单数	复数
A. 宁武	我 [uo²¹³]	我们 [və̃ŋ²¹³]	你 [ni²¹³]	你每 [niəu²¹³]	他 [tʰʌ³³]	他们 [tʰʌ³³məŋ⁰]
B. 高平	我 [vɑ²¹²]	每（家）[mæ³³(tʌu³³)]	你 [ni²¹²]	你家（家）[niɛ³³(tʌu³³)]	他 [tʰɑ²¹²]	他家 [tʰɑ²¹²tʌu³³]

高平方言第一、二人称复数的词尾在口语交际中可以丢掉，第三人称则必须加词尾。

（二）叠加型

如表1-5所示：A为"变调＋附加"形式；B为"附加＋附加"形式。

表1-5 山西方言人称代词叠加型例举

地区	第一人称		第二人称		第三人称	
	单数	复数	单数	复数	单数	复数
A. 永济	我 [ŋuo⁵³]	我家 [ŋuo²⁴ti⁰]	你 [n̠i⁵³]	你家 [n̠i²⁴ti⁰]	他 [tʰa³¹]	他家 [tʰa²⁴ti⁰]
A. 阳城	我 [vɑ³¹]	我家 [vɑ⁵³tɕiɛ⁰]	你 [n̠i³¹]	你家 [n̠i³³tɕiɛ⁰]	他 [tʰa³¹]	他家 [tʰa²⁴tɕiɛ⁰]
B. 左权	□ [nie³¹]	□们家 [nie³¹məŋ⁰tə⁰]	你 [n̩⁵³]	你们家 [n̩⁵³məŋ⁰tə⁰]	人家 [nia⁵³]	人家们家 [nia⁵³məŋ⁰tə⁰]

（三）并用型＋叠加型

如表1-6所示，这种类型主要有以下五种形式：A为"（合音＋变调）—（合音＋变调）—（附加＋附加）"；B为"异根—合音—（变调＋附加）"；

C 为"（异根 + 合音）—（合音 + 附加）—附加"；D 为"附加—（合音 + 变调 + 附加）—（异根 + 附加）"；E 为"（合音 + 变调 + 附加）—（合音 + 变调 + 附加）—附加"。

表 1-6　山西方言人称代词并用型 + 叠加型例举

地区	第一人称		第二人称		第三人称	
	单数	复数	单数	复数	单数	复数
A. 古县	我 [ŋɣ⁵³]	<u>我家</u> [ŋuʌ²⁴]	你 [n̠i⁵³]	<u>你家</u> [n̠yʌ³⁵]	那 [nʌ²¹]	那们家 [nʌ²¹mən⁰tɕiʌ²¹]
B. 定襄	我 [ŋɔ²¹⁴]	们 [mən²¹⁴]	你 [ni²¹⁴]	<u>你家</u> [nie²¹⁴]	他 [tʰa²¹⁴]	他们 [tʰa⁴²mən⁵⁵]
C. 河曲	我 [vɣ²¹³]	<u>弭家每</u> [mɑ¹³mə ʔ³]	你 [ni²¹³]	<u>你家每</u> [nie²¹³mə ʔ³]	他 [tʰɑ²¹³]	他每 [tʰɑ²¹³mə ʔ³]
D. 离石	我 [ŋʌ³¹²]	<u>我弭</u> [ŋʌ³¹²mŋ²⁴]	你 [mŋ³¹²]	<u>你家弭</u> [nie²⁴mŋ⁴⁴]	那家 [nie³¹²]	兀家（弭） [uəʔ³²tɕiʌ³¹²(mŋ³¹)]
E. 隰县	我 [ŋɣ³¹²]	<u>我家们</u> [ŋa⁵⁵mən⁰]	你 [ni³¹²]	<u>你家们</u> [nie⁵⁵mən⁰]	他 [tʰa⁴¹]	他们 [tʰa⁴¹mən⁰]

值得注意的是，兴县方言第三人称代词非常复杂，都是用指示代词兼任，单数有三个，分别表示"近—远—更远"距离；复数有 28 个，分别表示"近—远—更远—最远"四分系统。兴县方言人称代词是"（异根 + 附加）—（合音 + 附加）—（合音 + 附加 + 附加）/（合音 + 附加 + 附加 + 附加）"。限于篇幅，这里复数只列举其中一部分（详见史秀菊等，2014a）。

表 1-7　山西晋语区兴县方言人称代词例举

		单数	复数
第一人称		我 [ŋɣ³²⁴]	弭些 [mi³²⁴ɕie⁵⁵]
第二人称		你 [ni³²⁴]	<u>你家弭</u> [nie³²⁴mi⁵⁵]
第三人称	近	这 [tsou³²⁴]	这乃 [tsou³²⁴nai⁵³] 人数少 这乃些 [tsou³²⁴nai⁵³ɕie⁵⁵] 人数较多 这乃些弭 [tsou³²⁴nai⁵³ɕie⁵⁵mi⁵⁵] 人数最多

续表

		单数	复数
第三人称	远	苶 =乃 [nie^324]	苶 =乃 [nie^324nai^53] 人数少 苶 =乃些 [nie^324nai^53ɕie^55] 人数较多 苶 =乃些荠 [nie^324nai^53ɕie^55mi^55] 人数最多
	更远	那 [nou^53]	那乃 [nou^53nai^53] 人数少 那乃些 [nou^53nai^53ɕie^55] 人数较多 那乃些荠 [nou^53nai^53ɕie^55mi^55] 人数最多
	最远		乃 [nai^53] 乃些 [nai^53ɕie^55] 乃些荠 [nai^53ɕie^55mi^55]

三、叠用型

叠用型指一种人称代词的各种形式同时使用于同一方言中。需要说明的是，我们已经排除了不同地域的不同说法，这里列举的都是同一市、县同一地域的不同说法（在同一个人口语中可自由替换）。这些叠用形式有可能源于不同方言的频繁接触。叠用型各片方言都有，这里只举例说明。

（一）不同词尾的附加形式叠用

可以分两种情况：A 是同一词尾的不同历史层次读音形式的叠用，如高平北诗、长治等方言；B 是同一词尾非叠加形式与叠加形式叠用，如平顺阳高乡车当村方言。

表 1-8　山西方言人称代词叠用型例举（1）

地区	第一人称		第二人称		第三人称	
	单数	复数	单数	复数	单数	复数
A. 高平北诗	我 [va^212]	我家 [va^212tɕie^0] 我家 [va^212kəʔ^2] 我家 [va^212tʌu^33]	你 [ni^212]	你家 [ni^212tɕie^0] 你家 [ni^212kəʔ^2] 你家 [ni^212tʌu^33]	他 [tʰa^212]	他家 [tʰa^212tɕie^0] 他家 [tʰa^212kəʔ^2] 他家 [tʰa^212tʌu^33]

地区	第一人称		第二人称		第三人称	
	单数	复数	单数	复数	单数	复数
A. 长治	我 [uə⁵³]	呐ⁿ家 [nə⁴⁴tɕiɛ⁰] 耐ⁿ家 [næ²⁴təu⁰]	你 [ni⁵³]	你家 [ni⁵³tɕiɛ⁰] 你家家 [nie²¹³təu⁰]	他 [tʰəʔ⁵⁴]	他家 [tʰəʔ⁵⁴tɕiɛ⁰]
B. 平顺车当村	我 [uɤ⁵³]	家家 [ciʌʔ²təu⁰] 家家家 [ciʌʔ²təu⁰təu⁰]	你 [ni⁵³]	你家家 [nie²¹təu⁰] 你家家家 [nie²¹təu⁰təu⁰]	□ [xʌʔ²¹]	□家 [xʌʔ²¹²təu⁰] □家 [xʌʔ²¹²təu⁰təu⁰] 那家 [nʌʔ²¹²təu⁰] 那家家 [nʌ⁵³təu⁰təu⁰]

上表 B 中第三人称 "□家 [xʌʔ²¹təu⁰]" 与 "那家 [nʌʔ²¹²təu⁰]" "那家家 [nʌ⁵³təu⁰təu⁰]" 应是异根形式的叠用。

（二）合音形式与附加形式叠用

例如晋语区朔州、偏关、陵川的方言和官话区曲沃的方言。

表 1-9　山西方言人称代词叠用型例举（2）

地区	第一人称		第二人称		第三人称	
	单数	复数	单数	复数	单数	复数
朔州	我 [uo³¹²/vo³¹²] 我们 [nɒ³¹²]	我们 [nɒ³¹²] 我们 [uo³¹²/vo³¹²mə̃⁰]	你 [ni³¹²]	你每 [niəu³¹²] 你们 [ni⁵³mə̃⁰]	他 [tʰɑ³¹²]	他们 [tʰɒ³¹²] 他们 [tʰɑ³¹mə̃⁰]
偏关	我 [vʌ²¹³]	我们 [vəŋ²¹³]	你 [ni²¹³]	你每 [niəu²¹³]	他 [tʰʌ²¹³]	他们（们）[tʰəŋ²¹³(məŋ⁰)]
陵川	我 [uɑ²¹³]	我每（家）[uæe³³(təu³³)]	你 [ni²¹³]	你每（家）[næe³³(təu³³)]	他 [tʰɑ²¹³]	他每（家）[tʰæe³³(təu³³)]
曲沃	我 [ŋɤ⁴⁴]	我家 [ŋɑ²⁴] 我家 [ŋɤ²¹³tɕia⁰]	你 [n̩i⁴⁴]	你家 [n̩ia²⁴] 你家 [n̩i²¹³tɕia⁴⁴]	他 [tʰa⁴⁴]	他们 [tʰa²¹³tɕia⁰]

朔州方言宕江摄韵母为 [ɒ]，所以第三人称复数 "他们" 的合音形式为 [tʰɒ³¹²]；当地附加型现在仍很少说，是受普通话影响在年轻人口语中新兴的

一种说法，而且多在较正式的场合说，当地口语交际主要还是合音型。

（三）异根、附加和多重附加形式叠用

例如晋语区的左权方言：

单数	复数
我 [vɣɯ⁵³]/ □ [niɛ³¹]	我们 [vɣɯ⁵³məŋ⁰] / □们家 [niɛ³¹məŋ⁰tɔ⁰]
你 [n̩⁵³]	你们 [n̩⁵³məŋ⁰] / 你们家 [n̩⁵³məŋ⁰tɔ⁰]
他 [tʰa²¹]/ 人家 [nia⁵³]	他们 [tʰa²¹məŋ⁰] / 人家们 [nia⁵³məŋ⁰] / 人家们家 [nia⁵³məŋ⁰tɔ⁰]

左权方言单数是异根形式叠用，复数主要是单纯附加和多重附加形式叠用，第三人称也有异根形式叠用。

（四）异根、"合音＋附加"与"合音＋附加＋附加"形式叠用

这一特点最典型的就是吕梁片兴县方言第三人称代词：单数"较远指"异根形式或合音形式单用，复数是"异根＋附加"/"合音＋附加"、"合音＋附加＋附加"、"合音＋附加＋附加＋附加"叠用。其中单数和复数的远指和近指的区别是一种叠置用法（参见表 1-7）。

四、叠置型

叠置是用不同的语法形式表示同一语法范畴中语法意义的细微差别。山西方言中有大量的语法叠置现象。在人称代词单复数中主要体现在以下四个方面。

（一）第三人称具有近指和远指的区别

近指一般是说话时第三者在场，远指一般是说话时第三者不在场，相当于亲属称谓中的面称和背称。这方面最典型、最复杂的当数兴县方言（参见表 1-7）。除兴县方言外，晋语并州片、吕梁片不少方言都存在专门的指人

代词（第三人称），具有近指和远指的区别。例如交城方言：

表 1-10　山西晋语区交城方言指人代词例举

	单数	复数
第三人称近指	这家 [tsəʔ⁵³tɕia¹¹]	这家每 [tsəʔ⁵³tɕia¹¹məʔ⁰]
第三人称远指	兀家 [uəʔ⁵³tɕia¹¹]	兀家每 [uəʔ⁵³tɕia¹¹məʔ⁰]

像这样第三人称有近指和远指区别的还有吕梁片的离石、中阳等地。另外，上党片部分方言也有近指和远指。例如长子方言第三人称近指为"他 [tʰa³²⁴]"（单数）、"他家 [tʰa³²⁴təu⁰]"（复数），远指为"那 [na³²⁴]"（单数）、"那家 [na³²⁴təu⁰]"（复数）。平顺方言和陵川方言也有这种特点。

山西不少方言可以用"人家"或其合音（[nia³²⁴]）形式表示不在场的第三者（远指）形式，但都是兼用形式，不是专用的第三人称代词。上述方言的近指和远指代词都是专用的第三人称代词。

（二）两个复数形式叠置，表示不同的意义

例如五台片的河曲方言：

我 [vv²¹³]　　　　　你 [ni²¹³]　　　　　他 [tʰa²¹³]

<u>弤家每</u> [ma¹³məʔ³]　　你家每 [niɛ²¹³məʔ³]　　他每 [tʰa²¹³məʔ³]

　　　　　　　　你家家 [niɛ²¹³tɕiɛ²¹]　　他家 [tʰa²¹³tɕiɛ²¹]

河曲的"你家每 [niɛ²¹³məʔ³]""你家家 [niɛ²¹³tɕiɛ²¹]"都是第二人称复数，"他每 [tʰa²¹³məʔ³]""他家 [tʰa²¹³tɕiɛ²¹]"都是第三人称复数，但意义上有细微差别：如果已知听话者或第三方是一个团体，如一个家庭、一个班、一个单位等，一般用 [niɛ²¹³tɕiɛ²¹][tʰa²¹³tɕiɛ²¹]；如果听话者不是一个团体，一般用 [niɛ²¹³məʔ³][tʰa²¹³məʔ³]。例如当地人可以说"[niɛ²¹³tɕiɛ²¹] 过来"或"[niɛ²¹³məʔ³] 过来"，前一句一般针对一个集体的成员，后一句则针对的不是一个集体的成员。我们能感到"家 [tɕiɛ²¹]"没有完全虚化，还具有实意，加之受普通话的影响，词尾"每"在年轻人口语中逐渐占据上风，有取代

[nie²¹³tɕie²¹] 的趋势。

吕梁片的中阳方言与河曲方言类似。中阳方言第一人称代词复数既有"弭家 [mie²⁴]"，又有"我弭家 [ŋɤ³¹mie²⁴]"，当地人认为二者在使用上存在差异。如果是关系比较亲近的人，如一家人，一个班、一个宿舍的同学或一个单位的同事，一般用"弭家 [mie²⁴]"，关系比较疏远或陌生人之间称"我弭家 [ŋɤ³¹mie²⁴]"。当前的使用情况是"我弭家 [ŋɤ³¹mie²⁴]"用得较多，有覆盖"弭家 [mie²⁴]"的趋势。

（三）两个单数形式，分别处于不同的语法位置

这方面比较典型的是灵石方言。灵石方言第二人称单数有 [n̩²¹²] 和 [ne²¹²] 两种读音，其中 [ne²¹²] 一般用于单说或句尾，[n̩²¹²] 一般用于主语和非句尾位置。例如：

（1）你去不去？ / 我给你弄好了。 / 这是你的。——[n̩²¹²]

（2）普通话的"你"，你们方言怎么说？——你。——[ne²¹²]

（3）放心睡吧，走的时候我叫你。——[ne²¹²]

灵石周边的方言，如文水、孝义、介休等地，把单数"你"说成 [n̩]，在单说或"你"处于句尾时有一个尾音，读为 [n̩²¹nə⁰]，灵石城关一带尾音与前面的 [n̩²¹] 逐渐合并为一个音节 [ne²¹²]。[ne²¹²] 和 [n̩²¹nə⁰] 是 [n̩] 的变体，与 [n̩] 具有叠置使用的特点。

（四）主宾语位置上单复数同形叠置

通过调查，我们目前发现两例单复数同形形式，一例是上党片的壶关集店乡方言的第三人称单复数同形，但只能根据语境来区别单复数，没有叠置现象；另一例即五台片的朔州方言第一人称代词单复数同形，有叠置使用的特点。例如朔州方言第一人称代词有一个 [nɒ³¹²]，既可以表示复数意义，也可以表示单数意义。当地也有专表单数意义的代词"我 [uo³¹²/vo³¹²]"，但只有在较为庄重的场合以及对上级、长辈说话时才用，通常平辈之间交往或

上对下交流时，一般用复数形式"我们 [nɒ³¹²]"，"我 [uo³¹²/vo³¹²]"与"我们 [nɒ³¹²]"类似于语音中的文白异读。当地人感觉用"我们 [nɒ³¹²]"表示单数形式更多一些。

另外还有语用方面的叠置，如中阳方言第三人称单数为"兀 [uɔ³¹³]"，但表示不满或蔑视的感情时用"那人"的合音形式 [nəŋ³¹³]；复数形式是"兀家 [uəʔ³tɕiA²⁴]"，表示不满时再加词尾"弭"，说成"兀家弭 [uəʔ³tɕiA²⁴mi⁰]"。

通过全面考察山西方言的人称代词能够看出，三身代词的发展很不平衡，具体见下表。

表 1-11　山西方言人称代词复数表现形式的分布与类型特征

变调表复数	附加法	合音法	异根法
见于第一、二、三人称	主要见于第一、二人称		多见于第一人称
晋南中原官话区	晋南中原官话区 + 晋语区		晋语区

相比较来说，第一人称形式最为复杂，经常是合音、异根、变调和附加叠加使用，第三人称则最为简单，以单纯附加形式为多，只有少数方言有较复杂的形式。三身代词发展的这种不平衡特点反映出了人类以"自我为中心"的交际认知心理。

第三节　山西方言人称代词领属形式的类型特征

山西方言人称代词的表现形式十分丰富。上一节我们主要考察了山西方言三身代词复数在主宾语位置上的表现形式，这里重点考察山西方言人称代词在领属位置上的表现形式。

一、通过变韵、合音、异根、变调、换尾等形式构成的人称代词专职领属形式

这是山西方言中主要的专职领属形式，既不同于主宾语位置上的单数形式，也不同于主宾语位置上的复数形式，仅出现在领属关系中。这种领属形式单复数同形，领属位置与主宾语位置上人称代词的转换往往通过变韵、合音、异根、变调、换尾等形式或联合使用这些形式来进行。

山西晋语区方言主要是通过合音、异根或换尾等手段区别主宾语位置上的人称代词；山西官话区方言主要通过变调区别主宾语位置和领属位置上的人称代词。这种变调只出现于领属关系（主要用于亲属领属）中，例如临猗方言主宾语位置上的人称代词单数是 53 调值，复数词根是 24 调值，但领属位置上却是 31 调值；闻喜方言主宾语位置上的单数和复数词根都是 45 调值，但领属关系中也是 31 调值。具体如下：

表 1-12　通过变韵、合音、异根、变调、换尾等形式
构成的人称代词专职领属形式例举

变换方式	方言点	主宾语位置		领属位置（单复数同形）
		单数	复数	
变韵	大同（大包片）	我 [vo⁵⁴] 你 [ni⁵⁴] 他 [tʰɑ³¹]	我每 [vo⁵⁴məʔ³¹] 你每 [ni⁵⁴məʔ³¹] 他每 [tʰɑ³¹məʔ³¹]	我 [vəʔ³¹] 爸 / 侄儿子 / 舅舅 / 奶奶 你 [niəʔ³¹] 爸 / 侄儿子 / 舅舅 / 奶奶 他 [tʰəʔ³¹] 爸 / 侄儿子 / 舅舅 / 奶奶
	朔州（五台片）	我 [vo³¹²] 你 [ni³¹²] 他 [tʰɑ³¹²]	囊⁼[nɒ³¹²] 你每 [niəu³¹²] 他们 [tʰɒ³¹²]	我 [vəʔ³⁴] 妈 / 舅 / 老婆 / 奶奶 你 [niəʔ³⁴] 爸 / 舅 / 老婆 / 奶奶 他 [tʰəʔ³⁴] 爸 / 舅 / 老婆 / 奶奶
	山阴（五台片）	我 [uə⁵²] 你 [ni⁵¹] 他 [tʰʌ³¹²]	我家（每）[vʌ⁵²(məʔ⁰)] 你每（每）[niəu⁵¹(məʔ⁰)] 他（每）[tʰʌ⁵¹(məʔ⁰/məˀ⁰)]	我 [vəʔ⁴⁴] 爸（爸）/ 侄儿子 / 舅舅 / 奶奶 你 [niəʔ⁴⁴] 爸 / 侄儿子 / 舅舅 / 奶奶 他 [tʰəʔ⁴⁴] 爸 / 侄儿子 / 舅舅 / 奶奶
	平鲁（五台片）	我 [vo²¹³] 你 [ni²¹³] 他 [tʰʌ²¹³]	喃⁼[nɒ²¹³] 西山 / 我家 [vɒ²¹³] 东川 你每 [niəu²¹³] 他家 [tʰɒ²¹³]	我 [vəʔ⁴⁵] 爸 / 侄儿子 / 舅舅 / 奶奶 你 [niəʔ⁴⁵] 爸 / 侄儿子 / 舅舅 / 奶奶 他 [tʰəʔ⁴⁵] 爸 / 侄儿子 / 舅舅 / 奶奶

续表

变换方式	方言点	主宾语位置		领属位置（单复数同形）
		单数	复数	
变韵	偏关 （五台片）	我 [vʌ²¹³]	我们 [vəŋ²¹³] / 我们们 [vəŋ²¹³məŋ⁰]	我 [vəʔ³] 爸 / 侄儿子 / 舅舅 / 奶奶 我 [vʌ²¹³] 妈
	黎城 （上党片）	我 [uɣ²¹²]	拿ᵐ（家）[nɑ²¹²(təu⁰)]	拿ᵐ[næ²¹²] 爸 / 侄儿 / 老师 喃ᵐ[næ²¹²] 村 / 学校
	沁源 （上党片）	我 [ŋɛi⁴²⁴]	我家们 [ŋɑ⁴²⁴mə̃⁰]	俺 [ŋæ⁴²⁴] 爸 / 老婆 / 老师 俺们 [ŋæ⁴²⁴mə̃⁰] 老师 / 领导 俺 [ŋæ⁴²⁴] 村 / 家 / 书房（学校） 俺们 [ŋæ⁴²⁴mə̃⁰] 村 / 书房
	昔阳 （并州片）	我 [vɣ⁵⁵]	我们 [vɣ⁵⁵məŋ⁰]	俺 [ŋɣ³¹³] 爹 / 老婆 / 老师 俺 [ŋɣ³¹³] 村 / 学房
	介休 （并州片）	我 [ŋiɛ⁵²³]	我家们 [ŋɒ⁵³məŋ⁰]	俺 [ŋæ⁵²³] 爸爸 / 舅舅 / 老婆 / 老师 俺 [ŋæ⁵²³] 村
合音	汾阳 （吕梁片）	我 [ŋi³¹²] 你 [n̩³¹²]	我们 [ŋɯ³¹²məŋ⁰] 你们 [n̩³¹²məŋ⁰]	我们 [ŋəŋ³¹²] 爸 / 老婆 你弭 [ni³¹²] 爸 / 老婆 你弭 [ni³¹²] 村 / 家
异根	柳林 （吕梁片）	我 [ŋo³¹⁴]	我弭 [ŋo³¹⁴mi³³]	弭 [mi²¹⁴] 爸爸 / 老婆 弭 [mi²¹⁴] 学校 / 村 / 柳林
	临县 （吕梁片）	我 [ŋɔ̃³¹²]	我弭 [ŋɔ̃³¹mi²⁴]	弭 [mi³¹²] 爹 / 姐姐 / 老婆
变调	闻喜 （汾河片）	我 [ŋə⁴⁵] 你 [n̠i⁴⁵] 他 [tʰa⁴⁵]	我家 [ŋə⁴⁵təu⁰] 你家 [n̠i⁴⁵təu⁰] 他家 [tʰa⁴⁵təu⁰]	我 [ŋə³¹] 爸爸 / 妈 / 老婆 / 老师 我 [ŋə³¹] 村 / 学校 你 [n̠i³¹] 爸爸 / 老婆 / 老师 你 [n̠i³¹] 村 / 学校 他 [tʰa³¹] 爸 / 老婆 / 老师 他（奈）[tʰa³¹(lai⁰)] 学校
	永济 （汾河片）	我 [ŋuo⁵³] 你 [n̠i⁵³]	我家 [ŋuo²⁴ti⁰] 你家 [n̠i²⁴ti⁰]	我 [ŋuo³¹] 爸 / 妈 / 老婆 / 老师 我 [ŋuo³¹] 村 / 学校 我奈 [ŋuo³¹nai⁰] 手 / 皮鞋单数 你 [n̠i³¹] 爸爸 / 侄儿

续表

变换方式	方言点	主宾语位置		领属位置（单复数同形）
		单数	复数	
变调	临猗（汾河片）	我 [ŋuɣ⁵³] 你 [n̠i⁵³] 他 [tʰʌ⁵³]	我（得）[ŋuɣ²⁴(tei⁰)] 你（得）[n̠i²⁴(tei⁰)] 他（得）[tʰʌ²⁴(tei⁰)]	我 [ŋuɣ³¹] 爸/妈/老婆 我奈 [ŋuɣ²⁴/³¹nai⁰] 手/皮鞋单数 你 [n̠i³¹] 爸爸/侄儿 你奈 [n̠i²⁴/³¹nai⁰] 手/皮鞋单数 他 [tʰʌ³¹] 爸/妈/老婆 他奈 [tʰʌ²⁴/³¹nai⁰] 手/皮鞋单数
变韵+换尾	隰县（吕梁片）	我 [ŋɣ³¹²] 他 [tʰa⁴¹]	我家们 [ŋa⁵⁵mən⁰] 他们 [tʰa⁴¹mən⁰]	俺 [ŋæ⁵⁵] 爸爸/姐/婆姨 俺 [ŋæ⁵⁵] 村里/隰县 他家 [tʰɔʔ³tɕia⁴¹] 爸爸/姐/婆姨
合音+叠加	兴县（吕梁片）	我 [ŋɣ³²⁴] 你 [n̠i³²⁴] 茶﹦[niɛ³²⁴] 他，近指 那个 [nəu⁵²] 他， 远指 他 [tʰa²¹³] 新	弸些 [mi³²⁴ɕiɛ⁴⁴] 我们] 你家弸 [niɛ³²⁴mi⁴⁴] 你们] 茶﹦乃 [niɛ³²⁴nai⁵²] / 茶﹦ 乃弸 [niɛ³²⁴nai⁵²mi⁴⁴] 他们， 近指 乃弸 [nai⁵²mi⁴⁴] / 乃些 [nai⁵²ɕiɛ⁴⁴] / 那那弸 [nəu⁵²nai⁵²mi⁴⁴] / 那乃 [nəu⁵²nai⁵²] 他们，远指	弸 [mi³²⁴] 大/妈/舅舅/儿 弸弸家 [mi³²⁴miʌ⁴⁴] 村里/学校/兴 县我们 你家弸家 [niɛ³²⁴miʌ⁴⁴] 老师/村里/ 学校你们 茶﹦乃弸家 [niɛ²¹³nai⁵²miʌ⁴⁴] 老师/ 领导/学校/村里他们，近指 那乃弸家 [nəu⁵²nai⁵²miʌ⁴⁴]（的）老 师/领导/学校/村里他们，远指

从以上列举的方言中可以看出：

（1）不同于主宾语位置的领属形式大多集中在第一人称代词上，只有少数第二人称或第三人称有领属形式。具有两种或两种以上领属形式的是：汾阳方言除第一人称外，第二人称也有专用领属；隰县方言除了第一人称外，第三人称也有专用领属；三身代词均有专用领属的只有闻喜方言和临猗方言。总体来看，山西方言的领属形式可以形成一个蕴含关系：第三人称 ⊃ 第二人称 ⊃ 第一人称。这个蕴含关系序列与世界语言人称代词生命度相契合。

（2）领属形式主要集中在修饰表示亲缘称谓（"爸""妈""姐""姑""舅""老婆"等）的名词方面。部分方言点领属形式还可修饰与家族有关的处所名词（"家""村"等）。只有少数方言点的领属形式可以修饰表示社会关系的称谓名词（"老师""同学""朋友"等）和处所名词（"单位""学校"等）以及普通名词，如黎城、沁源等地的方言。

值得注意的是，个别方言不仅具有独立的领属形式，而且还能用复数的词根形式修饰普通名词，如表 1-13：

表 1-13 永济方言人称代词领属关系

永济 （汾河片）	我 [ŋuo⁵³]	我家 [ŋuo²⁴tiə⁰]	称谓前：我 [ŋuo³¹] 爸 / 妈 / 老婆 / 老师 处所前：我 [ŋuo³¹] 村 / 学校 普通名词前：我奈 [ŋuo³¹nai⁰] 手 / 皮鞋单数 我奈 [ŋuo²⁴nai⁰] 手 / 皮鞋复数

二、用复数词根限定称谓、处所名词，用单数、复数形式限定普通名词

表 1-14 人称代词复数、复数词根充当定语领属语例举

方言点	主宾语位置		领属位置（单复数同形）
定襄 （五台片）	我 [ŋɔ²¹⁴]	们 [məŋ²¹⁴]	称谓前：们 [məŋ²¹⁴] 妈妈 / 闺女 / 老师 处所前：们 [məŋ²¹⁴] 村 / 学校 普通名词前：我的 [ŋɔ²¹⁴tiəʔ⁴] 书包单数 　　　　　们的 [məŋ²¹⁴tiəʔ⁴] 车子复数
石楼 （吕梁片）	我 [ŋuə⁴¹³]	我家们 [ŋa³¹məŋ⁴⁴]	称谓前：<u>我家</u> [ŋa³¹] 爸 / 舅舅 / 老师 / 老婆 处所前：<u>我家</u> [ŋa³¹] 村 / 学校 / 石楼 　　　　　我家们 [ŋa³¹məŋ⁴⁴] 村 / 学校 / 石楼 普通名词前：我的 [ŋuə⁴¹³tə⁰] 手 / 书包单数 　　　　　我家们的 [ŋa³¹məŋ⁴⁴tə⁰] 手 / 书包复数
古交 （并州片）	我 [ŋuɯ³¹³]	俺每 [ŋɔ³¹³məʔ³]	称谓前：俺 [ŋɔ³¹³] 爸 / 老婆；俺每 [ŋɔ³¹³məʔ³] 老师 处所前：俺 [ŋɔ³¹³] 村；俺每 [ŋɔ³¹³məʔ³] 村 / 学校 普通名词前：我的 [ŋuɯ³¹³tə⁰] 手 / 皮鞋单数 　　　　　俺每的 [ŋɔ³¹³məʔ³tə⁰] 手 / 皮鞋复数
长子 （上党片）	我 [uə³¹³]	我家 [ə¹³təu⁰]	称谓前：我 [ə¹³] 爸 / 侄儿 / 老师 / 媳妇 处所前：我 [ə¹³] 村 / 学校 普通名词前：我那 [ə¹³niɛ⁰] 手 / 书包单数 　　　　　我家那 [ə¹³təu⁰niɛ⁰] 手 / 书包复数

续表

方言点	主宾语位置		领属位置（单复数同形）
夏县 （汾河片）	我 [ŋɣ³²⁴]	我家 [ŋɣ⁵³təu⁰]	**称谓前**：我 [ŋɣ⁵³] 爸爸 / 妈 / 老婆 / 老师 也可说"我家老师" **处所前**：我 [ŋɣ⁵³] 村 / 学校；我家 [ŋɣ⁵³təu⁰] 村 / 学校 **普通名词前**：我 [ŋɣ³²⁴] 手；我兀 [ŋɣ³²⁴uo⁵³] 手 　我那 [ŋɣ³²⁴nai⁰] 皮鞋 单数 　我家兀 / 那 [ŋɣ⁵³təu⁰uo⁵³/nai⁰] 手 / 皮鞋 复数
兴县 （吕梁片）	我 [ŋɣ³²⁴]	弭些 [mi³²⁴ɕiɛ⁵⁵]	**称谓前**：弭 [mi³²⁴] 妈妈 / 侄儿 / 老婆 　弭些 [mi³²⁴ɕiɛ⁵⁵] 老师 **处所前**：弭 [mi³²⁴] 村里 / 家 　弭弭家 [mi³²⁴miʌ⁴⁴] 村里 / 学校 / 兴县 　弭些 [mi³²⁴ɕiɛ⁵⁵] 学校 **普通名词前**：我的 [ŋɣ³²⁴tə⁰] 手 / 书包 单数 　弭些的 [mi³²⁴ɕiɛ⁵⁵tə⁰] 手 / 书包 复数
和顺 （并州片）	我 [vɣ⁵³]	俺们 [ŋæ³¹məŋ⁰]	**称谓前**：俺 [ŋæ³⁵] 爸爸 / 妈妈 / 姑姑 / 老婆 　俺们 [ŋæ³¹məŋ⁰] 同学 / 老师 **处所前**：俺 [ŋæ³⁵] 村 不说"俺们村" 　俺们 [ŋæ³¹məŋ⁰] 教室 / 班 / 学校 **普通名词前**：我哩 [vɣ⁵³li⁰] 手 / 皮鞋 单数 　俺们哩 [ŋæ³¹məŋ⁰li⁰] 手 / 皮鞋 复数
屯留 （上党片）	我 [uo³¹³]	每家 [mɛi⁵³təu⁰]	**称谓前**：每 [mɛi⁵³] 爸 / 老婆 / 老师 　每家 [mɛi⁵³təu⁰] 老师 **处所前**：每 [mɛi⁵³] 村 / 学校 　每家 [mɛi⁵³təu⁰] 村 / 学校 **普通名词前**：我的 / 那 [uo³¹³tə⁰/nə⁰] 手 / 皮鞋 单数 　每家的 / 那 [mɛi⁵³təu⁰ tə⁰/nə⁰] 手 / 皮鞋 复数
古县 （汾河片）	我 [ŋɣ⁵³]	<u>我家</u> [ŋuʌ²⁴]	**称谓前**：我 [ŋuʌ²⁴] 爸 / 舅 / 居舍的老婆 / 老师 **处所前**：我 [ŋuʌ²⁴] 村 / 学校 / 古县 **普通名词前**：我的 [ŋɣ⁵³ti⁰] 手 / 皮鞋 单数 　<u>我家</u>的 [ŋuʌ²⁴ti⁰] 手 / 皮鞋 复数

　　从上表可以看出，除了具有专职的领属形式外，人称代词在领属位置上的表现形式仍然多种多样。

　　（1）大多数方言用复数的词根形式独立修饰称谓名词和处所名词：有的能修饰所有的称谓名词和处所名词，不加区别；有的只能修饰具有亲缘关系和家族关系的称谓、处所名词，普通名词前分别用单数、复数形式。如定襄方言（五台片）是用复数形式充当领属关系中的领者，其他方言都是用复数词根独立修饰称谓名词和处所名词，是单复数同形的，而且这种复数词根与称谓、处所名词是直接组合，二者之间不能插入结构助词"的"。普通名词都用与主宾语完全同形的单数和复数人称代词来修饰。单数表示单数意义，复数表示复数意义，而且在人称代词和名词之间一般都要用结构助词"的"（有的方言结构助词与指示代词同形），只有大包片和汾河片部分市县的方言不用结构助词，如大包片的右玉方言和汾河片的新绛方言等。

（2）少数方言人称代词在领属位置上用单数形式修饰具有亲缘关系的称谓名词，用复数形式修饰社会关系称谓和所有处所名词，也不用结构助词"的"，这与普通话基本相同。主要是大包片、五台片和汾河片的部分方言。如表1-15：

表 1-15　五台片、汾河片人称代词领属语为单数形式例举
（以第一人称代词为例分析）

河曲（北中区）	我[vɤ²¹³]	弭家每[maˡ³məʔ⁰]	称谓前：我[vɤ²¹³]大（爸爸）/老婆 　　　　弭家每[maˡ³məʔ⁰]老师/家 处所前：弭家每[maˡ³məʔ⁰]村/学校 普通名词前：我的[vɤ²¹³tiəʔ³]手/书包单数 　　　　　弭家每的[maˡ³məʔ⁰tiəʔ³]手/书包复数
岢岚（北中区）	我[uə²¹³]	我每[uə²¹³məʔ³³]	称谓前：我[uə²¹³]大大/老婆/老师 　　　　我每[uə²¹³məʔ³³]老师 　　　　我家[uə²¹³tɕiA²¹³]老师/媳妇不常用 处所前：我每[uə²¹³məʔ³³]村/学校 　　　　我家[uə²¹³tɕiA²¹³]村/学校不常用 普通名词前：我的[uə²¹³tiəʔ⁴]手/书包单数 　　　　　我每的[uə²¹³məʔ³³tiəʔ⁴]手/书包复数
新绛（官话区）	我[ŋɤ³²⁴]	我家[ŋa⁵³]	称谓前：我[ŋɤ³²⁴]爸爸/妈/老婆/老师 　　　　我家[ŋa⁵³]老师 处所前：我家[ŋa⁵³]村里/学校 普通名词前：我的/奈[ŋɤ³²⁴tiⁿ⁰/naiⁿ⁰]手/皮鞋单数 　　　　　我家的/奈[ŋa⁵³tiⁿ⁰/naiⁿ⁰]手/皮鞋复数

续表

稷山 （汾南） （官话区）	我 [ŋə³⁴]	我家 [ŋɒ²¹³]	**称谓前：**我 [ŋə³⁴] 爸爸 / 妈 　　　　我家 [ŋɒ²¹³] 老师 **处所前：**我家 [ŋɒ²¹³] 村 / 学校 **普通名词前：**我奈 [ŋə³⁴naiº] 手 / 皮鞋单数 　　　　　　我家奈 [ŋɒ²¹³naiº] 手 / 皮鞋复数

　　吕叔湘、江蓝生认为："非领属用法是领属用法扩展的结果"（吕叔湘、江蓝生，1985：89 页）。我们看到，古代汉语中，人称代词单复数同形，而且没有词尾形式，词尾是近代才产生的。所以我们认为，山西方言用复数词根做领属形式应是保存了古汉语的特点，主宾语位置上复数的词尾形式应该是后来产生的。

　　总之，山西方言人称代词在领属位置上的特点主要体现在有专职的领属形式和用复数词根独立修饰称谓名词和处所名词。少数方言可能受普通话影响，表现形式与普通话相同。领属形式无词尾且单复数同形应该是继承了古汉语的特点，独立的领属形式应该是受阿尔泰语言影响的结果。

第四节　山西方言人称代词的叠加并置现象 [①]

　　山西方言中，存在三种特殊的亲属称谓现象：第一种"我复 / 你复 + 他 + 亲属称谓词"，是背称，如"我他爷""你他姑"，分布面很广，包括了山西境内的官话区和晋语区；第二种"我1 / 你1 / 他1 + 我2 / 你2 / 他2 + 亲属称谓词"，也是背称，如"我1 我2 妈""你1 你2 叔""他1 他2 爷爷"等，分布面较窄，只存在于山西北部晋语区；第三种"你 + 他 / 兀家他 + 亲属称谓词"，是面称，如"你他爷""你他姨"等，主要分布于晋南官话区，晋语区中部个别方言有

---

① 　本节发表在《中国方言学报》第九期，商务印书馆，2022 年。

此说法。第一种和第三种一般用于姻亲称谓；第二种一般用于血亲称谓。

本节尝试对山西方言这类现象的语义、结构和句法功能进行全面描写和分析。

一、三种特殊称谓语在山西方言中的分布、语义与语法功能

（一）三种特殊称谓语在山西方言中的分布

表 1-16　三种特殊称谓语在山西方言中的分布

类型	结构	官话区	晋语区				
		南部 汾河片	中部 并州片	东南部 上党片	西部 吕梁片	北部 五台片	北部 大包片
背称 A	我复 / 你复 + 他 + 亲属称谓词	+	-	+	-	+	+
背称 B	我1 / 你1 / 他1+ 我2 / 你2 / 他2+ 亲属称谓词	-	-	-	-	+	+
面称	你 + 他 / 兀家他 + 亲属称谓词	+	+	-	-	-	-

表中显示，背称 A 类分布面最广，南部官话区、东南部晋语区和北部晋语区大面积存在这种说法；背称 B 类的分布面较窄，只在北部晋语区存在；面称形式分布面也较窄，主要分布在南部官话区，晋语区的中部少数方言也有此类说法。

（二）背称 A 类的语义与语法功能

如表 1-16 所示，背称 A 类形式主要出现在山西南部官话区汾河片和晋语北部大包片和五台片，东南部上党片部分方言也有同类说法。本节分别选取官话区的临猗方言和晋语区的陵川、朔州和左云等方言分析此类现象。

1. 背称 A 类的表现形式

南部官话区临猗方言：

我 [ŋuɤ²⁴] 他 [tʰA³¹] 爷我孩子 / 配偶的爷爷　　我 [ŋuɤ²⁴] 他 [tʰA³¹] 爸我孩子的爸爸

我 [ŋuɤ²⁴] 他 [tʰA³¹] 叔我孩子 / 配偶的叔叔　　我 [ŋuɤ²⁴] 他 [tʰA³¹] 姑父我孩子 / 配偶的姑父

我 [ŋuɤ²⁴] 他 [tʰA³¹] 二姑我孩子 / 配偶的二姑　我 [ŋuɤ²⁴] 他 [tʰA³¹] 哥我孩子 / 配偶的哥哥

你 [n̠i²⁴] 他 [tʰʌ³¹] 娘你孩子 / 配偶的奶奶　　你 [n̠i²⁴] 他 [tʰʌ³¹] 妈你孩子的妈妈

你 [n̠i²⁴] 他 [tʰʌ³¹] 伯你孩子 / 配偶的伯伯　　你 [n̠i²⁴] 他 [tʰʌ³¹] 姨夫你孩子 / 配偶的姨夫

你 [n̠i²⁴] 他 [tʰʌ³¹] 三姨你孩子 / 配偶的三姨　你 [n̠i²⁴] 他 [tʰʌ³¹] 外甥你孩子 / 配偶的外甥

北部晋语大包片左云方言：

我每 [uɤ⁵⁴məɣ⁰] 他 [tʰəʔ³²] 爷爷我孩子 / 配偶的爷爷

我每 [uɤ⁵⁴məɣ⁰] 他 [tʰəʔ³²] 舅舅我孩子 / 配偶的舅舅

我每 [uɤ⁵⁴məɣ⁰] 他 [tʰəʔ³²] 姑姑我孩子 / 配偶的姑姑

我每 [uɤ⁵⁴məɣ⁰] 他 [tʰəʔ³²] 姨夫我孩子 / 配偶的姨夫

我每 [uɤ⁵⁴məɣ⁰] 他 [tʰəʔ³²] 妗妗我孩子 / 配偶的舅妈

我每 [uɤ⁵⁴məɣ⁰] 他 [tʰəʔ³²] 二姐我孩子 / 配偶的二姐

你每 [ni⁵⁴məɣ⁰] 他 [tʰəʔ³²] 妈你孩子的妈妈

你每 [ni⁵⁴məɣ⁰] 他 [tʰəʔ³²] 奶奶你孩子 / 配偶的奶奶

你每 [ni⁵⁴məɣ⁰] 他 [tʰəʔ³²] 叔叔你孩子 / 配偶的叔叔

你每 [ni⁵⁴məɣ⁰] 他 [tʰəʔ³²] 婶婶你孩子 / 配偶的婶子

你每 [ni⁵⁴məɣ⁰] 他 [tʰəʔ³²] 哥哥你配偶的哥哥

你每 [ni⁵⁴məɣ⁰] 他 [tʰəʔ³²] 侄儿你配偶的侄儿

北部晋语五台片朔州方言（"＝"表示同音替代，下同）：

囊＝[nɒ³¹²] 我们他 [tʰəʔ³⁴] 他们爷爷我孩子 / 配偶的爷爷

囊＝[nɒ³¹²] 我们他 [tʰəʔ³⁴] 他们姑我孩子 / 配偶的姑姑

囊＝[nɒ³¹²] 我们他 [tʰəʔ³⁴] 他们爹我孩子的爸爸

囊＝[nɒ³¹²] 我们他 [tʰəʔ³⁴] 他们姑父我孩子 / 配偶的姑父

囊＝[nɒ³¹²] 我们他 [tʰəʔ³⁴] 他们舅我孩子 / 配偶的舅舅

囊＝[nɒ³¹²] 我们他 [tʰəʔ³⁴] 他们哥我配偶的哥哥

扭＝[niəu³¹²] 你们他 [tʰəʔ³⁴] 他们妈你孩子的妈妈

扭＝[niəu³¹²] 你们他 [tʰəʔ³⁴] 他们奶你孩子 / 配偶的奶奶

扭＝[niəu³¹²] 你们他 [tʰəʔ³⁴] 他们叔你孩子 / 配偶的叔叔

扭＝[niəu³¹²] 你们他 [tʰəʔ³⁴] 他们大妈你孩子 / 配偶的伯母

扭＝[niəu³¹²] 你们他 [tʰɔʔ³⁴] 他们姐你配偶的姐姐

扭＝[niəu³¹²] 你们他 [tʰɔʔ³⁴] 他们外甥你配偶的外甥

东南部晋语上党片陵川方言：

外＝[uæe³³] 我们泰＝[tʰæe³³] 他们爷爷我孩子/配偶的爷爷

外＝[uæe³³] 我们泰＝[tʰæe³³] 他们姑姑我孩子/配偶的姑姑

外＝[uæe³³] 我们泰＝[tʰæe³³] 他们哥我配偶的哥哥

外＝[uæe³³] 我们泰＝[tʰæe³³] 他们侄儿我配偶的侄儿

乃＝[næe³³] 你们泰＝[tʰæe³³] 他们婶婶你孩子/配偶的婶子

乃＝[næe³³] 你们泰＝[tʰæe³³] 他们舅舅你孩子/配偶的舅舅

乃＝[næe³³] 你们泰＝[tʰæe³³] 他们姐你配偶的姐姐

乃＝[næe³³] 你们泰＝[tʰæe³³] 他们外甥你配偶的外甥

上例朔州方言的"囊＝""扭＝"应该都是合音后的变音形式，根据当地音系特点，"囊＝"应是"我们"合音后的变音形式，这个"们"应与五台片多数方言的"们 [məŋ]"读音近似；"扭＝"应是"你每"合音后的变音形式。陵川方言的"外＝""泰＝"应分别是"我每""他每"的合音形式。因与本文无关，不再赘述。

以上四类显示，山西官话区和晋语区的这些结构基本相同，都是"我复/你复＋他＋亲属称谓词"，姻亲长辈既能以孩子的名义称谓姻亲亲属，也能以配偶的名义称谓姻亲亲属；平辈和晚辈只能以配偶的名义称谓对方。

2. 背称 A 类是姻亲背称的敬称形式，不用于血亲称谓

试比较临猗方言的两种说法：

（1）a. 我阿姐走我小姑屋里去啦。我婆婆去我小姑子家了。

　　　b. 我他娘走我他姑屋里去啦。我孩子的奶奶去我孩子的姑姑家了。

以上 a 句"我阿姐婆婆"和"我小姑小姑子"是"人称代词＋亲属称谓词"，都是很客观的陈述，感情色彩属于中性。b 句"我他娘"和"我他姑"是"我＋他＋亲属称谓词"，都是敬称形式。

这种称谓语的使用者一般都已婚且有子女。这种形式的产生主要是为区

分姻亲与血亲——例如"我爸／妈"是说自己的父母（血亲），"我他爷／娘"是以孩子的名义称谓公公／婆婆（姻亲）。"我＋他＋亲属称谓词"既能以子女的名义称谓对方，也能以配偶的名义称谓对方（大多数语境中是以孩子的名义称谓）。这种称谓既显得亲切、尊重，又可以区别于血缘亲属称谓词，弥补了一般姻亲称谓背称形式的不足。

3. 背称 A 类的句法功能同名词，主要充当主语、宾语和定语

做主语如：

（2）我他娘今年都 80 啦。我孩子／配偶的奶奶今年都 80 岁了。（临猗方言）

（3）我们他爷爷就可好喝酒哩。（左云方言）

（4）外＂我们泰＂他们爷爷人不赖。（陵川方言）

做宾语如：

（5）你见我他爸去吗？你看见我孩子的爸爸了吗？（临猗方言）

（6）夜儿昨天出去碰上你们他妗妗啦。（左云方言）

（7）这就是扭＂他姑啊？（朔州方言）

做定语如：

（8）这孩是伢你他姨夫奈的外甥。这孩子是你孩子／配偶姨夫的外甥。（临猗方言）

（9）我们他婶婶那东西，谁也别想动弹。（左云方言）

（10）扭＂他叔的娃们这会儿过得不赖。（朔州方言）

（三）背称 B 类的语义与语法功能

这种结构主要分布在山西北部晋语区的大包片和五台片，目前在其他方言中没有见到。本文以大包片的左云方言和五台片的朔州方言为例说明。

1. 背称 B 类的表现形式

这类结构都是同一人称代词的两个不同读音形式分别与亲属称谓词构成的领属关系。例如：

大包片左云方言：

我1[uɤ⁵⁴] 我2[uəʔ³²] 爷爷　　　　　我1[uɤ⁵⁴] 我2[uəʔ³²] 姑姑

我1[uɤ⁵⁴] 我2[uəʔ³²] 哥哥　　　　我1[uɤ⁵⁴] 我2[uəʔ³²] 姨夫

你1[ni⁵⁴] 你2[niəʔ³²] 奶奶　　　　你1[ni⁵⁴] 你2[niəʔ³²] 爹

你1[ni⁵⁴] 你2[niəʔ³²] 姐姐　　　　你1[ni⁵⁴] 你2[niəʔ³²] 妗妗

他1[tʰa³¹] 他2[tʰaʔ³²] 妈　　　　　他1[tʰa³¹] 他2[tʰaʔ³²] 叔叔

他1[tʰa³¹] 他2[tʰaʔ³²] 弟弟　　　　他1[tʰa³¹] 他2[tʰaʔ³²] 三婶

五台片朔州方言：

囊⁼[nɒ³¹²]我们我 [vəʔ³⁴] 爷　　　囊⁼[nɒ³¹²]我们我 [vəʔ³⁴] 爸

囊⁼[nɒ³¹²]我们我 [vəʔ³⁴] 哥　　　囊⁼[nɒ³¹²]我们我 [vəʔ³⁴] 孙女

扭⁼[niəu³¹²]你每你 [niəʔ³⁴] 奶　　扭⁼[niəu³¹²]你每你 [niəʔ³⁴] 姑

扭⁼[niəu³¹²]你每你 [niəʔ³⁴] 姐　　扭⁼[niəu³¹²]你每你 [niəʔ³⁴] 侄子

堂⁼[tʰɒ³¹²]他们他 [tʰəʔ³⁴] 姑　　堂⁼[tʰɒ³¹²]他们他 [tʰəʔ³⁴] 姨

堂⁼[tʰɒ³¹²]他们他 [tʰəʔ³⁴] 哥　　堂⁼[tʰɒ³¹²]他们他 [tʰəʔ³⁴] 侄女

2. 背称 B 类在基本语义基础上增加了亲切、强调的语用色彩

“我1 / 你1 / 他1+ 我2 / 你2 / 他2+ 亲属称谓词”的基本语义与“我2 / 你2 / 他2+ 亲属称谓词”相同，如大包片的“我1 我2 爷爷”和五台片的“囊⁼我爷”，都是“我（的）爷爷”义，但“我1 我2 爷爷”和“囊⁼我爷”比一般的“我爷爷”更具有亲切和强调的语用意义。试比较：

（11）a. 我2 妈那会儿就啥也舍不得。

　　　b. 我1 我2 妈那会儿就啥也舍不得。

以上例句是左云方言的说法。a 句是客观陈述，不带任何感情色彩；b 句则着重强调领属关系并具有亲切的感情色彩。朔州方言的同类表达也是如此，不再赘述。

3. 大包片和五台片背称 B 类在语义方面的异同

大包片左云方言和五台片朔州方言背称 B 类在语义和句法功能方面基本相同。首先，二者的基本语义都与“三身代词＋亲属称谓词”相同，只是增加了亲切和强调的语用色彩；其次，二者的第一个人称代词都是舒化形式，第二个人称代词都是促化形式。如左云方言的“我1[uɤ⁵⁴] 我2[uəʔ³²]

爷爷"和朔州方言的"囊＝[nɒ³¹²] <u>我们</u>我 [vəʔ³⁴] 爷"中，前一个"我1"和"囊＝[nɒ³¹²]"都是舒化形式，与主宾语位置上的单数或复数形式相同；第二个"我"都是促化形式，是只能出现在长辈／平辈亲属领属关系中的形式。

左云方言和朔州方言同类结构在以下两方面有所区别：

第一，左云方言的 B 类称谓语是两个单数形式人称代词，朔州方言却一个是复数形式，一个是促化形式。如左云方言是"我1[uɤ⁵⁴] + 我2[uəʔ³²] + 爷爷"，第一个"我1"是单数形式，而朔州方言是"囊＝[nɒ³¹²] + 我 [vəʔ³⁴] + 爷"，"囊＝"是复数形式。不过，左云方言在刻意强调所称谓的亲属属于多位兄弟姐妹时也可以用复数形式表达。例如：

我每 [uɤ⁵⁴məɣ⁰] 我 [uəʔ³²] 爹　　　　　你每 [ni⁵⁴məɣ⁰] 你 [niəʔ³²] 妈

他每 [tʰa³¹məɣ⁰] 他 [tʰaʔ³²] 姑姑

第二，左云方言和朔州方言的背称 B 类都可以用于长辈称谓词和平辈称谓词，如"你 [ni⁵⁴] 你 [niəʔ³²] 姑姑""他 [tʰa³¹] 他 [tʰaʔ³²] 弟弟"。朔州方言除此之外可以用于晚辈亲属称谓词。例如"囊＝[nɒ³¹²] 我 [vəʔ³⁴] 孙女""扭＝[niəu²¹³] 你 [niəʔ³⁴] 侄子""堂＝[tʰɒ³¹²] 他 [tʰɒʔ³⁴] 侄女"等。

4. 背称 B 类在句中充当主语、宾语和定语

左云方言如：

（12）我1我2妈那会儿就啥也舍不得。

（13）那谁啦？——那咋也是他1他2舅舅。

（14）你1你2姑姑的饭就可好吃哩。

朔州方言如：

（15）囊＝我爷可疼囊＝哩。

（16）这就是堂＝他孙子。

（17）扭＝你哥的娃们这会儿过得咋得个？

（四）背称 A 类与背称 B 类比较

如前所述，背称 A 类和背称 B 类的共同点：一是都是背称形式，不能

用于面称；二是结构相同，都是叠加并置结构。

二者的不同点主要体现在语义方面：首先，背称 A（"我复／你复＋他＋亲属称谓词"）是对姻亲亲属的敬称形式；背称 B（"我1／你1／他1＋我2／你2／他2＋亲属称谓词"）则主要是称谓血亲亲属，具有亲切和强调领属关系的作用。其次，背称 A 是站在子女或配偶的角度称谓亲属，"我复／你复"是"我们／你们＋孩子／配偶"的省略形式；背称 B 是同一人称代词的不同读音形式在同一亲属称谓语中共现，其语义主要起强调和凸显领属关系的作用，并附带有亲切的语用色彩，按照当地人的理解，"我 [uɤ⁵⁴] 我 [uəʔ³²] 爹"就是"我的（我）爹"；"扭⁼[niəu³¹²] 你 [niəʔ³⁴] 奶"就是"你们的（你）奶奶"，二者的语义基本相同。

（五）面称"你＋他／兀家他＋亲属称谓词"的语义与语法功能

如表 1-16 显示，面称形式只大面积存在于晋南官话区，晋语区目前只发现中部并州片有部分方言有此说法。这里以官话区临猗方言和晋语区平遥方言为例分析。

1. 面称"你＋他／兀家他＋亲属称谓词"的表现形式

南部官话区临猗方言：

你 [n̠i²⁴] 他 [tʰʌ³¹] 娘孩子／配偶的奶奶　　你 [n̠i²⁴] 他 [tʰʌ³¹] 伯孩子／配偶的伯父

你 [n̠i²⁴] 他 [tʰʌ³¹] 姨夫孩子／配偶的姨夫　你 [n̠i²⁴] 他 [tʰʌ³¹] 三姨孩子／配偶的三姨

中部晋语区平遥方言：

你 [n̩⁵³] 兀家 [uʌʔ²³tɕiɑ¹³] 他爷爷孩子／配偶的爷爷

你 [n̩⁵³] 兀家 [uʌʔ²³tɕiɑ¹³] 他姑姑孩子／配偶的姑姑

你 [n̩⁵³] 兀家 [uʌʔ²³tɕiɑ¹³] 他叔叔孩子／配偶的叔叔

你 [n̩⁵³] 兀家 [uʌʔ²³tɕiɑ¹³] 他舅舅孩子／配偶的舅舅

2. "你＋他／兀家他＋亲属称谓词"是对姻亲表示敬称的称呼语

在特定的社交场合，父系和母系亲属在同一交际场合出现（如一般的红白喜事），父系亲属和母系亲属之间会以晚辈的名义称呼对方，这既避免了不知其名的尴尬或直呼其名的不礼貌，又显得尊敬、亲切，拉近了双方的心理距离。这种称谓语在很多方言中都存在，多是用"他 + 亲属称谓词"表达，如"他舅""他姑"等。山西南部官话区则一般用"你 + 他 + 亲属称谓词"面称听话人，都是敬称形式。例如临猗方言：

（18）你 [nᵢi²⁴] 他 [tʰʌ³¹] 姨啊，你坐下。孩子的姨姨啊，你坐下。

（19）你 [nᵢi²⁴] 他 [tʰʌ³¹] 舅啊，你赶紧劝劝你这外甥。

（20）你 [nᵢi²⁴] 他 [tʰʌ³¹] 叔啊，你来啦？赶紧坐下喝上口。

上述三个例句中，既可以是平辈之间以孩子的名义称谓对方，也可以是长辈以孩子的名义称呼晚辈，以示尊敬。如例（18）的"你他姨"，被称谓者是孩子的姨姨，称谓者既可以是孩子的爸爸、姑姑、叔叔、伯伯，也可以是孩子的奶奶、爷爷，如果是孩子的爷爷、奶奶以孙子的名义称谓孩子的姨姨，就是长辈以孙辈的名义称谓晚辈，是一种更高形式的敬称。这种称谓不仅用于姻亲之间，也可以用于非姻亲之间，例如红白喜事中，帮着料理事务的邻居也可以用"你 + 他 + 亲属称谓词"称呼主家的姻亲亲属。

临猗方言上述结构中的"你"的 24 调值是复数形式单数化的表现，详见史秀菊，2019）。

晋语区中部（并州片）这种说法也零星存在，表义功能与临猗方言完全相同。例如并州片平遥方言：

（21）你 [ŋ⁵³] 兀家 [uʌʔ²³tɕia¹³] 他爷爷，快歇歇哇。

（22）你 [ŋ⁵³] 兀家 [uʌʔ²³tɕia¹³] 他爸爸第明咾再动弹去哇。他爸，明天了再干活吧。

上例中，平遥方言的"你兀家爷爷 / 爸爸"与官话区临猗方言的语义、结构完全相同。

面称形式大都是亲属关系较远者甚至无亲属关系者之间的敬称形式，主要出现在句首，属于独立语中的称呼语。

3. 面称形式与背称 A 的比较

值得注意的是，南部官话区的面称形式与背称 A 的第二人称的称谓语在形式上完全相同，都是"你 + 他 + 亲属称谓"，而且二者都能以子女的名

义称谓姻亲亲属（背称 A 还能以配偶的名义称谓，面称形式不可）。但二者
在结构和功能上都有区别。

首先，背称 A 的结构是两个并置结构的套合，面称形式却是同位结构
与并置结构的套合（详见前文）。

其次，如前所述，背称 A 的句法功能相当于名词，在句中可以做主
语、宾语和定语，而面称形式却不做句法成分，只能用作称谓语，详见例
（18）—（22）。再比较：

（23）a. 你他姨来啦？

　　　b. 你他姨啊，你来啦？

上例是临猗方言的说法。a 句的"你他姨"做陈述句的主语，意思是"你
孩子 / 配偶的姨姨"，"你他姨"是说者和听者之外的第三方；b 句的"你他姨"
是独立语中的称呼语，与普通话的"他姨"相当，是以晚辈的名义称谓听者。
所以背称 A 的"你他姨"相当于第三人称，面称的"你他姨"相当于第二人
称。晋语区平遥方言二者之间的差异与临猗方言相同，不再赘述。

二、三种特殊称谓语的句法结构

（一）背称 A 和背称 B 都是叠加并置结构而非人称代词的连用

范晓林（2012）、武玉芳（2016）对晋北方言的背称 A 和背称 B 两种
说法已有论述，两位学者认为，背称 A 和背称 B 都是人称代词的重叠或连
用。我们则认为，山西官话区和晋语区背称 A 和背称 B 都是两个并置结构
的叠加。

从表层看，背称 A 和背称 B 都是两个人称代词"我 / 你 + 他"或"我 +
我 / 你 + 你 / 他 + 他"的连用，但事实上，这两个人称代词是一种叠加并置
状态，即在"人称代词 + 亲属称谓词"基础上又叠加了一个人称代词。这里
分别以临猗方言的"我他爷"（背称 A）和左云方言的"我1 我2 爷爷"（背
称 B）为例分析，其结构应该是：

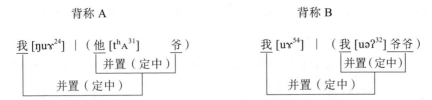

两层结构直接都是并置的定中关系。也就是说，背称 A 的 "他 [tʰA³¹] 爷" 和背称 B 的 "我 [uəʔ³²] 爷爷" 是一种并置的定中关系，与前面的 "我 [ŋuɤ²⁴]" 和 "我 [uɤ⁵⁴]" 形成了又一个并置的定中关系，即 A、B 两类背称都是两个并置的定中结构的叠加或套合。

背称 A 和背称 B 是叠加并置结构而非人称代词的连用，可以从以下两方面来证明。

1. 亲属称谓词前的人称代词是黏着的，具有词缀化倾向

关于亲属领属中人称代词的词缀化问题，张敏（1998）、唐正大（2014）等多位学者已有论述。山西方言的人称代词在亲属称谓词前面都与主宾语位置上的不同，是特有形式，"人称代词 + 亲属称谓词" 之间不能插入领属标记，即亲属称谓词前面的人称代词是黏着的，不能独立运用，应是一种词缀化形式。山西方言人称代词词缀化在官话区主要是通过变调，晋语区主要是通过合音、异根、变韵等手段来完成（参见表 1-17）。

表 1-17　三身代词在主宾语和亲属领属语位置上不同读音表
（ "（ ）" 表示可有可无； "⁼" 表示同音替代 ）

| | | 主宾语位置 | | 领属位置 |
		单数	复数	（ 长辈／平辈亲属领属 ）
临猗方言 （南部汾河片）	第一人称	我 [ŋuɤ⁵³]	我（得）[ŋuɤ²⁴(tei⁰)]	我 [ŋuɤ³¹] 爸
	第二人称	你 [ni⁵³]	你（得）[ni²⁴(tei⁰)]	你 [ni³¹] 姐
	第三人称	他 [tʰA⁵³]	他（得）[tʰA²⁴(tei⁰)]	他 [tʰA³¹] 舅
左云方言 （北部大包片）	第一人称	我 [uɤ⁵⁴]	我每 [uɤ⁵⁴məɣ⁰]	我 [uəʔ³²] 妈
	第二人称	你 [ni⁵⁴]	你每 [ni⁵⁴məɣ⁰]	你 [niəʔ³²] 哥哥
	第三人称	他 [tʰa³¹]	他每 [tʰa³¹məɣ⁰]	他 [tʰəʔ³²] 姑姑

续表

		主宾语位置		领属位置 （长辈／平辈亲属领属）
		单数	复数	
朔州方言 （北部五台片）	第一人称	我 [vo³¹²]	囊"我们 [nɒ³¹²]	我 [uəʔ³⁴] 妈
	第二人称	你 [ni³¹²]	扭"你每 [niəu³¹²]	你 [niəʔ³⁴] 奶奶
	第三人称	他 [tʰɑ³¹²]	堂"他们 [tʰɒ³¹²]	他 [tʰɒʔ³⁴] 妹妹
陵川方言 （东南部上党片）	第一人称	我 [uɑ²¹³]	外"我每 [uæe³³]	外"我每 [uæe³³] 婶婶
	第二人称	你 [ni²¹³]	乃"你每 [næe³³]	乃"你每 [næe³³] 奶奶
	第三人称	他 [tʰɑ²¹³]	泰"他每 [tʰæe³³]	泰"他每 [tʰæe³³] 哥哥

　　首先，从表 1-17 中可以看出，亲属称谓语前的人称代词多不同于主宾语位置。官话区临猗方言人称代词在主宾语位置上单数都读 53 调值（上声），复数词根都读 24 调值（阳平），而亲属称谓词前的人称代词都读 31 调值——31 调值既非人称代词的单字调，也非复数词根的调值，是随着人称代词词缀化而产生的弱化形式。晋语区左云方言和朔州方言主宾语位置上的人称代词单数和复数词根韵母都是舒化形式，亲属称谓词前的人称代词却是促化形式，这种促化形式同临猗方言的 31 调值一样，都是黏着形式，是由于人称代词的词缀化而形成的弱化形式。晋语区东南部的陵川方言与前两者不同，亲属称谓词前的人称代词与主宾语位置复数人称代词读音形式完全相同，但"人称代词＋亲属称谓词"之间也只能是并置形式，不能插入任何领属标记。

　　其次，"我／你＋他＋亲属称谓词"结构中，"他"不可删除，删除"他"之后，称谓语的意义会完全不同。试比较下列临猗方言的说法：

我²⁴他³¹舅我孩子／配偶的舅舅　≠　*我²⁴舅我的舅舅　≠　我³¹舅我的舅舅

你²⁴他³¹姨你孩子／配偶的姨姨　≠　*你²⁴姨你的姨姨　≠　你³¹姨你的姨姨

　　显然，删除"他³¹"，"我²⁴／你²⁴"不能直接与亲属称谓组合，必须转换为"我³¹／你³¹"（与"他³¹"相同，"我³¹／你³¹"也是准词缀化的说法），但两组结构的意义完全不同。

　　亲属称谓词前人称代词的词缀化倾向还可以通过以下测试证明：进入句子后，即使有上下文语境，亲属称谓词前的人称代词都不可删除。例如临猗方言：

（24）王强屋里光景可好着哩，他³¹妈是中学校长，他³¹爸做生意可挣钱着哩。

（25）我屋我家我⁵³和我³¹爷我³¹娘奶奶都没走去过北京，我³¹爸和我³¹叔走去过。

（26）我⁵³给我³¹哥买了页="一个"，合音羽绒服。

（27）（兄弟之间对话）你见咱³¹二哥去吗你见二哥了吗？——咱³¹二哥走城里去啦二哥上城里去了。

　　以上例句中的"我³¹、你³¹、他³¹、咱³¹"都不能删略，如上例不能说成：

（24′）王强屋里光景可好着哩，*妈是中学校长，*爸做生意可挣钱着哩。

（25′）我屋我家我⁵³和*爷*娘奶奶都没走去过北京，*爸和*叔走去过。

（26′）我⁵³给*哥买了页="一个"，合音羽绒服。

（27′）（兄弟之间对话）你见*二哥去吗你见二哥了吗？——*二哥走城里去啦二哥上城里去了。

　　当地方言中亲属称谓不能用重叠式。显然，背称语境下，删除人称代词的亲属称谓在山西方言中不能独立运用。人称代词与亲属称谓词构成的这种领属关系基本已经固化，接近为一个词了。不过，亲属称谓词前的人称代词（如临猗方言的"我³¹、你³¹、他³¹、咱³¹"）还没有彻底虚化为词缀，一是因为面称语境下亲属称谓还可以独立运用，二是因为亲属称谓词还可以有排行说法，如"你二姨""他三姑"等，因此31调值应是一个准词缀形式。

　　北部的左云方言和朔州方言也是如此，例如：

左云方言：

（28）王强家了光景可不赖哩，他 [tʰəʔ³²] 妈是中学校长，他 [tʰəʔ³²] 爸爸做生意可挣钱哩。

（29）我们家我 [uɤ⁵⁴] 和我 [uəʔ³²] 爷爷、我 [uəʔ³²] 奶奶全没去过北京，我 [uəʔ³²] 爸爸和我 [uəʔ³²] 叔叔去过。

（30）他 [tʰa³¹] 可想他 [tʰəʔ³²] 姐姐哩。｜我 [uɤ⁵⁴] 给我 [uəʔ³²] 哥哥买了个羽绒服。

朔州方言：

（31）王强家里光景可好哩，他 [tʰəʔ³⁴] 妈是中学校长，他 [tʰəʔ³⁴] 爸做生意可挣钱哩。

（32）我们家我 [voʔ³¹²] 和我 [vəʔ³⁴] 爷、我 [vəʔ³⁴] 奶都没去过北京，我 [vəʔ³⁴] 爸
　　　 和我 [vəʔ³⁴] 叔去过。

（33）他 [tʰɑʔ³¹²] 可想他 [tʰəʔ³⁴] 姐哩。|我 [voʔ³¹²] 给我 [vəʔ³⁴] 哥买了一个羽绒服。

所以，山西方言亲属称谓词前的人称代词具有词缀化倾向，多是黏着的，不能独立运用。晋语区同类说法与临猗方言完全相同，不再赘述。

2. 背称 A 中的"我复 / 你复"可扩展为"我复 / 你复 + 配偶 / 子女名"

例如：

我他爷 = 我孩子 / 丈夫 + 他爷　　　　你他姑 = 你孩子 / 妻子 + 他姑

"我 / 你"后面都能添加"孩子 / 配偶"的名字，显然"我 / 你"实际上是"我 / 你 + 指人名词"的简略形式。如果有人名出现，"我 / 你"还可以删除。试比较：

我强英他舅 =（我家）强英他舅　　　　你慧慧他姨 =（你家）慧慧他姨

在人名前面加上"我 / 你"即"我家强英的舅舅""你家慧慧的姨姨"，"强英 / 慧慧"等人名不可能与"他"构成连用关系（如"* 强孩他"不成立）；删除人名后的"我 / 你"与"他"也不是连用关系；亲属称谓词前的"他"不可删除，删除"他"后意义发生变化。显然，"他"是与亲属称谓词发生直接组合关系，而非与人名或"我 / 你"发生直接组合关系。

另外，"我 / 你 + 他 + 亲属称谓词"结构中，"我 / 你"也不可删除，如果删除，称谓语仍能成立，但在当地方言中语义不明。例如临猗方言：

（34）他 ³¹ 娘奶奶今年都 80 啦。

（35）要论种庄稼，谁都不敌他 ³¹ 爷。

上两例删除了"我 / 你"，"他"仍处于领属关系中，但指代不明，需要根据语境来判断：既可以指子女或配偶的亲属，也可以是邻居或任何上文提到的人的亲属。因此，要以子女或配偶的名义称谓姻亲，前面一定要加"我 ²⁴ / 你 ²⁴"。"我 ²⁴ / 你 ²⁴"不仅是敬称的语用功能的主要承担者，也是理性意义

的承担者。

总之，鉴于"我／你＋他＋亲属称谓词"可以扩展为"我／你＋指人名词＋他＋亲属称谓词"，且删除"他"后语义和结构都有变化，我们认为，亲属称谓词前面的"他"是准词缀化形式，这一结构是两个并置结构的叠加，而非人称代词的连用。

（二）面称"你＋他＋亲属称谓词"是同位结构

如前所述，山西方言"你＋他＋亲属称谓词"可以用于面称，这种面称形式中的"你"与"他＋亲属称谓词"指称同一个姻亲亲属，如"你他姨"中"你"就是"他姨"，即：

你 ＝ （他　　　　姨）
　　　　　 并置（定中）
　　　并置（同位）

上例中，"他姨"仍然是黏着的，"你"与"他姨"构成同位关系。

如前所述，这种同位关系的面称称谓语不充当句法成分，只在句首做称呼语，见前例（18）—（22）。面称中的"你"可以删除，删除后意义不变，但当地方言中面称时习惯用"你＋他＋亲属称谓词"，很少用"他＋亲属称谓词"。

通过上文分析，我们可以得出三点结论：

第一，背称 A（"我复／你复＋他＋亲属称谓词"）和背称 B（"我1／你1／他1＋我2／你2／他2＋亲属称谓词"）都是叠加并置结构，不是人称代词的连用。

第二，背称 A 在山西各方言点都是敬称形式，是已婚且有后代的男女以孩子或配偶的名义称谓姻亲亲属的称谓语，这种称谓语弥补了一般姻亲关系中背称和面称称谓语的不足，有了尊敬、亲切等语用色彩，又与血亲关系相区别；背称 B 的语义与"我2／你2／他2＋亲属称谓词"基本相同，但前者凸显、强调了领属关系，并具有亲切等语用色彩。

第三，面称的"你+他+亲属称谓词"是一个同位结构中包含着一个并置结构。官话区和晋语区的面称形式的结构完全相同，都是第二人称代词与"他+亲属称谓词"构成同位关系，其中"他+亲属称谓词"是并置关系，"他"也具有词缀化特点。

亲属领属关系中人称代词词缀化，我们在安徽省亳州方言中看到了最典型的说法。据郭辉、郭海峰（2017），亳州方言亲属领属关系中，人称代词任何情况下都不可删除。如：

（36）俺爷，俺奶叫你回家吃饭。

上例中的"俺爷"是当面称谓爷爷。可以看出亳州方言亲属称谓即使在面称形式中，人称代词也不可省略，这说明在安徽亳州方言中人称代词已经彻底词缀化。这也佐证了本书的观点。

另外，据我们调查，背称B中，晋北方言同一人称代词的不同读音形式在亲属称谓语中共现时，前一人称代词主要承担强调等语用意义；"促化形式+亲属称谓词"是理性意义的主要承担者。武玉芳也说："删去人称代词单数形式（即促化形式，笔者注）的句子有可能不合法，语义也可能不符合原意；删去人称代词复数（即第一个舒声人称代词，笔者注），句子在语法上都是合法的……只是语用意义有所不同。这表明，句子的基本句法——语义功能的承担者是'人称代词单数+亲属称谓词'部分，人称代词复数是语用意义的负载者。"（武玉芳，2016：247页）这正说明，促化的人称代词已经词缀化，与亲属词之间是黏着的，不可分离，表达强调等语用义时，当地人在这种黏着的亲属领属前又叠加了一个读舒声的人称代词（单数或复数）。左云方言的单数和朔州方言的复数在这种结构中应该都是单复数同形的，既可以表示单数意义，又可以表示复数意义。

第五节　山西晋语区与官话区人称代词比较 ①

　　山西方言分属晋语区和官话区，不同区域的方言在语音、词汇和语法方面既有区别，又有千丝万缕的联系。在人称代词方面，晋语区和官话区的表现形式都十分复杂。总体特点如本章第二节所述：在主宾语位置上，单数和复数的转换关系大体上存在变调法、异根法、合音法、附加法四种形式。这些形式单独使用（单纯型）的情况在各片并不多，大多数情况下是两种或几种形式结合使用。结合使用的形式一般为：并用型、叠加型、叠用型和叠置型等。在领属位置上，山西方言存在专职的领格形式和复数词根独立充当领格形式的特点。复数词尾形式有"家""们""每""剋""满"等，其中"们""每""剋""满"又可以充当专职的领格代词。人称代词以上特点在山西方言中的分布并不均衡，官话区和晋语区具有较明显的地域差异。为节省篇幅，本节主要以第一人称代词为例说明。另外，这里所用语料与本章第二节、第三节中的语料多有交叉，为了更充分地比较山西方言人称代词的类型特点，这里将不避重复。

一、主宾语位置上单复数词根的差异

　　山西方言中，少数方言的人称代词在主宾语位置上的单复数词根形式相同，例如大包片的大同、右玉，五台片的岢岚，吕梁片的柳林、离石、临县，并州片的昔阳，汾河片的翼城、垣曲、闻喜等地。这些词根形式一般都是"我"（各地读音有差异），这里不再举例。

　　除了以上所说的少数方言单复数词根形式相同外，大多数方言单数和复

数的词根形式有所不同：北部、东南部和西部是以异根形式为主，中部是以合音形式为主，南部（官话区）是以变调形式为主。例如：

表 1-18　主宾语位置单复数词根比较表

转换方式	方言片	方言点	第一人称	
			单数	复数
异根（＋附加）	大包片	平鲁	我 [vo²¹³]	喃⁼[nɔ²¹³]
		灵丘	我 [uɣ⁴⁴]	喃⁼每 [næ³¹²məʔ⁴]
		山阴	我 [uə⁵²]	佤⁼每 [vʌ⁵²məʔ⁴]
		浑源	我 [vɣ⁵³]	乃⁼每 [nɛɛ⁵³məʔ³]
		应县	我 [uɣ⁵⁴]	俺每 [ɛ̃⁵⁴m̩⁰]
		左云店湾镇下张家坟村	我 [uɣ⁵³]	喃⁼每 [næ̃⁵³məʔ³] 俺每 [æ̃⁵³məʔ³]
	广灵片	广灵	我 [uə²¹³]	喃⁼每 [næ²¹³mə⁰]
	五台片	朔州	我 [vo³¹²] / 曩⁼[nɒ³¹²]	曩⁼[nɒ³¹²]
		五台	我 [ŋɔ²¹⁴]	们 [məŋ²¹⁴]
		定襄	我 [ŋɔ²¹⁴]	们 [məŋ²¹⁴]
		代县	我 [uɣ²¹³]	喃⁼[næ²¹³]
		河曲	我 [vɣ²¹³]	弭家每 [ma¹³məʔ⁰]
	吕梁片	兴县	我 [ŋɣ³²⁴]	弭些 [mi³²⁴ɕiɛ⁵⁵]
		岚县	我 [ŋiɛ²¹³]	嗯⁼们 [əŋ²¹³məŋ⁵⁵]
	上党片	壶关集店乡	我 [uɣ⁴²]	拿⁼[na¹³]
		黎城	我 [uɣ²¹²]	拿⁼（家）[na²¹²(təu⁰)]
		长治	我 [uə⁵³⁵]	呐⁼家 [na⁴⁴tɕiɛ⁰] 耐⁼家 [næ²⁴təu⁰]（少）
		屯留	我 [uo³¹³]	每家 [mɛi⁵³təu⁰]
		平顺	我 [uʌ⁵³]	这家 [tɕiɛʔ²təu⁰]
		晋城	我 [ua²¹³]	俺家 [æ²¹³tɕiɑ⁰]
		高平	我 [va²¹²]	每家 [mæ³³tʌu³³]
异根（＋附加）	并州片	灵石	□我 [niɛ²¹²]	俺们 [ŋõ²¹məŋ⁵³]

续表

转换方式	方言片	方言点	第一人称	
			单数	复数
合音（＋附加）	吕梁片	石楼	我 [ŋuə⁴¹³]	我家们 [ŋa³¹mən⁴⁴]
		隰县	我 [ŋɤ³¹²]	我家们 [ŋa⁵⁵mən⁰]
	并州片	交城	我 [ŋɤɯ⁴²]	我家每 [ŋɑ⁴²məʔ²]
		介休连福镇	我 [ŋiɛ⁵²³]	我家们 [ŋɒ⁵³mən⁰]
		平遥	我 [ŋiɛ⁵³]	我们 [ŋʌʔ⁵³mən³⁵] / 我家们家 [ŋa⁵³miɑ¹³]
		太谷范村镇	我 [ŋɛa⁵³⁴]	我家们 [ŋɒ⁵³⁴mã²⁴]
		祁县	我 [ŋɯ²¹²]	我家们 [ŋã²¹²m̩⁰]
		小店	我 [ou⁵³]	俺们 [æ⁵³mən⁰]
		娄烦	我 [ŋə²¹]	我家每 [ŋa²¹məʔ³²]
	上党片	陵川	我 [uɑ²¹³]	我每（家）[uæe³³(təu³³)]
		武乡故城镇	我 [ŋuɤ³¹³]	我家们 [ŋiɛ³¹ʌŋ¹³]
		沁源	我 [ŋɛi⁴²⁴]	我家们 [ŋɑ⁴²⁴mã⁰]
	汾河片	古县	我 [ŋɤ⁵³]	我家 [ŋuʌ²⁴]
		浮山	我 [ŋɤ³³]	我家 [ŋua³³]
		曲沃	我 [ŋɤ⁴⁴]	我家 [ŋa²⁴]
		稷山汾南	我 [ŋə³⁴]	我家 [ŋɒ²¹³]
		新绛	我 [ŋɤ³²⁴]	我家 [ŋa⁵³]
变调（＋附加）	汾河片	永济	我 [ŋuo⁵³]	我（家）[ŋuo²⁴(ti⁰)]
		临猗	我 [ŋuɤ⁵³]	我（家）[ŋuɤ²⁴(tei⁰)]
		运城	我 [ŋuo⁵³]	我（家）[ŋuo²⁴(ti⁰)]
		吉县	我 [ŋə⁵⁵]	我家 [ŋə⁵³tɕiɛ⁰]

续表

转换方式	方言片	方言点	第一人称	
			单数	复数
变调（＋附加）	汾河片	曲沃	我 [ŋɤ⁴⁴]	我家 [ŋɤ²¹³tɕia⁰]
		侯马	我 [ŋɤ²¹³]	我家 [ŋɤ²¹tɕiʌ⁰]
		夏县	我 [ŋɤ³²⁴]	我家 [ŋɤ⁵³təu⁰]
		河津	我 [ŋɤ⁵³]	我家 [ŋɤ³²⁴tɕi⁰]
		万荣	我 [ŋɤ⁵⁵]	我家 [ŋɤ³¹ti⁰]

从上表可以看出，"附加法"表示复数形式，覆盖了山西绝大多数方言点。不过，各地单纯用附加法的很少，大多是两种或多种方式结合或叠加使用，其他几种转换方式地域性比较明显："异根法"只出现在晋语区，单纯"变调法"只出现在官话区。"合音法"则晋语区和官话区有交叉，官话区主要是汾河片的平阳小片以及绛州小片的少数方言使用合音法表示复数形式，最南端的解州小片则全部使用变调法。

在晋语区，"异根法"主要出现在大包、五台、吕梁和上党四片，并州片只有很少方言用"异根法"，绝大多数方言采用"合音法"。

所以，纵观山西方言单复数形式的转换关系，"异根"和"合音"主要出现在晋语区，"变调"主要出现在官话区；按全省方位的分布特点，大概呈现出"北／西／东南—中—南"依次为"异根—合音—变调"的特点。

二、领属位置与主宾语位置上人称代词转换方式的差异

山西晋语区和官话区的人称代词在修饰称谓名词和处所名词时，都有不同于主宾语位置上的领格形式，这方面的表现比较复杂，主要体现在以下三个方面：

1.晋语区和官话区各地都有专职的领格形式，但是领属形式与主宾语形

式的转换关系有所不同，晋语区主要用"变韵""异根""合音"等，官话区则主要用"变调"方式。

表 1-19　领属位置人称代词比较表

变换方式	方言片	方言点	主宾语位置		领属位置（单复数同形）
			单数	复数	
变韵（＋换尾）	五台片	偏关	我 [vʌ²¹³]	我们 [vəŋ²¹³] / 我们们 [vəŋ²¹³məŋ⁰]	我 [vəʔ³] 爸 / 侄儿子 / 舅舅 / 奶奶 我 [vʌ²¹³] 妈
		朔州	我 [vɒ³¹²] / 曩 ꞊[nɒ³¹²] 你 [ni³¹²] 他 [tʰɒ³¹²]	曩 ꞊[nɒ³¹²] 你每 [niəu³¹²] 他们 [tʰɒ³¹²]	我 [vəʔ³⁴] 爸 / 舅 / 老婆 你 [niəʔ³⁴] 爸 / 舅 / 老婆 他 [tʰəʔ³⁴] 爸 / 舅 / 老婆
	上党片	黎城	我 [uɣ²¹²]	拿 ꞊（家）[nɑ²¹²（təu⁰）]	喃 ꞊[næ²¹²] 爸 / 侄儿 / 老师 / 村 / 学校
		沁源	我 [ŋɐi⁴²⁴]	我家们 [ŋɑ⁴²⁴mə̃⁰]	俺 [ŋæ⁴²⁴] 爸 / 老婆 / 老师
	并州片	昔阳	我 [vɣ⁵⁵]	我们 [vɣ⁵⁵məŋ⁰]	俺 [ŋæ³¹³] 爹 / 老婆 / 老师 / 村 / 学房
		介休	我 [ŋiᴇ⁵²³]	我家们 [ŋɒ⁵³məŋ⁰]	俺 [ŋæ̃⁵²³] 爸爸 / 舅舅 / 老婆 / 老师 / 村
	吕梁片	隰县	我 [ŋɣ³¹²] 他 [tʰa⁴¹]	我家们 [ŋa⁵⁵məŋ⁰] 他们 [tʰa⁴¹məŋ⁰]	俺 [ŋæ⁵⁵] 爸爸 / 姐 / 婆姨 / 村里 / 隰县 他家 [tʰəʔ³tɕia⁴¹] 爸爸 / 姐 / 婆姨
异根	吕梁片	柳林	我 [ŋo³¹⁴]	我弭 [ŋo³¹⁴mi³³]	弭 [mi²¹⁴] 爸爸 / 老婆 / 学校 / 村 / 柳林
		临县	我 [ŋɔ³¹²]	我弭 [ŋɔ³¹mi²⁴]	弭 [mi³¹²] 爹 / 姐姐 / 舅舅 / 侄儿 / 老婆
		中阳	我 [ŋɣ³¹³]	我弭家 [ŋɣ³¹mie²⁴]	弭家 [mie²⁴] 妈 / 侄儿 / 老师 / 老婆 / 村 / 学校
合音（＋叠加）	吕梁片	汾阳	我 [ŋi³¹²] 你 [n̩³¹²]	我们 [ŋw³¹²məŋ⁰] 你们 [n̩³¹²məŋ⁰]	我们 [ŋəŋ⁰] 爸 / 老婆 你弭 [ni³¹²] 爸 / 老婆 你弭 [ni³¹²] 村 / 家

续表

变换方式	方言片	方言点	主宾语位置		领属位置（单复数同形）
			单数	复数	
合音（+叠加）	吕梁片	兴县	我 [ŋɤ³²⁴] 你 [ni³²⁴] 茶="那家"合音 [niɛ³²⁴] 他，远指 那 [nou⁵³] 他，更远指	弡些 [mi³²⁴ɕiɛ⁵⁵] 我们 你家弡 [niɛ³²⁴mi⁵⁵] 你们 茶="那家"合音乃 [niɛ³²⁴nɑi⁵²] / 茶=乃弡 [niɛ³²⁴nɑi⁵²mi⁵⁵] 他们，近指	弡弡家 [mi³²⁴miʌ⁴⁴] 我们村里/学校/兴县 你家弡家 [niɛ³²⁴miʌ⁴⁴] 你们老师/村里/学校 茶=乃弡家 [niɛ³²⁴nɑi⁵²miʌ⁴⁴] 他们老师/领导/学校/村里，近指 那乃弡家 [nou⁵³nɑi⁵²miʌ⁴⁴] 他们（的）老师/领导/学校/村里，远指
	并州片	孟县	我 [ŋɤo⁵³]	我们 [ŋɤo⁵³mə⁰]	我们 [ŋɔ⁴¹²] 爹/姐姐/老师/老婆/村/单位
变调	汾河片	闻喜	我 [ŋə⁴⁵] 你 [n̠i⁴⁵] 他 [tʰa⁴⁵]	我家 [ŋə⁴⁵təu⁰] 你家 [n̠i⁴⁵təu⁰] 他家 [tʰa⁴⁵təu⁰]	我 [ŋə³¹] 爸爸/老婆/老师/村/学校 你 [n̠i³¹] 爸爸/老婆/老师/村/学校 他 [tʰa³¹] 爸/老婆/老师 他（奈）[tʰa³¹(lai⁰)] 学校
		永济	我 [ŋuo⁵³] 你 [n̠i⁵³]	我家 [ŋuo²⁴ti⁰] 你家 [n̠i²⁴ti⁰]	我 [ŋuo³¹] 爸/妈/老婆/老师/村/学校 我奈 [ŋuo³¹nai⁰] 手/皮鞋单数 你 [n̠i³¹] 爸爸/侄儿
		临猗	我 [ŋuɤ⁵³] 你 [n̠i⁵³] 他 [tʰʌ⁵³]	我（得）[ŋuɤ²⁴(tei⁰)] 你（得）[n̠i²⁴(tei⁰)] 他（得）[tʰʌ²⁴(tei⁰)]	我 [ŋuɤ³¹] 爸/妈/老婆 我奈 [ŋuɤ³¹ᐟ²⁴nai⁰] 手/皮鞋单数 你 [n̠i³¹] 爸爸/侄儿 你奈 [n̠i³¹ᐟ²⁴nai⁰] 手/皮鞋单数 他 [tʰʌ³¹] 爸/妈/老婆 他奈 [tʰʌ³¹ᐟ²⁴nai⁰] 手/皮鞋
		垣曲	我 [ŋuo²¹²]	我家 [ŋuo²¹²təu⁰]	我 [ŋuo³¹] 爸爸/妈/老婆/老师

兴县方言复数有 32 种，上表只是举例性质，详情可参看第二章第三节。

从上表中可以看出，虽然部分方言第二、三人称也有独立的领格形式，但独立领格形式还是更多地出现在第一人称。晋语区的领格形式主要是靠

"变韵""异根""合音"以及这三种形式与"换尾""叠加"方法的结合使用；官话区汾河片主要是通过"变调"形式与主宾语位置上的人称代词相区别。

2. 领属位置上的人称代词用复数词根直接修饰称谓名词和处所名词：大部分方言能修饰所有的称谓名词和处所名词，少数方言只能修饰具有亲缘关系和家族关系的称谓名词、处所名词，个别方言只能修饰亲属称谓名词。这种用复数词根形式做领格的形式主要集中在晋语区的并州片和上党片，晋语区其他各片和官话区较少。具体情况如下表：

表 1-20　用复数词根修饰称谓名词、处所名词比较表

方言片	方言点	主宾语位置		领属位置（单复数同形）
		单数	复数	
广灵片	广灵	我 [uə²¹³]	喃＝每 [næ²¹³mə⁰]	喃＝[næ²¹³] 爸爸 / 侄儿 / 老婆
大包片	灵丘	我 [uɣ⁴⁴]	喃＝每 [næ³¹²məʔ⁴]	喃＝[næ³¹²] 爸 / 舅 / 老婆
	浑源	我 [vɣ⁵³]	乃＝每 [nɛɛ⁵³məʔ³]	乃＝[nɛɛ⁵³] 爹 / 妈 / 舅
五台片	五台	我 [ŋɔ²¹⁴]	们 [məŋ²¹⁴]	们 [məŋ²¹⁴] 爸爸 / 老师 / 老婆 / 村 / 书房学校 / 五台
	代县	我 [uɣ²¹³]	喃＝[næ²¹³]	喃＝[næ²¹³] 爸爸 / 姐姐 / 队长 / 家里 / 单位
吕梁片	离石	我 [ŋʌ³¹²]	我乎 [ŋʌ²¹⁴mⁱ²⁴]	我 [ŋʌ²¹⁴] 爸爸 / 舅舅 / 老婆
	石楼	我 [ŋuə⁴¹³]	我家们 [ŋa³¹məŋ⁴⁴]	我家 [ŋa³¹] 爸 / 舅舅 / 老师 / 老婆 / 村 / 学校
	交口	我 [ŋɛ³¹²]	我家们 [ŋɒ³¹məŋ⁰]	我家 [ŋɒ³¹] 爸爸 / 舅舅 / 老婆
并州片	太谷范村镇	我 [ŋɛa⁵³⁴]	我家们 [ŋɒ⁵³⁴mɛ̃²⁴]	我家 [ŋɒ⁵³⁴] 爸爸 / 舅舅 / 老师 / 村里 / 学校
	祁县	我 [ŋɯ²¹²]	我家每 [ŋã²¹²m̩⁰]	我家 [ŋã²¹²] 爸爸 / 老师 / 老婆 / 村 / 学校
	和顺	我 [vɣ⁵³]	俺们 [ŋæ³¹məŋ⁰]	俺 [ŋæ³⁵] 爸爸 / 伯伯 / 舅舅 / 姑姑 / 村
	左权	我 [vɣɯ⁵³] / □ [niɛ³¹]	我们 [vɣɯ⁵³məŋ⁰] / □们家 [niɛ³¹məŋ⁰tɔ⁰]	□ [niɛ³¹] 爸 / 老婆 / 老师 / 村 / 学校 / 手 / 皮鞋
	寿阳	我 [ŋəɯ⁴²³]	我们 [ŋəɯ⁴²³məŋ⁰]	我 [ŋəɯ⁵³] 爸 / 老婆 / 老师 / 村 / 学校

续表

| 方言片 | 方言点 | 主宾语位置 | | 领属位置（单复数同形） |
		单数	复数	
并州片	小店	我 [ou⁵³]	俺们 [æ̃⁵³mən⁰]	俺 [æ̃³¹] 爸 / 老婆 / 老师 / 村 / 学校
	古交	我 [ŋɯ³¹³]	俺每 [ŋɔ³¹³məʔ³]	俺 [ŋɔ³¹³] 爸 / 老婆 / 村
	娄烦	我 [ŋə²¹]	我家每 [ŋa²¹məʔ³²]	我家 [ŋa²¹] 娘 / 大爸爸 / 家 / 村
	灵石	□ [niɛ²¹²]	俺们 [ŋɔ̃²¹mən⁵³]	俺 [ŋɔ̃²¹²] 爸 / 老婆 / 老师 / 村 / 学校
上党片	长子	我 [uə³¹³]	我家 [ə¹³təu⁰]	我 [ə¹³] 爸 / 侄儿 / 老师 / 媳妇 / 村 / 学校
	屯留	我 [uo³¹³]	每家 [mɛi⁵³təu⁰]	每 [mɛi⁵³] 爸 / 老婆 / 老师 / 村 / 学校
	武乡故城镇	我 [ŋuɤ³¹³]	我家们 [ŋiE³¹ʌŋ¹³]	我家 [ŋiE³¹] 爸 / 老婆 / 老师 / 村 / 学校
	平顺	我 [uʌ⁵³]	这家 [tɕiɛʔ²təu⁰]	这 [tɕiɛʔ²] 爸 / 侄儿 / 老师 / 媳妇 / 村
	壶关集店乡	我 [uɤ⁴²]	拿⁼ [nɑ¹³]	拿⁼ [nɑ¹³] 爸 / 侄儿 / 老师 / 老婆 / 村 / 学校
	晋城	我 [uɑ²¹³]	俺家 [æ²¹³tɕiɑ⁰]	俺 [æ²¹³] 爸爸 / 妈 / 舅舅 / 村 / 学校
	陵川	我 [uɑ²¹³]	外⁼我每 [uæe³³] 外⁼我每都 [uæe³³təu⁰]	外⁼我每 [uæe³³] 爸 / 老婆 / 老师 / 村 / 学校
	高平	我 [vɑ²¹²]	每 [mæ³³] 每家 [mæ³³tʌu³³]	每 [mɛe³³] 爸 / 侄儿 / 同学 / 高平人 / 屋儿家 / 高平 / 学校 / 班
	阳城	我 [vɑ³¹]	我家 [vɑ⁵³tɕiE⁰]	我 [vɑ⁵³] 爸 / 老婆 / 村
汾河片	古县	我 [ŋɤ⁵³]	我家 [ŋuʌ²⁴]	我家 [ŋuʌ²⁴] 爸 / 舅 / 老师 / 村 / 学校 / 古县
	吉县	我 [ŋə⁵⁵]	我家 [ŋə⁵³tɕiɛ⁰]	我 [ŋə⁵³] 爸 / 媳妇 / 老师 / 村 / 学校
	夏县	我 [ŋɤ³²⁴]	我家 [ŋɤ⁵³təu⁰]	我 [ŋɤ⁵³] 爸爸 / 妈 / 老婆 / 老师 / 村 / 学校

　　从上表中可以看出，人称代词修饰称谓名词和处所名词时应是单复数同形，且不用结构助词。如果修饰普通名词，各地方言一般只能分别用单数形式和复数形式，单复数不容相混，且与名词之间一般要用结构助词"的"。

　　3.部分方言与普通话的表现形式基本相同：用单数形式直接修饰亲缘关系称谓，用复数形式直接修饰社会关系称谓和所有处所名词，单复数做定语都是并置式。这主要集中在大包片、五台片和汾河片的部分方言。例如：

表 1-21　单数修饰亲属称谓，复数修饰社会称谓 / 处所名词比较表

方言片	方言点	主宾语位置		领属位置
		单数	复数	
云中片	大同	我 [vo⁵⁴]	我每 [vo⁵⁴məʔ⁰]	**称谓前**：我 [vo⁵⁴] 爸爸 / 侄儿 / 老婆 　　　　我每 [vo⁵⁴məʔ⁰] 老师 **处所前**：我每 [vo⁵⁴məʔ⁰] 村 / 学校 **普通名词前**：我 [vo⁵⁴] 手 / 书包单数 　　　　我每 [vo⁵⁴məʔ⁰] 手 / 书包复数
	山阴	我 [uə⁵²]	佤＝每 [vʌ⁵²məʔ⁴] 我每 [uə⁵²məʔ⁴]（新）	**称谓前**：我 [uə⁵²] 爸爸 / 妈 　　　　佤＝每 [uʌ⁵²məʔ⁴] 老师 **处所前**：佤＝每 [vʌ⁵²məʔ⁴] 村 / 学校 **普通名词前**：我的 [uə⁵²tiəʔ⁴] 手 / 书包单数 　　　　佤＝每的 [vʌ⁵²məʔ⁴tiəʔ⁴] 手 / 书包复数
	阳高古城镇西要泉村	我 [uɤ⁵³]	我每 [ŋɔu⁵³mə⁰]	**称谓前**：我 [uɤ⁵³] 爸 / 妈 / 老婆 / 老师 　　　　我每 [ŋɔu⁵³mə⁰] 老师 **处所前**：我每 [ŋɔu⁵³mə⁰³³] 村 / 学校 **普通名词前**：我的 [uɤ⁵³tiəʔ³] 手 / 书包单数 　　　　我每的 [ŋɔu⁵³mə⁰tiəʔ⁴] 手 / 书包复数
五台片	岢岚	我 [uə²¹³]	我每 [uə²¹³məʔ³³]	**称谓前**：我 [uə²¹³] 大大 / 老婆 / 老师 　　　　我每 [uə²¹³məʔ³³] 老师 　　　　我家 [uə²¹³tɕiʌ²¹³] 老师 / 媳妇不常用 **处所前**：我每 [uə²¹³məʔ³³] 村 / 学校 　　　　我家 [uə²¹³tɕiʌ²¹³] 村 / 学校不常用 **普通名词前**：我的 [uə²¹³tiəʔ⁴] 手 / 书包单数 　　　　我每的 [uə²¹³məʔ³³tiəʔ⁴] 手 / 书包复数
	河曲	我 [vɤ²¹³]	弭家们 [ma¹³məʔ³]	**称谓前**：我 [vɤ²¹³] 大爸爸 / 老婆 　　　　弭家们 [ma¹³məʔ³] 老师 / 家 **处所前**：弭家们 [ma¹³məʔ⁰] 村 / 学校 **普通名词前**：我的 [vɤ²¹³tiəʔ³] 手 / 书包单数 　　　　弭家们的 [ma¹³məʔ⁰tiəʔ³] 手 / 书包复数
	宁武四区	我 [uo²¹³]	我们 [vɤ̃ŋ²¹³]	**称谓前**：我 [uo³⁴] 爸 / 侄儿子 　　　　我们 [vɤ̃ŋ²¹³] 老师 **处所前**：我们 [vɤ̃ŋ²¹³] 村 / 学校 **普通名词前**：我的 [uo³⁴tiəʔ³] 手 / 书包单数 　　　　我们的 [vɤ̃ŋ²¹³tiəʔ³] 手 / 书包复数

续表

方言片	方言点	主宾语位置		领属位置
		单数	复数	
汾河片	乡宁	我 [ŋə²¹⁴]	我家 [ŋə²¹⁴tɕie⁰]	称谓前：我 [ŋə²¹⁴] 爸 / 舅 / 婆娘 / 老师 　　　　我家 [ŋə²¹⁴tɕie⁰] 老师 处所前：我 [ŋə²¹⁴] 村 / 乡宁 　　　　我家 [ŋə²⁴tɕie⁰] 学校 / 乡宁 普通名词前：我奈 [ŋə²¹⁴nai⁰] 手 / 书包单数 　　　　　　我家奈 [ŋə²¹⁴tɕie⁰nai⁰] 手 / 书包复数
	霍州	我 [ŋuo²²]	我家 [ŋuo²²tɕi²²]	称谓前：我 [ŋuo²²] 爸 / 侄儿 / 婆娘 / 老师 处所前：我家 [ŋuo²²tɕi²²] 村 / 学堂 普通名词前：我哩 [ŋuo²²li⁰] 手 / 皮鞋单数 　　　　　　我家哩 [ŋuo²²tɕi²²li⁰] 手 / 皮鞋复数
	翼城	我 [ŋɤ⁵⁵]	我家 [ŋɤ⁵⁵tou⁰]	称谓前：我 [ŋɤ⁵⁵] 爸 / 老婆 / 老师 　　　　我家 [ŋɤ⁵⁵tou⁰] 老师 处所前：我 [ŋɤ⁵⁵] 村里 / 书院 　　　　我家 [ŋɤ⁵⁵tou⁰] 书院 普通名词前：我哩 [ŋɤ⁵⁵li⁰] 手 / 皮鞋单数 　　　　　　我家哩 [ŋɤ⁵⁵tou⁰li⁰] 手 / 皮鞋复数
	侯马	我 [ŋɤ²¹³]	我家 [ŋɤ²¹tɕiʌ⁰]	称谓前：我 [ŋɤ²¹³] 爸爸 / 老婆 　　　　我家 [ŋɤ²¹tɕiʌ⁰] 老师 处所前：我 [ŋɤ²¹³] 村 　　　　我家 [ŋɤ²¹tɕiʌ⁰] 村 / 学校 普通名词前：我哩 [ŋɤ²¹³li⁰] 手 / 皮鞋单数 　　　　　　我家哩 [ŋɤ²¹tɕiʌ⁰li⁰] 手 / 皮鞋复数
	新绛	我 [ŋɤ³²⁴]	我家 [ŋa⁵³]	称谓前：我 [ŋɤ³²⁴] 爸爸 / 妈 / 老婆 / 老师 　　　　我家 [ŋa⁵³] 老师 处所前：我家 [ŋa⁵³] 村里 / 学校 普通名词前：我的 / 奈的 [ŋɤ³²⁴ti⁰/nai⁰] 手 / 皮鞋单数 　　　　　　我家的 / 奈的 [ŋa⁵³ti⁰/nai⁰] 手 / 皮鞋复数
	稷山 汾南	我 [ŋə³⁴]	我家 [ŋɒ²¹³]	称谓前：我 [ŋə³⁴] 爸爸 / 妈 　　　　我家 [ŋɒ²¹³] 老师 处所前：我家 [ŋɒ²¹³] 村 / 学校 普通名词前：我那 [ŋə³⁴nai⁰] 手 / 皮鞋单数 　　　　　　我家那 [ŋɒ²¹³nai⁰] 手 / 皮鞋复数

上表中部分方言也可以用人称代词单数形式限定社会称谓名词，如岢

岚、霍州、乡宁、翼城、新绛等，用单数形式增加了亲昵的感情色彩。不过，客观语境中社会称谓一般用复数形式限定。

总之，在领属位置上，官话区与晋语区的人称代词特点既有相同之处，又有明显区别。相同之处在于：晋语区和官话区都有专职的领格形式，都有用复数词根做领格的形式，也都有与普通话相同的领属形式。不同之处在于：专职领格形式，晋语区主要用"变韵""异根""合音"等形式，官话区则主要用"变调"方式；复数词根形式独立做领格的主要集中在晋语区（并州片和上党片），官话区较少；与普通话相同的领属形式主要集中在晋语区的大包片、五台片，其他晋语区很少，官话区则主要集中在汾河片的平阳小片和绛州小片，解州小片很少。

三、人称代词复数词尾形式的差异

从表1-18到表1-21我们可以看到，虽然词尾在山西的表现形式多种多样，但总体可概括为"家、们、弭、每"四种。"们"在山西方言中多读为 [məŋ] 或 [mə̃]，主要集中出现在晋语区的并州片、五台片和上党片；"弭"多读为 [mi] 或 [m̩]，主要出现在晋语区的吕梁片，"每" [məʔ] 主要出现在晋语区的大包片。关于"每""家"等词尾的各种读音，参考本书第8页的分析与说明。

总之，从词尾形式来看，"们""每""弭"及其变体形式一般出现在晋语区，"们"多出现在中部，"每"多出现在北部，"弭"多出现在西部。"家"及其变体多出现在官话区，晋语的上党片地处晋东南，与晋南相连，词尾也是"家"或其变体形式。

四、第三人称代词与指示代词同形现象的差异

山西方言中存在很多用指示代词充当第三人称代词的方言，例如：

普通话　　　　　他　　　　　　　　　　他们

吕梁片：兴县：茶="那家"合音 [nie³²⁴]（近）　茶=那 [nie³²⁴nɑi⁵³]（近）

　　　　　　　　那 [nou⁵³]（远）　　　　　那乃弭 [nou⁵³nɑi⁵³mi⁴⁴]（远）

　　　　　　柳林：那 [no³¹⁴]　　　　　　　　兀家 [uo³¹tɕia³¹⁴] / 兀家弭

　　　　　　　　　　　　　　　　　　　　　　[uo³¹⁴tɕia³³mi⁰]

　　　　　　离石：那家 [nie³¹²]　　　　　　　那家 [nəʔ³²tɕiʌ³¹²]（近）/ 兀家

　　　　　　　　　　　　　　　　　　　　　　[uəʔ³²tɕiʌ³¹²]（远）

　　　　　　中阳：兀 [uɔ³¹³]　　　　　　　　兀家 [uəʔ³tɕiʌ²⁴] / 那家 [nəʔ³²tɕiʌ³¹²]

　　　　　　临县：那 [nɛe³¹²]　　　　　　　那家 [nɛe³¹²tɕiʌ²¹⁴]

　　　　　　石楼：那个 [nuə⁴¹³]　　　　　　那些 [nəʔ⁴sɛi⁴⁴]/ 兀家 [uəʔ²¹³tɕia²¹⁴]

　　　　　　交口：兀 [uəʔ³]　　　　　　　　兀家们 [uəʔ³tɕia³¹məŋ⁰]

并州片：清徐：兀家 [vəʔ²tɕia¹¹]　　　　　他们 [tʰa¹¹mə̃⁰]

　　　　　　祁县：兀家 [uəʔ²tɕia³³]　　　　兀家每 [uəʔ²²tɕia³¹m̩⁰]

　　　　　　平遥：兀家 [uəʔ²tɕia³³]　　　　兀家们 [uəʔ²tɕia³³məŋ³³]

　　　　　　太谷：兀家 [vəʔ¹¹tɕia²²]　　　　他们 [tʰa²²mə̃⁰]

　　　　　　孝义：兀家 [uəʔ²tɕia¹¹]　　　　兀家们 [uəʔ²tɕia¹¹məŋ⁵⁵/⁵³]

　　　　　　文水：兀家 [uəʔ²tɕia²²]　　　　兀家每 [uəʔ²tɕia²²məʔ²]

上党片：长子：那 [na³²⁴]（只做主语）　　他家 [tʰa²¹³təu⁰]

　　　　　　屯留：那 [nəʔ⁴⁵]（含有贬义）　那家 [nəʔ⁴⁵təu⁰]

汾河片：古县：那 [nʌ²¹]　　　　　　　　那们家 [nʌ²¹mən⁰tɕiʌ²¹]

　　　　　　临汾：那 [na²¹]　　　　　　　那家 [na²¹kua⁰/tɕia⁰]

　　　　　　洪洞：那 [nɑ²¹]　　　　　　　那家 [nɑ²¹tiɑ⁰]

　　在调查中我们发现，官话区（汾河片）只有靠近并州片的平阳小片，个别方言第三人称与指示代词"那"同形。晋语区第三人称代词与指示代词同形现象在吕梁片和并州片大面积存在，吕梁片绝大多数方言都是用指示代词代替第三人称代词的，大多数与"那"同形，少数与"兀"同形；并州片则单数都为"兀家"，复数多为"兀家们"；晋语区的上党片也发现个别第三人称与指示代词"那"同形现象，晋语区其他各片目前没有发现这一现象。

　　通过上文的分析，我们可以看到山西晋语区和官话区在人称代词方面存在明显的差异：

第一，主宾语位置上单复数的转换形式，晋语区多用"异根"（北部、东南部、西部）和"合音"（中部）形式，南部的官话区多用"变调"形式。

第二，在领属位置上，虽然都有专职的领格形式，但晋语区的领格形式与主宾语位置上代词的转换关系仍多用"异根""合音"等形式，官话区仍多用"变调"形式；用复数词根形式独立修饰称谓名词和处所名词的形式也多出现在晋语区，官话区则很少出现这种形式；与普通话相同的领属形式虽然在晋语区和官话区都有，但内部分布有差异，晋语区主要分布在北部的大包片和五台片，官话区主要分布在平阳小片和绛州小片。

第三，从词尾形式看，"们""每""弭"及其变体出现在晋语区，其中，"每"多出现在北部（大包片和五台片），"们"多出现在中部（并州片）；而官话区都为"家"词尾或其变体形式。东南部的晋语区（上党片）与南部的官话区相连，词尾也多为"家"或其变体形式。

第四，从第三人称代词与指示代词同形情况来看，大部分出现在晋语区，官话区只有个别靠近晋语区的方言才有这种形式。另外，晋语区的并州片第三人称多与"兀"同形（"兀家"），其他各片都是与"那"同形。

另外，我们看到，北方方言人称代词的复数词根形式和领属位置的形式多为合音形式（"俺"），而与山西官话区一河之隔的陕西西安一带复数词根和领属位置的形式则多为变调形式，这种差异为何产生？山西境内人称代词的一些特殊表现形式（如"异根"）如何发展而来？不同区域为何产生比较明显的差异？这些都是需要我们继续探讨的问题。

第二章　山西方言指示代词

第一节　指示代词研究概述

一、指示代词本体与语源研究

当前，学界对指示代词的本体研究取得了丰硕的成果，这些成果主要体现在三个方面。

（一）"这""那"的来源

关于"这""那"的来源，学界大致有以下三种看法：

第一，王力（1980：279页）认为，"这"来源于"之"，"当'之'字用于指示的时候，是用作定语的，是近指的指示代词，等于现代的'这'"。他进一步指出，"之"和"者"同属照母，由于口语和文言读音而产生分化，发展到中古时，出现了相混的现象。"那"来源于"尔"，"'那'字的来源比较简单……我们比较相信来自'尔'字，因为上古指示代词'尔'字用途比较广，应用的历史比较长，这样就和'那'字接得上了"（同前，284页）。

第二，吕叔湘、江蓝生（1985）认为，"这"的本字是"者"，"'者'在古代本有指示的作用，为了避免跟文言通用的'者'字相混，才有'這'和'遮'的写法"。"'那'跟古代的远指指示代词'彼'或'夫'毫不相干，倒是跟第二身代词'尔'和'若'有关系"。通过对语音的进一步考察，吕叔湘、江蓝生认为，"那"应该是出自于"若"。

第三，梅祖麟（2000）认为，"这"的前身是"只者"，"'只者'失落'只'字，剩下来的'者'字承继'只者'原有的意义"。

另外，还有多位学者对指示代词的本体和语源研究进行了有益的探索。李如龙、张双庆（1996）收录了一些研究吴语、闽语、赣语等东南方言指示代词的文章，涉及指示代词的描写、词源考证、共时比较等方面。张惠英（2001）探究吴语、粤语、客家话等指示代词的语源，还专文讨论了山西话的指示代词"兀"，认为远指词"兀"和量词、结构助词有密切关系，"兀"的语源就是"个"，是"个"脱落声母而成的，和吴语、粤语、赣语、客家话的"个"是同源异读。汪化云（2008）研究了指示代词的复杂形式、类型、三分现象、"兀"的词源等问题。

（二）"这""那"的称代和指别作用

关于"这""那"的语用功能研究，吕叔湘、江蓝生（1985）通过举例分析将"这""那"的作用分为指示、称代和承接三类，后来又进一步对指示代词的作用进行分类，重新分为指示、区别和替代三类，至此，指示代词共有四种作用：指示、称代（替代）、承接和区别。其实，"指示和称代表达的是语法意义，区别和承接表达的是语用意义"（徐默凡，2001：48页）。

刘丹青（2008、2017a）等多位学者都指出，从语言类型学的角度看，世界上很多语言分为指示代词（做论元）和指示形容词（做限定语）两类，词形不同，功能各异。汉语的"这""那"兼有称代和指别作用，是指示代词和指示形容词不加区别。不过有少数方言中两类可以区分（陈泽平，1998）。刘丹青（2008）特别强调，指示代词中的指示代词和指示形容词是从句法功能的角度分出的，事实上两者经常交叉……特别需要描写的是只能代替名词做论元和只能做定语两种情况。普通话的"这""那"具有称代作用，可以单独做句子主语，也能自由地做定语。吴语、闽语、赣语、客家话都有指别词和称代词的分别。

储泽祥、邓云华（2003）认为，指示代词的指称、区别和替代三种作用，其中指称是根本，从指别看，大致分为以下五种情况：指方所的，指人或物的（包括人或物的数量），指时间的，指性状或程度的，指动作方式的。提出蕴含共性的等级序列：性状程度或动作方式＞时间＞人或物＞方所。

陈玉洁（2010）利用类型学方法研究汉语、汉语方言及少数民族语言中的指示代词体现出的共性和特点，区分指示代词的句法、语义和语用功能，认为指示代词就是有指示功能和距离意义的语言成分，指示功能是基本的，距离语义是从指示功能派生而来，在指示代词中并不必然出现。她还深入探讨了中性指示代词，提出了指示代词语音象似性三原则，探讨了量名结构和量词的定语标记功能之间的关系，发现了指示代词漂移现象背后的动因。

对于指示代词的专书研究，学界从未间断。《红楼梦》《儿女英雄传》《西游记》《醒世奇言》《镜花缘》等相继成为研究的语料，这些研究都侧重于从指示代词的指示功能出发，探讨其语义和语用方面的变化和发展。

（三）"这""那"的语法化

关于"这""那"的语法化研究，很多学者都有过论述。吕叔湘（1982：166页）曾指出，"远指和近指的区别不很显著，白话的'这'和'那'有时竟可通用"。后来，他（1985）进一步指出，"要是完全没有区别的作用，就是弱化的'这'、'那'，跟有冠词的语言里的冠词相当"。吕叔湘（1990）还利用上述观点研究了现代汉语指示代词的切分，指出现代汉语普通话中的指示代词是二分的，某些方言里所谓三分的指示代词，其中的中指指示代词不但是一个不论远近的中性指示代词，并且是一个弱化的指示代词，是由近指指示代词或远指指示代词弱化而成。

张伯江、方梅（1996）从历时和共时两个角度论述了北京口语中指示代词的语法化情况。方梅（2002）后来指出，"指示代词可以把一个指称属性不十分确定的名词身份确定化，在用法上同于定冠词的用法，可确认已经虚化为定冠词"，同时注意到一个普遍存在的现象，即"这"的使用频率远高于"那"。

指示代词与结构助词的语法共性，语言学界有多位学者很早就有相关论述。大多数学者认为"底"始见于公元 8 世纪，9 世纪肯定出现，10 世纪趋于普遍。但有关"底"的来源，各家说法不一。

吕叔湘先生认为，"底"来自"者"（1984），又说"这"来自"者"，"者"最早是个指示代词（"别事词也"），这就间接证明"底"即"这"（1985）。

王力（1980）从音韵上说明，"底"是从"之"变来的。"之"的上古音是 [ȶǐə]，后来在文言中的演变情况是 [ȶǐə] → [tɕǐə] → [tɕi] → [tʂʅ]，在白话里的演变应该是 [ȶǐə] → [tiə] → [ti]。这样就造成了一对骈词（doubtet），"之"与"底"并存。

李方桂与王力的观点相同："我们知道，'你'的古字是'尔'字，'的'的古字是'之'字。……依我现在想象这类字是从前三等字有个 -j-，在轻读时 -j- 丢掉了，所以在读'尔'字时，没有了 -j- 就变成'你'；读'之'字时，没有了 -j- 就变成'的'。"李对上古"之"的拟音为 [tjəg]（转引自梅祖麟，2000）。

高名凯也支持王力的观点，高氏提出（针对马伯乐观点）："固然我们不能说'的'（ti）是'之'（tche）的直接音变的结果。然而，马伯乐先生对于'的'是'之'之存在于通俗口语中的意见加以怀疑，则不是我们所敢赞同的。反之，我们却大有理由说'的'是'之'存在于通俗口语中的古音。"（转引自李振中、肖素英，2008）。

蒋冀骋（2005）分析了前人的各种观点后认为，结构助词"底"在语音上继承了上古、中古"之"字的读音，在用法上继承了"之""者"的语法功能，是"之""者"在近代口语中的替代词。他从历史文献等方面证明了"底"和"之"的联系，从汉藏对音方面证明了"底"在唐代读 [te]。另外，冯春田（1990）从历史文献方面考察，认为"底"在近代汉语中做结构助词前是指示代词，这一说法得到石毓智的支持，石毓智（1998）更是从认知的角度对指示代词和结构助词在功能上的相通性做了较详细的论述。

以上分析显示，吕叔湘、王力、蒋冀骋都认为"者"和"之"声母古时

有 [t] 的读法。而且很多学者指出，不论是"者""之"，还是"底"，都有指示代词的功能。

石毓智（2000）指出，"'的'是在量词的类推力量下，由其原来的指代用法语法化为结构助词的"，石毓智（2004）又从语言类型学的角度论证了指示代词与结构助词的语法共性。曾美燕（2004）以此为基础，进一步检索王朔的作品，探讨了结构助词"的"与指示代词"这""那"的语法共性。

刘丹青（2005a）详细论述了在北京话里，指示代词兼做领属定语标记和关系从句标记的情况，并且就指示代词、指量短语和"的"做了比较和分析。

二、指示代词的多分现象和繁复现象

赵元任（1956）最早发现了汉语不少方言的指示代词比"这""那"多出一类，并把这种现象叫作"近指""中指""远指"。小川环树（1981）提出苏州方言的指示代词包括近指"该"，中指"格"，远指"归"。王力（1980）讨论苏州方言的第三指，认为苏州方言"格"的所指非远非近，指的是一定的人物。吕叔湘、江蓝生（1985）认为，指示代词要是完全没有区别作用，就是弱化的"这""那"，跟有冠词语言里的冠词相当。而苏州方言里强调区别作用时用"该""归"，不强调区别作用时则用"格"，因而它是一个弱化的指示代词，不论远近的中性指示代词。如果假设成立，那就是先有二分法，后有三分法，更谈不到受突厥语系影响了。上述内容都认为"格"的所指跟距离无关，中指一说值得推敲。

汪化云（2002）将三分现象归为三个主要类别来讨论。第一类，第三指为长音重读等形式的三分现象，并不是真正的三分；第二类，即类似苏州方言的定指词；第三类，第三指可能是共同语远指代词叠置的三分现象。孙立新（2002）把指示代词分为两层，第一层为"近指、远指"；远指又分为两层：第一层次是相对不远或看得见的，第二层次是相对很远或看不见的。

刘丹青、刘海燕（2005）认为，崇明方言指示代词系统可以提供的启示是：在一个单一系统内部，指示代词的数量可以相当大，既可能有方言混

杂和历史层次叠加的因素，也不能完全排斥共时系统本身就复杂的背景。一个特别繁复的指示代词系统，自然会存在一些人无我有的细密分工，但也可以有一定程度的聚合冗余现象，即完全同义的现象。特定方言的指示代词系统假如存在超过二分的复杂现象，其各词间的语义语用分工和整个系统的格局存在着很多可能性，需要根据具体方言的实际情况进行分析，很难简化为有限几种多分类型来覆盖所有方言的情况。研究指示代词要特别注意语音关系，语音关系可能是语义对立和聚合关系的关键因素。刘丹青（2017a）讨论了指示代词的距离范畴、数范畴、本体范畴的方言差异，在距离范畴部分特别提到了山西方言指示代词的三分现象。他认为方言接触导致指示代词库藏中出现了三个词形，为了语言库藏的物尽其用，便形成了近—中—远三分的格局，这正说明库藏对语义范畴的反作用，库藏的存在倒逼出语义上的三分，而不全是表达需求促成了三分。

三、晋语方言指示代词研究综述

山西方言指示代词的研究成果很多，侯精一、温端政（1993）就涉及了指示代词的分类研究，指出山西方言指示代词有两大特点：一是指示代词三分，即指称事物近、中、远（或近、远、更远）分别用不同的词指称。在调查到的 70 多个点中，有将近四分之一的点是三分的。二是指示代词变读。变读就是根据不同的语气或语言环境而用不同的读音形式表示的现象，多数点均有变读语音的形式。

温端政主编的系列丛书《山西方言志》的词汇中也涉及了各点指示代词的读音与用法。乔全生主编的《山西方言重点研究丛书》中各点都较为系统地描写了指示代词的语音和用法。张维佳（2005）认为，晋语二分系统是对宋元两种二分系统的直接继承，三分系统则是后来产生的一种方言现象，从指示代词的地理分布来看，三分系统的方言由两种类型的二分系统的方言包围着，从整个代词系统和从"兀""那"的位置功能来看，晋语三分系统是晋语"这""那"和关中"这""兀"的叠加。

研究山西方言指示代词的文章都会涉及多音现象，具有代表性的是：侯精一（1999）对平遥方言指示代词的研究，杨增武（1982）对山阴方言指示代词的研究，沈慧云（1986）对晋城方言指示代词的研究，宋秀令（1994）对汾阳方言指示代词的研究，杜克俭、李延（1999）对临县方言指示代词的研究。

从以上论述中可以看出，指示代词的研究时间长，成果多，尤其是语言类型学角度的研究，揭示出了汉语指示代词与世界语言普遍规律之间的联系。但汉语方言指示代词的类型学研究相对薄弱，尤其是山西方言指示代词方面。本章就是要在前贤研究的基础上，对山西方言指示代词从语言类型学角度做较为全面的考察，并与其他汉语方言比较，从而确定山西方言指示代词的类型特征。

第二节　山西方言指示代词四分现象考察
——以盂县和兴县方言为例

一、晋语盂县方言指示代词的四分系统 ①

盂县位于山西省东部，地处太行山西侧，东接河北平山县、井陉县和本省平定县，西毗阳曲县，南连寿阳县与阳泉市郊区，北靠五台县与定襄县。根据《中国语言地图集》（2012），盂县方言属晋语并州片。盂县辖内多山，长时间的交通闭塞，使其在语音、词汇和语法方面都具有独特之处，指示代词四分现象便是其特点之一。

（一）指示代词的距离关系分类

首先，如上一节所述，汉语不少方言的指示代词有比北方官话"这""那"

---

① 此部分内容曾发表在《语言科学》2010 年第 5 期。这里有部分增删与修改。

多出一类的现象。最早发现这一现象的是赵元任先生，他在《钟祥方言记》里把这种现象叫作"近指""中指""远指"。20 世纪 80 年代以来，随着方言调查的深入，已发现全国约有 40 个方言点有这种三分现象（参见汪化云，2002），仅山西境内就有近四分之一方言指示代词三分："除了南区方言外，其余几区都有指示代词三分形式，而西区、中区为最多"（乔全生，2000：127页；南区少数方言指示代词也是三分的，如河津、万荣等方言，笔者注）。

三分类指示代词，不同方言有不同的表现形式，不同学者也有不同的分类，吕叔湘先生概括为三类："（1）近指，中指，远指；（2）近指，远指，更远指；（3）近指，远指，非近非远指（意即与远近无关）"（吕叔湘，1990：402页）。其中第（3）类与真正三分特点不同，不是真正意义上的三分。三分系统目前学术界使用更多的是第（1）类，即"近指，中指，远指"。我们认为，"中指"相对于三分系统的"近指"和"远指"来说，是居中的，叫"中指"未尝不可，但如果有四分甚至更多分的方言，"中指"说则不能成立。因此我们比较同意"近指，远指，更远指"的分类，因为相对于"近"来说，其他都应当是"远"，这样对指示代词多分的方言来说，处理起来比较容易。另外，我们还看到孙立新把三分系统分为两个层面：近指和远指属于第一层面，远指下面又分两个层次："第一层次是相对不远或看得见的，第二层次是相对很远或看不见的"（孙立新，2002：250页）。我们认为，在近和远的层面下再分下位层次叙述时不太方便，而且认知心理学认为，人类交际是以自我为中心的，所以距离的判断多是以说话人为中心（少数方言或语言照顾听话人的距离感），而从说话人的视角看去，指示代词所指代的人、物、方所等都应是平行的，不分层次的（即使不是直线距离也是如此），因此我们认为没必要在远指下再另立下位层次。

其次，盂县方言指人／物、方所、时间的指示代词为四分系统，指代方式和程度的是三分，这在汉语方言中是很独特的。我们用"近，较远，更远，最远"的距离关系给由近及远的"第一指，第二指，第三指，第四指"分类。近指与普通话相同，表示离说话人最近；较远指比近指稍远，一般在说话人的视野之内；更远指表示离说话人更远，往往超出说话人的视野范围；最远指是指最遥远的人、物、方位、处所、时间等。具体如下表：

表 2-1　盂县方言指示代词一览表

指代对象		第一指	第二指	第三指	第四指
		近指	较远指	更远指	最远指
人/物	A	宰 ꞊ [tsɑɛ⁵⁵]	乃 ꞊ [nɑɛ⁴¹²]	外 ꞊ [vɑɛ⁵⁵]	
	B	这一块 [tsei⁴¹²kuɑɛ⁵⁵]	那一块 [nei⁴¹²kuɑɛ⁵⁵] 那块 [nɤo⁴¹²kuɑɛ⁵⁵] 那块块 [nɑɛ⁴¹²kuɑɛ⁵⁵]	兀一块 [vei⁴¹²kuɑɛ⁵⁵]	兀块 [vəʔ²²kuɑɛ⁵⁵]
	C	这一样儿 [tsei⁴¹²iæ̃r⁵⁵]	那一样儿 [nei⁴¹²iæ̃r⁵⁵]	兀一样儿 [vei⁴¹²iæ̃r⁵⁵]	那样儿 [nɤo⁴¹²iæ̃r⁵⁵]
	D	这一种 [tsei⁵⁵tsuə̃²²]	那一种 [nei⁴¹²tsuə̃²²] 那块种 [nɑɛ⁴¹²tsuə̃²²]	兀一种 [vei⁴¹²tsuə̃²²]	那种 [nɤo⁴¹²tsuə̃²²]
方所	A	这儿个 [tsʅər⁴¹²kɤo⁵³]	那儿个 [nər⁴¹²kɤo⁵³]	兀儿个 [vər⁴¹²kɤo⁵³]	兀个儿 [vu⁵³kər²²]
	B	这儿里 [tsʅər⁴¹²lei⁵³]	那儿里 [nər⁴¹²lei⁵³]	兀儿里 [vər⁴¹²lei⁵³]	兀里 [vu⁵⁵lei⁵⁵]
	C	这里 [tsɤo⁵⁵lei⁵³]	那里 [nɤo⁵⁵lei⁵³]	兀里 [vu⁵⁵lei⁵³]	
	D	这一个儿个 [tsei⁵³kər⁴¹²kɤo⁵³]	那一个儿个 [nei⁵³kər⁴¹²kɤo⁵³]	兀一个儿个 [vei⁵³kər⁴¹²kɤo⁵³]	
时间	A	这一会儿 [tsei⁵⁵xuər⁵⁵]	兀一会儿 [vei⁵⁵xuər⁵⁵]	那一会儿 [nei⁵⁵xuər⁵⁵] 那块会儿 [nɑɛ⁵⁵xuər⁵⁵]	那会儿 [nɤo⁴¹²xuər⁵⁵] 那块会儿 [nɑɛ⁴¹²xuər⁵⁵] 那会儿时间 [nɤo⁴¹²xuər⁵⁵sæ̃²²] 乃 ꞊ 会儿时间 [nɑɛ⁴¹²xuər⁵⁵sæ̃²²] 兀会儿时间 [vɤo⁴¹²xuər⁵⁵sæ̃²²]

续表

指代对象		第一指 近指	第二指 较远指	第三指 更远指	第四指 最远指
时间	B	这一阵儿 [tsei⁴¹²tsər⁵⁵]	兀一阵儿 [vei⁴¹²tsər⁵⁵]	那一阵儿 [nei⁴¹²tsər⁵⁵]	那阵儿 [nɤ⁴¹²tsər⁵⁵] 乃"阵儿 [nɑɛ⁴¹²tsər⁵⁵]
方式		这个儿 [tsəʔ⁵³kər²²]	那个儿 [nəʔ⁵³kər²²]	兀个儿 [vəʔ⁵³kər²²]	
程度	A	这们 [tsəʔ⁵³mə̃⁰] 这儿们 [tsʅər⁴¹²mə̃⁰] 这们们 [tsəʔ⁵³mə̃⁰mə̃⁰]	那们 [nəʔ⁵³mə̃⁰] 那儿们 [nər⁴¹²mə̃⁰] 那们们 [nəʔ⁵³mə̃⁰mə̃⁰]	兀们 [vəʔ⁵³mə̃⁰] 兀儿们 [vər⁴¹²mə̃⁰] 兀们们 [vəʔ⁵³mə̃⁰mə̃⁰]	
	B	这来 [tsəʔ⁵³lɑɛ⁰] 这儿来 [tsʅər⁴¹²lɑɛ⁰] 这来来 [tsəʔ⁵³lɑɛ⁰lɑɛ⁰]	那来 [nəʔ⁵³lɑɛ⁰] 那儿来 [nər⁴¹²lɑɛ⁰] 那来来 [nəʔ⁵³lɑɛ⁰lɑɛ⁰]	兀来 [vəʔ⁵³lɑɛ⁰] 兀儿来 [vər⁴¹²lɑɛ⁰] 兀来来 [vəʔ⁵³lɑɛ⁰lɑɛ⁰]	

再次，如上表，盂县方言指示代词共有五大类：指代人 / 物、方所、时间、方式、程度。

指代人 / 物的指示代词共有四类，A 类三分，其他三类四分。A 类和 B 类既可以指人又可以指物，C 类只能指物，D 类是较文雅的说法，可能是受周边方言或普通话影响形成的。

指代方所的指示代词共四类。A、B 两类是四分，C、D 两类是三分。A、B 两类的主要区别是：A 类表示的是非常具体的处所，即一个"点"，B 类表示的是一个范围或方位，即一个"面"。C 类与 B 类、D 类与 A 类表义功能相同，只是没有第四指。A、B 两类的第四指，B 类更常用，A 类第四指只限于部分人使用。

指代时间的指示代词都是四分，有 A、B 两类。A 类和 B 类的区别在于当地人感觉 B 类所指代的时间更短暂。值得注意的是，指代时间的指示代词表示"较远"和"最远"时与其他各类相反：其他类是"那"类表示远指，

"兀"类表示更远指，而指代时间的则用"兀"类表远指，"那"类表更远指。另外，第四指后面加"时间"或其合音形式 [sæ̃²²]，往往出现在说话人将要回忆往事的句子开头，"时间"在这里已经虚化，接近一个语气助词，起舒缓语气和引起下文的作用。

指代方式的指示代词只有三分，没有四分，而且只有一类。

指示程度的指示代词也只有三分，没有四分，有 A、B 两类，属于自由变体。"们们 / 来来"比"们 / 来"类更具有强调的作用；儿化类（如"这儿们 / 这儿来"）专用于小称，表示小巧或喜爱的感情色彩。

最后，根据盂县方言音系特点，我们认为，盂县方言指示代词实际上只有三类单字音：这 [tsɤo⁵⁵]、那 [nɤo⁴¹²]、兀 [vu⁵⁵]，其余都是合音或变音形式。合音形式主要是"这""那""兀"分别与"块""一"的合音，"这""那""兀"与"块"的合音形式即"宰＝""乃＝""外＝"，变音主要是其促化和儿化形式（详见表 2–1）。其中"这""兀"的表现形式比较整齐单一，"那"的表现形式最为复杂，应该是不同区域的方音相互渗透的结果，这种现象在晋语中很常见。

（二）各种语境中指示代词的分布

Scott 和 Levinson 等人认为，"指示语的解读必须以语境为参照素，离开了语境，指示语的意义就无法确定"（转引自刘宇红，2002：60 页）。在不同的语境中，不仅可以看出各类指示代词的距离关系，而且可以看出各类指示代词的分布条件。

1. 单用。盂县方言各类指示代词的前三指大都能单用（指代时间的第三指不能单用，属于例外）；第四指中，指示方所和指代时间的可以单用，指代人 / 物的（最远指）不能单用，只在对举时才说。限于篇幅，这里只以指代人 / 物的指示代词为例：

（1）宰＝[tsɑɛ⁵⁵] 娃子原来可肉胖来，**这一会儿**现在瘦咧。

（2）乃＝[nɑɛ⁴¹²] 鸡蛋多钱来？（说话人指着较远处的鸡蛋说）

（3）他**外**⁼[vɑe⁵⁵]本书我早就还咧。（"书"不在说话人视野之内）

（4）**兀一块**[vei⁴¹²kuɑe⁵⁵]更远指人才来。

指代方所、时间的第四指单用例：

（5）他行家在**兀里**，可远哩。

（6）盂县**那会儿**很遥远的过去可穷来。

（7）到**那会儿**很遥远的将来娃子都大咧，咱也都老咧。

其他各类的"这""那"和"兀"类表义功能基本相同，限于篇幅，不再举例。

2. 两类对举。两类对举时各类指示代词分布有所不同，下面分别列举。

首先，指代人／物、方所的指示代词两类对举时，当地口语可以用"近指—较远指"对举，也可以用"近指—更远指"对举，还可以用"远指—更远指"对举。第四指（最远指）在两类对举时一般不出现。以指代方所的指示代词为例：

（8）我哩书在**这儿个**这里哩，你哩书在**那儿个**较远的那里哩。

（9）我乃⁼喝水钵钵儿杯子在**那儿个**较远处哩，你外⁼钵钵儿在**兀儿个**更远处哩。

其次，指代时间的指示代词两类对举时，可用"近指—较远指"对举，表示"现在—刚才"的意义；也可用"近指—最远指"对举，表示"现在—过去／未来"的意义。第三指（更远指）的"<u>那一会儿</u>"一般不用于两类对举中。例如：

（10）我**兀一会儿**刚才才买哩，**这一会儿**现在倒没啦？

（11）**这一会儿**他还没啦结婚哩，到**那会儿**那时候，即很远的将来他娃子都该结婚也。

（12）**那会儿**那时候，即很远的过去乃⁼人穷是穷，可是人和人比**这一会儿**现在挨⁼管⁼关系近。

最后，指代方式和程度的指示代词都是三分系统。可以用"近指—较远指"（"这们／这来—那们／那来"）对举，也可以"近指—更远指"（"这们／这来—兀们／兀来"）对举，指代方式的还可用较远指和更远指（那个儿—

兀个儿）对举，指代程度的（"那们／那来"和"兀们／兀来"等）则不可以。例如：

（13）你**那个儿**做可以，**兀个儿**做不沾。

（14）**兀**块娃子年时才**兀们／兀来**高，今年就**这们／这来**高咧。（"兀们／兀来"是过去的高度，"这们／这来"是眼前的高度）

（15）那块东西没啦**那们／那来**大，有**这们／这来**大。（"那们／那来"指较远处的物体的大小，"这们／这来"是指眼前的物体的大小）

以上两例如果要表达更为强调的语气时，词尾可换为重叠式"们们／来来"。

3. 三类对举。三类对举时，各类指示代词一般用"近指—较远指—更远指"来加以区别，无所谓在不在视野范围内。例如：

（16）我不吃**这一样儿**，要吃**那一样儿**，你吃**兀一样儿**吧，**兀一样儿**也不错。

（17）你到底是要**这们／这来**这么大哩，**那们／那来**那么大哩，还是**兀们／兀来**那么大哩？

（18）不要**那个儿**那么做，也不要**兀个儿**那么做，要**这个儿**这么做！

指代方所和时间的三类对举时比较自由。试比较：

（19）a. 不在**这儿里**近指，也不在**那儿里**较远指，在**兀儿里**更远指。

　　 b. 不在**这儿里**近指，也不在**那儿里**较远指，在**兀里**最远指。

　　 c. 不在**那儿里**较远指，也不在**兀儿里**更远指，在**兀里**最远指。

（20）a. **这一会儿**现在光景比**兀一会儿**前几年好，**那一会儿**更远的时间光景就比不上咧。

　　 b. **这一会儿**光景比**兀一会儿**好，**那会儿**很久以前的过去光景就比不上咧。

　　 c. **这一会儿**光景比**那一会儿**较早以前好，**那会儿**很久以前的过去光景就比不上咧。

4. 四类对举。因为指代程度和方式的指示代词只有三分，所以四类对举一般只用于指代人／物、方所和时间的指示代词中，"近—较远—更远—最远"意义的指示代词全部出现。例如：

（21）我不要**这一块**，也不要**那一块**，**兀一块**也不行，你把**兀块**拿来看看。

（22）**这儿里**近，**那儿里**远，**兀里**比**兀儿里**路更远。

（23）把东西放到**这儿个**，**那儿个**也行，不要放到**兀儿个**，更不要放到**兀个**，太远咧。

（24）**这一会儿**光景比**兀一会儿**好，**那一会儿**光景就比不上咧，**那会儿**就更差咧。

从以上的分析中可以看出，盂县方言指示代词的前三指出现语境比较自由，大都既能单说，也能用于各类对举语境，只有表示时间的第三指出现语境受到限制，属于例外；在第四指中，指代方所和时间的相对自由，而指代人/物的只能在四类对举时出现。

（三）盂县方言指示代词四分系统的成因

1. 前三指应是不同系统指示代词的叠置

关于汉语方言指示代词三分现象的成因，学界早有论述。较有代表性的是汪化云和张维佳两位先生的观点。

汪化云先生认为，一般所谓三分，并不是真正的三分。他把"三分"现象分为三类（参见汪化云，2002），其中第一类（长音重音）和第二类（定指），我们基本同意汪先生的观点，因与本文无关，不再赘述。关于第三类，汪化云先生认为是两个远指代词"兀""那"的"叠置现象"，我们也完全同意，但我们不同意这种叠置现象一定就是"词汇更替的中间现象"，"会以'文'胜'白'败而告终"。我们认为，是否是词汇更替现象，或者会不会发生词汇更替，要看并存形式的功能是否完全相同。按照语言的经济原则，两个或多个表义功能完全相同的冗余成分在竞争中会保留其一，淘汰其余。但如果并存的语言形式在竞争中各自在功能上相互妥协，形成互补分布，相互之间就有了不可替代性，就有可能长期并存下去。山西方言指示代词三分系统大多是靠"兀""那"叠置形成，但"兀""那"之间已经具有了不可替代性，形成了互补分布，所以应该承认这确实是一种三分系统。这种叠置并存现象除了三分系统的指示代词外，在晋语区还有不少，例如事态助词"来""去""了""也"等在功能方面形成的互补分布就是很典型的实例（参见史秀菊，2008）。

张维佳（2005：459页）用大量事实论证了山西方言三分系统不是对古汉语的继承，而是后来产生的方言现象，三分系统要么是被周围的二分系统包围，要么与二分系统犬牙交错。他认为："在三分系统中，'那'和'兀'及其变读形式基本是各司其职，'那'及其变读形式是中指，'兀'及其变读形式是远指。这样，这一带方言指示代词三分系统就反映了一个有趣的现象，二分系统的代词嵌入三分系统之中，而指示功能又有条不紊，那么，三分系统就可能源自两种类型的二分系统的叠加。"我们同意张先生的意见，认为不同的二分系统在同一方言发生叠置是完全可能的。盂县方言指示代词最初应该也是二分系统，与外来的另一个二分系统叠置形成了三分系统，后来在三分系统的基础上又产生了四分系统。

那么，盂县方言最初的二分系统是"这，那"还是"这，兀"系统？我们认为最初应该是"这，兀"系统，与后来进入的"这，那"系统形成叠置。根据有二：一是盂县属于并州片，而并州片的二分系统多为"这，兀"系统（"这，那"系统主要分布在大包片和五台片的部分地区以及上党片的多数地区）；二是根据盂县方言"这""那""兀"的读音判断。如前所述，盂县指示代词系统中，"这""兀"的读音单一且对应非常整齐，几乎没有例外，而"那"的读音则不固定，很多情况下都有多种读音（参见表2-1）。这说明，"这"和"兀"本来属于同一系统，因为配套使用历史悠久，所以读音稳固且对应整齐，而"那"是后来叠加进来的，与当地方言的融合需要一个过程，所以至今读音较杂且不稳定。

2. 第四指应是三分系统内部不同方音形成的新的叠置以及类推的结果

第四指的形成应是由系统内部错综复杂方音相互渗透、感染，形成新的叠置造成的。这种叠置最初只在指代方所的一类中产生，后来又进一步类推，使得指代人/物和时间的指示代词也形成了四分系统。

　　首先，盂县方言指示代词的读音错综复杂。从表 2-1 中可以看出，每类指代词都有不同的说法，如指代人／物、方所的都有四种说法，指代程度的虽只有两种说法，但 A、B 两类又各有三种读音。根据调查资料，我们认为，这些复杂读音的成因，很可能是盂县境内不同说法相互渗透、感染的结果。这从第四指读音往往与对应的前三指读音系统不一致，却与非同类的其他系列读音相同即可看出。例如指代人／物的第四指"兀"与指代方式、程度的第三指"兀"读音一致；指代方所的第四指"兀里 [vu⁵⁵lei⁵⁵]"（B 类）与不相匹配的"这里、那里、兀里"中的"兀里 [vu⁵⁵lei⁵³]"（C 类）声韵相同，只是后一音节声调有差别；指代时间的前三指基本都是与"一"的合音形式，第四指却是"那"的单字音或"那"与"块"的合音形式（少数人用"兀"的单字音形式），这与指代人／物或方所的第二指的读音相同。这种复杂的读音关系说明第四指是由指示代词系统内部相互感染、渗透造成的。

　　第四指读音的复杂性还表现在第四指有的来自"兀"系统，有的则来自"那"系统。例如指代人／物的 B 类第四指来自"兀"系统，C、D 类第四指则来自"那"系统；指代方所的第四指都来自"兀"系统，而指代时间的第四指则大多来自"那"系统。"兀""那"在第四指交错出现，但没有超出这两个系统以外的读音。这说明第四指是系统内部不同方音相互交叉、感染形成的新的叠置，而且是在三分系统形成之时或之后产生，不会早于三分系统的形成，这从第四指的出现语境至今仍不同程度地受到限制等方面也可看出。

　　其次，盂县方言第四指产生的先后顺序并不一致，这从第四指在各种语境中的自由程度就可以看出：上文分析显示，指代方所的第四指"兀里"出现语境最自由，虽然一般不在两类对举中出现，但却既可以单用，又可以与前三指对举着说，应该是最早出现的第四指，这可能与其空间感最强有关。指代人／物的第四指只出现在四类对举中，很不自由，应是由指代方所的第四指类推出来的，是后来才产生的。

　　指代时间的第四指"那会儿 [nɣo⁴¹²xuər⁵⁵]"等说法，也比较自由，但第三指"那一会儿 [nei^{55}xuər^{55}]"等，却非常不自由，一般只能用于四类对举。我们在调查中发现，当地部分人认为第三指也可单用，或在两类、三类对举中出现，但与第四指表义相同。这种现象引起了我们的注意。我们认为，这个第三指最初可能就是指代"过去／未来"的最远指，这是因为：盂县方言最初的二分系统为"这，兀"系统，与外来的"这，那"系统叠置为三分系统，"那"一般嵌入"这，兀"之间，形成"这，那，兀"序列；而指代时间的却是"这，兀，那"序列，这可能是因为"兀"表示"刚才"意义的地位十分牢固，外来成分很难撼动，所以"那"没有嵌入"这，兀"之间，而成了第三指。这个第三指应该是三分系统形式后的最远指，表示"过去／未来"的意义，这也正是当地人至今感觉它在单用或两类、三类对举中与第四指意义相当的原因。但由于周边各种方音的感染，又由于指代方所等四分系统的类推，后来当地又出现了一类形式相似的最远指代词，而且在竞争中，后来者居上，占据了指代"过去／未来"意义的位置，使原来指代"过去／未来"意义的第三指被迫发生变化，变成了比"过去／未来"较近，比"刚才"较远的更远指。因为第三指所表达的时间概念（比过去／未来近，比刚才远）在周边方言和北方话中都没有对应的表达方式，在交际中受到限制，所以一般只在四类对举中出现。但目前已有部分当地人开始使用第三指与第四指共现的句子，如例（20c），说明第三指的新地位已趋于稳定。第三指比第四指先进入盂县方言指代系统，这从第三指与"这，兀"高度一致的语音对应上可看出来。

　　所以，盂县方言的四分系统应该有两个来源：前三指是来自"这，那"和"这，兀"系统的叠置，第四指则应是这两个系统叠置后，内部的不同读音交叉感染、渗透产生的新的叠置。指代人／物和时间的四分系统是指代方所的四分系统类推的结果。这些复杂形式在表义功能上形成互补分布，具有不可替代性，共同构成了盂县方言指示代词的四分系统。

二、晋语兴县方言指示代词四分现象的特点 ①

兴县位于山西省西北部，东与岚县、岢岚接壤，南与临县、方山相连，北与保德为邻，西隔黄河与陕西神木县相望，是山西省版图最大的县。根据《中国语言地图集》（2012），方言隶属晋语吕梁片兴岚小片。

（一）兴县方言指示代词的读音与分类

兴县方言指示代词十分复杂，可以分为指代人／物、方所、时间、方式、程度五类。指示代词词根主要为"这""荼＝""那""兀"及其变音形式。根据兴县方言的音系，兴县方言指示代词"这"有四个读音，"那"有两个读音，"兀"和"荼＝"都只有一个读音，具体如下：

"这1[tsou³²⁴]"：是"这"的单字音，主要用于单说和"这些"语境中。

"这2[tʂei³²⁴]"：是"这一"的合音，主要用于"这一点点""这一号子"等语境中。

"这3[tʂəʔ⁵⁵]"：是"这"的促化形式，主要用于"这个""这圪嘟""这圪其""这呱呱"等语境中。

"这4[tieɛ³²⁴]"：是"这"的存古形式，只用于"这底家""这底个"等语境中。

"那1[nou⁵³]"：是"那"的单字音，主要用于单说或"那个""那些""那圪嘟"等语境中，在部分语境中也有"那1一点""那1一种"等说法。

"那2[nei⁵³]"：是"那一"的合音，主要用于"那一点点""那一捻捻"等语境中。

"兀[uəʔ⁵⁵]"：与"那"意义基本相当，属于更远指代词。

"荼＝[nieɛ³²⁴]"：是"那家"的合音形式，主要用于较远指语境中。

---

① 本部分发表于邢向东主编：《西北方言与民俗研究论丛》，中国社会科学出版社，2017年。这里有增删和修改。

具体用法如下表：

表 2-2　兴县方言指示代词一览表

指代对象		近指	较远指	更远指	
人/物	A	这1[tʂou^{324}]	茶=[niɛ^{324}]	那1[nou^{53}]	
	B	这3个 [tʂəʔ^{55}kuəʔ^{55}]	茶=个 [niɛ^{324}kuəʔ^{55}]	那1个 [nou^{53}kuəʔ^{55}]	那2个 [nei^{53}kuəʔ^{55}]
	C	这1些 [tʂou^{324}ɕiɛ^{55}]	茶=些 [niɛ^{324}ɕiɛ^{55}]	那1些 [nou^{53}ɕiɛ^{55}]	那2些 [nei^{53}ɕiɛ^{55}]
	D	这3圪嘟 [tʂəʔ^{55}kəʔ^{55}tu^{0}]	茶=圪嘟 [niɛ^{324}kəʔ^{55}tu^{0}]	那1圪嘟 [nou^{53}kəʔ^{55}tu^{0}]	那2圪嘟 [nei^{53}kəʔ^{55}tu^{0}]
	E	这3圪其 [tʂəʔ^{55}kəʔ^{55}tɕʰi^{55}]	茶=圪其 [niɛ^{324}kəʔ^{55}tɕʰi^{55}]	那1圪其 [nou^{53}kəʔ^{55}tɕʰi^{55}]	那2圪其 [nei^{53}kəʔ^{55}tɕʰi^{55}]
	F	这2一点点 [tʂei^{324}iəʔ^{55}tiẽ^{324}tiẽ^{0}]	茶=一点点 [niɛ^{324}iəʔ^{55}tiẽ^{324}tiẽ^{0}]	那1一点点 [nou^{53}iəʔ^{55}tiẽ^{324}tiẽ^{0}]	
	G	这2一捻捻 [tʂei^{324}iəʔ^{55}niæ^{324}niæ^{0}]	茶=一捻捻 [niɛ^{324}iəʔ^{55}niæ^{324}niæ^{0}]	那1一捻捻 [nou^{53}iəʔ^{55}niæ^{324}niæ^{0}]	
	H	这2一种 [tʂei^{324}iəʔ^{55}tsuəŋ$^{324-312}$]	茶=一种 [niɛ^{324}iəʔ^{55}tsuəŋ$^{324-312}$]	那1一种 [nou^{53}iəʔ^{55}tsuəŋ$^{324-312}$]	那2一种 [nei^{53}iəʔ^{55}tsuəŋ$^{324-312}$]
	I	这2一号子 [tʂei^{324}iəʔ^{55}xɔu^{53}tsA^{0}]	茶=一号子 [niɛ^{324}iəʔ^{55}xɔu^{53}tsA^{0}]	那1一号子 [nou^{53}iəʔ^{55}xɔu^{53}tsA^{0}]	那2一号子 [nei^{53}iəʔ^{55}xɔu^{53}tsA^{0}]
	J	这3呱（呱） [tʂəʔ^{55}kuA^{55}(kuA^{55})]	茶呱（呱） [niɛ^{324}kuA^{55}(kuA^{55})]	那1呱（呱） [nou^{53}kuA^{55}(kuA^{55})]	
	K	这3（圪）□ [tʂəʔ^{55}(kəʔ^{55})tɕʰiA^{0}]	茶=（圪）□ [niɛ^{324}(kəʔ^{55})tɕʰiA^{0}]	那1（圪）□ [nou^{53}(kəʔ^{55})tɕʰiA^{0}]	
方所	A	这3勒=/啦 [tʂəʔ^{55}ləʔ^{55}/lA^{0}]	茶=勒=/啦 [niɛ^{324}ləʔ^{55}/lA^{0}]	兀勒=/啦 [uəʔ^{55}ləʔ^{55}/lA^{0}]	
	B	这3勒=弭家 [tʂəʔ^{55}ləʔ^{55}miA^{0}]	茶=勒=弭家 [niɛ^{324}ləʔ^{55}miA^{0}]	兀勒=弭家 [uəʔ^{55}ləʔ^{55}miA^{0}]	
	C	这3些弭家 [tʂəʔ^{55}ɕiɛ^{324}miA^{0}]	茶=些弭家 [niɛ$^{324-312}$ɕiɛ^{324}miA^{0}]	兀些弭家 [uəʔ^{55}ɕiɛ^{324}miA^{0}]	

续表

指代对象		近指	较远指	更远指	
方所	D	这3哒（哒）[tʂə⁵⁵tA⁵⁵(tA⁰)]	茶゠哒（哒）[niɛ³²⁴⁻³¹²tA⁵⁵(tA⁰)]	兀哒（哒）[uəʔ⁵⁵tA⁵⁵(tA⁰)]	那1个哒 [nou⁵³kuəʔ⁵⁵tA⁵⁵]
	E	这3个哒 [tʂəʔ⁵⁵kuəʔ⁵⁵tA⁵⁵]	茶゠个哒 [niɛ³²⁴kuəʔ⁵⁵tA⁵⁵]	那1个哒 [nou⁵³kuəʔ⁵⁵tA⁵⁵]	那2个哒 [nei⁵³kuəʔ⁵⁵tA⁵⁵]
	F	这2头 [tʂei³²⁴tʰou⁵⁵]	茶゠一头 [niɛ³²⁴iəʔ⁵⁵tʰou⁵⁵]	那2头 [nei⁵³tʰou⁵⁵]	
	G	这3半□ [tʂəʔ⁵⁵pẽ⁵³tɕʰiA⁰]	茶゠半□ [niɛ³²⁴pẽ⁵³tɕʰiA⁰]	那2半□ [nei⁵³pẽ⁵³tɕʰiA⁰]	
时间	A	这2一阵 [tʂei³²⁴iəʔ⁵⁵tʂəŋ⁵³]	茶゠一阵 [niɛ³²⁴iəʔ⁵⁵tʂəŋ⁵³]	那2一阵 [nei⁵³iəʔ⁵⁵tʂəŋ⁵³]	
	B	这3阵阵 [tʂəʔ⁵⁵tʂəŋ⁵³tʂəŋ⁰]	茶゠阵阵 [niɛ³²⁴tʂəŋ⁵³tʂəŋ⁰]	那2阵阵 [nei⁵³tʂəŋ⁵³tʂəŋ⁰]	
	C	这3阵啦 [tʂəʔ⁵⁵tʂəŋ⁵³lA⁰]	茶゠阵啦 [niɛ³²⁴tʂəŋ⁵³lA⁰]	那2阵啦 [nei⁵³tʂəŋ⁵³lA⁰]	
	D	这3阵/早番 [tʂəʔ⁵⁵tʂəŋ⁵³/tsou³²⁴xuæ⁰]	茶゠阵/早番 [niɛ³²⁴tʂəŋ⁵³/tsou³²⁴xuæ⁰]	那2阵/早番 [nei⁵³tʂəŋ⁵³/tsou³²⁴xuæ⁰]	
方式	A	这3底 [tʂəʔ⁵⁵ti³²⁴]	茶゠底 [niɛ³²⁴ti³²⁴]	兀底 [uəʔ⁵⁵ti³²⁴]	
	B	这4底家 [tie³²⁴ti³²⁴tɕiA³²⁴⁻⁵⁵]	茶゠底家 [niɛ³²⁴ti³²⁴tɕiA⁵⁵]	兀底家 [uəʔ⁵⁵ti³²⁴tɕiA⁵⁵]	那1底家 [nou⁵³ti³²⁴tɕiA⁰]
	C	这4底个 [tie³²⁴ti³²⁴kuəʔ⁵⁵]	茶゠底个 [niɛ³²⁴ti⁵⁵kuəʔ⁵⁵]	兀底个 [uəʔ⁵⁵ti⁵⁵kuəʔ⁵⁵]	
程度	A	这3来 [tʂəʔ⁵⁵lei⁵⁵⁻³²⁴]	茶゠来 [niɛ³²⁴⁻³¹²lei⁵⁵⁻³²⁴]	兀来 [uəʔ⁵⁵lei⁵⁵⁻³²⁴]	
	B	这3来兰゠ [tʂəʔ⁵⁵lei⁵⁵læ̃⁵⁵]	茶゠来兰゠ [niɛ³²⁴⁻³¹²lei⁵⁵læ̃⁵⁵]	兀来兰゠ [uəʔ⁵⁵lei⁵⁵læ̃⁵⁵]	
	C	这3来来 [tʂəʔ⁵⁵lei⁵⁵lei⁰]	茶゠来来 [niɛ³²⁴⁻³¹²lei⁵⁵lei⁰]	兀来来 [uəʔ⁵⁵lei⁵⁵lei⁰]	
	D	这3些些 [tʂəʔ⁵⁵ɕiəʔ⁵⁵ɕiəʔ⁵⁵/ɕiA⁵³]	茶゠些些 [niɛ³²⁴⁻³¹²ɕiəʔ⁵⁵ɕiəʔ⁵⁵/ɕiA⁵³]	兀些些 [uəʔ⁵⁵ɕiəʔ⁵⁵ɕiəʔ⁵⁵/ɕiA⁵³]	

（二）兴县方言指示代词的分布及别义手段

1. 三分系统词形区别明显，近指、较远指、更远指意义稳定

表 2-2 中按近指、较远指、更远指给兴县方言指示代词分类：近指离说话人最近，较远指离说话人较远，但一般是在说话人视野范围内的，更远指常常是不在说话人视野范围内的，如果在视野范围内，一定是比较远指更远的。这一点与盂县及晋语其他具有三分系统的方言相同。

兴县方言三分系统中的指示代词词根形式完全不同，近指都为"这"，较远指都为"茶゠"，更远指为"那"或"兀"。并且三分系统比较稳定，近指、较远指、更远指的各类指示代词都是既能单说，又能在对举语境中出现，与盂县及山西方言三分系统的指示代词基本相同。

A. 单用。兴县方言近指、较远指、更远指代词单用时分别表示近指、较远指、更远指意义。例如：

（25）这家**这个**孩勒゠孩子可争气嘞。（近指）

（26）**茶゠个那个**孩勒゠孩子吃饭着也，肚勒゠疼得不能吃咧。（较远指）

（27）**那个**是甚东西？（更远指）

（28）**那个**人自十八上从十八岁时走了，再也没回来。（更远指）

（29）**这勒゠**这儿是兴县最好的店宾馆。（近指）

（30）南山公园在**兀勒゠**那儿嘞。（更远指）

（31）**茶゠哒**那里是南山公园。（较远指）

（32）**兀哒**那圪嘟那些人做甚嘞？（更远指）

B. 两类或三类对举。在两类或三类对举中，近指、较远指、更远指意义泾渭分明。例如：

（33）**这个**孩勒゠孩子学习可好嘞，**茶゠个**可笨嘞。（近指—较远指）

（34）把**茶゠个**凳子搬得去，**那个**留下。（较远指—更远指）

（35）我不要**这些**西瓜，把**那些**桃勒゠桃儿给我。（近指—更远指）

（36）我的杯子在**这哒**嘞，茶゠他的杯子在**茶゠哒**嘞。（近指—较远指）

（37）**兀哒**离**这哒**可远嘞。（更远指—近指）

（38）茶"家在**茶"哒**窊住着嘞，那家在**兀哒**窊着嘞。（较远指—更远指）

（39）**这些**是我的，**茶"些**是你的，**那些**是那他的。（近指—较远指—更远指）

（40）我买**这**几本，你把**茶"**几本买上，**那**几本不用买咧。（近指—较远指—更远指）

（41）**这哒**是公安局，**茶"哒**是法院，**兀哒**是检察院。（近指—较远指—更远指）

（42）**这个哒**摆下能摆下桌子嘞，**茶"个哒**摆下茶几嘞，**那个哒**摆下沙发嘞。

（近指—较远指—更远指）

（43）今黑夜勒"我在**这头**睡，你在**茶"一头**睡，他到**那头**睡去。

（近指—较远指—更远指）

2. 更远指内部既有词形区别，又有音变形式，表现形式复杂

首先，与三分系统明显不同的是，更远指内部词形和读音比较复杂：指代人／物和指代时间的都为"那"或其合音形式，指代方式、程度的全为"兀"，指代方所的则既有"那"又有"兀"（见表 2-2）。但"那"和"兀"只是处于互补分布中，意义并不对立，都是表示更远指。例如：

（44）**那个**是甚东西？

（45）把**茶"个**凳子搬得去，**那个**留下。

（46）**兀啦**村勒"离**这啦**可远嘞。那儿的村子离这儿可远了。

（47）**这勒**"这儿是商务宾馆，**茶"勒**"那儿是电视塔，**兀勒**"那儿是南山公园。

以上四句中的"那"和"兀"都是表示更远指意义，只是分布有所不同。

其次，指代人／物和方所的指示代词表达形式很丰富，值得注意的是，更远指很多都有两种说法：大多数情况下是一个词根为"那"的单字音，另一个是"那一"的合音形式；只有指代方所的"兀哒"和"那个哒"是词根"兀"和"那"的对立。这两种说法表示更远指意义时在大多数语境中可以自由替换，属于自由变体。例如：

（48）我不要这些西瓜，把**那些**/<u>那一些</u>桃勒"桃儿给我。

（49）把**那个**/<u>那一个</u>东西放到**茶"哒**，不用管咧。

（50）**兀哒**/**那个哒**离**这勒**"可远嘞。

（51）我不吃这个，我要吃**茶"个**，**那个**/<u>那一个</u>也行。

（52）我坐到这个哒，你坐到茶ᵂ个哒，那他坐到**那个哒 / 那一个哒**。

3. 更远指的两种说法可以在四分语境中形成对立，分别指示更远指和最远指

值得注意的是，当在特定语境中需要表达比三类更多的人 / 物或处所意义时，三分系统中的两个自由变体的意义可以对立，一个指示更远指，另一个指示最远指。例如：

（53）你要**这个**，茶ᵂ**个**，**那个**？还是**那一个**？

（54）我不吃**这个**，我要吃茶ᵂ**个**，**那个**也行，**那一个**也行。

（55）**这些**是苹果，茶ᵂ**些**是橘子，**那些**是香蕉，**那一些**是桃勒ᵂ桃儿。

（56）把**这些**、茶ᵂ**些**、**那些**、**那一些**都拾擦给一搭。把这些和那些都收拾到一起。

（57）**这圪嘟**是山药，茶ᵂ**圪嘟**是苹果，**那圪嘟**是辣角子，**那一圪嘟**是鸡蛋。

（58）**这一种**质量好，茶ᵂ**一种**质量不咋底，**那一种**还行嘞，**那一种**是质量最好的。

（59）不在**这哒**，也不在茶ᵂ**哒**，也不在兀哒，在**那个哒**。

（60）**这哒**近，茶ᵂ**哒**远，兀哒比茶ᵂ哒远，**那个哒**才远嘞。

（61）**这哒**是公安局，茶ᵂ**哒**是法院，兀哒是检察院，**那个哒**是友兰中学。

以上例句（53）—（58）是指代人 / 物的指示代词，（59）—（61）是指代方所的指示代词。

值得注意的是，当地甚至还衍生出五分的说法，例如：

（62）**这哒**近，茶ᵂ**哒**远，兀哒比茶ᵂ哒还远，**那圪哒**才远嘞，**兀勒ᵂ（勒ᵂ）**才远嘞。

上例第五指经常用重叠后缀"兀勒ᵂ勒ᵂ"强调其远，而且把副词"才"的韵母拖长，以示比第四指更远。这应该符合指示代词的象似性原则。

比较特殊的是，当地指代时间的指示代词没有四分现象，但指代方式的却可以四分。例如：

（63）你不要**这底**做，也不要茶ᵂ**底**做，也不要兀底家做，你要**那底家**做。

不过，这种说法在当地并不常用，常用的是指代人 / 物和指代方所的指示代词。

三、兴县方言与盂县方言指示代词四分现象的比较

如前所述，盂县方言四分系统的前三指是由"这，那"和"这，兀"两

个二分系统叠置形成的，第四指是通过系统内部变音手段产生的新的叠置。兴县方言四分现象的成因应该与盂县方言相同。但兴县方言四分现象（包括五分现象）与盂县方言还有明显的不同，即盂县方言四分系统中的最远指是已经固化了的，不论单说还是在两类对举、三类对举或四类对举中都能运用，都表示最远指意义，而兴县方言指示代词的四分或五分却是临时的，最远指的一类在单说或两类、三类对举中并不表示最远指，只表示更远指，例如指代处所的"那圪哒""兀勒＂勒＂"，在单说、两类对举、三类对举中仍是表达更远指意义。只有在需要四分或五分时才会临时从另一类中找一个更远指意义表示最远指意义。试比较：

（64）a. 你要**这个**？**茶＂个**？**那个**？

　　　b. 你要**这个**？**茶＂个**？**那一个**？

　　　c. 你要**这个**，**茶＂个**，**那个**？还是**那一个**？

（65）a. 不在**这哒**，也不在**茶＂哒**，在**兀哒**嘞。

　　　b. 不在**这哒**，也不在**茶＂哒**，在**那个哒**嘞。

　　　c. 不在**这哒**，也不在**茶＂哒**，也不在**兀哒**，在**那个哒**嘞。

（66）a. **兀勒＂**更远指的学校是最好的。

　　　b. **这勒＂**这儿是商务宾馆，**茶＂勒＂**那儿是电视塔，**兀勒＂**更远指是南山公园。

　　　c. **这哒**近，**茶＂哒**远，**兀哒**比**茶＂哒**还远，**那圪哒**才远嘞，**兀勒＂**最远指才
　　　　远嘞。

　　从以上三例可以明显看出，最远指代词在别的语境中都是表示更远指意义，只有在需要四分或五分的语境中，才临时用于指代最远指。

　　兴县县川话第四指来自本系统同类但非同一套的指示代词，这从表2-2中可以看得很清楚。这种现象充分说明，兴县方言也如同本节前文所说的盂县方言"第四指应是三分系统内部不同方音形成的新的叠置"。不同类或不同片方言这种叠置形成的指示代词最初是临时的，像兴县方言，这种叠置现象有两条出路：一种是受共同语的影响，叠置现象逐步消失，回归三分甚至二分系统；另一种是像盂县方言一样，四分形式逐步固化，形成一种具有最

远指意义的四分系统。

　　事实上，很多方言点指示代词内部读音也都十分复杂，为什么没有产生三分或四分现象？这可能与山区人对方向和距离比较敏感有密切关系。盂县和兴县境内都多崇山峻岭，错综复杂的地形使得当地人对方向和距离比平川地区的人们更加敏感。而"生活于高山或河谷地带的民族，其语言的指示代词重视所指对象与说话人的位置、方向，正是象似性的一种表现"（储泽祥、邓云华，2003：304 页）。因为交际中具有对方位、距离更细微区别的要求，第三指、第四指才应交际需要而产生。

第三节　山西兴县方言指人代词的复杂形式 ①

一、概说

　　本节主要以兴县县川片（城关话）为描写对象，分析兴县方言特殊的指人代词。需要说明的是，本节所说的"指人代词"都是指代第三人称的指示代词，我们不看作人称代词，原因有二：一是因为这些指人代词还有距离远近的区别，如有"近指、较远指、更远指"的区别，部分复数形式甚至是"近指、较远指、更远指、最远指"的四分形式，而世界语言中人称代词没有距离远近之别；二是因为这类代词的主要构词要素都是指示代词性的，而且一部分在特定语境中仍可以兼做指示代词用。

　　（一）兴县方言的指示代词概说

　　兴县方言的指示代词是三分系统，我们分为"近指—较远指—更远指"。

---

① 本节发表在《常熟理工学院学报》2022 年第 1 期，人大复印资料《语言文字学》2022 年第 6 期全文转载。

表 2-3　兴县方言三分系统指示代词读音一览表

近指	较远指	更远指
这1[tsou³²⁴]	茶⁼[niɛ³²⁴]	那1[nou⁵³]
这2[tʂei³²⁴]	茶⁼[niɛ³²⁴]	那2[nei⁵³]
这3[tʂəʔ⁵⁵]	茶⁼[niɛ³²⁴]	兀 [uəʔ⁵⁵]
这4[tiɛ³²⁴]	茶⁼[niɛ³²⁴]	

表 2-3 的指示代词中，近指有 4 个读音，较远指有 1 个读音，更远指有 3 个读音。韵母相同远近对应的指示代词有 4 组：

这1——那1　　　这2——那2　　　这3——兀　　　这4——茶⁼

显然，兴县方言三分系统的指示代词也是由"这，那"系统和"这，兀"系统叠置而来，具体路径与张维佳（2005）、史秀菊（2010）所述基本一致。不再赘述。

"这1——茶⁼——那1"能够独立做论元，专用于指人（如"这1 刚来他刚来"）；也可以限定量词，一般指物（如"那1 个杯杯是那1 他的"）。

"这2——那2"分别是"这一"和"那一"的合音形式，不能独立做论元，只能限定量词或数量短语，如"这2 / 那2 本书"。

"这3——兀"不能做论元，只能限定量词、数量短语或与量词性、方位词性语素组合成词（如"这3 圪嘟这些"）。成词后可以独立做论元。

"这4——茶⁼"一组，只出现在指代方式的用法中（如"这4 底个 / 茶⁼底个这样 / 那样"），"这4"读 [t] 声母，可能是存古形式；"茶⁼"与做论元的"茶⁼"语音形式完全相同，根据当地音系，应是"那家"的合音形式。

（二）兴县方言的第一、二人称代词概说

兴县方言有专门的第一、二人称代词，单数的"我"和"你"与汉语其他方言无异，第一人称复数"弭些 [mi³²⁴ɕiɛ⁵⁵]"中，"弭"是词根，"些"是词尾；第二人称复数"茶⁼弭 [niɛ³²⁴mi⁵⁵]"中，"茶⁼[niɛ³²⁴]"是词根，"弭"

是词尾。第二人称词根"茶⁼[nie³²⁴]",根据周边方言,应是"你家"的合音形式。值得注意的是,兴县方言第二人称词根"茶⁼"与指示代词中的"茶⁼[nie³²⁴]"语音形式完全相同。二者在口语交际中所处语境形成互补分布,不会相混,如下表:

表2-4 兴县方言第二人称复数词根"茶⁼"与指人代词(第三人称)
"茶⁼"分布比较表

所处位置	第二人称复数词根"茶⁼"	指人代词(第三人称)"茶⁼"
主宾语位置	茶⁼弭你们(必须带词尾)	茶⁼他(独立做论元)
领属位置	茶⁼妈你妈妈	茶⁼家爹的他的爸爸

第一人称、第二人称代词单复数的转换可通过异根和附加词尾来实现,领属位置多用复数词根。具体如下:

表2-5 兴县方言第一、二人称代词

	主宾语位置		领属位置
	单数	复数	
第一人称	我 [ŋɤ³²⁴]	弭些 [mi³²⁴ɕie⁵⁵] 咱弭 [tsʰA⁵⁵mi⁵⁵] 咱 [tsʰA⁵⁵]	**亲属称谓前**:弭大 / 妈 / 舅舅 **普通称谓前**:弭些 / 家(的)老师 / 同学 **处所前**:弭村勒;弭些 / 弭家村;弭些 / 弭家兴县 / 学校 / 单位 **普通名词前**:我的书包 / 书单数 弭些的书包 / 书复数
第二人称	你 [ni³²⁴]	茶⁼"你家"合音 弭 [nie³²⁴mi⁵⁵]	**亲属称谓前**:茶⁼大 / 妈 / 舅舅 **普通称谓前**:茶⁼弭(的)老师 / 同学;茶⁼家(的)老师 / 同学 **处所前**:茶⁼村勒;茶⁼弭村;茶⁼家村 / 兴县 / 学校 / 单位 **普通名词前**:你的书包 / 书单数 茶⁼弭的书包 / 书复数

兴县方言没有第三人称代词,第三人称都由指示代词兼任。本节重点关注指人代词。

二、指人代词的复杂形式

兴县老派方言中"他""他弭他们"是含贬义的,只用于鄙视、讨厌所指称对象的语境中，正常语境中很少使用。一般语言或方言中的第三人称代词在兴县方言中都是由指示代词兼任。如前所述，本节不把这些代词看作第三人称代词，而叫作"指人代词"。

指人代词有单数和复数之分，共31个：单数3个，"这1""茶⁼""那1"分别表示"近、较远、更远"的距离义；复数28个，大都是由单数指人代词"这1""茶⁼""那1"和复数单音节代词"乃"叠加而成。少数复数形式的距离义具有四分特点（详见表2-6）。

指人代词不仅具有距离远近之别，而且有单数、少数、多数、最多数的不同，甚至还有亲近和疏远之分。

表2-6 兴县方言指代人的指示代词（此表中的"这/那"即表2-2中的"这1/那1"）

主宾语位置					领属位置
		近指	较远指	更远指	最远指	
单数		这 [tsou³²⁴]	茶⁼"那家"合音 [nie³²⁴]	那 [nou⁵³]		亲属称谓前：这家爹的 茶⁼家爹的 那家爹的 社会称谓前：这/那/乃的老师 茶⁼的老师 茶⁼乃的老师 茶⁼乃弭的老师 方所前：这/那/乃家村勒 茶⁼乃家村勒 普通名词前：这/茶⁼/那的书 这些弭的书 那些乃的书
复数	单音节				乃 [nai⁵³]	
	双音节	这些 [tsou³²⁴çie⁵⁵] 这乃 [tsou³²⁴nai⁵³]	茶⁼些 [nie³²⁴çie⁵⁵] 茶⁼乃 [nie³²⁴nai⁵³]	那些 [nou⁵³çie⁵⁵] 那乃 [nou⁵³nai⁵³]	乃些 [nai⁵³çie⁵⁵] 乃弭 [nai⁵³mi⁵⁵]	
	三音节	这些乃 [tsou³²⁴çie⁵⁵nai⁵³] 这乃些 [tsou³²⁴nai⁵³çie⁵⁵] 这些弭 [tsou³²⁴çie⁵⁵mi⁵⁵] 这乃弭 [tsou³²⁴nai⁵³mi⁵⁵]	茶⁼些乃 [nie³²⁴çie⁵⁵nai⁵³] 茶⁼乃些 [nie³²⁴nai⁵³çie⁵⁵] 茶⁼些弭 [nie³²⁴çie⁵⁵mi⁵⁵] 茶⁼乃弭 [nie³²⁴nai⁵³mi⁵⁵]	那些乃 [nou⁵³çie⁵⁵nai⁵³] 那乃些 [nou⁵³nai⁵³çie⁵⁵] 那些弭 [nou⁵³çie⁵⁵mi⁵⁵] 那乃弭 [nou⁵³nai⁵³mi⁵⁵]	乃些弭 [nai⁵³çie⁵⁵ mi⁵⁵]	
	四音节	这些乃弭 [tsou³²⁴çie⁵⁵nai⁵³mi⁵⁵] 这乃些弭 [tsou³²⁴nai⁵³çie⁵⁵mi⁵⁵]	茶⁼些乃弭 [nie³²⁴çie⁵⁵nai⁵³mi⁵⁵] 茶⁼乃些弭 [nie³²⁴nai⁵³çie⁵⁵mi⁵⁵]	那些乃弭 [nou⁵³çie⁵⁵nai⁵³mi⁵⁵] 那乃些弭 [nou⁵³nai⁵³çie⁵⁵mi⁵⁵]		

（一）主宾语位置上的单数指人代词

如表 2-6 所示，兴县方言单数指人代词有三个，三者之间具有距离远近的不同语义：

近　　　　　　　较远　　　　　　　更远

这1[tsou^{324}]　　茶$^=$[niε^{324}]　　　那1[nou^{53}]

"这1[tsou^{324}]"是近指，被指者离说话人很近（一般在说话人手能触摸到的地方）；"茶$^=$[niε^{324}]"是较远指，被指者一般是在离说话人较远的地方，但一定是在说话现场；"那1[nou^{53}]"是更远指，被指者往往不在说话现场，但如果需要给现场的人进行距离分类时，"那1[nou^{53}]"也可以指在说话现场的人。三者作为指人代词，一般独立做论元或构成"的"字短语做论元。例如：

（1）**这1**是兴县人，**茶$^=$**他₂在离说话人较远的地方是临县人，**那1**在距离说话人更远的地方是汾阳人，都是吕梁人。

（2）这1个杯杯是**这1的**他的（近），茶$^=$个杯杯是**茶$^=$的**他的（较远），那1个杯杯是**那1的**他的（更远）。

（3）我不要么，**那1**他：很远，不在现场生硬要给我嘞非要给我呢。

（4）叫**那1**他：很远，不在现场把那2本书给给**茶$^=$**他：较远，在现场。

例（1）、（2）中的"这1""茶$^=$""那1"一般是在说话现场，"这1"离说话人最近，"茶$^=$"离说话人较远，"那1"离说话人最远；例（3）中的"那1"可在说话现场也可不在；例（4）中的"那1"一定不在说话现场。

（二）主宾语位置上的复数指人代词

1. "近—较远—更远—最远"的四分关系

如表 2-6 所示，28 个复数指人代词的距离分类大多数与单数一致，也与兴县方言指示代词三分系统一致。但有 4 个以"乃"为词根的指人代词表示"最远"义，与其他指人代词构成四分关系，即：

"这₁"类　　→　"茶＝"类　　→　"那₁"类　　　　　→　"乃"类

近，在现场　→　远，在现场　→　更远，在/不在现场　→　最远，不在现场

例如：

（5）**这₁**<u>些</u>他们，近来咧，**茶＝**<u>些</u>他们，较远也来咧，**那₁**<u>些</u>更远也来咧，**乃**<u>些</u>最远，
　　　不在说话现场还没来。

（6）我不要么，**乃**他们：最远，不在现场生硬要给我嘞非要给我呢。

上例（6）"乃"单用，也表示"他们"在很遥远的地方。

2. "少数—多数—最多数"与音节数的关系

指人代词复数分单音节、两音节、三音节和四音节四种，其中单音节只
有一个"乃"，其他都是多音节的（参见表2-6），多音节代词的叠加和组合
很有规律，基本上是在单数"这₁""茶＝""那₁"与复数"乃"的基础上叠
加或附加词尾"些""弭"等组成，有的叠加和附加是多层的，28个复数指
人代词按照音节多少，分别表示少数、较多数、最多数义。

两音节指人代词是以"这₁""茶＝""那₁"为词根，分别叠加"些""乃"
构成"这₁些/茶＝些/那₁些"和"这₁乃/茶＝乃/那₁乃"等，都表示人
数较少，一般被指称者只有两三个人。

三音节指人代词是在"这₁些/茶＝些/那₁些"和"这₁乃/茶＝乃/
那₁乃"的基础上再叠加"弭"尾，构成"这₁些弭/茶＝些弭/那₁些弭"
和"这₁乃弭/茶＝乃弭/那₁乃弭"或让"些"与"乃"再分别叠加，构成
"这₁些乃/茶＝些乃/那₁些乃"和"这₁乃些/茶＝乃些/那₁乃些"，都表
示人数较多，一般在三个人以上。

四音节指人代词是在三音节"乃"和"些"尾之后再叠加"弭"，构成
"这₁乃些弭/茶＝乃些弭/那₁乃些弭"等，都表示人数最多，往往是一群
人。我们以词根"这₁"为例说明：

两音节　　　　　→　**三音节**　　　　　→　**四音节**

这₁些　（＋弭）　→　这₁些弭

这₁乃　　（＋弨）　→　　这₁乃弨

这₁些　（＋乃）　→　这₁些乃　　（＋弨）　→　这₁些乃弨

这₁乃　（＋些）　→　这₁乃些　　（＋些）　→　这₁乃些弨

少数（两三人）　→　多数（三人以上）　→　最多数（一群人）

以"乃"为词根的指示代词能组成"乃些""乃弨""乃些弨"三个多音节人称代词，其中，单音节"乃"人数最少，与上述两音节代词相同；"乃些""乃弨"人数较多，与上述三音节所表人数相同；"乃些弨"人数最多，与上述四音节所表人数相当。其规律如下：

单音节　　→　　两音节　　→　　三音节

乃　　　　　乃些／乃弨　　　　　乃些弨

少数　→　　多数　→　　最多数

3."亲近—中性—疏远"的亲疏义与词尾的关系

指人代词复数还有亲近和疏远之分，多音节指人代词中，以"弨"结尾的，如"乃弨""这₁乃弨""茶ᵉ乃弨""那₁乃弨"等，一般用于指称心理距离较近的人，如熟悉的或喜欢的人；相反，以"乃"结尾的，如"这₁乃""茶ᵉ乃""那₁乃"和"这₁些乃""茶ᵉ些乃""那₁些乃"一般用来指称心理距离较远的人，如陌生人或不喜欢的人；而以"些"结尾的代词如"这₁些""茶ᵉ些""那₁些"和"这₁乃些""茶ᵉ乃些""那₁乃些"等则没有亲近或疏远的感情色彩。其规律如下：

"弨"尾——亲近　　"些"尾——中性　　"乃"尾——疏远

"弨"尾表示"亲近"义，这与"弨"是第一人称复数词根和第一人称专职的领格形式有关（如"弨些我们""弨我妈"）；"乃"尾表示"疏远"义与"乃"在指人代词中表示"最远指"义相关。但四音节的代词都是以"弨"做词尾，如"这₁乃些弨""茶ᵉ乃些弨""那₁乃些弨"等，当地人已经感觉不到带有亲近色彩，只感觉四音节指称的人数最多。例如：

（7）**这₁些弨**他们是弨些我们的同学，**茶ᵉ乃些**他们是弨些的同事，**那₁些乃**他们我认不得不认识。

值得注意的是，部分当地人认为三音节代词比两音节的指向更具体、更确定，四音节代词又比三音节的指向更确定、更具体。

4.替换关系

在三音节和四音节中，有一些组合体的意义没有区别，如三音节的"这1乃弭／这1些弭""茶"乃弭／茶"些弭""那1乃弭／那1些弭"；四音节的"这1乃些弭／这1些乃弭""茶"乃些弭／茶"些乃弭""那1乃些弭／那1些乃弭"，这6组指人代词所指称的对象既没有人数多少之分，也没有情感亲疏之别，能够自由替换。

三、指人代词与指物代词

一般语言中指代人和指代物的指示代词没有区别，是同形的，但兴县方言大多数指人代词与指物代词在形式上发生了分化，很多指示代词只能用于指代人，不能用于指代物，只有少数指示代词既可以指代人，又可以指代物。

（一）只能指代人，不能指代物的指示代词

表 2-7　兴县方言只能指代人的指示代词

单数	复数"弭"尾			复数包含"乃"的指示代词			领属
单音节	两音节	三音节	四音节	单音节	两音节	三音节	
这1	乃弭	这1乃弭	这1乃些弭	乃	这1乃	这1些乃	这1家
茶"		茶"乃弭	茶"乃些弭		茶"乃	茶"些乃	茶"家
那1		那1乃弭	那1乃些弭		那1乃	那1些乃	那1家
		这1些弭	这1些乃弭			这1乃些	乃家
		茶"些弭	茶"些乃弭			茶"乃些	
		那1些弭	那1些乃弭			那1乃些	

1."这1""荼＝""那1"只能指代人，不能指代物

首先，在单说、独立做论元时只能指代人，不能指代物。例如：

（8）谁干的？——这1 / 荼＝ / 那1 他。

（9）这1 想去，你走动了吼上这1。他想去，你走的时候叫上他。

（10）那1 做的营生，谁也看不行。他做的活儿，谁也看不上。

其次，构成"这1 / 荼＝ / 那1+的＋中心语"的定中结构时，也只指代人，不指代物。例如：

（11）这1 的老师去太原咧。他的老师去太原了。

（12）荼＝ 的手恶水得伤了他的手太脏了，给荼＝ 洗给一下给他洗洗。

（13）那1 他的东西，我早就还咧。

2."弨"类和"乃"类两音节、三音节指示代词只能指代人

如表 2-7 所示，"弨"尾词不能用于指代物，只能指代人，应该是因为"弨"是个专职人称代词，既是第一人称复数"弨些我们"的词根，又是第一人称专职的领格形式，所以"弨"限制了这类代词只能用于指代人，不能指代物。

因为单音节"乃"是一个只用于复数指人代词的语境中，表示最远指，所以凡是包含"乃"语素的指示代词都只能指代人，不能指代物（西川个别人认为以前可以指代物，已不常用）。

3."这1 家""荼＝ 家""那1 家""乃家"只能指代人

"这1 家""荼＝ 家""那1 家""乃家"只出现在亲属领属关系中，都只能指代人，不能指代物。例如：

（14）那1 家爹的当校长着啦不咧？他的父亲（还）当校长不当了？

（15）荼＝ 家娘的来来咧没？他的妈妈来了没有？

（二）既可指代人，也可指代物的指示代词

兼指代人和物的指示代词很少，限于以下六个：

表 2-8　兴县方言兼指代人和物的指示代词

近指	远指	更远指
这1 个	茶= 个	那1 个
这1 些	茶= 些	那1 些

以上六个代词多数语境中指代人，少数语境中指代物，有时既可以指代人，也可以指代物，属于兼类代词，不过兼类词的语境已显示出分化的趋势。

1. "这1些""茶=些""那1些"指代人和指代物时出现的语境

首先，"这1些""茶=些""那1些"指代人时可以出现在单说、独立做论元或构成"这1些 / 茶=些 / 那1些 + 的 +NP"的定中结构中，与"这1""茶=""那1"所出现的语境一致。例如：

（16）谁弭把我做的饭吃啦？——这1 些 / 茶= 些 / 那1 些他们。

（17）茶= 些做作业嘞，不要吼茶= 些。他们做作业呢，不要叫他们。

（18）你坐给这1 哒你坐到这里，茶= 些他们坐给茶= 哒那里（较远），那1 些他们就坐给那1 哒那里（更远）。

（19）这1 圪嘟书是谁弭的这些书是谁的？——这1 些的 / 茶= 些的 / 那1 些的 / 乃些的他们的。

（20）茶= 些 / 那1 些的家长来咧没？他们的家长来了没？

其次，"这1些""茶=些""那1些"指代物品时，不能独立做论元，只能限定名词性短语，而且必须是并置式，不能加领属标记"的"。例如：

（21）这1 些杯子好看，茶= 些杯子也还行，那1 些杯子难看得伤了。

（22）这1 些菜好吃，茶= 些菜不好吃，那1 些菜还行，你尝尝。

当地人一般用"这1圪嘟""茶=圪嘟""那1圪嘟"独立做论元指代物，而不用"这1些""茶=些""那1些"。例如：

（23）这1 圪嘟（杯子）好看，茶= 圪嘟（杯子）也还行，那1 圪嘟（杯子）难看得伤了。

2."这1个""茶=个""那1个"指代人和指代物出现的语境

首先，"这1个""茶=个""那1个"单说或独立做论元时，只能指代物，一般不指代人，例如：

（24）你要这1个，茶=个，那1个？还是那2个？

（25）这1个是我的，茶=个那个，较远是茶=他的，那1个那个，更远才是你的。

（26）茶=个那个，较远（画），我可多挂过咧我挂了好多次，就是挂不上。

其次"这1个""茶=个""那1个"直接修饰NP（并置结构，不能有领属标记）时，既可以指示人，也可以指示物。例如：

（27）这1个人这3几年可多刨闹下钱咧。这个人这几年挣了很多钱。

（28）那1个谁谁谁，你看你，不要兀底／茶=底那么做！

（29）这1个桌子比那1个那个桌子低。

（30）我要白的这1个，不要红的茶=个那个。

上例（27）（28）中的"这1个／那1个"指示人，（29）（30）中的"那1个／茶=个"指示物。

"这1／茶=／那1""这1个／茶=个／那1个""这1些／茶=些／那1些"指代人和指代物的区别如下：

表2-9　兴县方言"这1／茶=／那1"指代人与指代物时语法功能区别一览表

指代对象		指示代词	单说／独立做论元	直接限定NP	必加领属标记"的"
指代人	单数	这1／茶=／那1	+	－	+
		这1个／茶=个／那1个	－	+	－
	复数	这1些／茶=些／那1些	+	－	+
指代物	单数	这1／茶=／那1			
		这1个／茶=个／那1个	+	+	－
	复数	这1些／茶=些／那1些	－	+	－

四、兼指与叠置现象的成因

（一）人称域与指代域存在映射关系

人称代词和指示代词都有指示和称代功能，二者在语义上存在映射关系。因此，世界上很多语言指示代词兼人称代词的功能，尤其是第三人称代词。古代汉语中就存在实体的对应："古代汉语里没有一个完备的第三身代词：之、其、彼这三个字本来都是指示代词……"（吕叔湘、江蓝生，1985：5页）。

近代汉语中"这的""那的""这懑""那每"等说法，与兴县方言的指人代词共性明显。例如（转引自吕叔湘、江蓝生《近代汉语指代词》，1985：66页、227页）：

（31）曾想他劣缺名目，向这懑眉尖眼角上存住。（《刘知远诸宫调》）

（32）那每殷勤的请你，待对面商议？（董解元《西厢记诸宫调》）

（33）真的这的每言语一般呵，一般断了者。（元碑）

（34）那的是急煎煎心痒难揉。（《古今杂剧三十种》）

所以吕叔湘、江蓝生（1985：187页）认为："第三身代词跟指示代词的关系异常密切，应该合并为一类。"除兴县方言外，山西境内还有很多方言第三人称代词与指示代词同形，应与古代、近代汉语一脉相承，有着相同的形成机制。

但是，为什么北方绝大多数方言的第三人称与指示代词兼指现象都已消失，山西方言尤其是兴县方言中不但没有消失反而还如此繁复？我们觉得这与山西方言和阿尔泰语言历史上存在过深度接触，有大量的底层残留有关。值得注意的是，阿尔泰语言第三人称代词也是由指示代词兼任，据张维佳、张洪燕（2007），集中在山西、陕西、甘肃东部地区的指示代词兼第三人称代词"兀"来自阿尔泰语系突厥语；唐正大（2005）也认为，第三人称代词与指示代词同形现象"分布相当集中"，而汉语方言这种现象多出现在与阿尔泰语言"密切接触地区"。所以晋语指示代词与第三人称代词大量兼用的现象，很可能与民族语言接触有关。

（二）指人代词叠置形式的成因

如表 2-3 至表 2-6 显示，兴县方言指示代词系统十分复杂，尤其是指人代词，叠置形式繁多，这种现象在山西其他方言中也是罕见的，究其原因，我们认为是兴县境内不同方言小片在县川混杂叠置的结果。

兴县是山西省内版图最大的县，境内崇山峻岭，沟壑纵横，山区人口相对稀少，交通极为不便，因此各片方言之间差异较为明显，尤其是山区各乡镇之间。历年来，走出大山成了山里人的梦想，中华人民共和国成立后尤其是改革开放后，山里人逐步下山，到县川一带定居，这使得县川一带人满为患，操着各片方言口音的群众长期在一起生活、交流，在各自方言的基础上形成了叠置现象（叠置现象也是山西晋语区方言的一大特点）。这种繁复的叠置是系统内部同类但不同片方言指示代词反复叠加的结果。

我们曾调查过一位当地老男发音人，他是地地道道的县川人，但他坚决否认县川话指人代词有 31 种说法。经过了解后发现，这位发音人年轻时（20 世纪 60 年代）参军，后来去了山西大同工作，退休后才返乡，兴县人称代词发生叠置的重要时间段他处于缺席状态，这也间接证明了这种叠置现象发生的时间，主要是中华人民共和国成立后至改革开放前后的几十年间。

兴县方言专门的指人代词以及指人代词所呈现出的多种语义关系，如"近—较远—更远—最远""少数—多数—最多数""亲近—中性—疏远"等，具有一定的类型学研究价值。

第四节　指示与称代功能的分化

——山西方言指示词叠置现象考察[①]

《马氏文通》给指示代词下的定义是，"指示代字者，所以指明事物以示区别也"（马建忠，1983：78 页）。吕叔湘、江蓝生（1985：195 页）明确说："这"和"那"的作用可以概括为"指示""称代""区别"三种作用，"区别"作用只在对举语境中出现，非对举语境中，"这""那"的作用就是"指示"和"称代"——"这、那后面有名词的时候，它的作用是指示；这、那后面没有名词的时候，它的作用是称代（当然也兼指示）"。

有些语言 / 方言中的指示词，指示和称代功能是用不同的词表示，如法语、西班牙语等语言中都有指示代词和指示形容词的区分，粤方言中的"呢这"和"嗰那"、苏州方言中的"埃这""喂那"和"辩这 / 那"不能独立做论元，只能起限定名词的作用（陈玉洁，2010：7 页）。很多语言、方言中指示词只有指示功能，不能兼有称代功能。

很显然，指示词的"指示""称代"功能是可以分化的。因世界语言中指示代词和指示形容词可以用不同词形表示，本节依从陈玉洁（2010）的说法，把现代汉语传统所说的指示代词称作指示词。

考察山西方言指示词，我们发现，大多数方言中，指人 / 物的指示词可以在同一句话里紧密相连，形成叠置结构。两个叠置的指示词之后如果不能出现名词中心语，则前一指示词表"指示"义，后一指示词表"称代"义，其功能分化日趋明显。下文旨在全面调查山西方言指示词的基础上，对这种叠置现象进行考察。

---

① 本节发表于《方言》2022 年第 2 期。收录本书时标题和内容略有改动。

一、叠置指示词的语音形式

形成叠置关系的两个指示词的读音和词形不同。总体规律是：南部官话区和晋语区多数方言点的前一指示词大都是指量短语，比较一致；后一指示词在官话区是基本指示词，晋语区左云方言也可以是基本形式，大多数晋语区方言为指示词与量词的合音形式（个别方言例外）。前后指示词叠置在一起，具体如表 2-10：

表 2-10 指代人／物指示词的叠置形式

方言点		前一指示词＋量词	后一指示词	叠置形式
临猗 （官话汾河片）	近指	这 [tʂei⁵³] "这一" 合音 页 ＝ "一外（个）" 合音	这 [tʂuɤ⁵³]	这 [tʂei⁵³] 页 ＝ 这 [tʂuɤ⁵³]
	远指	兀 [uei⁵³] 页 ＝ "一外（个）" 合音	兀 [uɤ⁵³]	兀 [uei⁵³] 页 ＝ 兀 [uɤ⁵³]
孟县 （晋语并州片）	近指	这 [tsei⁴¹²] "这一" 合音 块个	宰 ＝ [tsɑɛ⁵⁵] "这块" 合音	这 [tsei⁴¹²] 块宰 ＝ [tsɑɛ⁴¹²]
	远指	那 [nei⁴¹²] "那一" 合音 块个	乃 ＝ [nɑɛ⁴¹²] "那块" 合音	那 [nei⁴¹²] 块乃 ＝ [nɑɛ⁴¹²]
		兀 [vei⁵⁵] "兀一" 合音块 个	外 ＝ [vɑɛ⁵⁵] "兀块" 合音	兀 [vei⁴¹²] 块外 ＝ [vɑɛ⁵⁵]
偏关 （晋语五台片）	近指	这 [tʂei²⁴] "这一" 合音个	这 [tʂa²⁴]	这 [tʂei²⁴] 个这 [tʂa²⁴]
	远指	那 [nei⁵³] "那一" 合音个	那 [na⁵³]	那 [nei⁵³] 个那 [na⁵³]
朔州 （晋语五台片）	近指	这 [tsʅ⁵³] "这一" 合音个	□ [tsaŋ³⁵] "这样" 合音	这 [tsʅ⁵³] 个□ [tsaŋ³⁵]
	远指	那 [nei⁵³] "那一" 合音个	那 [nəʔ³⁵]	那 [nei⁵³] 个那 [nəʔ³⁵]
左云 （晋语大包片）	近指	这 [tsɛe²⁴] "这块" 合音个	这 [tsəʔ³]	这 [tsɛe²⁴] 个这 [tsəʔ³]
	远指	那 [nɛe²⁴] "那块" 合音个	那 [nəʔ³]	那 [nɛe²⁴] 个那 [nəʔ³]

方言点		前一指示词 + 量词	后一指示词	叠置形式
晋城 （晋语上 党片）	近指	嘚 [təʔ²²]（个）/ 滴 [tiəʔ²²] 儿（个）	嗲 [tia⁵³]“这一个”合音	嘚 [təʔ²²]（个）/ 滴 [tiəʔ²²] 儿（个）嗲 [tia⁵³]
	远指	呢 [nəʔ²²]（个）/ 泥 儿 [niəʔ²²]（个）	□ [nia⁵³]“那一个”合音	呢 [nəʔ²²] / 泥 儿 [niəʔ²²] （个）□ [nia⁵³]
平顺 （晋语上 党片）	近指	这 [tsəʔ²] 个 / 记 [tɕi³⁵³]“这一”合音	借 [tɕie³⁵³]“这些”合音	这 [tsəʔ²] 个借 [tɕie³⁵³] 记 [tɕi³⁵³] 借 [tɕie³⁵³]
	远指	那 [nəʔ²] 个 / □ [nie³⁵³] “那些”合音个 / 腻 [ni³⁵³] “那一”合音（个）	□ [nie³⁵³]“那些”合音	那 [nəʔ²] 个□ [nie³⁵³] □ [nie³⁵³] 个□ [nie³⁵³] 腻 [ni³⁵³]（个）□ [nie³⁵³]
方山 （晋语吕 梁片）	近指	这 [tsaɪ²⁴/tsəʔ²⁴] 个	届 [tɕie³¹²]“这一”合音	这 [tsaɪ²⁴/tsəʔ²⁴] 个届 [tɕie³¹²]
	远指	兀2[uaɪ²⁴/uəʔ²⁴] 个	越 [ye³¹²]“兀一”合音	兀2[uaɪ²⁴/uəʔ²⁴] 个越 [ye³¹²]

前一指示词，如上表所示，官话区和晋语区并州片、五台片多数为"这一/那一/兀一"的合音形式与量词组合；晋语区上党片多为基本形式，量词隐现比较自由；平顺方言近指是指示词的基本形式，远指是"那些"的合音形式。

后一指示词的读音，官话区多为基本指示词的读音；晋语区多数是指示词与量词等的合音形式。并州片多数方言是指示词与量词"块个"合音，其他片是与不同量词或其他语素合音，例如根据当地音系，上党片平顺方言的"借 / □ [nie³⁵³]"是"这些 / 那些"的合音，晋城方言的"嗲 / □ [nia⁵³]"是"这一个 / 那一个"的合音；吕梁片方山方言后一指示词可能是"这一 / 兀一"的合音；五台片朔州的"□ [tsaŋ³⁵]"是"这样"的合音；五台片偏关方言比较特殊，后一指示词可能是基本指示词。

与前一指示词组合的量词多为泛化量词。泛化量词（普通话的"个"）在山西官话区读"外 "（"页 "是"一外个"合音形式），晋语并州片、五台片多读"块个"，吕梁片、上党片和大包片多为"个"；大包片和吕梁片前一指示词也有可能是"这块 / 那块"的合音形式，不过当地方言泛化量词已经由"个"覆盖了"块"。值得注意的是，上党片晋城方言所有的量词都可以出现在指示词的叠置语境中。

二、叠置指示词的句法结构与功能

（一）指示词是同类叠置，语序固定

1. 叠置的必须是同类指示词

两个叠置的指示词只能是同类叠置，一般不能跨类叠置。同类叠置有两方面含义：

一是近指指示词只能与近指指示词叠置，远指指示词只能跟远指指示词叠置，三分系统的指示词，则较远指与较远指叠置，更远指与更远指叠置。例如盂县方言：

这 [tsei^{412}] 块宰 = [tsɑɛ^{55}] "这块" 合音　　那 [nei^{412}] 块乃 = [nɑɛ^{412}] "那块" 合音

兀 [vei^{412}] 块外 = [vɑɛ^{55}] "兀块" 合音

二是指人 / 物的指示词只能和指人 / 物的指示词叠置，不能与指代方所 / 时间 / 方式 / 程度的指示词叠置。山西方言基本没有"* 指人 / 物＋指方所 / 时间 / 方式 / 程度"的叠置用法。

不过，我们在晋语五台片偏关方言中发现了指代方所与指代人 / 物的指示词连用现象。例如：

（1）这1[tʂei^{24}] 这2[tʂa^{24}] 这里的这（东西）一点也不好，你听我的话，不用买。

（2）你看看这1[tʂei^{24}] 那 [na^{53}] 这里的那（东西）。

这两例的前一指示词都是"这1[tʂei^{24}]"（也可以是"那1[nei^{53}]"），在当地方言中既能指代物（不能指代人），也能指代方所，具体语义要根据语境来判断；后一指示词"这2[tʂa^{24}] / 那2[na^{53}]"只能指代人 / 物。如果"这1[tʂei^{24}]"与量词"个"组合后再与"这2[tʂa^{24}]"叠置，是指代物，如"这1[tʂei^{24}] 个这2[tʂa^{24}] 好这个（东西）好"；去掉"个"，"这1[tʂei^{24}] 这2[tʂa^{24}]"就是"这里的这（东西）"义，再如例（2）的"这1[tʂei^{24}] 那2[na^{53}]"是"这里的那（东西）"义。偏关方言的"这1[tʂei^{24}] 这2[tʂa^{24}]"和"这1[tʂei^{24}] 那2[na^{53}]"应是不同

类指示词连用，不是叠置。

2. 叠置指示词的先后顺序不可颠倒

山西方言指示词叠置的语序是固定的，即前一个指示词与后一个指示词位置不可互换。如前所述，山西方言叠置指示词一般规律是：前一个是指量短语，后一个是单音节指示词（多数是指示词与量词的合音形式，少数是指示词基本形式）。如盂县方言：

（3）a. 这 [tsei^{412}] 块宰$^=$[tsaɛ^{55}] 不好。

　　　b. * 宰$^=$[tsaɛ^{55}] 这 [tsei^{412}] 块不好。

叠置指示词的语序只能是 a 语序，不能是 b 语序。

再如，平顺方言叠置指示词的顺序必须是：

这 [tsəʔ^2] 个借$^=$[tɕiɛ^{353}]　　　　　　　□ [niɛ^{353}] 个□ [niɛ^{353}]

不能是：* 借$^=$[tɕiɛ^{353}] 这 [tsəʔ^2] 个　　* □ [niɛ^{353}] □ [niɛ^{353}] 个

3. 主语位置上，叠置指示词之后的中心语 NP 可以不出现

如前所述，山西方言叠置语境中出现的都是指人／物的指示词，当叠置指示词出现在主语位置时，不论指示词是指人还是指物，中心语一般不出现。例如：

临猗方言（南部官话区汾河片）：

（4）这 [tʂei^{53}] 页$^=$"一外（个）"合音，下同这 [tʂuɤ^{53}]（孩）是谁？这孩子是谁？

（5）这 [tʂei^{53}] 页$^=$这 [tʂuɤ^{53}]（书包）是我奈的，兀 [uei^{53}] 页$^=$兀 [uɤ^{53}]（书包）才是你奈。

盂县方言（中部晋语区并州片）：

（6）那 [nei^{412}] 块乃$^=$[naɛ^{412}] "那块"合音（娃子）是谁家的？

（7）这 [tsei^{412}] 块宰$^=$[tsaɛ^{55}]（衣裳）样儿不好，那 [nei^{412}] 块乃$^=$[naɛ^{412}]（衣裳）颜色也不喜欢，兀 [vei^{412}] 块外$^=$[vaɛ^{55}]（衣裳）还差不多。这件款式不好，那件颜色不喜欢，那件还差不多。

朔州方言（中北部晋语区五台片）：

（8）这 [tsɿ^{53}] 个□ [tsaŋ^{35}] "这样"合音（娃子）跑哩可欢哩。

（9）那 [nei⁵³] 个那 [nəʔ³⁴]（东西）不好。

左云方言（北部晋语大包片）：

（10）这 [tsɛe²⁴] 个这 [tsəʔ³]（家伙）真不听话哩。

（11）那 [nɛe²⁴] 个那 [nəʔ³]（东西）真好哩。

晋城方言（东南部晋语区上党片）：

（12）嘚⸗[təʔ²²] 嗲⸗[tia⁵³]（人）是谁呐的？这是谁的？

（13）滴⸗[tiəʔ²²] 几件嗲 [tia⁵³]（衣裳）是谁呐的？这衣裳是谁的？

4. 叠置指示词在指物语境中更自由

第一，叠置的指示词如果指物，既可以自由出现在主语位置，也可以自由出现在宾语位置，其后的中心语 NP 在一般语境中都可以省略，只有在强调语境中才出现；但叠置的指示词如果指人，主语位置上叠置指示词之后的NP 可以省略，参见前例（1）—（13），但如果出现在宾语位置，其后的中心语 NP 必须出现。试比较：

临猗方言（南部官话区汾河片）：

（14）a. 我不认得兀 [uei⁵³] 页⸗"一外（个）"合音兀 [uɤ⁵³] 人。我不认识那个人。

　　　b. 我不要这 [tʂei⁵³] 页⸗"一外（个）"合音这 [tʂuɤ⁵³]，我要兀 [uei⁵³] 页⸗兀 [uɤ⁵³]。
　　　　我不要这个，我要那个。

盂县方言（中部晋语区并州片）：

（15）a. 我没啦见过这 [tsei⁴¹²] 块宰⸗[tsɑɛ⁵⁵] "这块"合音人。我没见过这人。

　　　b. 我不吃这 [tsei⁴¹²] 块宰⸗[tsɑɛ⁵⁵] "这块"合音（菜），也不吃那 [nei⁴¹²] 块
　　　　乃⸗[nɑɛ⁴¹²] "那块"合音（菜），你把兀 [vei⁴¹²] 块外⸗[vɑɛ⁵⁵] "兀块"合音
　　　　（菜）拿来尝尝。我不吃这个，也不吃那个，你把那个拿来尝尝。

朔州方言（中北部晋语区五台片）：

（16）a. 我不认得那 [nei⁵³] 个那 [nəʔ³⁴] 人。

　　　b. 我想要这 [tsɿ⁵³] 个□ [tsɑŋ³⁵] "这样"合音（桌子）。

左云方言（北部晋语区大包片）：

（17）a. 我不想跟那 [nɛe²⁴] 个那 [nəʔ³] 人耍。

　　　　b. 我想要这 [tsɛe²⁴] 个这 [tsəʔ³]（书包）。

　　上例 a 例中的叠置指示词都指人，如果删去指人 NP，或者句子不成立，或者只能理解为指物，不再指人，b 句的叠置指示词都是指物，指物名词完全可以不出现。

　　第二，上党片的晋城方言宾语位置只能指物，不能指人。例如：

　　（18）a. 是谁买呢嘚゠[təʔ²²/tia⁵³/tiəʔ²²] 嗲゠[tia⁵³]? 是谁买的这（东西）?

　　　　　b. 我看不上呢゠[nəʔ²²/niəʔ²²/ni³³] 套□ [nia⁵³]。我看不上那套（家具）。

　　五台片的偏关方言则不论在主语位置还是宾语位置都只能指物，不能指人。例如：

　　（19）这 [tʂei²⁴] 个这 [tʂa²⁴] 好耍玩儿不?

　　（20）那 [nei⁵³] 个那 [na⁵³] 能吃哩不?

　　5. 部分方言叠置指示词之后不能有中心语 NP

　　山西方言中还有部分方言的叠置指示词之后不能有中心语 NP。这种形式一般分布在山西晋语上党片长治小片（东南部）、吕梁片（西部）和大包片（北部）。值得注意的是，这三片情况各有不同，具体如下。

　　平顺方言（东南部晋语区上党片）的叠置指示词之后在任何情况下都不能有中心语，叠置指示词的使用在当地口语中十分自然，是无中心语叠置结构中最典型也是最无标记的说法。例如：

　　（21）这 [tsəʔ²] 个借゠[tɕie³⁵³] 这跑得真快嘞!

　　（22）我不喜欢□ [nie³⁵³] 那个□ [nie³⁵³]，真懒嘞!

　　（23）这 [tsəʔ²] 个借゠[tɕie³⁵³] 这不好吃。

　　（24）我要这 [tsəʔ²] 个借゠[tɕie³⁵³] 这，不要□ [nie³⁵³] 那个□ [nie³⁵³] 那。

　　上例（21）、（22）指人；例（23）、（24）指物。指人与指物的叠置形式只有通过语境才可判断。

　　偏关方言（中北部晋语区五台片）的叠置指示词之后在任何情况下也不能有中心语，与上党片平顺方言基本一致，不同的是，偏关方言叠置形式只能指物，不能指人，如前例（19）—（20），再如：

（25）这 [tʂei²⁴] 个这 [tʂa²⁴] 就要十块钱哩？

　　方山方言（西部晋语区吕梁片）也是叠置指示词之后在任何情况下都不能有中心语，但叠置形式的说法很受限，即叠置的指示词只能出现在主语位置，不能出现在宾语位置；只能用于判断句的肯定句式，不能用于其他句型或句式。例如：

（26）这 [tsaɪ²⁴/tsəʔ⁴] 个届 ˭[tɕiɛ³¹²] 是你家姨姨。

（27）兀 [uaɪ²⁴/uəʔ⁴] 个越 ˭[yɛ³¹²] 是你家舅舅。

（28）这 [tsaɪ²⁴/tsəʔ⁴] 个届 ˭[tɕiɛ³¹²] 是人家从城里荷回来的。

（29）兀 [uaɪ²⁴/uəʔ⁴] 个越 ˭[yɛ³¹²] 是人家从城里荷回来的。

　　左云方言（北部晋语区大包片）指示词叠置情况比较复杂，既有能加中心语的说法，也有不能加中心语的说法。前例（10）、（11）是能加中心语的说法，下例（30）、（31）是不能加中心语的说法：

（30）你看这 [tsəʔ³] 个这 [tsəʔ³] 嘎儿！你瞧这个人！

（31）把那 [nəʔ³] 个那 [nəʔ³] 嘎儿搂扔了！

　　值得注意的是，左云方言可以带中心语的叠置指示词和不可以带中心语的叠置指示词的语音形式明显不同：例（10）、（11）的叠置形式是："这 [tsɛɛ²⁴] 个这 [tsəʔ³] / 那 [nɛɛ²⁴] 个那 [nəʔ³]"，可以带名词中心语；例（30）、（31）的叠置形式是 "这 [tsəʔ³] 个这 [tsəʔ³] 嘎儿 / 那 [nəʔ³] 个那 [nəʔ³] 嘎儿"，一般不能带名词中心语。

　　总之，以上四个方言点指示词叠置的说法平顺方言最自由，既能指人，也能指物；既能做主语，也能做宾语；偏关方言叠置形式既能做主语，也能做宾语，但只能指物，不能指人；方山方言叠置说法既能指人，也能指物，但只能出现在判断句中，而且只能出现在主语位置，不能做宾语。这四个方言点的指示词叠置形式之后都不能有名词中心语。

（二）叠置指示词的句法结构

　　如前所述，叠置指示词进入句子后，可以分为"可加名词中心语"和

"不可加名词中心语"两种。"可加名词中心语"结构即"（指示词1+量词）+指示词2（+NP）"，其结构是（以盂县方言"这块宰＝衣裳"为例）：

上例的"这块"修饰的是整个后面的"宰＝衣裳"；而"宰＝"又修饰"衣裳"。"这块"和"宰＝"在主宾语位置上都是做定语，但两者不在同一个层面上。

不可以出现名词中心语的叠置形式，其结构为（以平顺方言的"这个借＝"为例）：

这个 ｜ 借＝
　定　中

当名词中心语不出现时，叠置指示词之间的关系应是前者修饰后者，后者承担了名词中心语的功能。

三、叠置指示词的表义功能

（一）功能叠加和功能分化

根据以上分析，两个叠置指示词，根据其后有无名词性中心语，表义功能可以有两种。

1. 功能叠加

如果两个叠置指示词之后出现名词中心语，如上文所示"这块宰＝衣裳"，两个指示词的关系是：后一指示词"宰＝"直接修饰名词中心语"衣裳"，前一指示词"这块"则是修饰"宰＝衣裳"，两个指示词分别修饰名词，构成叠加关系。

2. 功能分化

如果两个叠置的指示词后面没有名词中心语或者任何语境中不能带名

词中心语，后一指示词就具有名词中心语的功能，即前一指示词的功能是指示，后一指示词的功能是称代。如：

（32）这 [tʂei⁵³] 页⁼这 [tʂuɤ⁵³] 就是伢我孩奈老师。这个（人）就是我孩子的老师。（临猗方言）

（33）我想要兀 [vei⁴¹²] 块外⁼[vɑɛ⁵⁵]。我想要那个（东西）。（盂县方言）

（34）不知道该怎操作腻⁼[ni³⁵³]（个）□ [niɛ³⁵³] 了。不知道如何操作那个（东西）。（平顺方言）

（35）这 [tsəʔ⁴] 个届⁼[tɕiɛ³¹²] 是人家从城里荷回来的。这个（东西）是人家从城里拿回来的。（方山方言）

上例中，前一指示词／指量短语"这页⁼""兀块""腻⁼（个）""这个"都是分别限定后一指示词"这""外⁼""□ [niɛ³⁵³]""届⁼"的，后一指示词则主要担负称代人／物的功能（也兼具指示功能）。

（二）分化功能测试

本节所说的两个指示词功能的叠加和分化，也有学者认为是指示词连用，如果是指示词连用，就不会出现"功能分化"之说。

如前所述，指示词的基本功能是"指示"和"称代"，如果是连用，连用的两个指示词必须都同时具备"指示"和"称代"功能，如果不能同时具备两个功能，说明其功能已经分化。这里通过在非叠加语境中测试两个指示词的基本功能，从而看出在叠置语境中"指示"和"称代"功能是否发生分化。

1. 可以添加名词中心语的叠置结构测试

这里以官话区临猗方言近指指示词为例。

表 2-11　临猗方言叠置与非叠置指示词功能一览表（以近指指示词为例）：

叠置形式	非叠置形式
这 [tʂei⁵³] 页⁼这 [tʂuɤ⁵³] 是谁？	? 这 [tʂei⁵³] 页⁼是谁？ （必须出现在与"兀 [uei⁵³] 页⁼"比较的语境中）
	这 [tʂuɤ⁵³] 是谁？

续表

叠置形式	非叠置形式
我不认得这 [tʂei⁵³] 页 ⁼ 这 [tʂuɣ⁵³] 人。	我不认得这 [tʂei⁵³] 页 ⁼ 人。
	我不认得这 [tʂuɣ⁵³] 人。
我不爱见这 [tʂei⁵³] 页 ⁼ 这 [tʂuɣ⁵³]。	? 我不爱见这 [tʂei⁵³] 页 ⁼，（我爱见兀 [uei⁵³] 页 ⁼）。
	我不爱见这 [tʂuɣ⁵³]（东西）。
这 [tʂei⁵³] 页 ⁼ 这 [tʂuɣ⁵³] 弄完啦。	? 这 [tʂei⁵³] 页 ⁼ 弄完啦，（兀 [uei⁵³] 页 ⁼ 还没弄完哩）。
	这 [tʂuɣ⁵³] 弄完啦。

从表 2-11 中可以看出，临猗方言叠加指示词中前一指示词（指量短语）具有较强的定指功能，在当地口语中一般做限定语，独立做论元的功能较弱，只能出现在含有比较的语境中，如果没有比较语境或后一小句，当地语感会觉得不自然；后一指示词则可以无标记地独立做论元，也可以无标记地做限定语，即吕叔湘、江蓝生所说"这、那后面没有名词的时候，它的作用是称代（当然也兼指示）"（吕叔湘、江蓝生，1985：195 页）。

2. 不可添加名词中心语的叠置结构测试

这里以晋语上党片的平顺方言为例。

表 2-12　平顺方言叠置与非叠置指示词功能一览表

叠置形式	非叠置形式
这 [tsəʔ²] 个借 ⁼[tɕie³⁵³] 哇，真不是东西嘞。	借 ⁼[tɕie³⁵³] 哇，真不是东西嘞。
	* 这 [tsəʔ²] 个哇，真不是东西嘞。
瞧见记 ⁼[tɕi³⁵³] 借 ⁼[tɕie³⁵³] 哇，我就想笑了。	瞧见借 ⁼[tɕie³⁵³] 哇，我就想笑了。
	* 瞧见记 ⁼[tɕi³⁵³] 哇，我就想笑了。
那 [nəʔ²] 个□ [nie³⁵³] 真好吃嘞。	借 ⁼[tɕie³⁵³] 真好吃嘞。
	* 那 [nəʔ²] 个真好吃嘞。
动动腻 ⁼[ni³⁵³] 个□ [nie³⁵³] 哇，他还不叫动嘞。	动动借 ⁼[tɕie³⁵³] 哇，他还不叫动嘞。
	* 动动腻 ⁼[ni³⁵³] 哇，他还不叫动嘞。

据笔者调查，平顺方言叠置指示词中前一指示词"这 [tsəʔ²]""那 [nəʔ²]"是指示性语素，必须与"个"组合后才能做句法成分，一般只能做限定语，不能做论元；"记ᵀ[tɕi³⁵³] 这""腻ᵀ[ni³⁵³] 那"更是黏着的，不成词，即使作为指示性语素先与"个"组合后也不能进入句子做句法成分，只能用于叠置关系中，"记ᵀ[tɕi³⁵³] 借ᵀ[tɕiɛ³⁵³]""腻ᵀ[ni³⁵³]（个）□ [niɛ³⁵³]"已经固化。后一指示词"借ᵀ[tɕiɛ³⁵³]""□ [niɛ³⁵³]"是指示词中最无标记的形式，既能独立做论元，也能限定非数量 NP，但不能限定量词和数量短语。

从表 2-12 中也可以看出，平顺方言指示词的功能已经发生明确的分化：前一指示词"这 [tsəʔ²] / 那 [nəʔ²]"和"记ᵀ[tɕi³⁵³] / 腻ᵀ[ni³⁵³]"只能充当限定语，不能独立充当论元；后一指示词"借ᵀ[tɕiɛ³⁵³] / □ [niɛ³⁵³]"的主要功能是独立充当论元。

3. 前后两个指示词都能做论元的叠置形式测试

与平顺方言（长治小片）同处晋语上党片的晋城方言（晋城小片），前一指示词与后一指示词都能独立做论元，前一指示词"唧ᵀ这 [təʔ²²] / 呢ᵀ那 [nəʔ²²]"在句子中只能做主语，既可以称代人，也可以称代物，例如：

（36）唧ᵀ都是甚馅呐？ 这 / 那都是什么馅的？

（37）呢ᵀ是俺妈来。那是我妈。

后一指示词"嗲ᵀ[tia⁵³] 这个 / □ [nia⁵³] 那个"进入句子既可以做主语，也可以做宾语，但只能称代物，不能称代人，例如：

（38）嗲ᵀ好看，就买嗲ᵀ哇。这个好看，就买这个吧。

（39）不要给我拿□ [nia⁵³]，太多兰，吃不咾。不要给我拿那个，太多了，吃不了。

叠置后的指示词既可以做主语，也可以做宾语，但却只能指代物，不能指代人。例如：

（40）唧ᵀ这件嗲ᵀ这衣裳是谁呐的？

（41）给我拿过呢ᵀ□ [nia⁵³] 来。给我拿过那（东西）来。

所以，叠置后指示词的功能与后一指示词"嗲ᵀ[tia⁵³] 这个 / □ [nia⁵³] 那个"一致，既能做主语，也能做宾语，但只能指代物，不能指代人。显然叠置指示词"嗲ᵈ[tia⁵³] 这个／□[nia⁵³] 那个"的功能更强大，说明"嗲ᵈ[tia⁵³] 这个／□[nia⁵³] 那个"起到了中心语的作用，前一指示词"嗰ᵈ这／呢ᵈ那"只是限定作用。

(三) 分化功能由叠加功能演变而来，是优势功能

如前所述，能后加中心语的叠置结构即"（指示词1+ 量词）+ 指示词2+NP"中的 NP 在一般语境中经常不出现，尤其在指物语境中，不出现 NP 当地人会感觉更自然。因此即使是"（指示词1+ 量词）+ 指示词2+NP"中，分化功能也是优势功能。

分化功能应当是在叠加功能基础上逐步演变而来的。最初"（指示词1+ 量词）+ 指示词2+NP"中出现两个指示词，只是为了起强调作用，但因为在具体语境中，中心语 NP 所指称的人或物都是确定的，是交际双方在说话时都明了的，因此 NP 经常被省略。NP 被省略后，叠置语境中的后一指示词就经常性地充当中心语，两个指示词的关系也就变成修饰与被修饰（定中）关系，这样，指示功能和称代功能在方言口语中分化了，语用功能逐步演变为语法功能。

从前文的分析中可以得出以下结论：

首先，在山西南部官话区和晋语区并州片、五台片和大包片，大多数方言叠置指示词之后可以有名词中心语。当名词中心语出现时，叠置指示词之间的功能属于叠加关系，即"指示词1+（指示词2+ 中心语）"；当名词中心语不出现时，叠置指示词之间是限定语与中心语的关系，即指示词1 做限定语，功能是指示；指示词2 做中心语，功能是称代。

其次，晋语区上党片、五台片和吕梁片部分方言叠置指示词之后已经不能出现名词中心语，而且叠置指示词中的指示词1 任何语境中都不可以独立充当论元，指示词2 则既可以独立充当论元，也可以独立限定非数量 NP，但不能限定量词和数量短语。指示词1 和指示词2 的功能已经彻底分化。上党片平顺方言还出现了只能出现在叠置语境中的指示词（如"记ᵈ[tɕi³⁵³]／腻ᵈ[ni³⁵³]"）。

吕梁片方言叠置指示词还很不发达，目前看到只能出现在判断句的主语位置，其他语境中不能出现。

晋语区上党片晋城方言虽然两个叠置指示词都可以独立充当论元，但前一指示词只能做主语，不能做宾语，后一指示词既能做主语，也能做宾语，叠置后的指示词功能与后一指示词相同，显然，后一指示词的称代功能更强大，相当于中心语的功能，前一指示词相当于限定语的功能。

山西方言指示词叠置现象很复杂，本节只选取了规律比较一致的方言进行分析，事实上，还有少数特殊现象，需要进一步深入研究。

另外，山西方言指示词还有重叠形式，如山西官话区绛县方言的"这这""那那""兀兀"，晋语大包片大同一带的"这这儿""那那儿"等，都相当于普通话的"这儿/那儿"或"这里/那里"，属于指代处所指示词的重叠形式，与本节的指人/物的指示词叠置形式关系不大，将另文分析。

第五节　从指示词到结构助词

——山西方言结构助词语法化历程的考察 [①]

一、结构助词的分类与来源

本节讨论山西方言指示词与结构助词的语法共性问题，也可以看作是结构助词的语法化历程。

（一）结构助词的分类

关于结构助词的分类，学术界影响比较大的是吕叔湘和朱德熙的观点。

[①]　本文发表在刘丹青、陆丙甫主编：《语言类型学集刊》（第一辑），世界图书出版公司，2018 年。这里有增删和修改。因为本书没有设结构助词一章，所以这部分内容放在指示词里讨论。

吕叔湘（1984）把结构助词分为下列几组：

a 我的书；我哥哥的书。　　　　a′我的；我哥哥的。

b 浅近的书；薄薄的书。　　　　b′浅近的；薄薄的。

c 我看的书。　　　　　　　　　c′我看的。

d 慢慢的读；用心的读。

e 好的很；读的慢；说的口敝唇焦。

朱德熙（1980）把"的"分为"的1""的2""的3"，朱先生的三个"的"相当于吕先生的 a、b、c、d，只是把吕的 c 类归入了 a 类。

关于现代汉语补语标记"得"，朱没有涉及，吕虽列出 e 类，但认为另有来源，没有论及。本节主要依据吕叔湘的分类，把结构助词分作 a、b、c、a′、b′、c′、d 七组，考察山西方言"底（的）"和"地"的分布以及语法化过程，并尝试探讨结构助词的来源。

（二）结构助词"的""地"的来源

学界普遍认为"的"的前身是"底"，"底"初现于公元 8 世纪，9 世纪稳定出现，10 世纪趋于普遍（蒋绍愚、曹广顺，2005）。但对"底"的来源意见分歧较大。有的学者认为"底（的）"来自"之"（王力、李方桂、高名凯等），有的认为来自"者"（吕叔湘、太田辰夫、刘坚、孙锡信等），有的则认为既来自"之"，又来自"者"（章炳麟、向熹、俞光中、植田均等），还有学者认为"底"和"之""者"之间是词汇更替关系（冯春田、石毓智、李讷等）。另外梅祖麟、蒋冀骋、江蓝生、储泽祥、袁毓林等学者都从不同的角度讨论过结构助词的来源。李振中、肖素英（2008）对结构助词来源问题的讨论也做了较为详尽的梳理。其中章炳麟、王力、吕叔湘、冯春田的观点影响最大。

关于"地"的来源。这方面学术界讨论较少。王力先生认为"地""底"同源，都来自"之"（1989）；俞光中、植田均认为与一批带"地"的副词有关，如"恁地""特地""忽地"等（2000：413 页）；太田辰夫认为

"'地'当然是'土地''场所'的意思，是转为表示动作或状态存在的环境，用作副词性的修饰语的吧"（2003：320页），孙锡信（1992）、吴福祥（1996）赞同这一看法。吕叔湘很谨慎地说"来历不明"，但同时又说"'者'字间或有很像'地'字的用法"（1984）。曹广顺（1986）考察《祖堂集》的"底""地"用例后认为，早期"底、地"功能本无对立，"地"只是"底"在部分语法位置上的一个变体，那就应当有理由推论，宋代出现的"底、地"之别，不是来源有异，而只是由于功能不同而产生的分工。蒋绍愚（1994）认为"地""底"应来源不同；冯春田（1991）起初赞同王力的观点，后来又提出新的见解（2000），认为"地"字结构源自"然"字结构，"地"和"然"有替代关系，"然"系字是由指示代词义转为助词用法的（般样，表示情状、样态），"地"也应有类似的发展。不过大多数学者都认为这一问题有待进一步研究。

考察山西方言的结构助词，我们发现近代"的""地"用法在山西方言中确实无本质差别。根据山西方言结构助词和指示词功能、读音皆相通的各种表现形式，我们赞成结构助词来源于指示词的观点，而且我们认为，近代汉语的指示词"底"就是现代汉语的指示词"这"，二者都来自上古汉语的"者"或"之"。

二、山西方言结构助词的类型

调查显示，山西方言的结构助词可以来自不同的指示词，不同的指示词可以在同一方言点共同承担结构助词的功能，而且指示词语法化的速度在不同方言点是不平衡的。下面根据调查列出有代表性的几种类型。

需要指出的是，下面所列方言的结构助词位置只能用指示词兼任，其他任何标记都无法替代。

（一）晋城型

晋语晋东南上党片的晋城方言没有专职结构助词，一般用指示词兼做结构助词。

当地方言指示词是二分系统，指代人/物的指示词近指为"这[tiA⁵³]"，远指为"那[niA⁵³]"；指代方式的指示词近指为"这[tɛ²⁴]"，远指为"那[nɛ²⁴]"。[tiA][niA][nɛ]三个读音也同时出现在结构助词的位置，也就是说，晋城方言的结构助词与指示词声母、韵母完全相同，只是做结构助词时可以读轻声（也可以读53调值，与指示词完全同音）。我们把做结构助词的[niA]称为"那1"，把[nɛ]称为"那2"，三个结构助词的分布具体如下：

a 类：**定名 + 这**[tiA]/ **那**1[niA] + 名

看你家你们那1手（多脏）！

看咱家我（们）这手（多干净）！

b 类：**定形 + 这**[tiA]/ **那**1[niA] + 名

干净净这/那1衣裳。

这么蓝这/那1天！

c 类：**定动 + 这**[tiA]/ **那**1[niA] + 名

吃这/那1东西都拿上。

我先头原先、刚才吃这/那1苹果哪去了？

a′ 类：**名 + 这**[tiA]/ **那**1[niA]

他家屋儿那1他家的早就拿走了，俺家屋儿这我家的还没拿呢。

谁这书包？——我这。/ 他那1。

b′ 类：**形 + 那**2[nɛ]

伢"人家"合音屋儿干净净那2。人家家里干干净净的。

太阳红火火那2。

c′ 类：**动 + 那**2[nɛ]

卖菜那2来咾。卖菜的来了。

弄上些吃那2、喝那2。准备上些吃的、喝的。

d 类：**状副 / 形 + 那**2[nɛ]（**+ 动**）

悄悄那2，不要说话！

他高兴兴那2回屋儿吙。他高高兴兴回家了。

作为结构助词，"这"和"那1"仍有近指、远指的分别。指自己用"这"，指别人用"那1"，如 a 类例句；人或物在眼前时用"这"，不在眼前时用"那1"，如 b 类例句；一般语境用"这"，强调时用"那1"，如 c 类第二个例句。

"这 / 那1"与"那2"处于互补分布中，"那2"只出现在 b′、c′ 和 d 类中，"这"和"那1"出现在除此之外的大多数语境中。"那2"在做结构助词时，常读轻声，没有近指、远指的区别。

以上是晋城城区的说法。值得注意的是，我们在晋城泽州区巴公镇、金村一带发现"定名/形/动＋结构助词＋名"的结构助词"这"和"那1"已可以被"那2"替换，如上文 a 类、b 类、c 类、a′ 类例句都可用"那2"做结构助词，而且多用"那2"。这说明在结构助词中，"那2"是更加虚化的成分，指示性很强的"这""那1"与指示性弱化的"那2"在功能上已经开始分化，"那2"更多担当起结构助词的功能。

（二）高平型

上党片高平方言的结构助词也与指示词同形。当地指示词是二分系统，"这，那"主要有"[tie²⁴]，[nie²⁴]""[tə²⁴]，[nə²⁴]""[ti²⁴]，[ni²⁴]"等几类读法（另外还有"[tiɔɔ⁵³]，[niɔɔ⁵³]"，可能是合音形式）。当地结构助词与指示词完全同形，而且没有近指、远指的区别。值得注意的是，高平城区和周围村镇的结构助词有区别，如寺庄在所有语境中都用"这"，马村在所有语境中都用"那"。有意思的是，寺庄指示词读音与城区基本相同，都读"这[tə/tie/ti]"，结构助词却一律读 [tʂə]，与城区明显不同。我们把城区的写作"这1"，把寺庄的写作"这2"。具体如下：

a 类：定名＋这 / 那＋名

市区：我这1[tə] 书 / 他这1[tə] 书

寺庄：我这2[tʂə] 书 / 他这2[tʂə] 书

　　马村：我那 [niɛ] 书 / 他那 [niɛ] 书

b 类：定形 + 这 / 那 + 名

市区：脆生生这1[tə] 一根儿黄瓜，可惜摔了。

寺庄：脆生生这2[tʂə] 一根儿黄瓜，可惜摔了。

马村：脆生生那 [niɛ] 一根儿黄瓜，可惜摔了。

c 类：定动 + 这 / 那 + 名

市区：这 [tə] 是我买这1[tə] 书，那是我借这1[tə] 书。

寺庄：这 [tə] 是我买这2[tʂə] 书，那是我借这2[tʂə] 书。

马村：这 [tə] 是我买那 [niɛ] 书，那是我借那 [niɛ] 书。

a′类：名 + 这 / 那

市区：这 [tə] 是我这1[tə]，那是他这1[tə]。

寺庄：这 [tə] 是我这2[tʂə]，那是他这2[tʂə]。

马村：这 [tə] 是我那 [niɛ]，那是他那 [niɛ]。

b′类：形容词性词语 + 这 / 那

市区：热乎乎这1[tə] / 天蓝蓝这1[tə]

寺庄：热乎乎这2[tʂə] / 天蓝蓝这2[tʂə]

马村：热不乎乎那 [niɛ] / 天蓝蓝那 [niɛ]

c′类：动词性词语 + 这 / 那

市区：吃这1[tə] / 喝这1[tə] / 卖菜这1[tə]

寺庄：吃这2 [tʂə] / 喝这2[tʂə] / 卖菜这2[tʂə]

马村：吃那 [niɛ] / 喝那 [niɛ] / 卖菜那 [niɛ]

d 类：状副 / 形 + 这 / 那（ + 动）

市区：悄悄这1[tə]，不要说话。

　　　他高高兴兴这1[tə] 回屋儿了。

寺庄：悄悄这2[tʂə]，不要说话。

　　　他高高兴兴这2[tʂə] 回屋儿了。

马村：悄悄那 [niɛ]，不要说话。

他高高兴兴那 [niɛ] 回屋儿了。

（三）陵川型

晋东南上党片陵川方言的结构助词与指示词也同形。"这"作为指示词多读作 [tə³¹]，作为结构助词也读作 [tə]，轻声。具体如下：

a 类：定名 + 这 [tə] **+ 名**

这个是我这书。

那不是他这衣裳？

b 类：定形 + 这 [tə] **+ 名**

新圪崭崭这一本书。

c 类：定动 + 这 [tə] **+ 名**

那个是我买这书，这个是我借这书。

a′ 类：名 + 这 [tə]

这个是我这，那个是你这。

b′ 类：形 + 这 [tə]

这个孩子长得高高这，黑乎乎这。

红这好看，绿这不好看。

c′ 类：动 + 这 [tə]

这个是谁的筐？——拾破烂这。

那个买菜这你认不认得？

d 类：状副 / 形 + 这 [tə] **（+ 动）**

他悄悄这走了。

他高高兴兴这回家了。

（四）万荣 – 临猗型

山西晋南汾河片解州小片（官话区）大多数方言属于这种类型。这里选取万荣和临猗方言作为代表（二者地域相连，方言特点同中有异）：在 a、b、 c、a′中的结构助词都读 [nʌi⁰] 或 [lʌi⁰]（临猗方言韵母为开口呼时，[n] 一律读 [l]），这里用同音字"奈"标记；b′、c′和 d 中的结构助词万荣读 [ti⁰]，我们写作"底"，临猗读 [li⁰]，我们写作"哩"。"底""哩"与当地指示词都不同形。

值得注意的是，"奈"在当地方言中既是专职定语标记，又有指示词的用法，如临猗方言可以说"奈页⁼那一个人""奈回那一次""奈会那会儿"等，但当地使用频率更高的远指指示词是"兀"，更常说"兀页⁼'一个'合音人""兀回那一次""兀会那会"。也就是说，"奈"的远指功能已经基本被"兀"替代，指示词的用法已属于残存形式，所以"奈"的主要功能已逐渐变成一个专职结构助词。"奈"是"那外⁼个"的合音形式。

万荣、临猗方言的指示词"这"和"兀"也都可以出现在结构助词的大多数语境中，与晋城方言的"这""那1"的功能基本相同，属于指示词兼做结构助词。不过"这"和"兀"还不能出现在 b′和 d 类中，出现在 c′类结构中时也很不自由。这里只列举已基本成为专职结构助词的"奈"的分布情况（b′和 d 类"底 / 哩"）。具体如下：

a 类：定名 + 奈 [nʌi]/[lʌi] **+ 名**

万荣：我奈书在这哒这里，英英奈书在兀哒那里。

临猗：这是我奈书，兀是英英奈书。

b 类：定形 + 奈 [nʌi]/[lʌi] **+ 名**

万荣：红红奈袄，真真耐看。鲜红的上衣，真好看。

临猗：杠红火红奈日头，扎蓝湛蓝奈天。

c 类：定动 + 奈 [nʌi]/[lʌi] **+ 名**

万荣：种奈萝卜一苗也没出来。种的萝卜一个也没出来。

临猗：我将将刚刚吃奈馍馍作啦哪里去了？

a′类：名 + 奈 [nʌi]/[lʌi]

万荣：这是我奈，兀是你奈，他奈在兀哒那里。

临猗：我奈在这哒这里，你奈在兀哒那里，他奈在兀老头哩更远的那里。

b′类：**形 + 底** [ti] / **哩** [li]

万荣：这瓜吃着甜甜底，可好吃着。

临猗：这女白白哩，高高哩，可好看着。

c′类：**动 + 底** [ti] / **哩** [li]

万荣：把吃底和喝底都装上。

临猗：把吃哩和喝哩都装上。

d 类：**状副 / 形 + 底** [ti] / **哩** [li]

万荣：款款底搁下轻轻放下，小心打咾！

　　　热热底吃咾。

临猗：款款哩搁下，小心打咾！

　　　热热哩吃咾。

从以上例句中可以看出，"底 / 哩"与"奈"基本处于互补分布中，"底 / 哩"只能出现在 b′、c′ 和 d 类结构中；"奈"出现在除 b′、c′ 和 d 之外的大多数语境中（c′ 中使用很不自由），而且基本成为专职定语标记，这可以从以下两方面证明：

一是"奈"后的中心语可以是"这"或"兀"。例如临猗方言：

（1）他奈兀他妈给他拿回去啦。

（2）我不要你奈这，我要你奈兀。

上例"他奈兀""你奈这"意思是"他的那（东西）""你的这（东西）"，但当地没有"他兀奈""你这奈"等说法。"奈"的中心语可以是指示词"这""兀"，说明其远指和定指功能都已经消失。

二是"奈"的读音可以发生脱落。"奈"在语流中可以脱落声母读为 [ai⁰]，甚至声母、韵母全部脱落，只靠拖长前一音节的韵母（只保留"奈"音节的时值）来体现"奈"的功能（这符合当地方言虚词脱落只保留时值的共同特点）。例如临猗方言：

（3）我奈 [ai⁰] 书包是新哩。/ 这是我奈 [ai⁰] 书包。

（4）我 [ŋuʏː²⁴] 书包是新哩。/ 这是我 [ŋuʏː²⁴] 书包。

（5）你做 [tsəu:⁴⁴]（奈）兀使不得，另做吧。你做的那（活儿）不行，重做吧。

以上例句显示，在自然语流中，"奈"既可以说出也可以不说出，而且"奈"的弱化或脱落形式已经成为常态，与其他虚词无异，这说明"奈"已经完全虚化了。

万荣、临猗方言中还有一个比"奈"更加虚化的结构助词"底 / 哩"（参见 b′、c′、d 中的例句），"底 / 哩"即"的"或"的"的弱化形式，在当地方言中已不能充当定语标记，只残存在由动词性、形容词性、副词性词语构成的中心语隐含结构中（可以做状语标记，但口语中很少使用），"底 / 哩"构成的中心语隐含结构所表意义比"奈"更加泛化。

值得注意的是，在山西方言中，结构助词与指示词完全同形的方言主要分布在晋南汾河片和晋东南上党片。其他各片方言目前没有发现结构助词与指示词完全同形的情况，但指示词兼做结构助词的现象普遍存在。

三、从指示词到结构助词的语法化历程

（一）结构助词来源于指示词

很多学者都曾注意到汉语结构助词与指示词的语法共性。李荣曾注意到《西游记》里"我那金刚琢"跟"我的芭蕉扇儿"对举;《醒世姻缘传》里"我那里面"跟"我的里头"对举（转引自张伯江、方梅，1996：157 页）;张惠英也注意到山西方言的指示词"这""兀"与结构助词的密切联系，例如山西襄垣方言"卫会儿兀人以前的人。（卫：'兀一'的合音，笔者注）""这会儿这人现在的人"（张惠英，2001：167 页）;石毓智、李讷（1998），项梦冰（2001），方梅（2002），刘丹青（2012）等多位学者都曾论述过指示词与结构助词位置相同，功能相通，具有高度的语法共性，这里不再赘述。

如前所述，从汉语结构助词的历史来源来看，大多数学者都认为结构助词来自指示词。虽然对具体来源学界目前仍有争议，但这些不同观点却有着共同点，即都认为结构助词的前身是指示词，如"之""者""底"在做结构

助词之前都曾是指示词（详见王力，1989；吕叔湘、江蓝生，1985；向熹，2010；冯春田，1990 等）。所以结构助词应该是由指示词语法化而来。

　　山西方言中，结构助词与指示词同形的方言，结构助词既可以来自"这"，也可以是"那"。上文中语料显示，山西南部官话区（万荣－临猗型）结构助词多读 [nʌi⁰] 或 [lʌi⁰]，来源是远指词"那"与量词"外⁼"的合音形式，"奈"至今残存着远指词的功能。东南部晋语区（上党片）结构助词既有来自远指"那"的，也有来自近指"这"的：晋城方言"那2"处于结构助词位置时，远指功能基本消失，其功能接近专职结构助词；同处上党片的陵川方言结构助词多来自"这"；高平方言中，城区和寺庄话都来自"这"，马村则来自"那"。

　　另外我们发现，山西其他方言中残存着指示词"这"读 [tə][ti][tiəʔ] 或近似音的形式，例如吕梁片的临县城庄镇郝家湾村残存着指示词"这"读 [t] 声母的现象："这"在大多数语境中读 [tʂ] 或 [tɕ] 声母，但在"这阵儿"和"这家这么"的说法中，"这"都读 [ti²⁴]。吕梁片其他方言如兴县、石楼等方言也有类似的残存形式（音 [tiəʔ]）。事实表明，[tə][ti][tiəʔ][tʂʅ] 等读音应是"这"不同历史层次的读音。

　　（二）重新分析：从指示词到结构助词

　　刘丹青认为："一个成分具有或兼有定语标记作用的两个句法特点：1. 用了它可以不用'的'类标记；2. 删除它必须补进其他标记。"（刘丹青，2005a：4 页）以上山西方言的共同特点是，都既具有指示词特点又具有结构助词特点，但都没有可以替换的其他标记。因此，山西方言这些指示词和结构助词之间大都不是兼类，而是同一词同时具有两种语法功能。

　　如前所述，指示词和结构助词存在语法共性，这正是山西方言指示词同时兼有两类语法功能的原因之所在。但指示词和结构助词毕竟存在明显差异：结构助词（如"的"）属于前附于修饰语的虚词，如"我洗的衣裳"应当切分为"我洗的｜衣裳"。而指示类标记本来都是加在中心语之上的，即应

当切分为"我洗 | 这 / 那衣裳",但如果指示词经常地、无可替代地出现在结构助词的位置,就会逐步发生重新分析,由"我洗 | 这 / 那衣裳"重新分析为"我洗这 / 那 | 衣裳"。刘丹青(2005a)在附注 ③ 中也说:在句法的历史演变中,核心标注的手段也可以经过重新切分(re-segmentation)成为从属语标注手段,如古代汉语的"之"就是由指示词发展成从属语标记的(麟 / 之趾→麟之 / 趾)。假如采纳"的"来自"之"的说法(王力,1980),那么今天的从属语标记"的"正是由来自指示词的核心标注手段"之"演变来的。不排除"这"今后也出现类似的演变。山西方言从指示词到结构助词的语法化过程正是如此。

总之,由前文四种类型的方言可以看出,近指"这"和远指"那"都可能语法化为结构助词,不过存在一定的地域特点。如果修饰语词性不同,或者是否属于中心语隐含结构,其结构助词的语法化程度会有所差异。关于这些方面的问题,尤其是有关结构助词在不同词性、不同结构中语法化程度所表现出来的蕴涵关系,我们将进一步深入研究。

第三章　山西方言的定语领属

第一节　定语领属相关研究成果综述

一、领属关系

领属关系一直受学界关注，尤其是近年来成为学界的一个热点问题，很多学者在这方面都有重要论述，例如：刘丹青（1983）将亲属领属关系具体为生育关系、婚配关系、同一关系、年龄长幼关系，进行系统的研究。廖秋忠（1992）提出领有格的典型形式，强调典型的范畴化，提出典型领属结构的特征，认为非典型的领属结构只是背离了其中的某个或某些特征。陆丙甫、金立鑫（2015）把领属关系分为整体－部分关系、所有关系、特征属性关系、方所关系、亲属关系、社会关系，根据领属关系的类型，将核心名词分为身体部位名词，代表个体与器官的关系，如胳膊、手、头；一般名词，表示对物品的所有权，如手表、书包；特征属性名词，表示个体的特征，如性格、爱好；方位名词，根据参照物表示相对位置，如左边、东边；亲属称谓名词，如爸爸、爷爷、哥哥、女儿；社会称谓名词，表示参与社会关系的个体，如经理、校长、徒弟；处所等集体名词，表示社会关系中的集体名词，如村、单位、学校等。盛益民、陶寰、金春华（2013）从句法角度认为领属结构主要分为定语领属和谓词领属，吴早生（2011）认为定语领属的结构较稳定，一般是"领有者＋（的）＋被领有者"，谓词领属的形式主要有"……有……/……属于……/……是……的"。根据是否入句，领属结构分为静态领属结构和动态领属结构（徐阳春、钱书新，2005），动态领属结构受语用因素影响大，静态领属结构则相对稳定。

《语言研究集刊》第十辑发表了多位学者研究单个方言点的领属结构，分别描写谓词性领属和名词性领属结构。在名词性领属结构中，将领属关系分为身体部位领属、一般物品领属、亲属关系领属、社会关系领属、处所领属等，总结领属结构特征。主要有盛益民、陶寰、金春华（2013），夏俐萍（2013），王芳（2013），张亚军（2013），陈卓（2013），吴建明（2013），白鸽（2013），陈伟蓉（2013）等。陶寰、盛益民（2019）集中对汉语方言定语领属范畴做了较为全面的讨论。

本文根据被领者类型，把核心名词分为身体部位名词、一般名词、方位名词、亲属称谓名词、社会称谓名词、处所等集体名词。

二、定语领属中"的"字的隐现

在领属结构的研究中，"的"字隐现问题也是历来学者关注的热点，对此问题的解释主要集中在以下几个方面：

"可让渡与不可让渡"理论：以崔希亮（1992）为代表，认为领属类型有"可让渡"与"不可让渡"的区别，前者指可以转让的、临时的领属关系，如一般物品；后者指不可以转让的、非临时的关系，如亲属关系。表达"不可让渡"关系，领属结构通常不加"的"；表达"可让渡"关系，领属结构通常加"的"。但身体部位领有属于"不可让渡"的类型，汉语中却必须加"的"。

"语言象似性"学说：以张敏（1998）为代表，从认知语言学出发，指出距离动因与"的"字隐现的关系，认为语言成分的远近反映所表达概念的远近。并提出"双向领属关系"的说法，认为领有物与被领有物互相领有，是隐去"的"字的重要因素之一。

"板块原则与凸显原则"：徐阳春（2003、2011），徐阳春、钱书新（2005）认为强调领属关系时，需要出现"的"；强调整体领属结构时，某些必须加"的"的领属结构也可以隐去"的"。

"关系组配论"：徐阳春（2008）认为互为依存、互相对举的两个角色构成关系组配结构，如果两个角色关系稳定，更容易隐去"的"。同时，将领属结构分为静态型与动态型，动态结构中是否加结构助词受语境的影响较大。

"立场论"：陈振宇、叶婧婷（2014）从"立场"范畴出发，认为语言更倾向于使用直接组合的方式表示亲近的领属关系。从空间范畴到人际空间再到话题空间，提出可控制性等级序列：器官、身体部位词＞一般名词＞真实空间＞亲属称谓词＞一般称谓词＞家庭、单位等集体名词，并认为等级越靠左，可控制性越高，越倾向于使用领属标记。

"认同与拥有"理论：唐正大（2014）将亲属名词细化，分为长辈、平辈、晚辈等，认为认同、依存性为主要影响因素，领属结构中领有者对被领有者的认同程度、被领有者对领有者的依存程度越高，越倾向于直接组合；领者对属者的支配性越强，越需要加领属语标记。"复数－并置"是主要表达方式。

三、定语位置上人称代词的语音形式

刘丹青（2008）以客家方言为例，认为在共时层面，主宾语位置的人称代词语音形式发生变化，形成人称代词专职领属形式；在历时层面，领属形式是人称代词复数的合音等，并指出这两种说法并不矛盾。陈卫恒（2011）认为语音变化与语义、语法密切相关，以豫北方言为例，用变音理论分析语音变化，探求语音、语义、语法的关系，并认为人称代词位于领属位置的语音变化属于变音现象。吴早生（2016）认为汉语总体上仍属于限定性领格语言。

四、领属定语位置上人称代词的单复数问题

陈玉洁（2008）从核心名词的私有化程度出发，提出领属语位置复数形

式单数化的等级序列：器官、身体部位词＞一般名词＞亲属称谓词＞一般称谓词＞家庭、单位等集体名词，并认为越靠近左边的核心名词，私有化程度越高，复数形式单数化的程度越低；越靠近右边的核心名词，私有化程度越低，复数形式单数化的程度越高。张玥（2011）提出"群"理论，"群内成员"代表"群"发言时，三身代词的复数通常表示单数。刘丹青（2013）指出领属关系的四种标注法：直接组合、定语标记、内部交替、异干法和重叠，指示词可做领属语标记。根据中心语的不同语义类型，领属位置上的人称代词存在缺省、羡余现象，同时领属语位置的单复数开始中和，南方方言的人称代词复数逐渐发展为领格。

人称代词领属方面，本文重点关注定语领属中的三身代词，总结领属位置上三身代词的特征，暂不考虑其他人称代词形式（如"人家""咱"以及敬称等）。

第二节　山西官话区人称代词与定语领属
——以临猗方言为例 [①]

临猗县位于山西省南部，北邻万荣，南接永济，东南与运城市接壤，西部与陕西省合阳县隔黄河相望，本节以笔者所在的北景乡石家庄村话（距县城 4 公里）为主。根据《中国语言地图集》（2012），临猗方言属中原官话汾河片解州小片。

关于领属范畴或领属结构，汉语语法学界已有很多论述，本节就是要在这些时贤研究成果的基础上探讨临猗方言的领属结构。

---

①　本节发表在陶寰、盛益民主编：《汉语方言领属范畴研究》，中西书局，2019 年。局部有修改。

　　领属关系，从语义上分，"是一个边界模糊、不易定义的庞杂的语义类"（张敏，1998：323 页）。其中，典型的领属关系或领属关系的核心包括"所有权关系""亲属关系"以及"整体 - 部分关系"（张敏，1998）。从结构上分，有定语领属、谓词性领属、外部领属（吴早生，2011）。本节重点关注临猗方言的定语领属。遵从学界多数学者所用标记符号，下文把领有形式记作 Pr，把被领有者记作 Pd。此外，临猗方言单字调有四个，分别是：阴平 31；阳平 24；上声 53；去声 44。

一、临猗方言领属结构的基本构成

（一）人称代词 +Pd（并置结构）

　　Pr 是人称代词时，大多数是 Pr 与 Pd 直接组合，即唐正大（2014）所说的"并置"式。

　　1. 临猗方言的人称代词

　　从表 3–1 中可以看出，主语位置上的复数人称代词，词尾"得 $[tei^0]$"可有可无，试比较：

　　（1）我 ^{53} 不去，你 ^{53} <u>去吧</u>合音为 $[tɕ^hiʌ^{24}]$。

　　（2）我 ^{24}（得）不去，你 ^{24}（得）<u>去吧</u>合音为 $[tɕ^hiʌ^{24}]$。

　　例（1）中的"我 ^{53}、你 ^{53}"是单数，例（2）中的"我 ^{24}、你 ^{24}"是复数，主语位置上词尾"得"在具体语境中经常省略。不过，值得注意的是，"我 ^{24}、你 ^{24}、他 ^{24}"只能出现在主语位置上，在宾语位置复数只能说成"我 ^{24} 得、你 ^{24} 得"，不能说"我 ^{24}、你 ^{24}、他 ^{24}"。所以，主语位置上的复数与单数主要是靠声调区别：单数为 53 调值（上声），复数为 24 调值（同阳平）。

　　值得注意的是，临猗方言人称代词在主宾语位置上的单数（53 调值）基本不出现在领属位置（只出现在 Pd 是方位名词或领属之间插入数量合音词"页＝'一外＝'合音"时）。其他领属关系中要么是复数形式（24 调值，同阳平），要么读 31（同阴平）调值，31 调值既不同于人称代词的单数形式，也不同于复数形式，是专职的领格形式。

表 3-1　临猗方言人称代词及领属 - 并置一览表（括号中是可有可无的成分）

	主宾语位置		领属 - 并置（单复数同形）
	单数	复数	
第一人称	我 [ŋuɤ⁵³]	我（得）[ŋuɤ²⁴(tei⁰)] 排除式 咱（得）[tɕʰiA²⁴(tei⁰)] 包括式	Pd 为亲属称谓：我 [ŋuɤ³¹] 妈 / 伯 / 舅 / 姐 　　　　　　　咱 [tɕʰiA³¹] 妈 / 伯 / 舅 / 姐 Pd 为社会称谓：我 [ŋuɤ²⁴] 师父 / 同事 / 学生 　　　　　　　咱 [tɕʰiA²⁴] 师父 / 同事 / 学生 Pd 为地名 / 机构 / 人名：我 [ŋuɤ²⁴] 张村 / 公司 / 强孩 　　　　　　　　　　　咱 [tɕʰiA²⁴] 张村 / 公司 / 强孩 Pd 为方位名词：我 [ŋuɤ⁵³] 前头单数 　　　　　　　我 [ŋuɤ²⁴]（得）/ 咱 [tɕʰiA²⁴]（得）前头复数
第二人称	你 [n̠i⁵³]	你（得）[n̠i²⁴(tei⁰)]	Pd 为亲属称谓：你 [n̠i³¹] 妈 / 伯 / 舅 / 姐 Pd 为社会称谓：你 [n̠i²⁴] 师父 / 同事 / 学生 Pd 为地名 / 机构 / 人名：你 [n̠i²⁴] 张村 / 公司 / 强孩 Pd 为方位名词：你 [n̠i⁵³] 前头单数 　　　　　　　你 [n̠i²⁴]（得）前头复数
第三人称	他 [tʰA⁵³]	他（得）[tʰA²⁴(tei⁰)]	Pd 为亲属称谓：他 [tʰA³¹] 妈 / 伯 / 舅 / 姐 Pd 为社会称谓：他 [tʰA²⁴] 师父 / 同事 / 学生 Pd 为地名 / 机构 / 人名：他 [tʰA²⁴] 张村 / 公司 / 强孩 Pd 为方位名词：他 [tʰA⁵³] 前头单数 　　　　　　　他 [tʰA²⁴]（得）前头复数

2. "人称代词 +Pd" 的基本形式

因三身代词的读音在相同语境中完全相同，为节省篇幅，这里以第一人称为代表进行论述。

A. 人称代词 + 亲属称谓词

a. Pd 是直系、非直系血亲长辈 / 平辈，人称代词读 31 调值，单复数同形：

我 ³¹ 爸　我 ³¹ 妈　我 ³¹ 爷　我 ³¹ 娘奶奶　我 ³¹ 叔　我 ³¹ 姨　我 ³¹ 哥

b. Pd 是血亲长辈 / 平辈的配偶，人称代词也读 31 调值，单复数同形：

我 ³¹ 娘伯母　　我 ³¹ 姨夫　　我 ³¹ 嫂（都꞊子）　　我 ³¹ 妹夫

　　c. Pd 是岳父母、公婆以及其他姻亲长辈 / 平辈 [①]，人称代词一般读 24 调值，强调时也可以读 31 调值，单复数同形：

　　我 $^{24/31}$ 丈母　　我 $^{24/31}$ 阿公公公　　我 $^{24/31}$ 阿伯大伯子　　我 $^{24/31}$ 小舅小舅子

　　d. Pd 是配偶或血亲晚辈，只读 24 调值，单复数同形：

　　我 ^{24} 媳妇 / 婆娘 / 屋里老婆　　我 ^{24} 姐夫未婚夫、新女婿 / 掌柜丈夫 / 男人丈夫

　　我 ^{24} 孩　　我 ^{24} 女（都ⸯ子）女儿 [②]　　我 ^{24} 侄儿　　我 ^{24} 孙女

　　B. 人称代词 + 社会称谓词

　　Pd 无论是上级、平级还是下级，人称代词都读 24 调值，单复数同形：

　　我 ^{24} 师父　　我 ^{24} 头儿　　我 ^{24} 同事　　我 ^{24} 徒弟　　我 ^{24} 手底下（人）

　　C. 人称代词 + 地名 / 机构 / 人名

　　Pd 无论是地名、机构还是人名，人称代词都读 24 调值，单复数同形：

　　我 ^{24} 屋家　　我 ^{24} 太原　　我 ^{24} 公司　　我 ^{24} 临猗中学　　我 ^{24} 英英

　　D. 人称代词 + 方位名词

　　这一形式较为特殊：人称代词单数义读 53 调值；复数义读 24 调值，复数词尾可有可无：

　　单数：我 ^{53} 前头

　　复数：我 ^{24}（得）我们前头

　　（二）Pr+ 三身代词 +Pd

　　除了人称代词外，Pd 是亲属称谓词、社会称谓词和处所 / 机构名词时，Pr 还可以由指人名词和处所名词充当。临猗方言中很少说"它"，"他"和"她"读音完全相同，下文统一写作"他"。

[①] 如果 Pd 是公婆、岳父母，具有唯一性；但如果公公或丈人有兄弟若干，在背称语境中，公公 / 岳父的兄弟就有了排行称谓，也能插入准领属标记，如"我大阿公公公""你三阿姐婆婆"。

[②] 临猗方言的血亲亲属称谓大都是单音节的，只有少数如"妹（都ⸯ子）""女（都ⸯ子）"等女性称谓词可以有"都ⸯ子"尾，但大多数语境中"都ⸯ子"尾可以靠拖长前一音节韵母而不说出。姻亲称谓词"婶（都ⸯ子）""妗（都ⸯ子）"同此规律。

1. 第一／二人称代词＋他＋长辈亲属称谓词

如果领者为第一人称和第二人称代词，Pd 是领者孩子的长辈，为表示尊敬，临猗方言中说者往往以"第一／二人称代词＋他＋亲属称谓词"的形式表示。领者一般读 24 调值。这部分内容已在第一章中详细讨论过，这里仅举例说明：

我 ^{24} 他 ^{31} 爸　　　　我 ^{24} 他 ^{31} 姑　　　　我 ^{24} 他 ^{31} 妗

你 ^{24} 他 ^{31} 爷　　　　你 ^{24} 他 ^{31} 舅　　　　你 ^{24} 他 ^{31} 婶

2. 人名＋他＋Pd

Pr 为人名，Pd 是亲属称谓词、社会称谓词、处所／机构名词和方位名词时，领属关系基本都是"人名＋他＋Pd"的结构。"他"的调值与上文中"人称代词＋Pd"基本一致。

A. 人名＋他＋亲属称谓词

英英他 ^{31} 爸　　　红红他 ^{31} 姑　　　喜林他 ^{31} 舅　　　惠孩他 ^{31} 姐

晋胜他 ^{31} 婶儿　　俊芳他 ^{31} 姨夫　　彩英他 ^{31} 嫂都 $^{=}$ 子　文龙他 ^{31} 妹夫

未年他 $^{24/31}$ 丈人　喜春他 $^{24/31}$ 阿姐　红英他 $^{24/31}$ 小舅　招弟他 $^{24/31}$ 大姑

惠孩（他 ^{24}）婆娘　琴琴（他 ^{24}）男人　文强奈／他 ^{24} 孩　琴琴奈／他 ^{24} 侄女

值得注意的是，Pd 是晚辈时，用"奈"做领属标记的说法使用频率更高。

B. 人名＋他＋社会称谓词

Pr 为人名，Pd 无论是上级、平级还是下级，"他"都读 24 调值，单复数同形：

牡丹他 ^{24} 师傅　　黑蛋他 ^{24} 头儿　　惠孩奈／他 ^{24} 同学　　新芳奈／他 ^{24} 学生

值得注意的是，"人名＋社会称谓"中，领属标记"奈"与"他"的使用语境和意义有细微差异，"奈"多用于突出领者的语境，"他"多用于突出属者（中心语）的语境，例如"牡丹奈的师傅"重音在"牡"上，突出的是"牡丹"，而"牡丹他师傅"重音在"师傅"上，更强调"师傅"。

C. 人名＋他＋处所／机构

Pd 无论是处所还是机构，人称代词都读 24 调值，单复数同形：

惠孩他 ^{24} 屋家　　　新菊他 ^{24} 村　　　　黑蛋他 ^{24} 运城　　　王强他 ^{24} 临猗中学

3. 处所 / 机构名词 + 三身代词 +Pd

Pr 是处所 / 机构名词时，Pd 一般不能是父母、子女等直系亲属，非直系长辈、平辈和晚辈都可以：

张村我 ^{31} 姨　　　　太原你 ^{31} 三叔　　　机械厂他 $^{24/31}$ 小舅　　　北京我 ^{31} 侄女

Pd 是社会关系称谓词时，上级、平级和下级在结构和读音上没有区别。例如：

临猗中学我 ^{24} 老师　　　　太原他 ^{24} 同学　　　　机械厂你 ^{24} 徒弟

总之，如果 Pr 是人名，构成"人名 + 他 +Pd"结构；如果 Pr 是处所 / 机构名词，构成"处所 / 机构 + 我 / 你 / 他 +Pd"结构，三身代词的调值与并置式"人称代词 +Pd"中的基本相同。

（三）Pr+ 方位名词

当 Pd 是方位名词时，无论 Pr 是表人名词还是非表人名词，在临猗方言中都是并置式，一般不用领属标记。例如：

A. Pr 是人名

惠孩前头前边　　　新菊东岸东边　　　牡丹左岸左边　　　黑蛋胯岸旁边

B. Pr 是非指人名词

狗前头　　　　电视柜底下　　　猪圈胯岸旁边

不论是 A 类还是 B 类，当地方言一般都不说"惠孩奈前头""电视柜奈底下"。这两类是除了人称代词之外，唯一的 Pr 与 Pd 只能直接组合的并置结构，较为特殊。

（四）Pr+ 领属标记 +Pd

1. 领属标记

临猗方言的领属标记大都与指示词或数量词有关，包括泛化领属标记和准领属标记。具体如下：

首先，泛化领属标记读 [lʌi⁰]（当地话在开口呼和合口呼语境下 [n] 读成 [l]，[n][l] 不分），本文记作"奈"，如前文所述，"奈"应是远指代词"那"与泛化量词"外ᵓ个 [uʌi⁰]"的合音形式，至今残存着指示词的用法。"奈"作为泛化领属标记，一般只用于类指语境，功能与普通话的"的"大致相当，但比"的"使用范围窄。当 Pd 具有［＋集体］语义特征时，领属关系一般是并置式，"奈"的出现受到很大限制。

其次，指示词"这 [tʂuɤ⁵³] 近指／兀 [uɤ⁵³] 远指"可以出现在领属标记位置，相比"奈"的出现语境较为自由，但因仍是指示词，具有定指功能，还有距离远近之别，所以只表示定指义，不表示非定指或类指义。"这"只用于近指语境（包括心理上亲近），"兀"只用于远指语境（包括心理上疏远），因"兀"比"这"的语化程度要高，比"这"更容易出现在领属标记位置。

再次，"页ᵓ[iɛ]"是由数词"一"和泛化量词"外ᵓ个"合音而成，也有领属标记的作用，但因只表示个体数量，所以只能用于单数语境，不用于非单数或 Pd 具有唯一性的语境。"页ᵓ"在口语中有不定冠词作用，这使得它所标记的领属关系显得比较疏远。

最后，"这页ᵓ[tʂei⁵³iɛ²⁴] 这一个／兀页ᵓ[uei⁵³iɛ²⁴] 那一个"是由指示词"这 [tʂuɤ⁵³] 近指／兀 [uɤ⁵³] 远指"先和数词"一"合音为"这一 [tʂei⁵³]／兀一 [uei⁵³]"，再与数量合音词"一外ᵓ"（"页ᵓ[iɛ²⁴]"）组合而成，也具有领属标记的功能，因为是两个合音语素的再组合，即"这一＋一外""兀一＋一外"，为行文方便，本文记作"这页ᵓ／兀页ᵓ"，也只用于单数语境，不用于非单数语境或 Pd 具有唯一性的语境。而且只用于定指，不用于非定指；"这页ᵓ"用于近指，"兀页ᵓ"用于远指。另外，因为"这一 [tʂei⁵³]／兀一 [uei⁵³]"是黏着的，不能独立充当论元，只能与"页ᵓ"或其他量词组合后才能做句法成分（如"这一 [tʂei⁵³] 条／兀一 [uei⁵³] 件"），所以本文把"这页ᵓ／兀页ᵓ"看作一个固化单位，称作指量词。

除了"奈"之外，其他标记词都是准领属标记。

根据亲属领属中标记词进入领属结构的自由程度，我们可以列出如下等级序列：

兀＞这＞这页＝／兀页＝／页＝＞奈

2. "Pr+ 领属标记 +Pd" 的基本形式

在前文所列 "Pr+Pd" 和 "Pr+ 三身代词 +Pd" 中，除了直系血亲长辈亲属称谓（如 "爸／妈"）外，其他结构在特定语境中都可以添加上文所说的领属标记，只是领属标记在这些结构中出现时都有严格限制。只有物品名词和身体器官名词在单数语境中才能比较自由地出现，所以这里只分析 Pd 是物品和身体器官名词的结构（"人称代词 + 物品／身体器官" 也可以是并置式的，关于这一点，将在下文中讨论），列举带领属标记的形式。

A. 人称代词 + 领属标记 +Pd

a. Pd 为身体器官名词

这类结构中，人称代词表单数义时用 24 调值，复数义则必须用带词尾形式，泛化领属标记 "奈" 能较自由地出现，试比较：

单数：我^{24}（奈／这／页＝）手　　　　我^{24}（奈／这）头发

　　　我^{24}（奈／这／页＝）膝膝盖

复数：我^{24}得我们奈／这手　　　　我^{24}得我们奈／这头发

　　　我^{24}得我们奈／这膝膝盖

用准领属标记时，"页＝" 和 "这页＝／兀页＝" 只能用于单数，如 "他页＝手疼哩"，不能用于复数，如 "*我得页＝手疼哩"；也不能用于具有唯一性（如 "鼻子""胃"）和不可计量的（如 "头发"）身体器官；"这／兀" 做领属标记时，第一人称只能用 "这"，如 "我这手"，第二、三人称可用 "兀"，如 "你兀手""他兀头发" 等。不再举例说明。

b. Pd 为物品名词

这类结构中，人称代词单数和复数形式同 A 类。例如：

单数：我^{24}（奈／这／页＝）笔　　　　我^{24}（奈／这／页＝）书包

　　　我^{24}（奈／这／页＝）文具盒

复数：我^{24}得我们奈／这／页＝笔　　　　我^{24}得我们奈／这／页＝书包

我²⁴得我们奈 / 这 / 页⁼文具盒

准领属标记进入这类结构时，与上述条件基本相同，不再赘述。

B. 人名 + 领属标记 +Pd

Pr 为人名时，必须有领属标记，只有单数形式，没有复数形式，如：

a. Pd 为物品

文强奈 / 兀 / 页⁼笔　　　文强奈 / 兀 / 页⁼书包　　　文强奈 / 兀 / 页⁼文具盒

b. Pd 为身体器官

文强奈 / 兀 / 页⁼手　　　文强奈 / 兀 / 页⁼胳膊　　　文强奈 / 兀 / 页⁼膝膝盖

准领属标记"这 / 兀"在这类结构中都可以出现；Pd 具有唯一性时不能用"这页⁼ / 兀页⁼"和"页⁼"做领属标记。

C. 非表人名词 + 领属标记 + 物品名词

这类领属结构既可以是并置式，也可以是带领属标记的形式，物品名词领属中，不仅要加领属标记，Pr 后还需有方位词"上"。例如：

瓶盖儿　　　　　桌腿儿　　　　　鸡爪儿　　　　猫耳朵

瓶上奈 / 这 / 这盖儿　锅上奈 / 兀盖儿　鸡奈 / 这爪儿　猫奈 / 兀耳朵

关于身体器官和物品名词领属的特点，将在下文进一步分析。

综上所述，临猗方言领属结构的基本形式包括三个部分：

一是"人称代词 +Pd"的并置式，Pd 一般是亲属称谓、社会称谓、人名、处所 / 机构名称和方位名词。Pd 不同，人称代词的调值也不尽相同，调值成为并置结构依存性的重要参项。

二是"Pr+ 三身代词 + Pd"，这种形式应该是两个并置式的套合，我们姑且称为"三身代词式"。三身代词与并置式中的调值完全相同。Pr 是人名时，只有第三人称代词"他"可以进入这一结构，Pr 是处所 / 机构名称时，三身代词都可以进入。

三是"Pr+ 领属标记 + Pd"结构，这是典型的领属结构，可以称为"领属标记式"。领属标记可以是泛化领属标记"奈"，也可以是准领属标记，这些领属标记在不同语境中有不同的语用功能。"Pr+ 领属标记 + Pd"结构中，

Pr 包括了人称代词、人名、物品名词等。人称代词在这种典型的领属结构中一般都读 24 调值。Pr 是物品名词时，其后必须附着方位词"上"，表明 Pd 是 Pr 的一个组成部分。

纵观临猗方言三种基本领属形式，"并置式"一般没有领属标记；"三身代词式"是两个并置式的套合，但三身代词兼有领属标记的功能；"领属标记式"是最典型的领属结构。从领属标记出现的自由程度来看，三者可以组成以下序列：

并置式＞三身代词式＞领属标记式

在这个序列中，越往左，添加领属标记越不自由，越往右，添加领属标记越自由。

二、身体器官 / 物品名词领属的特点

徐阳春（2003、2008），刘永生（2004），陈振宇、叶婧婷（2014）等多位学者都曾对静态语境下的"领者 + 领属标记 + 属者"在动态语境下常会省略领属标记而成为"领者 + 属者"的现象有过深入研究。陈振宇、叶婧婷（2014）认为，这是一种语用层面的"韵律压缩"机制作用的结果。但据吴建明（2013），莆田话中，用标记"个"的领属结构只占语料的 4%，"紧凑型"（无领属标记）的却占到 96%，包括物品（私有财产）名词。这种现象在汉语方言中虽不占多数，但应该给予足够的关注。考察临猗方言的定语领属，我们发现并置式也占绝对优势。

前文已经列举的"人称代词 +Pd"的并置式，包括 Pd 是亲属称谓、社会称谓、人名、处所 / 机构名称和方位名词。在一般语境中，这些领属结构都是并置结构，关于这些并置式的特点，将在下文专门讨论，这里重点分析 Pd 是物品名词和身体器官名词的情况。准领属标记的功能和用法将在下文分析亲属领属时讨论，本节所涉及的两类准领属标记（指示词"这 / 兀"和数量词"页⁼"）的功能和用法与在亲属领属中的功能、用法基本相同，不再赘述，这里只讨论并置式和带领属标记"奈"的情况。

（一）Pr 为人称代词

1. 单数可以是并置式，凸显 Pr 时加领属标记

在大多数汉语方言中，静态语境下（单数时），人称代词与身体器官名词、物品名词（私人财产）组成的领属结构，都必须带有领属标记的形式。但临猗方言中，当人称代词表单数义时，却经常是并置结构。例如：

（3）甲：（指着照片边上入境的一只手）这谁这手这是谁的手？——乙：我²⁴手我的手。

（4）甲：兀谁兀桌都˭那是谁的桌子？——乙：他²⁴桌都˭他的桌子。

（5）我²⁴笔我的笔比强孩奈笔好。｜这是强孩奈笔，不是你²⁴笔你的笔。

以上三例的"我²⁴手""他²⁴桌都˭"和"我²⁴笔／你²⁴笔"根据语境，说者把"我²⁴手""他²⁴桌都˭"等都看成了一个整体，与亲属称谓中的并置式类似。因此，表单数意义时，这种领属结构不论是独立成句还是做句法成分，都可以是并置式，这在当地是很自然的说法。

如果在凸显或强调 Pr 的语境中，上例都可以添加领属标记，甚至可以省略 Pd（以省略为常），成为中心语隐含结构。如上面三例也可以说成（括号里的成分可有可无）：

（3′）（指着照片边上入境的一只手）：这谁这手这是谁的手？——我²⁴奈（手）。

（4′）兀谁兀桌都˭那是谁的桌子？——他²⁴奈（桌都˭）。

（5′）强孩奈笔比我²⁴奈（笔）好。｜这是我²⁴奈（笔），不是强孩奈（笔）。

尽管并置式是很自然的表达形式，但"人称代词＋标记（＋身体器官／物品）"结构在当地方言中还是较普遍地存在着的。

2. 复数必须带词尾和领属标记

值得注意的是，24 调值在主宾语位置是复数调值，在亲属领属、社会领属等并置结构中，多为单复数同形，但在身体器官／物品名词领属中，24 调值只表示单数意义（临猗方言领属关系中复数人称代词单数化趋势很明显）。所以表达复数意义时，为了有效区别单复数形式，复数义不仅必须用

带词尾形式，而且必须是带领属标记的形式，不能是并置式。例如：

（6）这都是谁这书这是谁的书？——我^{24}得奈（书）/他^{24}得奈（书）。

（7）我^{24}得奈脚比你^{24}得奈（脚）都大。

上两例都是复数义，都必须用带词尾（我^{24}得/你^{24}得/他^{24}得）的形式，否则就是单数意义；领属标记"奈"也不可省略，但 Pd 可以省略为中心语隐含形式，如上例中的"书""脚"可以省去。

3.24 调值只表单数义应是集体领属的映射

如前所述，主宾语位置的复数 24 调值在并置式领属关系中多是单复数同形，但在以上语境中却只表示单数意义，不表复数意义。我们认为，复数形式表示单数意义，这是 24 调值在集体关系领属中单复数同形的感染或映射所致。

吕叔湘、江蓝生（1985：72 页）曾指出："由于种种心理作用，我们常有在单数意义的场所用复数形式的情形。很普通的是第一身跟第二身代词的领格。……在过去的中国社会，家族的重要过于个人，因此凡是跟家族有关的事物，都不说我的，你的，而说我们的，你们的（的字通常省去），如'我们舍下'，'你们府上'。"显然，临猗方言 24 调值的人称代词在亲属领属、社会领属、地名/机构等集体领属关系中单复数同形，也是受传统心理影响的结果。

在单复数同形的感染下，复数形式开始有了在领属位置只表示单数意义的用法："有时候实在只跟个人有关，例如夫之于妻，妻之于夫，也依然用我们的、你们的；若照复数讲，这个们字可真有点儿没着落。"（吕叔湘、江蓝生，1985：73 页）临猗方言配偶领属人称代词的 24 调值也只表示单数意义。我们认为，配偶的单数意义直接来自亲属关系领属中的单复数同形的感染，而身体器官和物品名词领属中 24 调值只表示单数意义应来自配偶领属的感染。即：

亲属领属中单复数同形→配偶领属中只表单数义→身体器官/物品名词领属中只表单数义

当然，其他集体领属中 24 调值在特定语境下只具有单数意义的特点也会对 24 调值只表示单数意义的用法产生影响。

4. 身体器官名词的私有化程度高于物品名词

身体部位具有不可让渡性，只能是分配性领属，不能是共有领属；而物品名词在特定语境中却可以是多位领者共同拥有一个属者。如果领者是包括式人称代词"咱"，那么，身体器官领属一定是分配性领属，而物品名词却既可以是分配性领属，也可以是共有领属。例如：

（8）咱得咱们奈的手都脏啦，赶紧洗洗走去。

（9）咱得奈电视坏啦，叫你叔给咱拾掇拾掇修理修理。

上例（8）"咱得奈手"只能是分配性领属；例（9）"咱得奈电视"却既可以理解为"我的电视＋你的电视……"，也可以理解为"咱得"共同拥有的一台电视。在一般语境中，理解为共有领属的情况更常见。家庭、单位等集体所共有的财产往往构成共有领属。

因此，与物品名词相比较，身体器官名词私有化程度更高。即：

身体器官＞物品名词

另外，由于身体器官的私有化程度最高，因此用于复数语境的情况就比较少，一般只用于对举语境，例如：

（10）我奈头发不好，你得奈头发都好。

（11）你奈脚大，他得奈脚都小。

上两例中，"你得奈头发"和"他得奈脚"都是分配性领属，一般只在对举语境中出现。

（二）Pr 为人名或非表人名词

1. Pr 为人名时，必须带领属标记

如果 Pr 不是人称代词，领属结构就不能是并置式，必须带领属标记，如上例（5）中"强孩奈笔"中的"奈"不可省略。例（3）、（4）中的"我²⁴ 手"和"他²⁴ 桌都＝"如果把人称代词换作人名，都必须添加领属标记：

（3″）（指着照片边上入境的一只手）这谁这手这是谁的手？——强孩奈（手）。

（4″）兀谁兀桌都⁼那是谁的桌子？——文龙奈（桌都⁼桌子）。

以上两例中，“奈”不可省略，但 Pd 可以省略为中心语隐含结构。上例如果说成“* 强孩手”“* 文龙桌都⁼”都是不成立的，除非在下列语境中才可以说：

（12）我袄哏我的衣服呢？——在强孩手上哩在强孩手上（强孩拿着）呢。

（13）强孩桌都⁼上奈腿儿坏啦，不能用啦。

上两例中，Pd 之后都黏着了一个方位词，所以“强孩手”和“强孩桌都⁼”被看作为一个整体，这时“强孩”和“手 / 桌都⁼”之间才可以不添加标记词“奈”，而且不加“奈”是最自然的说法，在其他语境中，一般都必须带有领属标记。

2. Pr 是动物名，Pd 是身体器官，构成“Pr+ 奈 +Pd+ 上”结构

从以上可以看出，Pr 是动物名词，Pd 是身体器官名词时，也既有并置式，又有领属标记式，两者的区别是：当人们把动物器官只当作食物，或动物身体已经被肢解开时，是并置的；如果强调领属关系，一般要加领属标记，而且 Pd 后经常附着一个“上”。试比较：

（14）a. 切上些猪耳朵吧？我爷爱吃。

b. 这嗉这是什么？——猪（奈）耳朵。

c. 你瞅！猪奈耳朵上作哩？——猪奈 / 这耳朵上流血哩。

（15）a. 到超市买上些鸡腿儿吧？

b. 他叫把鸡（奈）腿剁下来啦。

c. 你瞅鸡奈 / 兀腿上叫嗉“什么”合音缠住啦，走不动。

上两例 a 句中的“猪耳朵”“鸡腿儿”都是食物（“鸡腿儿”作为食物已儿化），二者都具有高度凝固性，必须是并置式的，不能添加任何领属标记；b 句中“猪耳朵”和“鸡腿”则是已经被分解的动物的身体器官，可以是并置的，也可以加领属标记；c 句则都指活着的动物的身体组成部分，强调领属关系，一般要带领属标记。值得注意的是，c 句中“猪奈耳朵”“鸡奈腿”可以说，但当地口语中在 Pd 后附“上”的说法更自然。“上”应该也是“整体 –

部分"的标记。c 句中的领属标记"奈"都可以用准领属标记"这／兀"替换。"奈"与"这／兀"的区别与其他领属关系中的基本相同，不再赘述。

3. Pr 是物品名词，构成"Pr+ 上 + 奈 +Pd"结构

Pr 为物品名词，Pd 也是物品名词时，Pd 是 Pr 的一个组成部分。如果说话人只是把 Pd 当作一个物件儿，Pr 和 Pd 是并置的，甚至具有一定的凝固性，如"瓶盖儿""桌腿儿"。但如果要强调领属关系，就不仅必须添加领属标记，而且还必须带有表示部分与整体关系的标记"上"。试比较：

（16）a. 给我叫把这瓶盖儿掀起，我掀不起。

　　　b. 这瓶上奈盖儿作啦这瓶子上的盖儿哪儿去了？——瓶上奈／兀盖儿不在丢啦。

（17）a. 兀作你叫桌（都＝子）腿儿上绑页＂"一个"的合音绳绳？为什么你在桌腿儿上绑了个绳子？

　　　b. 我兀页＝桌（都＝子）上奈腿儿坏啦，你抽空给拾掇拾掇修理修理吧。

上面两组例句中，a 句都是把"瓶盖儿""桌腿儿"看作一个物件儿，结构基本是固化的；b 句则都是把"瓶盖儿""桌腿儿"看作是瓶子和桌子的一个组成部分，"上"则是标识"整体－部分"的标记。进入句子后，领属标记有时可以省略，但"上"不能省略。再比较：

（18）a. 我屋我家兀页＝那张桌（都＝子）上腿儿坏啦，你抽空给修修吧？

　　　b. * 我屋兀页＝桌（都＝子）奈腿儿坏啦，你抽空给修修吧？

上例 a 句"桌（都＝子）上"和"腿儿"之间没有领属标记，动态语流中当地方言是可以说的；b 句虽有领属标记，但无"上"，在临猗方言中是不成立的。

总之，从以上分析可以看出，身体器官／物品名词领属的结构与 Pr 的生命度有密切关系。人称代词的生命度最高，所以都可以是并置式；人名的生命度次之，必须加领属标记；动物身体器官又次之，如果把动物身体器官看作食物，是固化的整体，可以是并置式；如果属者只是指称动物的身体器官，要加领属标记，一般还要在 Pd 后附"上"作为"整体－部分"的标记；

Pr是物品名词时生命度最低，必须加领属标记，在Pr后附表示"整体－部分"的标记"上"。这个"上"后附在Pr上，说明其依存性更低。这类Pr的生命度由高到低应是：

人称代词＞人名＞动物＞物品名词

三、亲属关系领属的特点

（一）"人称代词＋亲属称谓词"的依存性等级

如上文所述，亲属关系领属的基本形式有三种。包括"人称代词＋亲属称谓词""第一／二人称代词＋他＋亲属称谓词""人名＋他＋亲属称谓词""地名／机构名称＋三身代词＋亲属称谓词"四种。其中"人称代词＋亲属称谓词"这种并置式是最主要的部分，我们可以根据以下三个重要参项看人称代词与亲属称谓词之间的依存关系。

1. 从人称代词的31与24调值看领属关系的依存性

亲属领属都属于共有领属，所有人称代词在亲属领属语境中大都是单复数同形。

前文语料显示，人称代词读31调值的大都是Pd为血亲长辈／平辈的称谓词；但值得注意的是，Pd为非直系血亲长辈／平辈的配偶时，人称代词的调值也都是31；Pd为姻亲长辈中的岳父母、公婆时，人称代词既可以读31，也可以读24。我们认为，姻亲长辈／平辈读31调值是受血亲长辈／平辈感染所致，血亲长辈／平辈的配偶是受血亲长辈／平辈的感染；岳父母和公婆是受父母的感染。人称代词在血亲晚辈和其他姻亲平辈领属中只读24调值。

从人称代词调值的变化可以看出这种并置结构的依存性不尽相同。因31调值是专职领格形式，只出现在亲属称谓结构中，而且关系越亲近越使用31调值，单复数永远同形；24调值是人称代词在主宾语位置的复数形式，在大多数领属结构中也单复数同形，但在少数语境中只表示单数意义。所以，31调值比24调值的依存性要高，即31＞24。

2. 从是否可插入领属标记看领属关系的依存性

A. 直系血亲长辈一般不能插入任何领属标记

直系血亲长辈亲属词因其不可让渡性和唯一性，没有排行称谓①。Pr 与 Pd 之间也不能插入任何词语，例如下面的说法在临猗方言中都无法成立：

*我这页="一外"合音爸　　　　　*我兀页="一外"合音妈

*我页="一外"合音爸　　　　　　*我奈妈

如果要着重强调 Pr，三身代词前都可以添加"伢'人家'合音"。例如：

（19）伢我³¹／咱³¹妈，唉！越老越细发仔细；不舍得花钱。

（20）伢你³¹爸，总不听人说，死睾！

（21）伢他³¹爸，真真铺="洗=邋遢！

在对举语境中，特别是强调领属关系时，第一、二人称也不能插入领属标记。例如：

（22）他⁵³是我³¹爸，又不是你³¹爸。

在这句话中，"我³¹""你³¹"读得很重，一般不能说：

（22′）？？他⁵³是我³¹奈的爸，又不是你³¹奈的爸。

但值得注意的是，如果表达强烈的不满和憎恶感情，Pr 为第三人称代词时，可以添加远指词"兀"，"他"的调值变为 24（第一、二人称不可）。例如：

（23）他²⁴兀爸，真不是个东西！

（24）我⁵³死不爱见特别讨厌他²⁴兀妈！

因为父母与子女是关系最密切的人，按照传统观念，说者不能表达对父母的不敬，也不能表达对听者父母的不敬（否则就是向对方挑衅），但可以表达对不在场的第三方父母的不敬，所以只有 Pr 是第三人称代词时可以插入"兀"。这里的"兀"，既有指示功能，又有领属标记的作用。所以，第三人称相对第一、二人称，依存性有所降低，独立性有所增强，这跟生命度也

---

① 直系血亲长辈没有排行称谓，当地新派说"我二爸""我三妈"等，一般是指称伯父、伯母或叔父、叔母。

有关系。依存性由高到低是：

第一／二人称＞第三人称

B. 其他亲属关系领属之间都可以插入准领属标记

根据常识可知，大部分非直系血亲长辈／平辈（包括其配偶）、姻亲长辈／平辈、晚辈都可以有排行称谓，如"我^{31}二叔""我^{31}二姐""我^{24}三女"等。这种可以有排行称谓的亲属称谓词构成的领属关系中，都可以插入准领属标记，如"我^{24}这／兀舅""我^{24}这页$^=$一个／兀页$^=$那一个哥"等。值得注意的是，用"页$^=$"做准领属标记时人称代词单复数分明，单数读53调值，复数读24调值或用带词尾形式。例如：

单数：我^{53}页$^=$叔　　我^{53}页$^=$大姑大姑子　　　我^{53}页$^=$孩

复数：我^{24}（得）页$^=$嫂都$^=$子　我^{24}页$^=$女都$^=$子　　我^{24}（得）页$^=$大姑[①]大姑子

直系姻亲长辈／平辈（公公、婆婆、丈人、丈母娘、夫妻）如同直系血亲长辈（父母），具有唯一性，没有排行称谓，不能插入"这页$^=$／兀页$^=$"和"页$^=$"，但可以插入准领属标记"这／兀"。例如"我^{24}这丈人""我^{24}兀阿姐婆婆"等，表达较为强烈的感情色彩。

因此，根据能否插入准领属标记可以看出，直系长辈领属之间的依存性要高于其他亲属关系。即：

直系长辈领属＞其他亲属领属

C. 泛化领属标记"奈"受到更大限制

如前文所述，"奈"是泛化领属标记，功能相当于普通话的"的"，但比"的"的使用范围要窄。与准领属标记相比较，亲属领属中泛化领属标记"奈"的出现就更加受到限制。

首先，如上所述，直系血亲长辈领属任何语境中都不能添加"奈"做领属标记。

---

① "我^{24}（得）页$^=$'一个'合音嫂都$^=$子"一般用于说话现场还有别的兄弟姐妹；"我^{24}（得）页$^=$大姑"一般用于说话现场还有说者的妯娌。加复数词尾的说法只是在特别强调复数时用，一般语境中不出现。

其次，非直系血亲长辈／平辈一般也不可以用"奈"做领属标记，即使在特别强调领属关系的对举语境中，例如：

（25）a. 他 53 是我 31 叔，又不是你 31 叔。｜这是我 31 哥，不是你 31 哥。

　　　b. ? 他 53 是我 31 奈叔，又不是你 32 奈叔。｜? 这是我 31 奈哥，不是你 31 奈哥。

"奈"一般只能出现在带有夸张语气的强调语境中，而且一般多为妇女使用。例如：

（26）这就是伢他 24（奈）（三）姐。

（27）伢我 24（奈）（二）叔早早就出去干事去啦我的二叔很早就出去工作了，再没回来过。

以上例句显示，使用"奈"做领属标记时，人称代词通常读 24 调值，其前常有兼焦点标记的"伢'人家'合音"，表明说者特别强调领属关系，并暗示 Pd 所指之人是很特别的人。"奈"多为女性使用，表达强调并略带夸张的语气，男性在这种语境中多用表定指的准领属标记"这／兀"。以上两句删除"奈"或换用"这／兀"后更自然。

姻亲长辈／平辈在一般语境中也不能用"奈"做标记，但语境限制没有血亲长辈／平辈那么严格。"我奈丈母""你奈小姑"和"他奈婆娘"，只要是在强调领属关系的语境中，都可以很自然地使用。例如：

（28）（指着照片上的某人）这就是伢我奈小姑小姑子。

（29）他奈丈人在县公安局是局长。

值得注意的是，当 Pd 是晚辈，尤其是直系晚辈（子女）时，亲属称谓在对举语境中可以省略，用"奈"或"这／兀"等构成中心语隐含结构。例如：

（30）这是伢他 24 奈（孩），我 24 奈（孩）今儿个没来。

（31）伢你 24 这（女都＝子）学习好，我 24 兀（女都＝子）不行。

（32）我 53 爱见你 24 这页＝（小都＝），不爱见你 24 兀页＝（小都＝）。

以上例句都是对举语境，领属标记既可以是"这／兀"和"这页＝／兀页＝"，也可以是"奈"。Pd 在这种对举语境中可以删略。"孩／女都＝女儿／

小都$^{=}$儿子”在这种语境中可有可无。

值得注意的是，除了血亲晚辈可以删略 Pd 外，其他亲属称谓词都不能删略，这说明血亲晚辈称谓词的依存性进一步减弱。

3. 从人称代词可否删略看领属关系的依存性

张敏（1998）认为“我的哥哥”是典型的领属关系，而“我哥哥”的领有者更像是一个确定指标，整个结构在一个关系的框架中，其所指类似于专名。唐正大（2014）认为并置式领属关系中，如果领者与属者在句法和语义上都缺乏独立性，任何句法结构中属者都不能是光杆名词，必须让人称代词作为限定词才能出现，人称代词便像一个前缀。临猗方言的“人称代词 + 亲属称谓词”也是如此，领属关系甚至比关中方言更加固化。我们参照唐正大（2014），通过测试来比较临猗方言中长辈血亲与平辈血亲亲属称谓词的依存性。

A. 直系血亲长辈和非直系血亲长辈 / 平辈

Pd 是直系血亲长辈和非直系血亲长辈 / 平辈时，人称代词都读 31 调值。由于 31 调值是专职领格形式，只出现在亲属领属中，单复数同形，相当于一个前缀，任何语境中都不能独立做句法成分，背称语境下与 Pd 之间已经基本词化。人称代词附缀化在“人名 / 地名 + 亲属称谓词”中也可以得到印证。试比较：

（33）王强屋里光景可好着哩，他^{31}妈是中学校长，他^{31}爸做生意可挣钱着哩。

（34）要论屋（里）大人，你^{31}爸比我^{31}爸能干。

（35）我^{53}和我^{31}爷、我^{31}娘奶奶都没走去过北京，我^{31}爸和我^{31}叔走去过。

（36）他^{53}可想他^{31}姐着哩。| 我^{53}给我^{31}哥买了页$^{=}$“一个”合音羽绒服。

以上例句中的“我^{31}、你^{31}、他^{31}”都不能删略，例（34）中的领属关系也不能像普通话一样变为中心语隐含结构，显然，这种领属关系已经基本固化，接近为一个词了。

“咱”在亲属领属关系中也读 31 调值，而且即使是对话语境，也不能删除。试比较：

（37）（三弟问四弟）你见咱³¹二哥去么你见二哥了吗？——咱³¹二哥走书房学校去啦。

（38）（二哥对三弟说）咱³¹叔给咱³¹爷买了页⁼"一个"合音羽绒服。

（39）（二姐对三姐说）我真真可想咱³¹大姐着哩，也不知道她多乎能回来。

以上对话中"咱³¹"的强制性不仅高于普通话，也高于关中话（参见唐正大，2014）。

B. 非直系血亲长辈／平辈的配偶

如前所述，非直系血亲长辈／平辈的配偶领属因受非直系血亲长辈／平辈领属的感染，其前的人称代词都读 31 调值，都有排行称谓，都可以插入准领属标记，所以二者的依存性相当。但以下测试显示，如果 Pd 是血亲长辈／平辈的配偶，人称代词在背称语境中可以删除。

（40）英英一家，婶都⁼婶子是河南人，妹夫是河北人，嫂都⁼嫂子是南方人，都是一岸非本地人。

（41）他³¹娘⁵³伯母和（他³¹）姐夫都是临晋人。

（42）小惠可爱见（她³¹）嫂都⁼嫂子着哩。

以上例句显示，Pd 是血亲长辈／平辈的配偶时，人称代词在背称语境中可以删除，Pr 与 Pd 之间的依存性降低。不过，相比其他姻亲长辈／平辈，血亲长辈／平辈的配偶与人称代词的依存性仍稍高，如例（41）、（42）中，人称代词虽可以删略，但不删更自然。

C. 姻亲长辈／平辈

Pd 是姻亲长辈（公婆／岳父母），平辈（包括夫妻、夫妻双方的平辈）时，人称代词可以删略。例如：

（43）强强命真好，丈人在公安局，丈母在教育局，嗦⁼"什么"合音都给他⁵³弄好啦。

（44）雅雅和大姑大姑子弄不成不合，可非常爱见喜欢小姑小姑子着哩。

（45）这谁给你买下哩？——婆娘老婆／掌柜丈夫么，还能是谁。

以上三例中的"丈人""丈母""小姑""婆娘／掌柜"前一般不出现人

称代词，加上人称代词虽能说，但显得冗余，所以当地口语后一般不用人称代词。可以看出，与直系长辈相比较，姻亲长辈／平辈称谓词的独立性也有所增强，依存性更低。

D. 血亲晚辈

血亲晚辈称谓词前的人称代词也能删略，与姻亲长辈／平辈相同。但是，其他领属关系中的 Pd 都不能删略，只有血亲晚辈（一般是子女）在对举语境中可以删略。例如：

（46）伢他²⁴夏″孩小孩都能干，大孩当县长着哩，二孩当经理着哩，女都″女儿考上北大啦。

（47）我⁵³和二女、三女都没有走过去过北京，伢他³¹爸和大女走过。

（48）我可想（我）女都″女儿着哩，一年都没有见过啦。

（49）要论女都″，我奈的比不过伢你奈的；要论小都″儿子，我奈的可比你奈的强。

上例（46）—（48）是删除了晚辈亲属前端人称代词；例（49）是直接删除了 Pd，从血亲晚辈领属中的 Pd 可以删略来看，血亲晚辈的独立性最强，依存性最低。

通过以上分析，我们可以概括出亲属领属具有以下特点：

第一，Pd 为直系长辈时，人称代词是专职领属形式（31 调值），单复数同形；Pr 与 Pd 之间不能插入任何领属标记或其他成分；Pr 为第三人称代词，说者要表达极度不满情绪时可以插入准领属标记"兀"，但受到严格限制。测试发现，31 调值的人称代词在背称语境下与 Pd 已基本固化为一个词，因此直系长辈的依存性最高，独立性最差。

第二，Pd 为非直系血亲长辈／平辈时，一般语境中也是并置结构；测试发现，31 调值的人称代词在任何语境中都不能删略。但由于其非唯一性特点，特定语境中 Pr 与 Pd 之间可以插入准领属标记，只是泛化领属标记"奈"一般不出现，仅限于略带夸张的强调语境中。能插入领属标记，说明其依存性开始有所减弱。

第三，Pd 是非直系长辈／平辈的配偶时，人称代词的调值以及插入领属标记的情况与第二种的情况基本相同，但测试中发现，这类领属关系的人称代词可以删略，说明与第二种的特点相比较，其依存性有所减弱，独立性有所增强。

第四，Pd 为姻亲长辈时，其特点与第三种的情况基本相同，不同的是，人称代词既可读 31 调值，也可读 24 调值，插入领属标记"奈"时更自然一些。这说明其依存性与第三种的相比有所减弱，独立性进一步增强。

第五，Pd 为姻亲平辈时，其特点与第三、第四种的情况基本相同，不同的是，人称代词只读 24 调值，不能读 31 调值。说明其依存性更加减弱了。

第六，Pd 为血亲晚辈时，其特点与第五种的情况基本相同，不同的是，作为 Pd，其他亲属称谓词都不能删略，但血亲晚辈称谓词在对举语境中可以删略。这说明其依存性相对最低。

总之，Pr 为人称代词，Pd 为亲属称谓时，都属于共有领属，不属于分配性领属。Pr 与 Pd 之间的依存性都很强，尽管除了直系长辈之外，各种领属标记都可以在 Pr 与 Pd 之间有条件地出现，但都受到较为严格的限制，因此我们可以说，亲属关系领属中，人称代词单复数同形的并置结构是其最突出的特征。

同时我们也看到，亲属称谓词之间的依存性存在差异。根据以上分析，"人称代词＋亲属称谓词"的依存性由高到低依次是：

直系血亲长辈＞非直系血亲长辈／平辈＞血亲长辈／平辈之配偶＞姻亲长辈＞姻亲平辈＞血亲晚辈

（二）"Pr+他＋亲属称谓"的特点

"Pr+ 三身代词 +Pd"中，Pr 和 Pd 都包括多项结构，但特点大致都相同，这里以"第一／二人称代词＋他＋亲属称谓词"和"人名＋三身代词＋亲属称谓"为例分析，其他结构不再赘述。

1.“Pr+ 他 + 亲属称谓”是两个并置结构的套合

A. 第一 / 二人称代词 + 他 + 长辈 / 平辈亲属称谓词

从前文可以看出，“第一 / 二人称代词 + 他 + 长辈亲属称谓词”这种结构中，Pr 与 Pd 之间的“他”是必不可少的成分，不能替换为别的领属标记。“他”读 31 调值，与长辈领属（并置式）中的“他”调值一致。而作为 Pr 的第一、二人称代词则读 24 调值，与晚辈领属中的调值一致。

第一、二人称代词的 24 调值说明，这种结构是站在晚辈立场上的称谓词，多为尊称。如“我^{24}他^{31}爸”即“我孩子的爸爸”，“你^{24}他^{31}爷”即“你孩子的爷爷”。在特别强调的语境中，当地方言可以说“我孩他爷”“你孩他妗”或说出孩子的名字：“（我）强孩他爷”“（你）惠孩他妗”。这三者是等义关系。再如：

（50）a. 我^{24}他^{31}爷今年都 80 啦。| 要论种庄稼，谁都不敌我^{24}他^{31}爷。

b. 我^{24}（强孩）他^{31}爷都 80 啦。| 要论种庄稼，谁都不敌我^{24}（强孩）他^{31}爷。

c. 我^{24}（孩）他^{31}爷都 80 啦。| 要论种庄稼，谁都不敌我^{24}（孩）他^{31}爷。

值得注意的是，受上述结构的感染，当地部分人的口语中也出现了“第一 / 二人称代词 + 他 + 平辈 / 晚辈亲属称谓词”的说法，这是以夫妻立场角度构成的尊称。例如：

我^{24}| 他^{31}姐　　你^{24}| 他^{31}哥　　我^{24}| 他^{31}外甥　　你^{24}| 他^{31}侄儿

“我^{24}他^{31}姐”既可以是女子指称丈夫的姐姐，也可以是男子指称妻子的姐姐，这种称谓比称“大姑子”“大姨子”等显得更加尊重，也比直接称作“我姐”语义更清楚，更无歧义；姻亲晚辈主要是一种婉称。这种站在夫妻立场的称谓还不普遍，只是部分人的说法。

B. 人名 + 他 + 长辈 / 平辈亲属称谓词

当 Pr 为人名，Pd 为长辈或平辈亲属称谓词时，Pr 和 Pd 之间的“他”也是必有成分，不能替换为别的领属标记，“他 / 她”读 31 调值，与并置式中人称代词调值一致。其结构与“第一 / 二人称代词 + 他 + 亲属称谓词”相同：

英英｜（他³¹爸）　　　喜林｜（他³¹姐）

从结构上看，"他³¹爸"和"他³¹姐"是并置式，结构接近固化，"英英＋（他³¹爸）"和"喜林＋（他³¹姐）"仍然是并置式，后者包含了前者。

值得注意的是，在这种结构中，由于"他³¹"和前面的人名指称同一个人，属于冗余成分，语流中接近轻声，意义较虚，处于半虚化状态，所以在这种结构中，"他³¹"相当于亲属称谓词的前缀，也相当于一个准领属标记，这从下文领属标记与"他"构成替换关系可以看出。

此外，姻亲平辈称谓词中，如果 Pd 为"夫妻（配偶）"类称谓词时，当地口语中可以直接并置，不加"他"或其他任何标记词，如"惠孩他婆娘／媳妇""琴琴她姐夫新婚丈夫或未婚夫"可以说成"惠孩婆娘／媳妇""琴琴姐夫"。有意思的是，当 Pd 为妻子一方时，无论是年轻的"媳妇"还是年龄较大的"婆娘"，Pr 和 Pd 都可以直接并置；但当 Pd 为"掌柜"时，一般语境中要有标记词"奈／她"，不能直接并置（如"琴琴她掌柜"或"琴琴奈掌柜"，一般不说"？琴琴掌柜"）；不过，当 Pd 是"姐夫新婚丈夫或未婚夫"或"男人"时又可以并置（如"琴琴男人""琴琴姐夫"）。这可能与夫妻关系较为亲密有关。越亲密，依存性越强，越可以并置；越疏远，独立性越强，越不可以并置。"掌柜"包含一定的敬称义，关系较为疏远，所以依存性较弱，独立性较强。

2. 姻亲领属中，"他"可替换为领属标记，但结构、语义有别

当 Pd 为姻亲长辈／平辈时，Pr 和 Pd 之间的"他"可以用泛化领属标记"奈"或准领属标记替换，但二者在结构和表义方面都有所不同。

第一，结构方面，如上文所述，"Pr＋三身代词＋Pd"是两个并置式的套合，而"Pr＋奈＋Pd"却是典型的领属结构。

第二，语音停顿方面，三身代词式的语音停顿在 Pr 之后，领属标记式则停顿在领属标记后。即：

强孩｜他丈母　　　强孩奈｜丈母　　　强孩兀｜丈母　　　强孩页ᵁ｜小舅

第三，表义方面，"Pr＋三身代词＋Pd"的语义重点是"三身代词＋Pd"，

重音落在 Pd 上，即语义重点是突出"Pd"所指之人；而"Pr+ 奈 +Pd"强调的是领属关系，重音落在 Pr 上，即语义要凸显的是 Pr，多出现在不定指语境中；"Pr+ 这 / 兀 +Pd"中的"这 / 兀"都读轻声，其弱化程度与"奈"相同，因此也是着重凸显 Pr 以及 Pr 构成的领属关系，只是与"奈"相比较，"这 / 兀"具有了一定的语用色彩（褒扬或贬抑）；"页⁼一个"则兼有不定冠词的功能，只出现在不定指而且是属者不止一个的语境中。试比较：

（51）a. 强孩他²⁴丈母来啦。

　　　b. 兀是谁？——强孩奈丈母。

　　　c. 强孩兀丈母真真厉害！

（52）a. 兀就是伢强孩他小舅小舅子。

　　　b. 强孩奈小舅在临猗中学教学哩。

　　　c. 强孩页⁼小舅在临猗中学教学哩。

上例中，a 句都用"他"做领属标记，重音在"丈母"和"小舅小舅子"上；而 b 句的重音都落在"强孩"上，凸显"强孩"与"丈母""小舅"构成的领属关系，一般用于未知语境；c 句用准领属标记：（51c）用于定指语境，"丈母"是听说双方都知道的人；（52c）则显示强孩不止有一个"小舅"，只用于不定指语境。我们也可以用同位结构做测试：

（53）a. 强孩他小舅小舅子这人可好着哩。

　　　b. * 强孩奈小舅小舅子这人可好着哩。

（54）a. 强孩他丈母兀人可厉害着哩。强孩丈母娘这人特别厉害。

　　　b. * 强孩兀丈母兀人在学校和校长吵架哩。

　　　c. * 强孩页⁼小舅兀人在学校和校长吵架哩。

以上两例中，a 句的主语是同位结构，"强孩他小舅 / 强孩他丈母"＝"这人 / 兀人"，显然"他"类结构强调的 Pd 所称代的是某个个体的人，b 句、c 句中主语的"强孩奈小舅"/"强孩兀丈母""强孩页⁼小舅"与"这人""兀人"却无法构成同位关系，说明领属标记"奈"和准领属标记凸显的不是 Pd 所称代的人，而是"强孩"和"他小舅"之间的领属关系。

以上具有唯一性特征的亲属词如岳父母、公婆、配偶等，领属结构中的"他"不能用"页＝"或"这页＝/兀页＝"替换。

3."人名＋奈/他＋晚辈称谓词"中，"奈"标记的说法更自由

从前文可以看出，"人名＋他²⁴＋晚辈称谓词"和"人名＋奈＋晚辈称谓词"两种都可以说。不同的是，"人名＋奈＋晚辈称谓词"在当地口语中更常见，更自然。试比较：

（55）a. 谁打我孩去谁打了我的孩子？——琴琴他女都＝女儿。

b. 兀就是伢琴琴奈女都＝女儿。

c. 兀哪兀页＝女都＝那是哪儿那个女孩？——琴琴奈女都＝盲嘛，你不认得？

d.（不知孩子名字时）琴琴奈孩啊，你妈在屋（里）家里吗？

从上例可以看出，a 句"琴琴她女都＝"用于带有贬义的语境中，重音落在"女都＝"上，这种说法较少；而 b、c、d 三句都是用"奈"做标记，重音都落在"琴琴"上，语境更自由。

"人名＋奈/他＋晚辈称谓词"也都能替换为准领属标记，与其他领属关系中的特点基本相同，不再赘述。

"第一/二人称代词＋他＋长辈/平辈亲属称谓词"结构中，"我²⁴/你²⁴"与"他＋亲属称谓词"之间构成并置结构，应是两个并置式的套合形式，如"我²⁴他³¹爷"中的"我²⁴"应是省略了中心语（子女称谓词）的形式。

从以上分析还可以看出，Pr 为人名，Pd 为亲属称谓词时，Pr 与 Pd 之间的依存性也有强弱之分（"Pr＋三身代词＋Pd"的其他形式基本相同）。

依存性最强的仍然是直系长辈，人名与"他爸/妈"构成并置式，"他"读 31 调值，不能替换为任何领属标记。其次是非直系血亲长辈/平辈，"他"也读 31 调值，一般也不可以被替换为领属标记"奈"，但可以替换为准领属标记，依存性有所减弱。姻亲长辈/平辈的依存性更弱，在一般语境中"他"只读 24 调值，可以被替换为准领属标记甚至泛化领属标记"奈"。晚辈称谓词的依存性最弱，Pd 为晚辈时，用领属标记"奈"（或准领属标记）比"他"更自然。

因此，人名与亲属称谓词构成的 Pr 与 Pd 之间的依存性与人称代词与亲属称谓词构成的领属关系的等级序列基本相同。

四、"人称代词 + 其他集体领属"的特点

除了亲属领属关系外，集体领属还有社会关系领属、地名 / 机构领属和方位名词领属等多种领属结构。其中 Pr 是人名、机构 / 地名时，领属之间必须加"他"，构成两个并置结构的套合，与前文所述"Pr+ 三身代词 + 亲属称谓词"的规律基本一致，不再赘述。这里重点分析 Pr 是人称代词，Pd 是社会关系领属、地名 / 机构的领属关系。

（一）社会关系领属与亲属领属形成投射关系

从前文可以看到，当 Pd 是社会称谓时，人称代词读 24 调值，单复数同形。例如：

（56）我 ^{24} 师父老师和你 ^{24} 师父老师都开会去啦。

"师父 ^{①}" 即"老师"，是当地老派说法。这句话中，"我 ^{24} 师父老师"和"你 ^{24} 师父老师"既可以理解为"我的老师"和"你的老师"，也可以理解为"我们（班）的老师"和"你们（班）的老师"，单复数是同形的。

唐正大（2014）认为，社会关系领属是亲属领属的隐喻与投射，亲属领属中的长辈、平辈、晚辈经常很自然地投射为社会关系的上级、平级和下级，不过这种投射不一定是垂直投射。从领属关系的依存性角度看，我们发现临猗方言的社会关系领属中，上级领属与长辈领属相似，平级领属与平辈领属相似，下级领属与晚辈领属相似。判断的参项是：三类社会关系领属是否可以较为自由地插入领属标记。

第一，上级可以具有唯一性（与直系血亲长辈相似），也可以不具有唯

---

① 当地老派方言把老师叫"师父"，私塾中老师具有唯一性，所以与直系血亲长辈相似。1949 年后"师父"一直与"老师"并存，20 世纪 90 年代以后，"师父"的说法逐渐消失。

一性（与非直系血亲长辈亲属相似），因此，临猗方言中社会关系领属一般是并置结构，不添加领属标记。

"我²⁴师父"类似直系长辈领属，应起源于私塾教育，一般具有唯一性，由于高度依存，不插入任何领属标记，如一般不说"？？我²⁴这／兀师父"，更不能说"＊我²⁴奈师父""＊我²⁴这页⁼／兀页⁼／页⁼师父"。现代教育产生后，"师父"与"老师"并存，并逐步形成互补关系（如"王老师"不能说"＊王师父"，"我师父"在老派口语中也不说"？我²⁴老师"）；现代教育体制中，学校的老师不具有唯一性，所以新派的"我²⁴老师"就有"我²⁴这／兀老师""我²⁴这页⁼／兀页⁼／页⁼老师"的说法，"我²⁴奈老师"在当地口语中很不自然，例如：

（57）？我²⁴得奈老师比你²⁴得奈老师讲得好。

（58）？我得奈老师今儿个都开会去啦。

上例在当地最自然的说法是"我²⁴老师／你²⁴老师"。

其他上级领属中，一般语境中是并置式，如"我²⁴领导""我²⁴头儿""我²⁴经理"等，如果具有唯一性，在强调语境中（或有褒贬色彩时）可以用"这／兀"做准领属标记；如果不具有唯一性，在强调语境中还可以添加"这页⁼／兀页⁼／页⁼"做准领属标记；泛化领属标记"奈"的出现没有准领属标记自由，不常见到，但在表示类指语境中也可以使用。例如：

（59）兀是我页⁼领导。｜我这页⁼领导可厉害着哩。

（60）我²⁴（奈）领导先头都是干银行哩。我的领导原来都是干银行工作的。

例（59）中的领导不具有唯一性，能使用所有准领属标记；例（60）中的"我（奈）领导"则是类指自己目前所有的领导。

第二，平级一般都不具有唯一性（与直系亲属平辈相似），因此，并置结构和添加准领属标记的结构都常见。例如"我²⁴同学""我²⁴同事"和"我²⁴这／兀同学""我²⁴这页⁼／兀页⁼／页⁼同事"等说法同样常见，只是使用语境有别。值得注意的是，亲属领属中，如"我奈哥""我奈妹都⁼"一般不能说（只能是并置或添加准领属标记），但社会关系领属中，"我奈同学""我奈同事"的说法却很自然，很常见。这说明亲属领属和社会关系领属在平级就不是垂直投射了。

　　第三，下级一般都不具有唯一性，与亲属领属中的晚辈领属关系相似，虽然也可以是并置结构，如"我²⁴学生""我²⁴徒弟""我²⁴手底下（人）"，但"我²⁴奈学生""我²⁴奈徒弟""我²⁴奈手底下（人）"的说法更自然常用，更能添加各种准领属标记，不再赘述。

　　由此可以得出，三类社会关系之间的依存性等级由高到低依次是：

上级＞平级＞下级

（二）"人称代词＋地名/机构/人名/处所名词"只能是并置结构

　　如前所述，Pr 是人称代词，Pd 是地名/机构/人名/处所名词的领属关系时，一般都是并置结构，但在是否能加领属标记，能加什么标记方面有一点区别。试比较：

（61）a. 来吧！我²⁴太原夏天可凉快着哩。——我⁵³不想走你²⁴太原去。

　　　b. 来吧！我²⁴这太原可凉快着哩。——我⁵³不想走你²⁴兀太原去。

　　　c. 来吧！我²⁴* 奈/* 这页⁼太原可凉快哩。——我⁵³不想走你²⁴* 奈/* 兀页⁼太原去。

（62）a. 我²⁴单位过年发了一袋面一袋米，你²⁴单位过年发东西啦么？

　　　b. 我²⁴这单位可小气着哩，嗦⁼"什么"的合音都没发。

　　　c. 他^{24??}奈/[?]这页⁼/* 页⁼单位发嗦⁼"什么"的合音啦？

（63）a. 你²⁴强孩这人可好着哩。

　　　b. 我⁵³不爱见你²⁴兀强孩。

　　　c. 我^{24?}奈/* 这页⁼/* 页⁼强孩在太原工作哩。

　　上例中，a 句都是最自然的说法，b 句是强调的说法，c 句大都不成立或不自然。因为地名、单位、人名都具有唯一性，所以都不能用"这页⁼/兀页⁼"或"页⁼"做标记词；地名和机构是很多人共同生活或工作的地方，不属于任何个人（除非机构为自己拥有），不是真正的领属关系，所以也不能用"奈"做标记词；（62c）中的"这页＂"可以说，但限于某人刚换了单位或同时在几个单位工作；例（63c）中"奈"不太自然，不过可以在特别强调领属关系的语境中出现。

（三）"人称代词＋方位名词"中，人称代词单复数分明

如前文所述，这类结构比较特殊，是领属关系尤其是并置式中人称代词唯一可以用 53 调值表示单数意义的结构，也是 24 调值唯一只表示复数意义的结构。也就是说，"人称代词＋方位名词"中，人称代词单复数形式与主宾语位置上的完全相同。试比较：

（64）a. 人不多，赶紧来！我 53 前头只有几外＂几个人。

b. 我和小英排队着哩，我 24／我 24 得前头还有十来外＂个人哩。

（65）a. 他 53 在你 53 哪岸哪边？——在我 53 左岸左边哩，我 53 右岸右边没人。

b. 我和小英在路边儿上等你着哩，我 24／我 24 得胯岸旁边有两棵柿树。

以上两句中，a 句的人称代词都是单数，读 53 调值，b 句的人称代词都是复数，既可以是单音节的 24 调值，也可以是带词尾的复数形式。

方位词虽然具有"集体"特征，但因为方位是临时的，不固定的，Pr 的位置发生变化，方位就会发生变化，因此，方位词领属不是真正意义上的领属。也许正因为这样，方位词领属才是并置领属结构中唯一单复数意义分明，而且唯一与主宾语单复数形式保持一致的说法。"人名＋方位名词"和"非指人名词＋方位名词"同理，不再赘述。

方位词领属在强调语境中也可以插入准领属标记"这／兀"或泛化领属标记"奈"，但不能插入"这页＂／兀页＂"和"页＂"。

总之，"人称代词＋社会关系领属"与"人称代词＋亲属关系领属"形成投射关系，其依存性总体上是上级＞平级＞下级；"人称代词＋地名／机构／人名／处所名词"都必须是并置结构，因 Pd 都具有唯一性，都不能用"这页＂／兀页＂"或"页＂"做标记词，又因为地名和机构一般都不为个人所有，不是典型的领属关系，所以都不能用"奈"做领属标记。"人称代词＋方位

词"中，因方位虽有"集体"特征，但方位具有临时性，不是真正意义上的领属关系，所以人称代词单复数分明，而且是唯一与主宾语位置单复数保持高度一致的领属结构。

此外，我们还发现，临猗方言领属关系的私有化程度或可控程度存在等级，每个小类内部又有不同的等级，错综复杂，下面是我们以人称代词的调值和可否插入领属标记"奈"为标准，同时忽略掉一些小的等级差异，粗略统计出的临猗方言人称代词领属的等级序列。表 3-2 中依存性由高到低的排列顺序的依据：31 调值→ 24 调值→奈→单复数分明。具体如下：

表 3-2　临猗方言人称代词领属等级序列

	31	24	（53）	领属标记"奈"	核心名词
1 血亲长辈 / 平辈	+单复同	-	-	-	爸、舅、姑、姐、婶、嫂
2 姻亲长辈 / 平辈	+单复同	+单复同	-	-	阿公、丈母、小舅小舅子、小姨小姨子
3 配偶	-	+单复同	-	-	老婆、男人丈夫
4 人名	-	+单复同	-	-	强孩、小英
5 处所	-	+单复同	-	-	屋家、村、太原、临猗中学、山西
6 晚辈	-	+单复同	-	±	孩、女都"子、侄儿、外甥
7 社会称谓	-	+单复同	-	±	师父、同事、徒弟
8 物品名词	-	+单复同	-	±	书、电脑、厦房子、院
9 身体器官	-	+单复同	-	±	手、脚、头发、胃
10 方位名词	-	+复数	+单数	-	前头、东岸边、左岸边、胯岸旁边

需要说明的是，从表 3-2 中看，3、4、5 应合并为一类，6、7、8、9 应合并为一类，一共分为四类即可。但事实上，这些类不能合并，一是生命度强弱有别，二是内部在对领属标记使用的自由度等方面也有差别，限于篇幅，不再赘述，有关依存性等级序列的问题，还需进一步深入研究。

第三节　山西晋语区人称代词与定语领属

本节主要讨论山西晋语区人称代词与定语领属的类型特征。同第二节，我们仍把领者记为 Pr，把属者记作 Pd。

下文中会出现"我专""我复根""我复"和"我单"等下标形式——"我专"即只在领属位置上出现的形式；"我复根"即复数词根；"我复"即同主宾语位置复数形式完全一致；"我单"即同主宾语位置的单数形式，不再一一说明。

一、北区（大包片）：大同方言人称代词与定语领属

（一）大同方言的人称代词

大同方言人称代词在主宾语位置上的单数和复数词根是舒声，领属位置上的人称代词读促化形式，属于专职领属形式。具体如下：

单数：我 [vo⁵⁴]　　　　　　你 [ni⁵⁴]　　　　　　他 [tʰa³¹]

复数：我每 [vo⁵⁴ məʔ³¹]　　你每 [ni⁵⁴ məʔ³¹]　　他每 [tʰa³¹ məʔ³¹]

领属：我专 [vəʔ³¹]　　　　你专 [niəʔ³¹]　　　　他专 [tʰəʔ³¹]

限于篇幅，下面涉及人称代词领属时，主要以第一人称代词为例分析，三类代词规律基本一致。

（二）人称代词 +Pd（专职 – 并置式）

1. 人称代词 + 亲属称谓

A. Pd 是血亲长辈 / 平辈，人称代词是专职领属形式（我 [vəʔ³²]），单复数同形：

我专大大爸爸　　　我专妈　　　我专爷爷

我专叔叔　　　　　我专姨姨　　　　　我专哥哥　　　　　我专妹妹

　　B. Pd 是岳父母、公婆以及其他姻亲长辈/平辈,人称代词一般语境中也是专职领格形式,属于"专职－并置"式,单复数同形:

我专外父　　　　我专婆婆　　　　我专女人妻子

我专男人　　　　我专嫂嫂　　　　我专小舅子

以上说法人称代词也可以用复数表示,在强调语境中也可以插入"的"。例如:

我每(的)外父　　　　我每(的)婆婆　　　　我每(的)女人妻子

我每(的)男人　　　　我每(的)嫂嫂　　　　我每(的)小舅子

　　C. Pd 是血亲晚辈,人称代词既可以是专职形式,也可以是"我每＋家＋晚辈称谓词":

我专/单儿子　　　　我专/单侄女

我每家小子　　　　我每家侄女

"人称代词＋晚辈亲属词"中,一般语境中人称代词用专职形式,在强调语境中用单数形式(例如:我单的儿子我知道)。晚辈亲属在强调语境中还可以用泛化领属标记,人称代词转换为单数形式,但"我每＋家＋晚辈称谓词"不可插入"的",定指语境中可以插入"这/那":

我单的/这儿子　我单的/那侄女　我每家这/*的小子　我每家那/*的侄女

　　从上列语料可以看出,血亲长辈/平辈亲属称谓都是"专职－并置"式;姻亲长辈/平辈称谓则既有"专职－并置"式,也有"复数－并置"式,甚至在强调语境中可以插入"的",其依存性有所降低;晚辈亲属称谓既可以是"专职－并置"式,也可以是"复数＋家＋称谓词"结构,显然,"家"虽有实义,但可以看作是一个准领属标记形式,其依存性更有所降低。

　　考察指示词"这/那"或"个"进入亲属领属结构时,我们发现,大同方言大多数亲属领属结构中都可以插入准领属标记"这/那",插入后有特指功能或较强的语用色彩。例如:

我专(这)妈　　　　　　　我专(这)爷爷

　　我专（这/的个）叔叔　　　　　我专（这/的个）外父

　　我专（这/的个）哥哥　　　　　我专（这/的个）儿子

　　我每家（这/的个）小子　　　　我专（这/的个）嫂嫂

　　上列说法中，直系长辈因为具有唯一性，所以不能插入"的个"，只能插入"这/那"，而且直系亲属插入"这/那"后只能表达强烈的语用色彩（或褒或贬），非直系血亲和姻亲、平辈、晚辈称谓词都既可以插入"这/那"，也能插入"的个"，如"我的个叔叔"是"我多位叔叔中的一个"义，插入"这/那"（或"这个/那个"）则除了能用于加强语用色彩外，更多用于特指语境，其客观性有所增强，主观性有所减弱。

　　从句法测试来看，大同方言"人称代词＋亲属称谓"的依存性较高，但依存性与人称代词的亲疏关系有关（例句仿照唐正大，2014）：

　　（1）a. 你看人家小红命多好，（她专）爸爸是县长，（她专）舅舅是书记，根本不用愁。

　　　　　b. 张明真有福呢，（他专）儿子是县长，（他专）姑娘是大学老师。

　　（2）a. 你大姐和你专二姑都嫁给有钱人啦。

　　　　　b. 你每外甥跟（你每）侄女都考上大学了。

　　（3）a. 我单想我专姥姥了。

　　　　　b. 我单可想我专儿子/媳妇/外孙哩。

　　　　　c. 张明给他专二舅买了件布衫。

　　（4）小英真是命不好，她专男人把腿也叫人给打断了。

　　上例中，人称代词凡是带括号的都可以省略，不带括号的则不能省略。可以看出，话题链中的人称代词，不论长辈还是晚辈，都可以删除，但并列语境、宾语等位置的人称代词不可以删除。这说明大同方言亲属称谓领属的依存性较高。

　　根据以上分析，我们可以用两个参项求出大同方言亲属领属的等级序列，第一个参项：是用专职领格形式的人称代词，还是用单数、复数代词或用"家"做准领属标记；第二个参项：能否插入"这/那/的个"或"的"。

我们看到，大同方言直系长辈只能插入"这／那"，但插入后只能用于具有强烈语用色彩的语境，非常不自由；非直系血亲长辈／平辈一般语境中是专职领格形式、并置式，只可以插入"这／那"表示语用色彩，插入"的个"表示"其中一个"义；姻亲长辈／平辈一般语境中是专职人称代词做领者，但在强调语境中可以用复数人称代词做领者，甚至可以插入泛化领属标记"的"（更能插入"这／那"和"的个"），依存性明显降低；晚辈亲属大多数语境中也是用专职领格形式做领者，也是并置式，但"我们家"做领者更常用，"家"甚至可以用"的"替换，说明晚辈的依存性最低。根据以上分析，我们可以确定大同方言亲属领属的优先等级序列为：

直系血亲长辈＞非直系血亲长辈／平辈＞姻亲长辈／平辈＞晚辈

2. 人称代词＋社会称谓词

Pd 为社会称谓，人称代词既可以是单数形式，也可以是复数形式。例如：

我每老师	我每经理	我每师傅	我每老板
我单老师	我单经理	我单师傅	我单老板

我每同学	我每朋友	*我每徒弟	我每学生
我单同学	我单朋友	我单徒弟	我单学生

以上结构中都可以插入"这／那"或"的个"，也可以插入"的"，但当地人认为没有"的"更自然，加"的"的说法可能是后起的。

值得注意的是，Pd 是下级"徒弟"时，人称代词只有单数形式，没有复数形式。因此，依据用复数还是单数代词，可以得出大同方言社会领属结构的依存性等级序列：

上级／平级＞下级

3. 人称代词＋地名／机构／人名

Pd 无论是地名、机构还是人名，人称代词都是复数形式，属于"复数－并置"式：

我单家	我每村	我每学校	我每大同	我每小明

如果特别强调"学校"是属于自己的（如私立学校的老板），可以有单数的说法：

我单学校

4. 人称代词＋方位名词

大同方言"人称代词＋方位名词"单数和复数泾渭分明，表单数义只能用单数形式，表复数义只能用复数形式。

单数：我单前头　　复数：我每前头

在强调语境中也可以插入"的"。

单数：我单的前头　复数：我每的前头

（三）人称代词＋的＋身体器官／物品名词

大同方言 Pd 是"身体器官／物品名词"时，在单说语境中一般要加领属标记"的"，单复数分明。例如：

单数：我单的手	我单的头发	我单的眼镜
复数：我每的手	我每的头发	我每的眼镜

如果物品名词与家庭有关，一般构成"人称代词＋家＋物品名词"结构，强调语境中可以插入"的"，定指语境中可以插入"这／那"。人称代词既可以是单数，也可以是复数。例如：

我单家（的／这）电视	我单家（的／这）狗
我每家（的／这）电视	我每家（的／这）狗

（四）Pr＋三身代词＋Pd

除了人称代词外，Pd 是亲属称谓词、社会称谓词和处所／机构名词时，Pr 还可以由指人名词和处所名词充当。

1. 人名（＋他／家／们）＋Pd

Pr 为人名，Pd 是亲属称谓词、社会称谓词、处所／机构名词和方位名词时，领属关系基本都是"人名＋他＋Pd"的结构。"他"的调值与前文中

"人称代词+Pd"基本一致。

A. 人名（＋他/家）+亲属称谓词

a. 小明他专妈　　　小明他专姑姑　　　小明他专舅舅　　　小明他单外父

b. 小明他专哥哥　　　小明他专姐姐　　　小明他单嫂子　　　小明他单妹夫

上列"他"是先与亲属称谓组合，再与人名组合，其结构是"小明|他妈"。"他"在这种组合中属于冗余成分，已兼有领属标记的作用。值得注意的是，这类结构中一般不能插入"这/那"或"的"。当地没有"小明*的/*这他妈/哥哥"的说法。

还值得注意的是，大同方言以上结构中的"他"可以省略。如可以说：

小明妈　　　小明姑　　　红英婆婆　　　小强姐　　　王强小舅子

这种没有"他专/单"的说法既可以用于面称，也可以用于背称，有"他专/单"的结构只能用于背称。而这种结构中间可以插入"这/那"或"的"：

小明这/的妈　小明这/的姑　喜林这/的舅　小强这/的姐　王强这/的小舅子

与晋南官话（临猗方言）相比较，大同方言可以省略"他"的说法使得亲属称谓词的独立性更强，依存性相对降低。

亲属称谓如果是配偶称谓词，大同方言一般不能有"他"，用直接并置形式："人名+称谓词"。例如：

c. 王强女人老婆　　琴琴男人丈夫

如果配偶称谓是"那口"（不区别妻子和丈夫），可以用"人名+家/的+称谓词"的形式表示：

王强家女人老婆　　　　琴琴家男人丈夫　　　王强家那口那口子：配偶

王强的女人老婆　　　　琴琴的男人丈夫　　　琴琴的那口那口子：配偶

如果亲属称谓词是晚辈，一般用"人名+家+称谓词"结构。例如：

d. 文强家小子　　　琴琴家侄女　　　　小英家外甥

以上结构也可以插入"的"，插入"的"后"家"就可有可无：

文强（家）的小子　　琴琴（家）的侄女　　小英（家）的外甥

以上"人名（＋他/家）+亲属称谓词"都可以添加"这/那"，具有唯一性的亲属称谓词（父母／公婆／岳父母）只有语用色彩，不具有唯一性的亲属称谓词，既可以表达语用色彩，也可以表示特指，表特指时还可以插入"的个"表示"其中之一"义，这方面与"人称代词＋亲属称谓词"方面基本相同。

B. 人名＋（他）＋社会称谓词

Pr 为人名，Pd 无论是上级、平级还是下级，都是"人名＋他＋称谓词"结构。例如：

王强他老师　　　王强他掌柜　　　王强他同学　　　王强他学生　　　王强他徒弟

这种说法中的"他"不可以替换为"的"或"这／那"，但是可以删除，如：

王强师傅　　　　王强掌柜　　　　王强同学　　　　王强学生　　　　王强徒弟

删除"他"后的说法则都可以插入"这／那"或"的个"，但只在特指或有语用色彩时使用。

王强的／这师傅　　　　　　王强的／这经理

王强的／这同学　　　　　　王强的／这朋友

王强的／这学生　　　　　　王强的／这徒弟

从以上语料可以看出，当领属结构中有"他"时，不可以插入"这／那"或"的"。从"他"可以替换为"这／那"或"的"来看，"他"兼具了领属标记的功能。

C. 人名＋每＋地名／机构

Pd 无论是处所还是机构，Pr 位置由"人名＋每们"构成：

小明每家　　　　　新菊每村　　　　　小明每大同　　　　王强每大同一中

"每们"是复数标记，其结构应是"（小明＋每）｜地名／机构"说明后面的地名／机构名具有［＋集体］特征，这是大同方言比较独特的表述形式。

2. 三身代词＋地名／机构名词 +Pd

这类定语领属我们没有放到人称代词领属中，是想和晋南（临猗）方言做比较：临猗方言同类结构只能是"地名／机构名词＋三身代词 +Pd"，但大同方言既可以是"地名／机构名词＋（那个）＋三身代词 +Pd"，也可以是

"三身代词 + 地名 / 机构名词 + 的 +Pd"。

Pd 如果是亲属称谓词，一般不能是父母、子女等直系亲属，只能是非直系长辈、平辈和晚辈：

a. 我北京（那个）舅舅	b. 我北京的舅舅
a. 我机械厂（那个）堂哥	b. 我机械厂的堂哥
a. 我大同一中（那个）侄女	b. 我大同一中的侄女

上例 a 中的"那个"可有可无；a、b 中的限定词都是在限定亲属的唯一性。非直系长辈、平辈、晚辈亲属称谓词都可以进入此结构。

Pd 如果是社会称谓词，上级、平级、下级称谓词没有区别，都是"三身代词 + 地名 / 机构名词 + 的 +Pd"结构，"的"也可以替换为"那个"：

a. 我大同一中的老师	b. 我大同一中那个老师
a. 我太原的同学	b. 我太原那个同学
a. 我机械厂的徒弟	b. 我机械厂那个徒弟

与晋南官话（临猗方言）相比较，我们发现，晋南只有一种语序，即"地名 / 机构名称 + 三身代词 +Pd"，而大同方言的地名 / 机构名词却处于三身代词和 Pd 之间，这说明晋南官话方言中，人称代词与 Pd 的依存性很高，独立性很低，但大同方言相反，人称代词与 Pd 之间的依存性明显降低，独立性明显增强。

（五）Pr+（上）+ 方位名词

1. Pr+ 方位名词

当 Pd 是方位名词时，无论 Pr 是指人名词还是非指人名词，在大同方言中都是并置式，一般不用领属标记。例如：

小明（那）前头　　　　狗（这）眼跟前前面　　电视柜（那）底下

如上例，Pr 可以是人名、动物名称或普通物品名词，一般语境中 Pr 和 Pd 直接并置，不需要领属标记，只是在特指语境中可以插入"这 / 那"。

2. Pr+ 上 + 方位名词

　　值得注意的是，当 Pr 与 Pd 属于整体与部分关系时，大同方言与晋南官话区情况基本一致，也是需要有准领属标记"上"做标记。例如：

　　a. 瓶子盖盖 / 瓶盖儿　　　　　　　b. 瓶子上的盖盖

　　上面 a 例中"瓶子盖盖"是把它看成一个物件，如"这是个瓶盖儿"。而 b 例中的"盖盖"则是瓶子的组成部分，如"这个瓶子上的盖盖哪儿去了"？

　　总之，大同方言亲属领属和社会领属基本是并置结构，很少使用领属标记，用"这 / 那"标记时一般带有较为明显的语用色彩。人称代词与亲属称谓、社会称谓直接并置的领属关系可以形成优先等级序列。"人名 + 每 + 地名 / 机构名词 / 人名"时，"每"兼有了领属标记的功能。

　　与晋南官话区临猗方言相比较，大同方言定语领属中人称代词与亲属称谓的依存性降低，独立性增强。

二、北中区（五台片）：偏关方言① 人称代词与定语领属

（一）偏关方言的人称代词

偏关方言人称代词的表现形式如下：

单数：我 [vɤ²¹³]	你 [ni²¹³]	他 [tʰʌ²⁴]
复数：<u>我们</u> [vʌŋ²¹³]	<u>你每</u> [niou²¹³]	<u>他们</u> [tʰʌŋ²¹³]
领属：我专 [vəʔ³]	你专 [niəʔ³]	他专 [tʰəʔ³]

偏关方言人称代词没有独立的领格形式，领属关系中既可以出现单数形式，也可以出现复数形式，不过，单数与复数的出现是有条件的，基本处于互补分布的状态。下面仍以第一人称代词为例分析人称代词领属。

（二）人称代词 +Pd（并置式）

1. 人称代词 + 亲属称谓

A. Pd 是血亲长辈 / 平辈时，人称代词是促化形式，只在领属关系中出

---

① 这里描写与分析的是忻州市偏关县陈家营乡寺儿沟村的方言。

现，不区分单复数。例如：

我专大爸　　　　我专妈　　　　我专爷爷　　　　我专奶奶　　　　我专叔

我专舅　　　　　我专姨　　　　我专哥　　　　　我专妹妹

B. Pd 是血亲晚辈，人称代词多用复数形式，不区分单复数意义：

我们复儿　　　　　我们复闺女　　　　我们复外甥　　　　我们复单孙女

C. Pd 是姻亲长辈 / 平辈时，只能用人称代词复数形式，不能用专职形式。例如：

我们复外父丈人　　我们复外母娘丈母　我们复婆婆　　　　我们复公公

我们复姑爷姑父　　我们复妗子舅妈　　我们复大姑子　　　我们复小舅子

我们复老婆　　　　我们复汉子丈夫　　我们复嫂嫂

从上列语料可以看出，偏关方言人称代词领属关系与其他方言有明显不同：血亲长辈 / 平辈用专职形式，晚辈用复数形式，所有姻亲称谓词都用复数形式。显然，专职形式带有更尊敬或更亲近的语用色彩。

考察指示词"这一个 / 那一个"或"的个"进入亲属领属结构时，我们发现，偏关方言大多数亲属领属结构中都可以插入准领属标记"这一个 / 那一个"，插入后有特指功能或较强的语用色彩。例如：

我专（这个）妈　　　　　我专（这个 / 的个）叔叔　　我专（这个 / 的个）外父

我专（这个 / 的个）哥　我们复（这个 / 的个）嫂嫂　我们复（这个 / 的个）儿

上列说法中，直系长辈因为具有唯一性，所以不能插入"的个"，插入"这一个 / 那一个"后只能表达强烈的语用色彩（或褒或贬）；非直系血亲和姻亲、平辈、晚辈称谓词都可以插入"这一个 / 那一个"或"的个"，插入"这一个 / 那一个"或"的个"则更多用于特指语境，客观性增强，主观性减弱。

而特别值得注意的是，偏关方言中的人称代词与亲属称谓词的依存性都较低，独立性都较强，这从句法测试中可以看得很清楚（例句仿照唐正大，2014）。

（5）a. 他可有靠咧，（他专）爸爸是县长，（他专）舅舅是书记。

  b. 张明是个福蛋蛋,（他们）复儿是县长,（他们）复闺女是大学老师。

（6）a. 你大姐和你专二姨都嫁给有钱人啦。

  b. 你每复外甥跟你每复侄女都考上大学咧。

（7）a. 我可想我专姥娘了。

  b. 张明给他专二舅买咧个衬衫。

  c. 我可想我们复儿子／婆娘／外甥咧。

上例中加括号的人称代词都可以省略，不加括号的一般不能省略。

  从上例可以看出，偏关方言的长辈亲属领属在对举说法和宾语位置一般不可删除，但在话题链中（例5）可以删除。可以删除人称代词的现象与普通话相似。相比之下，偏关方言"人称代词＋亲属称谓"的依存性虽比山西其他方言低，但比普通话还是要高些。

  根据以上分析，我们可以用两个参项求出偏关方言亲属领属的等级序列，第一个参项：是用专职人称代词还是复数人称代词做 Pr；第二个参项：能否插入"这一个／那一个／的个"。

  我们看到，偏关方言血亲长辈／平辈只能用专职人称代词做 Pr，血亲晚辈和所有姻亲关系都用复数形式做 Pr，显然，专职形式的依存度更高一些；从能否插入"这一个／那一个／的个"来看，所有亲属领属都能插入指示词，但直系长辈亲属领属插入后只能用于具有强烈语用色彩的语境，非常不自由；非直系血亲长辈和姻亲长辈插入"这一个／那一个／的个"就可以用于客观语境表示特指，不具有唯一性的非直系血亲长辈还可以插入"的个"，表示"其中一个"义，独立性有所增强。据此，我们可以确定偏关方言亲属领属的优先等级序列为：

直系血亲长辈＞非直系血亲长辈／平辈＞姻亲长辈／姻亲平辈／血亲晚辈

  值得注意的是，从例（5）—（7）可以看出，长辈领属中的人称代词在话题链中可以删除，对举和宾语语境中一般不能删除，但平辈和晚辈亲属领属中人称代词都可以删除，这说明偏关方言亲属领属的依存性虽比普通话高，但与晋南官话（临猗方言）删除后句子不成立的情况相比，其依存性有所降低。

2. 人称代词＋社会称谓词

Pd 是社会称谓时，偏关方言多用复数形式，一般语境中是并置式，不加领属标记，如：

我们复老师　　　我们复经理　　　我们复师傅　　　我们复老板

我们复同学　　　我们复朋友　　　我们复徒弟　　　我们复学生

偏关方言"人称代词＋社会称谓词"结构比较简单，所有的社会称谓，不论是上级、平级还是下级，统一用复数人称代词做 Pr。

同亲属领属一样，社会称谓领属也可以在 Pr 和 Pd 之间插入"这一个 / 那一个"和"的个"，表示感情色彩、特指以及"其中之一"义。

所以，社会称谓的上级、平级和下级的依存性基本一致，虽低于亲属领属中的直系长辈领属，但与其他非直系血亲长辈 / 平辈基本相当，下级明显高于晚辈。

3. 人称代词＋地名 / 机构 / 人名

Pd 无论是地名、机构还是人名，人称代词都是复数形式，属于"复数 –并置"式：

我们复村　　　　我们复张村　　　我们复山西

我们复学校　　　我们复公司　　　我们复小军

4. 人称代词＋方位名词

偏关方言"人称代词＋方位名词"单数和复数泾渭分明，表单数义只能用单数形式，表复数义只能用复数形式。

单数：我单前头　　复数：我们复前头

5. 人称代词＋（人称代词＋亲属称谓）

偏关方言中也有类似大同、山阴一带的人称代词叠加现象。例如：

我们复他专爸爸　　你每复他专姑姑　　我们复他单哥

我们复我专爸爸　　你每复你专姑姑　　他们复他专哥

这种说法与前文所揭示的现象基本一致，不再赘述。

（三）Pr+ 标记词 +Pd

除了人称代词外，Pd 是亲属称谓词、社会称谓词和处所 / 机构名词时，Pr 还可以由指人名词和处所名词充当。

1. 人称代词 + 的 +Pd

偏关方言中，Pd 如果是身体部位 / 器官或物品名词，在单数（静态）语境中一般需要泛化领属标记"的"，而且单数意义用单数形式，复数意义用复数形式，单复数形式分明，这一点与大多数方言相同。例如：

单数：我单的头发　　　　　　我单的手　　　　　　我单的书包

复数：我们复的头发　　　　　我们复的手　　　　　我们复的书包

2. 人名 + 他专 / 复 +Pd

A. 偏关方言中也存在"人名 + 他 +Pd"的说法，领者为人名，Pd 是领者的长辈，为表示尊敬，说者往往以"人名 + 他 + 亲属称谓词"的形式表示。例如：

明明他专妈　　　明明他专爷爷　　　明明他专舅舅　　　明明他专哥哥

明明他专闺女　　明明他专老婆　　　明明他们复外父　　明明他们复婶婶

明明他们复嫂嫂嫂子　　　　　　明明他们复小舅子

以上亲属称谓可以是直系 / 非直系 / 姻亲的长辈 / 平辈和晚辈。这种说法与官话区临猗方言基本一致。

以上"人名 + 他 + 亲属称谓词"都不可以用泛化领属标记，但都可以添加"这个 / 那个"，具有唯一性的亲属称谓词（父母 / 公婆 / 岳父母）只有语用色彩；不具有唯一性的亲属称谓词，既可以表达语用色彩，也可以表示特指，表特指时还可以插入"的个"表示"其中之一"义，这方面与"人称代词 + 亲属称谓词"方面基本相同。

B. 人名 + 他们复 + 社会称谓词

Pr 为人名，Pd 无论是上级、平级还是下级，都是"人名 + 称谓词"直接并置。例如：

王强他们复师傅　　　　　王强他们复经理　　　　　　王强他们复同学

王强他们复学生　　　　　王强他们复徒弟

以上说法的人名和称谓词之间都可以插入"这/那"或"的个"，但只在特指或有语用色彩时使用。不可以插入"的"。

C.人名＋他＋地名/机构

Pd 无论是处所还是机构，Pr 位置由"人名＋他们复"构成：

王强他们复村　　　　　　王强他们复运城　　　　　王强他们复偏关一中

"他们复"是复数形式，其结构应是"小明|（他们复＋地名/机构）"。

3.地名/机构名词＋三身代词＋Pd

Pd 如果是亲属称谓词，一般不能是父母、子女等直系亲属，只能是非直系长辈、平辈和晚辈：

保德我专姨姨　　　　　　北京我专三叔　　　　　　太原我们复侄女子

原平我们复小舅子　　　　偏关中学我们复老师　　　机械厂我们复徒弟

偏关方言这种结构与官话区临猗方言都是"地名/机构名词＋三身代词＋Pd"，与大同方言的"三身代词＋地名/机构名词＋Pd"不同，这说明偏关方言"三身代词＋亲属称谓"的依存性很高，独立性较低。

（四）Pr+方位名词

当 Pd 是方位名词时，无论 Pr 是表人名词还是非表人名词，在偏关方言中一般是并置式，在强调语境中可以插入泛化领属标记。例如：

明明（的）后头　　　　　狗（的）前头　　　　　　电视机（的）底下

如上例，Pr 可以是人名、动物名称或普通物品名词，一般语境中 Pr 和 Pd 直接并置，不需要领属标记，只是在特指语境中可以插入"这/那"。

（五）Pr+上+的+方位名词

值得注意的是，当 Pr 与 Pd 属于整体与部分关系时，偏关方言与晋南官话区情况基本一致，也是需要有准领属标记"上"做标示。例如：

a. 瓶盖儿名词　　　　　　　b. 瓶子上的盖子

上面 a 例中"瓶盖儿"是把它看成一个物件，如"这是个瓶盖儿"。而 b 例中的"盖子"则是瓶子的组成部分，如"这个瓶子上的盖子哪儿去了"？

总之，偏关方言定语领属的特点与大同方言比较接近，但也有不同。亲属领属中血亲长辈 / 平辈用专职领格形式，晚辈和姻亲称谓用复数形式，显然专职形式的依存性更高。亲属称谓和社会领属基本都是并置结构，很少使用领属标记，用"这 / 那"标记时一般带有较为明显的语用色彩。人称代词与亲属称谓、社会称谓直接并置的领属关系可以形成优先等级序列。也有人称代词叠加和"人名 + 他 + 亲属 / 社会称谓"现象。"地名 / 机构名词 + 三身代词 +Pd"结构与晋南临猗方言相同，与大同方言明显不同；方位领属与其他方言基本相同。

三、中区：太原方言 ① 人称代词与定语领属

（一）太原方言的人称代词

太原方言人称代词的表现形式如下：

单数：我 [ou¹¹]	你 [ni¹¹]	他 [tʰa¹¹]
复数：俺们 [æ⁵³məʔ¹]	你家们 [niɛ²⁴məʔ¹]	他们 [tʰa²⁴məʔ¹]
领属：我复根 [æ⁵³] 爸爸	你复根 [niɛ²⁴] 爸爸	他复根 [tʰa²⁴] 爸爸

从以上所列人称代词可以看出，太原小店大吴村方言第一、二人称单数和复数词根的读音形式有明显差异，第一人称"俺"是"我们"的合音，第二人称复数词根是"你家"的合音；第三人称复数词根与单数形式相比只有调值的变化。复数词根可以独立出现在领属位置。

---

① 这里描写与分析的是太原市小店区大吴村方言。

（二）人称代词 +Pd（专职 – 并置式）

1. 人称代词 + 亲属称谓

太原小店区方言人称代词所有亲属领属都是"复根 – 并置"，例如：

俺复根妈　　　　俺复根姑姑　　　俺复根哥哥　　　俺复根妹妹

俺复根丈人　　　俺复根干妈　　　俺复根老婆　　　俺复根老汉

俺复根嫂子　　　俺复根小子　　　俺复根闺女　　　俺复根外甥

从上列亲属领属可以看出，所有亲属称谓在当地方言中都是用复数词根做领者，不需要领属标记，属于并置结构。

以上并置式中间也可以插入指示词"这块 / 兀块"或表示"其中之一"义的"块个"，其中具有唯一性的"父母 / 公婆 / 岳父母"只能插入"这块 / 兀块"，表示较为强烈的语用色彩；不具有唯一性的亲属既可以插入"这块 / 兀块"，也可以插入"块"，前者既可以表达较为强烈的褒贬色彩，也可以用于客观语境，后者表示"其中之一"义。

从句法测试来看，太原小店方言人称代词与亲属称谓的依存性很高，绝大多数语境中人称代词不可以删除（例句仿照唐正大，2014）。

（8）a. 他单可有背景了，他复根爸爸是县长，他复根舅舅是书记。

　　b. 张明跌得福圪洞咧张明掉到福窝里了，他复根小子是县长，他复根女子是大学老师。

　　c. 翠花这女子命不好，她复根老汉叫人把腿给打断咧。

（9）a. 你家复根二姨跟你家复根大姐都嫁给有钱人咧。

　　b. 你家复根外甥跟你家复根侄女都考上大学咧。

（10）a. 我单可想俺复根姥娘了。

　　b. 张明给他复根二哥买咾个衬衫。

　　c. 我单想俺复根小子 / 老婆 / 外孙咧。

从上例可以看出，太原小店区方言人称代词与亲属称谓的依存性很高，不分长辈、平辈或晚辈，不论在话题链中，还是在并列结构或宾语位置，人称代词都不可删除。所以与其他方言（包括晋南临猗方言）相比，太原小店区方言亲属领属的依存性最高。小店方言亲属称谓的依存性等级序列比较简单，主要参项就是能否插入"块个"表示"其中之一"义。具体的优先等级序列为：

直系血亲长辈 / 姻亲长辈＞非直系（血亲 / 姻亲）长辈 / 平辈 / 晚辈

2. 人称代词 + 社会称谓词

值得注意的是，太原方言社会称谓领属中，可以区分单复数意义，复数意义一般用并置式表示，单数意义一般需要领属标记。

A. 表示复数意义时，上级和平级社会称谓一般只与人称代词的复数（带词尾）组合，大多数语境中是并置结构，不区分单复数意义。例如：

俺们老师　　　　俺们经理　　　　　俺们哥每哥儿们：朋友　　　俺们同学

强调语境中可以插入泛化领属标记"的"或指示词"这块 / 兀块"，既可以是单数形式，也可以是复数形式。例如：

俺们的老师　　　　俺们的经理　　　　俺们的哥每　　　　俺们的同学

我单的老师　　　　我单的经理　　　　我单的哥每　　　　我单的同学

我单这块 / 兀块老师　　　　　　　我单这块 / 兀块经理

我单这块 / 兀块哥每　　　　　　　我单这块 / 兀块同学

B. 下级称谓在并置结构中人称代词只能是复数（带词尾）或复数词根：

俺们学生　　　　俺们徒弟

因为当地人认为徒弟不具有［＋集体］特征，所以也可以用复数词根只表示单数意义：

俺复根徒弟　　　　俺复根学生

强调语境中也可以说：

俺们的学生　　　　俺们的徒弟

所以，当地方言的社会称谓领属的依存性明显比亲属领属低，上级、平级和下级与亲属领属能构成映射关系，依存性也没有高低区分，即：上级 = 平级 = 下级；但社会称谓领属的依存性明显低于亲属领属，即：亲属称谓＞

社会称谓。

3. 人称代词 + 地名 / 机构 / 人名

这类领属关系多为"复数 – 并置"式。例如：

俺们学校　　　　　俺们太原　　　　　俺们小明

以上组合中，机构名词既可以是并置式，也可加泛化领属标记"的"或指示词，试比较：

俺们学校　　　　　俺们单位　　　　　俺们公司

俺们的学校　　　　俺们的单位　　　　俺们的公司

<u>俺这块</u>学校　　　俺们<u>这块</u>单位　　俺们<u>这块</u>公司

与家族有关的地名、机构名多用人称代词的复数词根做领者。例如：

俺行家　　　　　　俺村勒里

上例是一般说法，强调时"俺村勒"也可以说成"俺们村勒"。

显然，与家族有关的地名 / 机构 / 人名领属比与家族无关的单位 / 机构名称的依存性要高：行家、村、人名不可以用领属标记"的"，单位、学校、公司却可以。即：

行家 / 村 / 人名＞单位 / 学校 / 公司

4. 人称代词 + 方位名词

"人称代词 + 方位名词"也是并置式，并区分单复数。例如：

单数：我左面　　　　　　　　　我脑头上面

复数：俺们左面　　　　　　　　俺们脑头上面

（三）Pr+ 标记词 +Pd

除了人称代词外，Pd 是亲属称谓词、社会称谓词和处所 / 机构名词时，Pr 还可以由指人名词和处所名词充当。

1. 人称代词 + 的 +Pd

太原小店方言如果 Pd 是身体部位 / 器官或物品（动物），在静态语境中一般要有领属标记"的"，而且单复数意义分明：

单数：我的手　　我的头发　　我的狗儿　　我的眼镜儿

复数：俺们的手　　俺们的头发　　俺们的狗儿　　俺们的眼镜儿

以上结构在定指语境中"的"可以用"这块 / 兀块"替换。

2. 人名 + 标记词 +Pd

太原方言中，Pd 如果是身体部位 / 器官或物品名词，在单数（静态）语境中一般需要泛化领属标记"的"，而且单数意义用单数形式，复数意义用复数形式，单复数形式分明，这一点与大多数方言相同。

A. 人名 + 标记词 + 亲属称谓

a. 太原方言中也存在"人名 + 他 +Pd"，例如：

小明他复根妈　　　　小明他复根姑姑　　　小明他复根丈人　　　小红她复根婆婆

小明他复根哥哥　　　小明他复根妹妹　　　王强他复根小舅子　　小英她复根小姑子

王强他复根女子　　　王强他复根侄儿子　　王强他复根外甥子　　王强他复根老婆

小红她复根老汉　　　王强他复根干妈

以上短语的结构应是"人名 +｜（他 +Pd）"，但因为人名信息的强大，"他"在结构中与人名构成复指关系，基本不负载新信息，所以经常弱读，兼有领属标记作用。

b. "人名 + 他 +Pd"也可以说成"人名 + 家 +Pd"，例如：

小明家妈　　　　　　小明家姑姑　　　　　小明家丈人　　　　　小红家婆婆

小明家哥哥　　　　　小明家妹妹　　　　　王强家小舅子　　　　小英家小姑子

王强家女子　　　　　王强家侄儿子　　　　王强家外甥子　　　　王强家老婆

小红家老汉　　　　　王强家干妈

以上结构与 a 类不同，应是"（人名 + 家）｜+Pd"。

c. "人名 + 家 +Pd"也可以插入泛化领属标记，成为"人名 + 的 +Pd"，但 Pd 是直系长辈亲属如"王强他妈 / 王强家妈"不可以说成"王强的妈"。

小明的姑姑　　　　　小明的丈人　　　　　小红的婆婆

小明的哥哥　　　　　小明的妹妹　　　　　王强的小舅子　　　　小英的小姑子

王强的女子　　　　　王强的侄儿子　　　　王强的外甥子　　　　王强的老婆

小红的老汉　　　王强的干妈

以上 a、b、c 三种说法，以 a 类最为常用，b 类次之，c 类最不常用，应是受普通话影响产生的新说法。

从"的""家""他"相互替换的关系看，三者都具有领属标记的作用。

以上"人名 + 家 / 他 / 的 + 亲属称谓词"中的"家 / 他 / 的"都可以用"这块 / 兀块"替换，具有唯一性的亲属称谓词（父母 / 公婆 / 岳父母）只有语用色彩；不具有唯一性的亲属称谓词，既可以表达语用色彩，也可以表示特指，表特指时还可以插入"块个"表示"其中之一"义，这方面与"人称代词 + 亲属称谓词"方面基本相同。

从以上分析可以看出，小店方言人名做 Pr 与亲属称谓的依存性远没有人称代词强。所以，这应该与生命度有关。即：

人称代词 > 人名

B. 人名 + 标记词 + 社会称谓

a. Pr 为人名，Pd 无论是上级、平级还是下级，最常见的是"人名 + 他 + 称谓词"直接并置。例如：

王强他复根老师　　王强他复根经理　　王强他复根朋友

王强他复根同学　　王强他复根徒弟　　王强他复根学生

b. "人名 + 他 + 称谓词"中的"他"可以用泛化领属标记"的"替换：

王强的老师　　　王强的经理　　　王强的朋友

王强的同学　　　王强的徒弟　　　王强的学生

这说明"他"具有领属标记的作用。

以上说法的人名和称谓词之间都可以插入"这块 / 兀块"或"块个"，但只在特指或有语用色彩时使用。

C. 人名 + 他 + 地名 / 机构

这类结构中的"他"一般不能换为"家"：

小明他复根行家　　　新菊他复根村勒里　　　王强他复根兀块那个小店中学

上列语料中，机构名称前往往还要加上指量短语合音词"兀块那个"，这样当地人觉得更顺口。"小明他行家""新菊他村勒"在定指语境下也可以在 Pd 前插入"这块这个 / 兀块那个"。

值得注意的是，太原小店方言没有"小明他小店 / 太原"这种说法，也就是说"人名 + 他 +Pd"结构中，Pd 必须是具有［＋集体］义的名词，如果只是地名，与"集体"义无关，不能用这一结构表述。"行家 / 村勒"之所以能进入这一结构，是因为与"家族"有关，也具有［＋集体］义。

3. 地名 / 机构名词 + 三身代词 +Pd

太原小店方言这种结构与官话区临猗方言相同，都是"地名 / 机构名词 + 三身代词 +Pd"，但当地一般要插入"兀块那个"感觉更顺口。例如：

张村我兀块姨姨　　北京你兀块三叔　　机械厂他兀块小舅　　上海我兀块侄女子

小店中学我兀块老师　　太原他兀块同学　　机械厂你兀块徒弟

三身代词与亲属称谓词之间插入了指量短语合音词"兀块那个"，说明二者的依存性降低，独立性增强。

（四）Pr+ 方位名词

当 Pd 是方位名词时，无论 Pr 是表人名词还是非表人名词，在太原小店方言中一般是并置式，在强调语境中可以插入泛化领属标记。例如：

狗前头　　　　电视柜底下　　　　猪圈旁边

如上例，Pr 可以是人名、动物名称或普通物品名词，一般语境中 Pr 和 Pd 直接并置，不需要领属标记，只是在特指语境中可以插入"这块 / 兀块"。

（五）Pr+ 上 + 的 + 方位名词

当 Pr 与 Pd 属于整体与部分关系时，太原方言与晋南官话区情况基本一致，也是需要有准领属标记"上"做标示。例如：

整体义：瓶盖盖　　　　　　　　　桌腿

部分义：瓶上的盖盖　　　　　　　锅上的盖盖

这种说法也可以插入"这块 / 兀块"：

瓶上这块 / 兀块盖盖　　　　　锅上这块 / 兀块盖盖

总之，太原小店区大吴村方言定语领属在亲属领属和社会领属方面比较特殊，其他领属关系与山西各地方言大同小异。亲属领属和社会领属的特殊性表现在：长辈、平辈和晚辈领属之间的依存性没有区别，基本形不成等级序列，尤其是晚辈和下级完全没有"物化"，其依存性与长辈、上级基本相同。从以上分析还可以看出，社会称谓领属依存性低于亲属领属；人名的生命度低于人称代词。

四、中区：文水方言 ① 人称代词与定语领属

（一）文水方言的人称代词

文水方言人称代词的表现形式如下：

单数：我 [ŋei⁴²³]　　　　你 [n̩⁴²³]　　　　兀家 [uəʔ²tɕia²²] / 他 [tʰa²¹]

复数：我每 [ŋəʔ⁴²³məʔ²]　　你每 [n̩iəʔ²məʔ²]　　兀家每 [uəʔ²tɕia²²məʔ²] / 他每 [tʰa²¹məʔ²]

领属：我们 [ŋɔn⁴²³] 大爸　　你弫 [n̩i²¹] 大爸　　兀家 [uəʔ²tɕia²²] 大爸 / 他 [tʰa²¹] 大爸

从上列人称代词可以看出，文水方言人称代词单数和复数词根读音不同：前者是阴声韵，后者是入声韵；而领属关系中的第一、二人称代词又与主宾语位置上的单数、复数有区别：领属语第一人称韵母为后鼻音韵母，应是"我们"的合音形式，第二人称领属位置读 [n̩i]，根据周边方言的特点判断，可能是"你弫"的合音形式。第三人称老派用"兀家""兀家每"，新派用"他""他每"。

（二）人称代词 +Pd（专职 – 并置式）

1. 人称代词 + 亲属称谓

文水方言亲属领属比较简单：Pd 无论是直系长辈、非直系长辈、平辈、晚辈还是姻亲长辈、平辈，人称代词都用"我们"做领者。具体如下：

---

① 这里描写与分析的是文水县城关镇的方言。

a. 血亲长辈／平辈：

<u>我们专大爸</u>　　　　<u>我们专妈</u>　　　　　<u>我们专爷爷</u>　　　　<u>我们专舅舅</u>

<u>我们专哥哥</u>　　　　<u>我们专兄弟</u>　　　　　<u>我们专姐姐</u>　　　　<u>我们专妹妹</u>

b. 姻亲长辈／平辈：

<u>我们专丈人</u>　　　　<u>我们专婆婆婆</u>　　　　<u>我们专嫂子</u>　　　　<u>我们专小舅子</u>

c. 配偶／晚辈

当地使用频率最高的是"<u>我们</u>＋配偶／晚辈"。例如：

<u>我们专婆姨妻子</u>　　<u>我们专老汉丈夫</u>　　<u>我们专女子女儿</u>　　<u>我们专外甥子</u>

但值得注意的是，配偶称谓和晚辈称谓可以用"我们＋家＋称谓词"表示。例如：

我每家婆姨　　　　我每家老汉

我每家女子女儿　　我每家外甥子　　　我每家女婿子

其他亲属领属不可以用这样的形式称说。

从上列语料可以看出，文水方言人称代词领属关系与其他方言相比，较为简单，所有亲属领属都可以统一用专职的领格形式"<u>我们</u>"做领者，显然"<u>我们</u>"在文水方言中获得了领属标记的性质。只有配偶称谓和晚辈称谓可以用"我们＋家＋称谓词"的形式称说，显然，配偶领属和晚辈领属的依存性有所降低，独立性有所增强。

考察指示词"<u>这块</u>／<u>兀块</u>"或"的块的个"进入亲属领属结构时发现，文水方言亲属领属结构中都可以插入准领属标记"<u>这块</u>／<u>兀块</u>"，插入后有特指功能或较强的语用色彩。例如：

<u>我们专</u>（<u>这块</u>）妈　　　　　　　<u>我们专</u>（<u>兀块</u>）丈母

<u>我们专</u>（<u>这块</u>／的块）舅舅　　　<u>我们专</u>（<u>这块</u>／的块）小舅子

<u>我们专</u>（<u>这块</u>／的块）哥哥　　　<u>我们专</u>（<u>这块</u>／的块）嫂嫂

<u>我们专</u>（<u>这块</u>／的块）儿　　　　<u>我们专</u>（<u>这块</u>／的块）外甥子

上列说法中，直系长辈因为具有唯一性，所以不能插入"的块"，只能插入"<u>这块</u>／<u>兀块</u>"，表示强烈的褒贬色彩；非直系血亲和姻亲、平辈、晚

辈称谓词都可以插入"这块 / 兀块"或"的块"，插入"这块 / 兀块"既能表示较为强烈的感情色彩，也能用于特指语境，客观性增强，主观性减弱；插入"的块"表示"其中一个"，大多用于客观陈述。

从句法测试可以看出，文水方言人称代词与亲属称谓词的依存性存在强弱的区别（例句仿照唐正大，2014）。

（11）a. 兀家可有背景咧，兀家 / 他爸爸 / 哥哥是县长，兀家 / 他舅舅 / 兄弟是书记。

b. 小明是个福爷爷，（人家 [na²²]）儿是县长，女子是大学老师。

c. 翠花这女子命不好，（兀家）老汉叫人把腿给打断咧。

（12）a. 你大姐和你二姨都嫁给有钱人咧。

b. 你外甥子跟侄女都考上大学咧。

（13）a. 我可想我婆婆咧。

b. 我可想我儿子 / 我老婆 / 我外甥子咧。

c. 张明给他二舅买了块衬衫。

从上例可以看出，血亲长辈亲属称谓前的人称代词任何情况下都不可删除；晚辈和平辈前则可以删除。说明其依存性强弱有所区别。

根据以上分析，我们用三个参项衡量文水方言亲属领属依存性的优先等级：第一，是否可以用"我们 + 家 + 称谓词"形式称说；第二，是否可以插入"的块的个"表示"其中一个"；第三，测试句中的人称代词能否承前省略？依据这三个参项，我们认为文水方言"人称代词 + 亲属领属"依存性的优先等级序列为：

直系血亲长辈 / 姻亲长辈＞非直系血亲长辈 /（血亲 / 姻亲平辈）＞配偶 / 晚辈

2. 人称代词 + 社会称谓词

文水方言"人称代词 + 社会称谓词"最常用的也是"我们 + 社会称谓词"，上级、平级和下级同形。例如：

我们专老师　　　我们专经理　　　我们专同学　　　我们专徒弟

不过，值得注意的是，文水方言社会称谓领属在当地方言中人称代词也可以用单数形式，如果用单数形式，必须用领属标记"的"。例如：

　　我单的老师　　我单的经理　　我单的同学　　我单的徒弟

　　上例中的"的"也可以替换为"这块近指 / 兀块远指"，具有定指和一定的褒贬色彩，插入"的块个"表示"其中一个"义。

　　3. 人称代词 + 地名 / 机构 / 人名

　　Pd 无论是地名、机构还是人名，文水方言人称代词都是专职领属形式，属于"专职－并置"式。例如：

　　我们专村　　　　　　我们专学校　　　　　我们专文水　　　　　我们专明明

　　4. 人称代词 + 方位名词

　　文水方言"人称代词 + 方位名词"单数和复数泾渭分明，表单数义只能用单数形式，表复数义只能用复数形式。

　　单数：我左面面

　　复数：我每左面面

　　在需要特指的语境中可以加"这块近指 / 兀块远指"表示特指。

　　5. 人称代词 + 的 + 身体器官 / 物品名词

　　文水方言中如果 Pd 是"身体器官 / 物品名词"时，在单说语境中一般要加领属标记"的"，单复数分明。例如：

　　单数：我的手　　　我的头发　　　我的眼镜

　　复数：我每的手　　我每的头发　　我每的眼镜

　　如果物品名词与家庭有关，可以构成"人称代词 + 家 + 这 / 那 + 物品名词"结构，一般不用"的"。人称代词既可以是单数，也可以是复数。例如：

　　我家的 / 这块电视　　　　　我家的 / 兀块狗

　　我每家这块电视　　　　　我每家兀块狗

　　（三）Pr+ 家 +Pd

　　除了人称代词外，Pd 是亲属称谓词、社会称谓词和处所 / 机构名词时，Pr 还可以由指人名词和处所名词充当。

　　1. 人名＋家＋Pd

　　Pr 为人名，Pd 是亲属称谓词、社会称谓词、处所／机构名词和方位名词时，领属关系基本都是"人名＋家＋Pd"的结构。值得注意的是，"家"在这种结构中弱读为"啊"[a⁰]。

　　A. 人名＋家＋亲属称谓词

小明家妈	小明家姑姑	小明家丈人	小明家婆
小明家哥哥	小明家小舅子	小明家婆姨	小明家老汉
小明家闺女	小明家侄儿子	小明家外甥子	小明家女婿子

上列"家"应是先与 Pr 组合，再与亲属称谓组合，其结构是"小明家｜妈"。"家"在这种组合中已兼有领属标记的作用。

　　B. 人名＋家＋社会称谓词

　　Pr 为人名，Pd 无论是上级、平级还是下级，在文水方言中都是"人名＋家＋称谓词"。例如：

王强家师傅	王强家经理	王强家同学	王强家同事
王强家学生	王强家徒弟		

以上说法的人名和称谓词之间都可以插入"这／那"或"的个"，但只在特指或有语用色彩时使用。

　　社会称谓领属中仍可以用"家"做标记，说明"家"在文水方言中已经虚化，变成一个更加接近领属标记性质的成分。

　　C. 人名＋家＋地名／机构

　　Pd 无论是处所还是机构，Pr 位置由"人名＋家"构成。例如：

小明家行 [hu]	新菊家村勒里	小明家文水
小明家开栅村名	王强家文水中学	

　　2. 三身代词＋地名／机构名词＋Pd

　　如前所述，这类以三身代词做 Pr 的定语领属没有放到人称代词领属中，是想和晋南官话（临猗方言）做比较。

　　Pd 如果是亲属称谓词，一般不能是父母、子女等直系亲属，只能是非直系长辈、平辈和晚辈；社会称谓也可以进入这种结构。例如：

> 我单张村的姨姨　　　　我单太原的表哥　　　　我单北京的侄女子

> 我单文水中学的老师　　我单太原的同学　　　　我单机械厂的徒弟

与晋南官话（临猗方言）相比较，晋南只有一种语序，即"地名 / 机构名称＋三身代词 +Pd"，而文水方言的地名 / 机构名词却处于三身代词和 Pd 之间，这说明晋南官话方言中，人称代词与 Pd 的依存性很高，独立性很低，但文水方言相反，人称代词与 Pd 之间的依存性明显降低，独立性明显增强。

如果表示特指，可以用"兀页⁼'页⁼'为'一块'的合音""兀块那个"或"兀块"插入上面的结构，其中以插入"兀页⁼"的使用频率最高，它既可以出现在地名 / 机构名之前，也可以出现在称谓名词之前。例如：

> 我兀页⁼张村的姨姨

> 我张村的兀页⁼姨姨

指示词位置不同，所特指的对象也不同，如指示词在地名 / 机构名词之前，是特指地名和机构；指示词在称谓词之前，特指的是称谓词。

（四）Pr+ 方位名词

当 Pd 是方位名词时，无论 Pr 是表人名词还是非表人名词，在文水方言中都是并置式，一般不用领属标记。例如：

> 小明前头　　　　狗儿前头　　　　电视柜底下

如上例，Pr 可以是人名、动物名称或普通物品名词，一般语境中 Pr 和 Pd 直接并置，不需要领属标记，只是在特指语境中可以插入"这 / 那"。

（五）Pr+ 上 + 方位名词

值得注意的是，当 Pr 与 Pd 属于整体与部分关系时，文水方言与晋南官话区情况基本一致，也是需要有准领属标记"上"做标示。例如：

> a. 瓶（瓶）盖盖

　　b. 瓶瓶儿上的（这块）盖盖

上例 a 中"瓶盖盖"是把它看成一个物件，如"这是个瓶盖盖"。而 b 例中的"盖盖"则是瓶子的组成部分，如"这个瓶瓶儿上的盖盖哪儿去了"？

　　动物的身体器官也有类似的结构，但不需要用"上"做标记。例如"鸡爪爪"是食物，但"鸡儿的（这块）爪爪"中的"爪爪"是"鸡儿"的身体器官。

　　从以上分析可以看出，文水方言人称代词的领属结构相对单纯，都是用专职领属形式做领者。在亲属领属中，其中配偶和晚辈的依存性较低，独立性较强，因为只有晚辈和配偶称谓可以用"人称代词复数 + 家"做 Pr，其他亲属都必须是人称代词的专职领属形式。

　　值得注意的是，文水方言 Pr 是人名，Pd 是亲属称谓、社会称谓、处所 / 机构名时，其领属标记是一个弱化的"家"，读音同"啊"，"家"在这种语境中，已经基本虚化为一个领属标记了。这个"家"在晋南官话区临猗方言中必须是"他"，这说明亲属领属中，人称代词与亲属称谓在官话区的依存性非常高，但到了晋语区，两者的依存性降低，独立性增强。

五、西区：柳林方言 ① 的人称代词与定语领属

（一）柳林方言的人称代词

柳林方言人称代词的表现形式如下：

单数：我 [ŋɒ³¹⁴]　　　　你 [ni³¹⁴]　　　　那们 [nʌŋ³¹²]

复数：我弭 [ŋɒ³¹⁴mi³³]　你家 [nia³¹⁴]　兀家 [uo⁵³⁻²¹tɕia³³⁻²⁴]

领属：弭 [mi³³] 爸爸　你家 [nia³¹⁴] 爸爸　兀家 [uo⁵³⁻²¹tɕia³³⁻²⁴] 爸爸

（二）人称代词 +Pd（复数 – 并置式）

1. 人称代词 + 亲属称谓

柳林方言亲属领属比较简单，Pd 无论是直系长辈、非直系长辈、平辈、

---

① 　这里描写与分析的是柳林县柳林镇的方言。

晚辈还是姻亲长辈、平辈，第一、二人称代词都用专职形式做领者，第三人称是用复数形式。这里仍以第一人称为例。几乎所有的亲属称谓都可以构成"弭+亲属称谓词"这种并置结构：

弭专妈	弭专姑	弭专哥	弭专儿子	弭专侄子
弭专丈人	弭专婆婆	弭专嫂子	弭专小舅子	弭专老婆/男人

以上并置结构包括了直系、非直系；血亲、姻亲；长辈、平辈和晚辈。以上所有并置结构也都可以插入"的这/兀"，但都带有较为强烈的褒贬色彩。不具有"唯一性"的亲属可以插入"的一个"，如"我的一个叔叔"。

柳林方言中人称代词与亲属称谓词的依存性都较低，独立性都较强，这从句法测试中可以看得很清楚（例句仿照唐正大，2014）。

（14）a. 那有背景呢，（兀家）爸爸是县长，（兀家）舅是书记。

b. 张明是个福蛋蛋，（兀家）儿子是县长，（兀家）女子是大学老师。

c. 翠花这女子命不好，（兀家）老先丈夫叫人把腿给打断了。

（15）a. <u>你家</u>大姐跟（<u>你家</u>）二姨都嫁给有钱人咧。

b. 你家外甥跟（你家）侄女都考上大学了。

（16）a. 我可想弭外婆嘞。

b. 张明给兀家二舅买了个衬衫。

c. 张明给兀家/咱爷爷买了个棉袄。

（17）咱二哥嘞？——咱二哥到山上挖草去咧。

上例中，例（14）三句中加括号的"兀家"是既可以删除也可以不删除，但当地人感觉删除后更自然。我们发现，这三例都是在话题链中，亲属称谓可以零形式回指，a 句的 Pd 是长辈，b 句的 Pd 是晚辈，c 句的 Pd 是姻亲平辈，显然这是因语境造成的。柳林方言与大同等方言在句法测试环节基本相同。

所以柳林方言只有根据亲属是否具有唯一性，可否插入"的一个"看亲属称谓依存性等级序列。亲属领属的依存性可以列为：

直系血亲长辈/姻亲长辈＞非直系长辈/平辈/晚辈

2. 人称代词＋社会称谓词

社会称谓领属可以是并置的，例如：

弭专老师	弭专经理	弭专领导
弭专同学	弭专朋友	弭专同事
弭专学生	弭专徒弟	

在强调语境中也可以插入领属标记"的"或"这／那"。例如：

弭专（的）这老师	弭专（的）这经理	弭专（的）这同学
弭专（的）那同学	弭专（的）那学生	弭专（的）那徒弟

插入领属标记后人称代词也可以用单数形式。例如：

我单（的）这老师	我单（的）这经理	我单（的）这同学
我单（的）那同学	我单（的）那学生	我单（的）那徒弟

很显然，社会称谓领属与亲属领属相比，依存性降低，独立性增强。即：

亲属领属＞社会称谓领属

3. 人称代词＋地名／机构／人名

Pd 无论是地名、机构还是人名，柳林方言人称代词都是专职领属形式，属于"专职－并置"式（也可以用复数形式做领者），试比较：

弭专居舍家	弭专村	弭专学校	弭专柳林	弭专明明
我弭居舍家	我弭村	我弭学校	我弭柳林	我弭明明

在强调语境中可以插入"这／兀"，但不可以插入"的"。例如：

弭专这居舍家	弭专这村	弭专这学校	弭专这柳林	弭专这明明
我弭兀居舍家	我弭兀村	我弭兀学校	我弭兀柳林	我弭兀明明

4. 人称代词＋方位名词

柳林方言"人称代词＋方位名词"单数和复数泾渭分明，表单数义只能用单数形式，表复数义只能用复数形式。

单数：我左面	我上面
复数：我弭左面	我弭上面

在需要特指的语境中可以加"这／兀"表示特指。

5. 人称代词 + 的 + 身体器官 / 物品名词

柳林方言中如果 Pd 是"身体器官 / 物品名词"时，在单说语境中一般要加领属标记"的"，单复数分明。例如：

单数：我的手　　　我的头发　　　我的眼镜　　　我的狗

复数：我弭的手　　我弭的头发　　我弭的眼镜　　我弭的狗

有时用"弭"做 Pr，表示亲昵的语气。

如果物品名词与家庭有关，也可以用"人称代词 + 居舍 + 的 / 这 / 那 + 物品名词"结构。人称代词既可以是单数，也可以是复数。例如：

弭居舍的 / <u>这块电视</u>　　　　　　弭居舍的 / <u>兀块狗</u>

我弭居舍的 / <u>这块电视</u>　　　　　我弭居舍的 / <u>兀块狗</u>

不过，柳林方言还是"人称代词 + 的 + 身体器官 / 物品名词"居多。

（三） Pr+ 家 +Pd

除了人称代词外，Pd 是亲属称谓词、社会称谓词和处所 / 机构名词时，Pr 还可以由指人名词和处所名词充当。

1. 人名 + 家 +Pd

Pr 为人名，Pd 是亲属称谓词、社会称谓词、处所 / 机构名词和方位名词时，领属关系基本都是"人名 + 家 +Pd"的结构。

A. 人名 + 家 + 亲属称谓词

小明家妈的　　　小明家姑的　　　小明家丈人的　　　小红家婆婆的

小明家哥的　　　小明家老婆的　　小明家女子的　　　小明家外甥的

上列"家"应是先与 Pr 组合，再与亲属称谓组合，其结构是"小明家 | 妈"。"家"在这种组合中已兼有领属标记的作用。值得注意的是，柳林方言中当 Pr 是第三人称或人名时，一般要构成"第三人称 / 人名 + 家 + 亲属称谓 + 的"这种被领属结构（参见邢向东，2002；刘丹青，2008），这种说法在吕梁片普遍存在。

B. 人名＋家＋社会称谓词

Pr 为人名，Pd 无论是上级、平级还是下级，在柳林方言中都是"人名＋家＋称谓词"。例如：

王强家老师　　　　王强家经理

王强家同学　　　　王强家同事

王强家学生　　　　王强家徒弟

以上说法的人名和称谓词之间都可以插入"这 / 那"或"的个"，但只在特指或有语用色彩时使用。

社会称谓领属中仍可以用"家"做标记，说明"家"在柳林方言中也已经虚化，变成一个更加接近领属标记性质的成分。

C. 人名＋家＋地名 / 机构

"人名＋家＋地名 / 机构"只适用于具有 [＋集体] 语义特征的地名 / 机构名中。例如，Pd 无论是处所还是机构，Pr 位置都是由"人名＋家"构成。

小明家居舍　　　新菊家村勒　　　小明家杜峪村名

小明家单位　　　小明家学校　　　小明家公司

如果地名 / 机构名称没有 [＋集体] 的语义特征，就不能用"人名＋家＋地名 / 机构"。例如下面说法在柳林方言中不存在：

＊小明家汾阳　　　＊王强家柳林一中

2. 地名 / 机构名词＋三身代词 +Pd

柳林方言这类说法与晋南临猗方言说法基本相同。Pd 如果是亲属称谓词，一般不能是父母、子女等直系亲属，只能是非直系长辈、平辈和晚辈；社会称谓也可以进入这种结构。例如：

张村弭姨　　　　太原<u>你家</u>三叔　　　　机械厂兀家小舅子　　北京弭侄女

柳林中学弭老师　机械厂<u>你家</u>徒弟　　　太原兀家同学

这说明柳林方言人称代词与亲属 / 社会称谓领属的依存性较高。如果表示特指，可以用"这""兀"或"的一个"插入上面的结构。

（四）Pr+ 方位名词

当 Pd 是方位名词时，无论 Pr 是表人名词还是非表人名词，在柳林方言中都是并置式，一般不用领属标记。例如：

小明前面　　　　　　　　狗儿后面　　　　　　　　电视柜底下

如上例，Pr 可以是人名、动物名称或普通物品名词，一般语境中 Pr 和 Pd 直接并置，不需要领属标记，只是在特指语境中可以插入"这 / 那"。

（五）Pr+ 上 + 方位名词

值得注意的是，当 Pr 与 Pd 属于整体与部分关系时，柳林方言与晋南官话区情况也基本一致，也是需要有准领属标记"上"做标示。例如：

a. 瓶盖子　　　　　　　　桌腿子　　　　　　　　鸡爪子

b. 瓶上的盖盖　　　　锅上的盖

上面 a 例中"瓶盖子"是把它看成一个物件，如"这是个瓶盖子"。而 b 例中的"盖盖"则是瓶子的组成部分，如"这个瓶上的盖盖哪儿去了"？

动物的身体器官也有类似的结构，但不需要用"上"做标记。例如"鸡爪爪"是食物，但"鸡儿的（这）爪爪"中的"爪爪"是"鸡儿"的身体器官。

从以上分析可以看出，柳林方言人称代词领属相对结构单纯，都是用专职领属形式做领者。在亲属领属中，长辈、平辈和晚辈领属的依存性相当，只能根据是否具有唯一性，可否插入"的一个"看出直系长辈 / 姻亲长辈的依存性高于非直系血亲长辈、血亲 / 姻亲平辈、晚辈。社会称谓的依存性明显降低，虽然最自然的说法仍是并置，但 Pr 可以是复数形式，可以插入"的"等多种说法并存，说明其依存性低于亲属领属。

值得注意的是，柳林方言 Pr 是人名，Pd 是亲属称谓、社会称谓、处所 / 机构名时，其领属标记是一个虚化的"家"，可以出现在 Pd 是与家族无关的，具有 [＋集体] 语义特征的语境中，已经基本虚化为一个领属标记了。这种结构在晋南官话区临猗方言中必须用"他"做标记，说明人称代词和亲属称谓词在柳林方言中依存性降低，独立性增强。

六、东南区：长治县 ① 方言的人称代词与定语领属

（一）长治县方言的人称代词

长治县方言人称代词的表现形式如下：

单数：我 [uə^{42}]　　　　　你 [ni^{42}]　　　　　他 [tʰəʔ^{1}]

复数：我（都 ＝ ）[ɤ^{24}(təu^{0})]　　你家（都 ＝ ）[nie^{24}(təu^{0})]　他们 [tʰəʔ^{1}təu^{0}]

领属：我 [ɤ^{24}] 复根爸　　你 [nie^{24}] 复根爸　　他 [tʰəʔ^{1}] 复根爸

值得注意的是，长治县方言人称代词第一、二人称复数的词尾形式可有可无，日常交际中经常省略词尾。第一、二人称的复数词根也不同于单数，亲属领属关系中的人称代词同复数词根；第三人称代词单复数词根相同，且与领属位置上的形式也完全相同，所以在下面的语料中，我们把第一、二人称在领属位置上称为"复根"，把第三人称称为"单"，其实第三人称单数与复数词根完全相同，也可以说成"复根"。

（二）人称代词 +Pd（复数 – 并置式）

1. 人称代词 + 亲属称谓词

A. 长辈 / 平辈

我复根爸　　　　　我复根舅舅　　　　我复根老丈人

我复根哥哥　　　　我复根嫂　　　　　我复根小姑子

我复根老婆　　　　我复根老汉

B. 晚辈

晚辈称谓词较为特殊的是，除了用复数词根做领者外，还能用"我复根 + 家"表示，如：

我复根孩子　　　　我复根闺女　　　　我复根侄儿子　　　我复根小明

① 本文描写与分析的是长治县荫城镇方言。

我复根家孩子　　　我复根家闺女　　　我复根家外甥

所以总体来看，长治县方言"人称代词＋亲属称谓"结构比较整齐，人称代词是用复数词根形式，构成"复数－并置"结构。

如果表示特指，人称代词和亲属称谓词之间可以加"这个／那个"，具有唯一性特点的长辈亲属不能用"这个／那个"表示特指，只能用于表达比较强烈的褒贬色彩。如果表达"其中之一"义，当地方言用插入"个"表示，如"我个姑姑／舅舅／孩／外甥"等（近亲很少说，只有远亲才说）。

长治县方言中人称代词与亲属称谓词的依存性都较高，独立性都较低，这从句法测试中可以看得很清楚（例句仿照唐正大，2014）。

（18）a. 他／那可有背景嘞，他复根／那"人家"合音爸是县长，他复根／那舅是书记。

b. 张明可有福了，（人家 [na⁴²] "人家"合音）孩子是县长，闺女是大学老师。

c. 翠花这个闺女命不好，她复根老汉叫那都人家们把腿打断了。

（19）a. 你复根大姐跟你复根二姨都嫁给有钱人了。

b. 你复根外甥子跟（你复根）侄女子都考上大学了。

c. 他复根老婆跟孩子都转成城镇户口了。

（20）a. 我可想我复根姥姥哩。｜我可想我复根孩子／老婆／外甥子嘞。

b. 张明给他复根二舅买了个衬衫。

c. 张明把他复根闺女／老婆／外甥子送到乡下了。

从以上例句可以看出，只有晚辈称谓可以删除前面的人称代词，其余长辈和平辈都不可以删除。例（18）中"[na⁴²]"在这种语境中是"人家"义，有可能就是"人家"的合音形式。

所以，根据是否具有唯一性、是否有"家"做标记和句法测试中人称代词是否可以删除等方面，可以得出长治县亲属领属依存性等级序列：

直系血亲长辈／姻亲长辈＞非直系血亲长辈／（血亲／姻亲平辈）＞晚辈

2. 人称代词＋社会称谓词

长治县方言"人称代词＋社会称谓词"同以上亲属领属基本相同，也是用复数词根做领者，上级、平级、下级没有区别。例如：

我复根老师　　　　　我复根经理　　　　　我复根同学　　　　　我复根徒弟

社会称谓领属在表示特指或表达较为强烈的褒贬色彩时也可以插入"这个／那个"，并能用插入"个"表示"其中之一"义，如"我个老师"等。

3. 人称代词＋地名／机构／人名

Pd 无论是地名、机构还是人名，长治县方言人称代词都是专职领属形式，属于"复数－并置"式：

我复根村　　　　　　我复根学校　　　　　我复根公司　　　　　我复根明明

4. 人称代词＋方位名词

长治县方言"人称代词＋方位名词"单数和复数泾渭分明，表单数义只能用单数形式，表复数义只能用复数形式。

单数：我左面　　　　　　　复数：我复根左面面

值得注意的是，长治县方言人称代词与方位名词之间可以加领属标记"的"，也可以不加。

5. 人称代词＋的＋身体器官／物品名词

长治县方言 Pd 是"身体器官／物品名词"时，在单说语境中一般要加领属标记"的"，单复数分明。表示定指意义时也可以用"这／那"做领属标记。例如：

单数：我勒的／这手　　　　　　　　我勒的／这书包

复数：我复根勒的／这手　　　　　　我都˵复根勒的／这书包

如果物品名词与家庭有关，一般构成"人称代词＋家＋勒的／这／那＋物品名词"结构。人称代词既可以是单数，也可以是复数。例如：

我复根家勒的／这电视　　　　　　我复根家勒的／那狗

我复根家勒的／这电视　　　　　　我复根家勒的／那狗

（三）Pr+ 三身代词 +Pd

除了人称代词外，Pd 是亲属称谓词、社会称谓词和处所／机构名词时，

Pr 还可以由指人名词和处所名词充当。

1. 人名 + 家 / 他 +Pd

A. 人名 + 家 / 他 + 亲属称谓词

Pr 为人名，Pd 是亲属称谓词、社会称谓词、处所 / 机构名词和方位名词时，领属关系基本都是"人名 + 家 / 他 +Pd"的结构。"家"在这种结构中韵母发生促化，读 [tɕiəʔ⁰]，当地方言使用频率最高的是"人名 + 家 + 称谓词"结构：

小明家妈	小明家姑姑	小明家婆婆	小明家老丈人
小明家哥哥	小明家小舅子	小明家老婆	小明家他老汉
小明家闺女	小明家侄子	小明家外甥	小明家女婿

上述"人名 + 家 + 亲属称谓词"也可以表述为"人名 + 他 + 亲属称谓词"。例如：

小明他妈	小明他姑姑	小明他婆婆	小明他老丈人
小明他哥哥	小明他小舅子	小明他老婆	小明他老汉
小明他闺女	小明他侄子	小明他外甥	小明他女婿

上列"他"应是先与 Pd 组合，再与人称代词组合，其结构是"小明 | 他妈"。这说明长治县人称代词与亲属称谓词的依存关系也较高，而且"他"兼有了领属标记的功能。

B. 人名 + 家 / 他 / 勒 + 社会称谓词

Pr 为人名，Pd 无论是上级、平级还是下级，在长治县方言中都是"人名 + 家 / 他 / 勒 + 称谓词"。例如：

王强家老师	王强家经理	王强家同学	王强家徒弟
王强他老师	王强他经理	王强他同学	王强他徒弟
王强勒老师	王强勒经理	王强勒同学	王强勒徒弟

从上列语料可以看出，社会称谓既可以用"家"做领属标记，也可以用"他"做领属标记，还可以用"勒的"（泛化领属标记）做标记。其中"家"和"勒的"是前附的，"他"是后附的。社会称谓领属中可以用"他"做标

记，说明人称代词与称谓词之间的依存性还比较高，但同时又可以用"家 /
勒的"做标记，说明人称代词与称谓词的依存性已经开始降低；另一方面，
当地用"家"做社会称谓领属标记，说明"家"在长治县方言中已经虚化，
变成一个更加接近领属标记性质的成分。

上列三种表述方式以"人名 + 家 + 社会称谓词"最常用。社会称谓领属
可以用泛化领属标记"勒的"，说明领属之间的依存性比亲属领属有所降低。

C. 人名 + 家 + 地名 / 机构

Pd 无论是处所还是机构，Pr 位置由"人名 + 家"构成：

小明家 [tɕiəʔ⁰] 家 [tɕia²¹³]　　新菊家 [tɕiəʔ⁰] 村　　王强家 [tɕiəʔ⁰] 王村

值得注意的是，"家 [tɕiəʔ⁰]"在领属标记位置虽已有所虚化，但只能用
于与 [+ 集体] 语义有关的语境，如果只是处所，与 [+ 集体] 义无关，不
能用"家"做标记。上列 Pd 是"家 / 村 / 王村"的领属结构中能出现"家"
是因为这些 Pd 都与"家族"有关，如果处所 / 机构词与家族无关，不能用
"家"做标记。例如：

小明 * 家长治　　　　　王强 * 家长治一中

2. 地名 / 机构名词 + 三身代词 +Pd

这类定语领属和晋南官话（临猗方言）基本相同。Pd 如果是亲属称谓
词，一般不能是父母、子女等直系亲属，只能是非直系长辈、平辈和晚辈；
社会称谓也可以进入这种结构。例如：

张村我复根姨　　　　太原我复根表哥　　　　北京我复根侄女子

长治中学我复根老师　太原我复根同学　　　　机械厂我复根徒弟

长治县这种表述语序与晋南官话（临猗方言）完全相同。只是临猗方言
亲属称谓和社会称谓中的人称代词形式有别：亲属领属中的人称代词都是专
职领属形式，社会称谓领属中的人称代词都是复数词根，长治县方言不论亲
属领属还是社会称谓领属都是复数词根。

（四）Pr+ 方位名词

当 Pd 是方位名词时，无论 Pr 是指人名词还是非指人名词，长治县方言都是并置式，一般不用领属标记。例如：

小明前头	狗儿前头	电视柜底下	猪圈边
瓶盖儿	桌子腿儿	鸡爪子	猫耳朵

如上例，Pr 可以是人名、动物名称或普通物品名词，一般语境中 Pr 和 Pd 直接并置，不需要领属标记，只有在特指语境中可以插入"这 / 那"。

（五）Pr+ 上 + 方位名词

值得注意的是，当 Pr 与 Pd 属于整体与部分关系时，长治县方言与晋南官话区情况不一致，主要是不需要有准领属标记"上"做标示。例如：

a. 瓶盖儿   锅盖儿

b. 瓶勒（<u>这一</u>）盖子   锅勒（<u>这一</u>）盖子

上面 a 例中"瓶盖儿""锅盖儿"是把它看成一个物件，如"这是个瓶盖儿"。而 b 例中的"盖子"则是"瓶子 / 锅"的组成部分，如"这个瓶勒（<u>这一</u>）盖子哪儿去了"？

从以上分析可以看出，长治县方言人称代词领属结构较为单纯，都是用专职领属形式做领者。在亲属领属中，只有晚辈的依存性较低，独立性较强，因为只有晚辈称谓可以用"人称代词复数 + 家"做 Pr，其他亲属都必须是人称代词的专职领属形式。

值得注意的是，长治县方言 Pr 是人名，Pd 是亲属称谓、社会称谓、处所 / 机构名时，其领属标记是一个弱化的"家"，读音发生促化。在这种语境中，"家"已经基本虚化为一个领属标记了，但只能用于表示［＋集体］语境中，这种集体概念如亲属称谓、社会称谓以及与家族、集体有关的处所、机构。

第四节　山西官话区与晋语区定语领属的类型特点

本章对山西方言定语领属做了较为全面的考察，涉及官话区和晋语区。官话区即晋南方言，分布面较小，以临猗方言为例；晋语区分别选取了北区大包片（大同），中北区五台片（偏关），中区并州片（太原小店、文水），西区吕梁片（柳林）和东南区上党片（长治县）作为考察对象。通过对比分析可以看出，山西方言在定语领属方面既有共性又有差异。

一、"人称代词+亲属称谓"都是并置式

从各片来看，山西方言"人称代词+亲属称谓"在一般语境中都是并置式结构，无一例外，这也符合全国大多数方言同类结构的共同规律（参看《语言研究集刊》第十辑，2013）。这种并置式的结构相对紧密，在一般语境中不允许插入泛化领属标记（相当于普通话的"的"），但大都能在表达强烈褒贬色彩时插入准领属标记（如指示词等）。不过，在总体规律相同的情况下，内部也有差异，其中主要体现在两个方面：一是人称代词是专职领格形式还是复数词根或者是单数形式；二是领属之间依存性的高低在不同方言区有不同表现。

（一）人称代词多用专职领格形式、复数词根或单音节复数形式

表 3-3　领属关系中人称代词的表现形式

		官话区	晋语区						
		解州片	大包片	五台片	并州片		吕梁片	上党片
		临猗	大同	偏关	太原小店	文水	柳林	长治县
专职	变调	+						
	合音					+		
	促化		+	+				
	异根						+	
复数					+			
复数词根								+

　　上表反映出来的定语领属关系中人称代词的表现形式可以代表山西大多数方言的基本类型，即：官话区和晋语区都有专职的领格形式，官话区主要是通过变调显示，晋语区主要是通过合音、促化和异根形式表示。晋语区还有相当数量的方言是用复数词根充当定语领属中的领者，用复数形式的较少，限于复数是单音节形式（往往也是合音形式），如太原小店方言。山西方言中很少有在亲属领属中用单数形式的方言（个别方言存在，但因没有代表性，没有列出，如官话区万荣方言）。

（二）亲属领属的依存性高低有明显区别

　　从上列分析的七个方言点可以看出，晋南官话区（临猗方言）领属关系依存性高低层次分明，分类更细，等级序列呈现出台阶式跨越：

　　临猗：**直系血亲长辈＞非直系血亲长辈／平辈／平辈之配偶＞姻亲长辈＞姻亲平辈＞血亲晚辈**

相比较而言，晋语区领属关系的依存性高低层次就不明显，分类较粗。

北区和中北区的规律基本一致，试比较：

大同：**直系血亲长辈＞非直系血亲长辈／平辈＞姻亲长辈／平辈＞晚辈**

偏关：**直系血亲长辈＞非直系血亲长辈／平辈＞姻亲长辈／姻亲平辈／血亲晚辈**

两点的唯一差别是晚辈领属的依存性与姻亲亲属是否同级：大同方言更低，偏关方言为同级。

晋语区其他片方言分类更粗，领属关系的依存性等级不明显。试比较：

太原：**直系血亲长辈／姻亲长辈＞非直系（血亲／姻亲）长辈／平辈／晚辈**

文水：**直系血亲长辈／姻亲长辈＞非直系血亲长辈／（血亲／姻亲平辈）＞配偶／
晚辈**

柳林：**直系血亲长辈／姻亲长辈＞非直系长辈／平辈／晚辈**

长治县：**直系血亲长辈／姻亲长辈＞非直系血亲长辈／（血亲／姻亲平辈）＞晚辈**

从以上各点的等级序列可以看出，官话区和晋语区北部方言（包括大同和偏关）中，姻亲关系的依存性都低于血亲长辈；晋语区其他各片的姻亲关系与血亲关系的等级序列相当，分不出高低。据此我们可以得出姻亲与血亲关系依存性的蕴含关系，即：

姻亲⊃血亲

这个蕴含关系表明，如果同级姻亲关系的依存性高，那么同级血亲关系的依存性也一定高，反向却不成立。

另外，所有等级序列中，晚辈总处于最低的序列中，平辈要么低于长辈，要么与长辈同级，因此晚辈、平辈与长辈领属的蕴含关系是：

晚辈⊃平辈⊃长辈

二、"人称代词＋社会称谓"依存性低于亲属领属，投射关系各方言有差异

（一）"人称代词＋社会称谓"在晋语区大多数方言中依存性等级不明显

从七个方言点总体来看，社会称谓领属的共同特点是与亲属领属一样，在一般语境中都是并置式，但其内部也有差异。

根据是否能较自由地插入泛化领属标记，社会称谓领属可以分成两大类。

临猗、太原、文水、柳林为一类，共同特点是：社会领属在一般语境中都是并置式，但在强调语境中都可以插入泛化领属标记。大同、偏关、长治县为一类，共同特点是：多数语境中都是并置式，很难插入泛化领属标记。

根据上级、平级和下级领属之间能否形成等级序列来看，也可以分为两大类。

官话区临猗方言上级、平级和下级领属之间等级层次分明，大同方言的上级／平级和下级之间也可以形成等级序列。试比较：

临猗：**上级＞平级＞下级**

大同：**上级／平级＞下级**

晋语区其他五点（偏关、太原、文水、柳林、长治县）社会称谓领属中的上级、平级和下级基本上不存在依存性方面的等级序列。三者之间是等同关系，即：

上级 = 平级 = 下级

（二）"人称代词＋社会称谓"的依存性明显低于"人称代词＋亲属称谓"

从前文分析中可以看出，亲属领属的依存性很高，领属之间很难插入泛化领属标记，插入指示词也很不自由，只能表示强烈的褒贬色彩；社会称谓领属的依存性明显降低，在特指语境中就可以较自由地插入指示词，在官话区临猗方言和晋语区的太原小店、文水、柳林等方言中还能很自由地插入泛化领属标记（"的"类标记），这说明社会领属关系的依存性远低于亲属称谓领属。即：

亲属称谓＞社会称谓

虽然在晋语区多数方言中社会称谓领属的上级、平级和下级的依存性是等同关系，但在官话区和部分晋语区三者之间仍可以形成等级序列，总体来说，我们可以概括社会称谓领属的蕴含关系是：

下级⊃平级⊃上级

从蕴含关系可以看出，社会领属与亲属领属具有一定的映射关系。

三、山西方言高度一致的五类领属关系

a. 人称代词＋地名／机构名／人名

b. 人称代词＋方位词

c. 人称代词＋的＋身体器官／物品名词

d. Pr＋方位词

e. Pr＋上＋Pd

以上五种领属结构在山西方言中高度一致：a、b、c 都是并置结构，c 都是添加"的"类泛化领属标记的结构，e 是添加"上"做标记，表示 Pd 是 Pr 的一个组成部分（长治县方言除外）。a 中的人称代词与亲属领属中的人称代词相同，且单复数同形；b、c 中的人称代词单复数形式和意义泾渭分明，单数表示单数意义，复数表示复数意义。

四、"人名＋他／家／每＋Pd"的类型分布

"人名＋他＋Pd"主要分布在官话区、晋语区大同方言和偏关方言中，其结构是"人名＋|他＋Pd"，"他"在此结构中的语音形式与亲属领属中的相同，意义有所虚化，具体表现是"他"可以用于不具有［＋家族／集体］的处所／机构名词构成的领属结构中，如"小明他运城／单位"等。不过，大同方言"他"类领属不如官话区临猗方言和偏关方言发达，具体表现是在口语交际中"他"经常可以删略不用，例如"王强他妈""小明他老师"经常可以说成"王强妈""小明老师"等。

"人名＋家＋Pd"这种结构主要分布在晋语区的大部分区域，前文晋语区除了大同和偏关外，太原小店、文水、柳林、长治县方言都是用"家"构成这类领属关系，其结构是"人名＋家|＋Pd"。"家"在这四个方言点的虚化程度不同，其中，文水方言虚化程度最高，已经弱读为"啊 [a⁰]"，如"小

明家 [aº] 妈""王强家 [aº] 村勒"等。其次，长治县方言的"家 [tɕiəʔº]"是促化形式，与表示实义的"家"读音发生分化。但除了文水外，其他方言的"家"只能用于 Pd 具有 [＋集体] 语义特征的结构中，无此特征则"家"不可进入。例如太原小店、柳林、长治县都不能说"* 小明家运城"，只有文水方言可以。

值得注意的是，太原小店方言中既有"人名＋他+Pd"的说法，也有"人名＋家+Pd"的说法，两种说法能自由替换。

"人名＋每+Pd"目前只出现在大同方言中，而且是在"人名＋每＋地名／机构名词"构成的领属结构中，即这种结构中的"每"是人名的词尾，如"小明每""王强每"，但只能在"小明每村""王强每左云"这种构式中出现，不能单说，"每"也不能替换为"他"或"家"。

五、"地名／机构名＋三身代词+Pd"和"三身代词＋地名／机构名＋Pd"

山西方言这两种结构表义完全相同，只是在不同方言区语序有所区别：官话区和晋语区大部分是"地名／机构名＋三身代词+Pd"，如临猗、偏关、太原小店、柳林和长治县都属于这类结构。

前文中，只有大同和文水方言属于"三身代词＋地名／机构名＋Pd"这类结构。

另外，大同和太原小店方言口语表达中习惯在 Pd 之前添加指示词或指量短语表示特指，如太原话"北京我兀块那个佺女"，大同方言"我北京（那个）舅舅"。

六、生命度

我们发现，领属关系的依存性与生命度有密切关系。生命度越高，领属关系的依存性越高；反之，生命度越低，领属关系的依存性就越低。

（一）Pr 的生命度

在前文涉及的七个方言点中，人称代词只有在与"身体器官 / 物品名词"组合时需要领属标记，与其他 Pd 组合基本都是并置结构，生命度最高；Pr 是人名时，必须加领属标记（即使是准领属标记"他 / 家 / 每"），生命度次之；Pr 是物品名词时，除了必须加领属标记之外，还必须在 Pr 后附着表示"整体－部分"关系的标记"上"，依存度最低。因此，身体器官 / 物品名词领属中，Pr 的生命度由高到低应是：

人称代词＞人名＞器官名词＞物品名词

限于篇幅，本章定语领属中涉及人称代词时主要以第一人称为例分析，但在调查和处理语料过程中，我们发现第一、二人称与 Pd 的依存性更高，第三人称相对要低，有的方言第三人称的领属之间插入领属标记比第一、二人称代词更自由，所以，山西方言人称代词生命度等级符合世界语言的基本规律，即：

第一、二人称代词＞第三人称代词

（二）Pd 的生命度

Pd 是亲属称谓名词、人名和具有［＋集体］语义特征的单位 / 机构 / 地名时，生命度最高，在一般语境中都是并置式，几乎不可以插入领属标记；Pd 是社会称谓名词时，一般语境中是并置式，但已可以较为自由地插入领属标记；Pd 是身体器官时，一般要有领属标记，生命度又次之；Pd 是物品名词时，如果 Pd 表示的是 Pr 的一个组成部分，领属之间除了泛化领属标记之外，还需要添加"上"作为"整体－部分"标记，生命度最低。因此，Pd 的生命度从高到低依次是：

亲属称谓 / 人名 / 集体义地名 / 机构名＞社会称谓＞身体器官＞物品名词

如果是身体器官中更小的组成部分，也必须用"上"标示"整体－部分"义，如"手上的指甲"，"指甲"的生命度则和普通物品名词等级相同。

七、领属标记

本章把泛化领属标记"的"和其他由指示词、指量词和数量合音词构成的准领属标记都纳入了领属标记考察的范围。我们发现，绝大多数并置结构如果强制插入领属标记时，最容易插入的是指示词或指量短语，泛化领属标记是最不容易插入的。根据并置式可以插入领属标记的自由度，我们可以列出如下等级序列：

指示词／指量短语＞泛化领属标记

第四章 山西方言副词

第一节 副词研究概述

一、副词的研究成果

副词一直是语法学界关注的热点问题之一，也是一个老大难问题。一是因为大多数副词意义较虚，曾经在很长时间内学界把副词归入虚词；二是因为副词的语法意义复杂，与其他各类实词、虚词多有交集，难以区分；三是因为副词的语法功能单一，绝大多数只能做状语。所以，很多方言副词研究成果只是罗列副词的读音与意义，没有更为深入的研究。

尽管这样，我们还是看到一系列有关副词研究的重要成果，这些成果中首推张谊生的《现代汉语副词研究》（2000），本书运用现代语言学理论对现代汉语副词做了详尽、系统的研究，同时对方言副词研究具有重要的借鉴意义。另外，比较重要的论述还有：金鑫（2009）、李杰群（1986）、林曙（1993）、吴茂刚（2013）、杨荣祥（2004）、张谊生（2001）、赵日新（2001）等。

值得注意的是，刘丹青（2001）、邓思颖（2006）从类型学视角，继框式介词理论之后，又在粤语中发现了框式状语，汪化云（2014）也发现玉山方言中存在框式状语。山西方言中存在程度副词构成的框式结构，笔者的相关研究成果将在2023年的《语言研究集刊》上发表。

本章是要在借鉴张谊生（2000）有关副词研究成果的基础上，试图对山西方言副词做一个较为全面的考察。

二、副词的界定标准

第一，只能做状语的词归为副词。如兴县方言中的"蹴仅仅"，盂县方言的"惜太""越发越"等。

第二，能做状语也能做补语的词（能补词）和只能做补语的词（唯补词），根据学界的意见也归入副词。前者如临猗方言的"太"，后者如晋语区普遍存在的"煞"等。

第三，重叠形式的词（包括叠音形式），其基式在方言中或不能独立运用，或虽能独立运用意义却和重叠式/叠音式完全不同，重叠/叠音后只出现在状语位置，不能出现在主语、宾语、定语的位置，我们归为副词。如很多方言点都存在的"可可儿""款款儿""停停儿"等词。

如果基式是形容词，且基式能独立运用，重叠后基本意义不变，只增加了某种语法意义或语用色彩，经常做状语，但也能做谓语，我们不归入副词，而看成是形容词的重叠形式，如"慢慢儿"（你慢慢儿走｜你走的时候慢慢儿的）和"早早儿"（我明天早早儿来，会干完的｜你明天可要早早儿的）等。这些形容词重叠式的功能山西方言与普通话基本一致，不再赘述。

第四，有些同形同音词，既可以是形容词，也可以是副词，但做形容词和做副词表义不同，本章也纳入研究范围之内，如临猗方言中的"真"，在"这是真哩"中是形容词，在"这孩真好"中是副词。

第五，从形式上看像短语，甚至有句法层面的虚词（语气词等），但在方言口语中结构较凝固，已经基本词汇化，只能做状语或补语，本章也归入副词。如兴县方言的"一搭嘞"和晋语区普遍存在的"甚不甚"等。

第六，经常做状语，只在祈使句中做谓语中心或独立成句的词，本章也包括在副词之列。例如，虽然"款款儿"和"停停儿"可以独立成句或在祈使句中独立充当谓语中心（"款款哩！""你停停儿哩！不要动！"），我们仍把它们归入副词。

第七，有些副词性的语素，不能独立运用，修饰的形容词是固定的，且经常有中缀（或称"衬字"）连接，本章不看作副词，只看作副词性的语素。如汾河片很多方言中存在的"崭呱儿新""雪呱儿白""乌涂儿黑"等，我们都看作状态词的生动形式，其中的"崭""雪""乌"等只是副词性语素，不包括在本章的研究之列。

第八，本章研究的只是方言口语中常用的副词，那些只在书面语境中出现，方言口语很少用到的副词，如"仿佛""徒然""依稀"等不在本章的研究范围之内。

三、副词的分类

吕叔湘曾说："副词内部需要分类，可是不容易分得干净利索，因为副词本来就是个大杂烩。"（吕叔湘，1979：42 页）因此，关于副词的性质、分类和语法功能，学界观点目前还没有完全达成一致。本章无意讨论这些问题，我们只是根据大多数学者的观点以及山西方言副词所表现出来的特点，将山西方言副词分为程度副词，范围副词，情态、方式副词，时间、频率副词，语气副词和否定副词六类。

四、语料来源

本章语料一部分来源于作者的田野调查，如临猗、河津、兴县、石楼、交城、盂县、大同、榆社、长子等；另一部分来源于乔全生主编《山西方言重点研究丛书》和部分山西学者的专著或论文中的语料，因涉及面较大，文中不一一注明出处，只在参考文献中显示。

第二节　山西方言副词的特点

山西方言副词的功能总体上与普通话副词基本相同，即主要出现在状语位置，部分程度副词可以做补语。下面主要从语义、结构和功能三个方面分析山西方言六类副词的特点。

一、程度副词

（一）语义特点

从语义角度看，山西方言程度副词与普通话一样，都有表示程度高、程度低两方面。大多数方言中，表示程度高的程度副词较多，相当于普通话"很""特别""太""极""越"等意义。如大同的"可、过/过于、分外、越发"等；兴县的"可、分把外、旋特别、决发"等；盂县的"可特别、过/惜太、煞、越发"等；阳城的"本太、特别，非非常，惜怪，样很，穷过于，勘勘越来越、更加"等；临猗的"可，太，太太，真，真真儿，美美儿好好儿地、狠狠地，老/最，越，怪，扎"等。表示程度低的则较少，大多相当于普通话"稍微"意义。例如大同的"稍微"等；兴县的"稍微、些微、些须"等；盂县的"沾点"等；阳城的"显点有点儿、些微稍微、将稍微、将将'将'的重叠式"等；临猗的"伤、稍微儿、捏个、沾个"等。

值得注意的是，山西方言程度副词还可以通过重叠和叠加等形式表达程度的递增和递减。

（二）结构特点

从结构的角度看，山西方言程度副词既有单音节的如"可、太、真、顶、圪"等，也有合成词如"分外、越发、些微、过于"等。较有特色的是程度副词中的重叠和叠加两种形式。

1. 重叠式

晋语区重叠形式的程度副词不多，部分方言有"真真"，相当于"非常"义（上党片等），与官话区基本相同；再如应县的"稍稍"，与"稍微"义基本相同。通过重叠显示程度增强的程度副词多出现于汾河片解州小片方言（汾河片其他小片和上党片少数方言也存在此类说法）。程度减弱的副词重叠很少，目前只在晋语区上党片发现一例。

A. 加强程度的重叠式

解州小片最典型的程度副词重叠式为"真——真真"和"太——太太"两对副词，都只能修饰形容词做状语。单音节"真""太"在汾河片方言中是副词，用法与普通话基本相同，其重叠形式"真真""太太"表程度的语义不变，只是强调的程度更高，第一音节一般重读，当地妇女往往还要用拖长第一音节来表达程度达到最高级，带有夸张色彩；第二音节往往读轻声。"太"既可做状语，也可做补语，重叠式"太太"则只能做补语；"真"只能做状语，重叠后"真真"也仍然只做状语。例如：

（1）伢这人真好。

（2）伢这人真真好。

（3）伢这人太好啦。

（4）伢这人好（得）太。

（5）伢这人好（得）太太。

（6）伢这人好（得）太——太。

另外，汾河片解州小片方言中还有一个重叠式副词"美美儿"，其基式"美"在当地是一个相当于普通话"好"的形容词（如上例），重叠式则是副词，相当于"狠狠地"，一般只修饰动词。如临猗方言：

（7）他爸叫把他美美儿打咾一顿。

（8）兀那人，带有贬义夜儿个昨天在城行（头）里头美美儿咥咾一顿，可吃美啦。

（9）我今儿黑（咾）今夜非要美美儿睡一觉不行，两天啦都没有睡好。

另外，我们发现晋语区上党片南部（靠近官话区）的阳城方言中有重叠副词如"伭伭伭 [ɕyɛ²²⁴]"的重叠式，意为'狠狠地'""枯＝枯＝[kʰu²²]狠狠"等重叠形式。

B. 减弱程度的重叠式

减弱程度的副词重叠形式很少，目前只发现阳城方言的"将稍微"可重叠为"将将"。阳城方言的"将"可表时间短（"刚"义），也可表程度减轻，相当于普通话的"稍微"。例如：

（10）菜的味道不错，就是将有点儿咸。

（11）路太滑，将不操心就要吃跌了。

重叠后"将将"语义上比"将"的程度更弱。如：

（12）他马上就过来，叫你再将将等等。

2. 叠加式

山西方言还有程度副词叠加式连用现象。主要有两种表现形式：一种是同一程度副词的叠加式，即同形叠加形式；另一种是不同程度副词的叠加连用，即异形叠加形式。这两种叠加式都是根据语境临时叠加上去的，并未凝固成词，叠加的副词多少不同，其表达程度的强弱有所区别，一般叠加副词越多，程度越强。叠加形式多出现于官话区汾河片。

A. 同形叠加形式

同形叠加式主要存在于官话区汾河片，如汾西方言最强程度一般是三音节（如"最最最"）；洪洞、浮山则一般以四音节居多（如"最最最最"）；汾河片解州小片，如临猗方言可以四音节甚至五音节叠加，但最后一音节与前面三个或四个音节之间有停顿。下面分别举例说明。

汾西方言最高程度是三叠式，三叠的程度副词如"紧""最""头"等，其中，"最""头"的重叠式与"最"功能相同（"头"和"最"的重叠式在句中可以互换），既能修饰方位词，也能修饰形容词和心理活动动词，"紧"的重叠式只能修饰方位词。例如：

（13）我要紧紧紧边子上兀个帽子。

（14）把车停的最最最里头啊！

（15）和咱挑头头头大的西瓜。给我挑最大的西瓜。

（16）修饰动词：我头 / 头头头恨他！

（17）我在兀头 / 头头头上头停在最上面住的了。

洪洞、浮山方言只有"最"可构成叠加式重叠，一般为四叠式。例如：

洪洞：（18）你再荷前走，在最最最最头儿上哩。

（19）最最最鲜亮的兀一是我的。

浮山：（20）我居舍家在最最最兀面，离这哒可远哩。

（21）得把这酒壶子抬藏最最最脑儿上上面，操心小娃儿探着。

临猗方言能多音节叠加的一般是"最"和"老"两个副词。三音节或四音节以上就会在最后一个音节前有停顿，每个叠加式的最后一个音节一定重读。与汾西方言相同的是，临猗方言"最"的重叠式可修饰形容词、心理动词和方位词，"老"只能修饰方位词。试比较：

（22）a. 我要最大兀页＝那一个。"页＝"为"一个"的合音。

b. 我要最最大兀页＝。

c. 我要最最最大兀页＝。

d. 我要最最最、最大兀页＝。

e. 我要最最最、最大兀页＝。

（23）a. 他屋家在兀岸那边。

b. 他屋在老兀岸。

c. 他屋在老老兀岸。

d. 他屋在老老老兀岸。

e. 他屋在老老老、老兀岸。

f. 他屋在老老老老、老兀岸。

以上程度副词叠加式在全省各方言片都有所表现（如代县方言可以说"最最前头的那个是我"），只是在官话区汾河片的表现最为典型。

B. 异形叠加形式

异形叠加式连用最典型的也主要分布在官话区汾河片，主要是做状语的"可""真""太"（包括其重叠式）的叠加连用以及与唯补副词"太太""扎"的叠加连用。这里以临猗方言为例：

（24）a. 今儿个叫把我跑扎啦。

b. 今儿个可叫把我跑扎啦。

c. 今儿个可真叫把我跑扎啦。

    d. 今儿个可真真叫把我跑扎啦。

（25）a. 伢这人可好（得）太！

    b. 伢这人可好（得）太太着哩！

    c. 伢这人可真好（得）太！

    d. 伢这人可真真好（得）太太着哩！

    e. 伢这人可真太好啦！

    f. 伢这人可真真太好啦！

例（24）是做状语的"可""真""真真"叠加连用以及与做补语的"扎"的叠加连用。例（25）是做状语的"可""真""真真""太"的叠加连用以及与做补语的"太太"的叠加连用。叠加的程度副词越多，表达的程度越强；重叠形式的叠加又比单音节非重叠形式的程度要强。

  不过，晋语区也有少数做状语和做补语的程度副词的叠加连用，例如榆社方言做状语的"可"和做补语的"很"可以叠加连用：

（26）兀块孩的那个孩子可麻烦得很呀！

  晋语区甚至出现了表程度高和表程度低的两个同形同义词"可"的连用，如太谷方言：

（27）这两天可 [kʰəʔ²¹¹] 可 [kʰie³²³] 兀底热咧。这几天不那么热了。

（三）语法功能

  从语法功能的角度看，我们可以把山西方言程度补语分为唯状、能补和唯补三类。

  1. 唯状程度副词一般只做状语，占程度副词的绝大多数，与普通话的程度副词功能也基本相同，这里不再赘述。

  2. 能补程度副词的基本功能是充当状语，但有时又可以在语义不变的情况下充当补语的副词（张谊生，2000：135—136页）。一般学界认为，普通话中只有"很""极"两个能补副词，但张谊生认为，像"煞、死、死死、很、非常、透"等程度副词都是能补副词。山西方言的"死、死死、很、头"等也是能补副词（"煞"在山西方言中是唯补副词），用法与普通话基本相同，不再赘述。除此之外，目前我们只发现汾河片解州小片中的"太"是既可以做状语，也可以做补语的程度副词，参见前例（3）、（4）。

3. 唯补副词是只能做补语的程度副词。张谊生认为（2000：137页），普通话严格意义上的唯补副词只有"透、慌、坏、绝伦、透顶"5个；正在形成中的唯补副词有"要命、要死、不行、不成、邪乎、吓人、够呛、可以、不得了、了不得"10个。这些唯补副词中大多数在山西不同方言点都有不同程度的运用，与普通话用法基本相同，不再赘述。其他具有方言特色的唯补程度副词在官话区汾河片和晋语区有明显区别。

A. 只存在于汾河片的唯补程度副词主要有"太太"和"扎"两个。这两个副词都表示程度达到了最高级，相当于普通话的"极"。"太太"只能修饰形容词，用法见前例（5）。"扎"则既可以修饰形容词，也可以修饰动词，"扎"做补语往往构成"可……扎啦""真真……扎啦"或"可真真……扎啦"的框式结构，属于程度副词叠加连用现象。例如临猗方言：

（28）夜儿个他爸可真真叫把他打扎啦。

（29）这孩夜儿个可哭扎啦。

（30）孩好几年都不回，可叫把他娘奶奶想扎啦。

（31）兀人真真坏扎啦，嗦"什么"合音缺德事都能做出来。

（32）伢人家；他孩考上大学啦，你没见伢一家可高兴扎啦。

B. 晋语区的唯补副词数量虽不多，但在不同方言点个性很强，共性很少，无法一一列举，这里只分析部分分布面较广的唯补副词。

"煞"是晋语区较为普遍存在的唯补副词，应是从近代汉语中直接继承下来的副词，也表示程度达到最高级。例如：

盂县：（33）你把伢服务员急煞咾也给你抬弄不将来电来。把服务员急死也弄不来电。

五台：（34）我都快着急煞呀，你还有心思说笑话。

交城：（35）这几天想煞我啦。

（36）我刚从地了田地里回来，干渴煞啦渴死了。

（37）这块这个地方挤煞人啦。

（38）这块这个地方疼煞啦。

并州片还存在一个具有鲜明方言特色的唯补副词"彻"。"彻"表示动作或行为到了尽头，出现在自主的单音节动词之后，只能做补语。例如交城方言：

（39）我把话已经说彻很清楚啦。

（40）兀家把价格已经放彻放到最低啦。

（41）你看彻看清楚她的为人啦？

（42）谁已经把包包掏彻掏干净啦？

并州片和吕梁片还有几个有特色的唯补副词"来/来来""伤糊""疼"等。

"来/来来"在补语位置也只表示程度极高的意义，一般要有补语标记"得"，其后用语气词"咧"。例如兴县方言：

（43）今日大早起一大早我碰上一条蛇，把我吓得来/来来咧。

（44）看茶﹦个那个狗圪抖发抖得来/来来咧。

（45）看这边红火热闹得来/来来咧。

（46）天阴得来/来来咧。

"伤糊"也是表达程度很高，相当于普通话的"厉害"或"严重"，只能做补语，修饰动词。例如兴县方言：

（47）狗把茶﹦孩嘞他的孩子可咬伤糊咧。

（48）夜日昨天黑夜，那个人可叫打伤糊咧。

（49）我叫我家的驴可踢伤糊咧。

（50）那家他可唠骂伤糊咧。

"疼"做补语使用范围有限，只修饰贬义性质形容词，如"害淘气、顽皮、懒、赖"等。做补语时，"疼"表示程度很高，也相当于普通话的"厉害"，与形容词"疼"义已经失去了联系。例如兴县方言：

（51）茶﹦家他家的孩嘞孩子害顽皮得疼嘞。

（52）这个人懒得可疼嘞。

（53）茶"家的猴小子小男孩赖得疼嘞。

4. 值得注意的是，山西晋语区少数副词会出现在非状语的位置，即与大多数副词句法位置有差别。例如：

太谷：（54）戏场喽（里）可人多嘞人特别多，不用进的去咧。

石楼：（55）最我分得少，最你荷得多。

五台：（56）尽数他学习好咧。

　　　（57）尽数他做咧多咧。

上例中，太谷、石楼方言的副词"可""最"都放在了名词主语的前面，但实际修饰的是名词后面的形容词"多"和"少"；五台方言的副词"尽"放在了动词的前面，但实际修饰的是动词后面的形容词"好""多"（五台方言的"尽"，相当于普通话的"最"义）。石楼方言例（55）也能说成"我分得最少"，但当地人认为"最我分得少"说法更自然。

另外，五台方言中有一部分程度副词可以修饰状态形容词。如"越发、过于、可咧、可"。

（58）天越发黑沉沉咧。

（59）你家里过于凉清清咧。

（60）颜色可咧红艳艳咧也不好看。

（61）这件衣裳可白白咧好看咧。

（四）较特殊的"可""圪""这样 [tsən^{535}]、那样 [nən^{535}]""么"等

1. 可

A."可"在山西方言中是个使用频率很高，用法十分丰富、复杂的副词，既可以是程度副词，也可以是语气副词，还可以作为语素构成新的副词。这里只分析其作为程度副词的用法。

作为程度副词，"可"在山西大多数方言点都可以表示"程度很高"的意义，相当于普通话的"十分""非常"。例如：

五台：（62）他可不像话咧。

（63）他可看咧，就是没看见你。

兴县：（64）这西瓜可甜嘞。

（65）疼得可伤嘞。

榆社：（66）他办事可厉害嘞。

（67）下雪了，外头可冷嘞。

长治：（68）他可愿意跟你耍咧。

（69）夜来个他可高兴咧。

浮山：（70）这西瓜可甜哩。

（71）街上人可多哩。

临猗：（72）夜儿个他可叫孩打扎啦。

（73）兀人可好着哩。

B. "可"还可以表示"程度轻微"义，这在山西晋语区大面积存在，部分官话区也有类似的说法。不过，表示程度低和表示程度高时，二者读音有所差别，多数方言通过变调别义，少数方言还要变韵。试比较：

文水：（74）我的手割破了，可 [kʰəʔ³¹²] 疼非常疼嘞。

（75）你手还疼吗？可 [kʰəʔ²] 疼不太疼咧。

太谷：（76）这两天可 [kʰəʔ¹¹] 担心你来嘞特别担心你。

（77）这两天可 [kʰie³²³] 担心喽些咧不那么担心了。

石楼：（78）这人唱得可 [kʰəʔ⁵⁵] 好非常好嘞，就是可 [kʰɣ³²⁴] 唱很少唱。

（79）兀人唱得可 [kʰɣ³²⁴] 好不太好，还老爱唱。

壶关：（80）我可 [kʰəʔ²] 爱很爱吃枣咧。

（81）穿上衣服可 [kʰəʔ⁵³⁵] 冷不太冷了。

浮山：（82）街上人可 [kʰɣ³³] 多很多哩。

（83）你写字可 [kʰɣ⁴⁴] 大些啊字不要太大！

有的方言点"可"表示轻微义时，经常做谓语中心，所以不应看作副词，而应归入形容词。例如：

榆社：（84）孩子这两天可 [kʰɣ³¹²] 哭来。孩子这几天不怎么哭了。

　　（85）将头儿刚才可 [kʰəʔ³¹²⁻⁵³] 疼非常疼了，这阵可 [kʰɣ³¹²]（疼）咧轻点了。

　　（86）夜来他病得可 [kʰəʔ³¹²⁻⁵³] 厉害非常严重嘞，正日今天看着可 [kʰɣ³¹²] 了些咧轻点了。

上例中，榆社方言表示动作轻微的"可"既可以做状语，也可以做谓语中心，应该归入形容词。

　　C. 由"可"构成的合成词"可节"（长治）、"可得"（榆社）、"可咧"（五台）、可看⁼（石楼）等在晋语区普遍存在，表示程度进一步加深或减弱。

　　表示程度加深的：如长治方言相当于"非常"，榆社、五台方言相当于"太""过于"：

长治：（87）他这段时间可节厉害啦。

　　（88）他可节后悔啦。

榆社：（89）这裤子可得过于长了。

　　（90）兀块人可得太丧良心。

五台：（91）她做下咧饭老是可咧过于咸。

　　（92）颜色可咧过于红艳艳咧也不好看。

表示程度减弱的如石楼方言：

石楼：（93）跟上你咾我就可看⁼操心不太操心。

　　（94）兀家小媳妇子长得可看⁼俊不怎么漂亮，还老爱打扮。

石楼方言"可看⁼"义同表示程度轻微的"可"，"看⁼"可有可无。

　　D. 值得注意的是，山西部分方言区"可"根据读音不同，所表程度有四级不同程度的变化。例如大同方言（引自武玉芳，2010）：

最高级：可1[kʰa²¹⁴]，相当于普通话的"非常"义；

（95）我可爱见那处院子哩。

高级：可2[kʰa⁵⁴]，相当于普通话的"很"义；

（96）我可爱见那处院子哩。

较高级：可3[kʰəʔ³²]，相当于普通话的"比较"义；

（97）我可爱见那处院子哩。

轻微级：可4[kʰɣ²¹⁴]，相当于普通话的"不太"义。

（98）我可爱见那处院子哩。

2. 圪

大多数学者认为，山西普遍存在的"圪"是一个词头或词缀，但"圪"修饰动词或形容词时也能作为独立的副词存在。关于副词"圪"，马启红（2008）已有过专门的分析论述，笔者也认为，"圪"既可以作为词缀存在，也可以独立成词，表示程度轻微，相当于普通话的"稍微"义，修饰动词和形容词，如"圪等一等""圪大些"等。"圪"的这种用法在晋语区尤其是并州片普遍存在。例如：

交城:（99）你要大的还是要小的嘞？——圪大些哇。

榆社:（100）他一麻麻马上就来唻，你圪等一等。

（101）我比你圪高些。

晋源:（102）你们圪等一下。你们稍微等一等。

（103）你圪耍一耍就回来！

（104）这根绳绳圪长些，兀根圪短些。这根绳子稍微长点，那根稍微短点。

（105）他有个比这个娃娃圪大些些的小子。他有个比这个孩子稍微大点儿的儿子。

3. "这样 [tsəŋ⁵³⁵]、那样 [nəŋ⁵³⁵]""么"等

值得注意的是，山西方言表示程度高时常用指示词（代副词）表示，相当于普通话的"这么、那么"，往往伴随夸张的语气，表达程度极高的意义常用于感叹句，也可以用于其他句式。如兴县方言的"兀茶＝[u⁵⁵niɛ⁵⁵]"，晋语区大多数方言中的"这来、兀来"：

原平:（106）这外人兀来高！

（107）这种苹果这来好吃！

兴县:（108）这井兀茶＝深！

（109）那瓜兀茶＝大！

交城:（110）你买了兀来大那么大的块西瓜，我刚买了这来来大这么小的块。

（111）兀来粗的一根绳绳表示绳子非常粗。

晋源：（112）袄儿兀来小。

（113）他行家兀来干净！

但更值得注意的是，由于使用频率高，这些指示词在状语位置发生合音或省略，这种合音形式或省略形式一般不出现在其他句法位置，只能做状语。合音的如长治方言的"这样 [tsən⁵³⁵]、那样 [nən⁵³⁵]"等（上党片很多方言都存在合音形式）；省略的如临猗方言的"么这么、那么的省略"。例如：

长治：（114）这个衣裳这样 [tsən⁵³⁵] 贵，算了买吧。

（115）你怎这样 [tsən⁵³⁵] 腻歪咧?

（116）他脾气那样 [nən⁵³⁵] 不好。

（117）小时候你怎那样 [nən⁵³⁵] 能费咧?

临猗：（118）兀孩汉儿么小个那孩子个子那么小，可不好说媳妇着哩。

（119）这楼么这么高!

（120）兀狗么那么大，远远儿哩我还当是一外一头牛犊些˭呢。

（121）兀人么那么 / 这么小气，可不要和他打交道。

（五）程度副词例举

与普通话相同的"最、很、太、真、特别"等没有列出，只列具有方言特色的副词。

表 4-1　程度副词一览表

片属	方言点	程度副词
大包片	大同	可1 [kʰa³¹³] 程度最高、可2 [kʰə⁵⁴] 程度高、可3 [kʰəʔ³²] 程度较高、可4 [kʰɣ³¹³] 程度轻微、袭 [ɕi³¹³]、过 [kuo²⁴] / 过于 [kuo²⁴y⁰]、分外 [fəɣ³¹veɛ²⁴]、死 [sɿ⁵⁴]、越发 [yɛ²⁴faʔ³²] / 越利 [yɛ²⁴li²⁴] / 绝利 [tɕyəʔ³²li²⁴] / 绝发 [tɕyəʔ³²faʔ³²]、更益 [kəɣ²⁴i²⁴]、更愈 [kəɣ²⁴y²⁴]、挺 [tʰiəɣ⁵⁴]、稍微 [sɐo³¹veɛ⁰] / 微 [veɛ³¹] / 微微 [veɛ³¹veɛ⁰] / 微之 [veɛ³¹tsɿ³¹]

续表

片属	方言点	程度副词
大包片	阳高	可1 [kʰɑʔ³⁴]、可2 [kʰɑ³¹²] 可2比可1程度更深、往死 [vɔ⁵³sɑʔ³⁴]、圪死圪 [kəʔ³⁴sɑʔ³⁴kəʔ³⁴] 特别、非常、另外另 [liəŋ²⁴veiʔ²⁴liəŋ²⁴] 另外、更、过 [kuɣ²⁴]、过于 [kuɣ²⁴y⁵³]、吸゠ [ɕi³¹]、更益 [kəŋ²⁴i²⁴]、更愈 [kəŋ²⁴y²⁴]、越发 [yɑʔ³⁴fɑʔ³⁴]、但门儿 [tɛ²⁴mər³¹²] 稍微 / 些微 [ɕiɛ³¹vei³¹] / 稍微 [sɔu³¹vei³¹]
五台片	原平	愈外 [yu⁵³væɛ⁵³] 特别、越利 [yəʔ³⁴li⁵³] / 越发 [yəʔ³⁴fɑʔ³⁴] / 决发 [tɕyəʔ³⁴fɑʔ³⁴]、煞 [sɑʔ³⁴]、苦 [kʰu²¹³]、略微 [liɑʔ³⁴vəi²¹³]、不咋 [pəʔ³⁴tsuɔʔ³⁴] 不太
吕梁片	兴县	可 [kʰəʔ⁵⁵]、合゠哩 [xəʔ³¹²li³²⁴] / 合゠则 [xəʔ³¹²tsəʔ⁵⁵] 太 / 那么、分外 [xuəŋ⁵³uei⁵³] / 分把外 [xuəŋ⁵³pʌ³²⁴uei⁵³]、旋 [ɕyẽ⁵³] 特别、决发 [tɕyəʔ⁵⁵xuaʔ⁵⁵] 越、怪 [kuai⁵³]、稍微 [sɔu³²⁴uei⁵⁵] / 些微 [ɕiɛ³²⁴uei⁵⁵] / 些须 [ɕiɛ³²⁴ɕy⁵⁵]
并州片	交城	顶 [tiə̃⁵³] 最、可 [kʰəʔ¹¹] 非常、过 [kuɣɯ²⁴] 太、越发 [yaʔ¹¹xuaʔ¹¹] 越来越、圪 [kəʔ¹¹] 稍微
	孟县	可 [kʰəʔ²²] 特别、过 [kuo⁵⁵] / 惜゠ [ɕiəʔ²²] 太、煞 [sʌ²²]、越发 [yʌʔ²²fʌʔ²²]、一怎们 [iəʔ²²⁻⁵³tsei:⁴¹²]（……就）、沾点儿 [tsæ⁴¹²tiær²²] 稍微
上党片	阳城	本 [pã²¹] 太、特别、非 [fi²²] 非常、惜゠ [ɕiəʔ²²] 怪、样 [iã⁵³] 很；也可以是语气副词，相当于"索性、干脆、穷 [cʰyoŋ²⁴] 过于、勘勘 [kʰɛ²²kʰɛ²²] 更加、佷 [ɕyɛ²²] 狠；可重叠为"佷佷"，表程度更高、枯枯 [kʰu²²kʰu²²] 狠狠、通 [tʰuoŋ²²] 非常、显点 [ɕiɛ²¹tiɛ²¹⁻²⁴] 有点儿、些微 [ɕiɛ²²vi²²] 稍微、将 [tɕiã²²] 稍微、将将 [tɕiã²²tɕiã²²]"将"的重叠。还可是"刚刚"义、圪吃吃 [kəʔ²²tʂʰəʔ²²tʂʰəʔ²²] 分量高到可以承受的程度、圪服服 [kəʔ²²fəʔ²²fəʔ²²] 程度高到不影响舒服的程度、堪好 [kʰɛ⁵³xo²¹] / 堪堪 [kʰɛ⁵³kʰɛ⁵³⁻²²] / 可好 [kʰəʔ⁵³xo²¹] / 可可 [kʰəʔ⁵³kʰəʔ⁵³⁻²²] 恰好
汾河片	临猗	可 [kʰɣ⁵³]、太 [tʰai⁴⁴]、太太 [tʰai⁴⁴tʰai⁰]、真 [tʂə³¹]、真真儿 [tʂə³¹tʂə̃³¹⁻⁵³]、美美儿 [mə̃⁵³mə²⁴] 好好儿地、狠狠地、老 [lɔu⁵³]、最 [tsuei⁴⁴]、成 [tʂʰən²⁴]、越 [yɛ³¹]、怪 [kuai⁴⁴]、扎 [tsa³¹]、么 [mə⁴⁴]、多 [tuɣ³¹⁻²⁴]、伤 [ʂaŋ³¹]、稍微儿 [sɔu⁵³və²⁴]、捏个 [n̥iɛ³¹kə⁰] / 沾个 [tʂæ³¹kə⁰]、憨 [xæ³¹]、搞（的）[kau:⁵³⁻²⁴]

二、范围副词

（一）语义特点

林曙认为，范围副词是一个"惹是生非"的类（林曙，1993），因为不仅其内部不容易分类，而且与其他类副词如程度副词、语气副词、时间副词都有纠缠不清的关系。因此，关于范围副词的内部分类，学界至今没有达成共识。张谊生（2001：107页）把范围副词内部分为统括性、唯一性和限制性三类。

所谓统括性范围副词，是指所概括的对象是整个范围的所有全体，主要有：都、全、尽、净、统、通、共、凡、皆、俱、全都、全然、统统、通通、统共、总共、举凡、但凡、凡是、是凡、一律、一概、一例、一共、一总等。

所谓唯一性范围副词，是指所概括的对象是整个范围的某个个体。主要有：仅、光、只、就2、单、才2、唯、偏、独、单单、仅仅、独独、偏偏、唯独等。

所谓限制性范围副词，是指所概括的对象就整个范围而言既不是全体也不是个体，而是其中的部分。主要有：足、约、大约、大都、大概、大略、大致、大体、大凡、大率、多半、最多、最少、顶多、至多、至少、起码、足足、只有1、就是、只是、不过、不只、不止等。

根据山西方言范围副词的实际情况，我们把范围副词分为统括性和限制性两大类，把张谊生所说的"唯一性"副词归入限制类。

1. 统括性范围副词又可以分为表范围、表数量和无范围三类。

A. 表范围的如普通话的"都、全"等，山西绝大多数方言点也都有这两个副词。具有山西方言特色的如临猗等方言的"一伙""净"，兴县方言的"一致嘞"，阳城方言的"一通""一僖"，大同方言的"一划""一都""齐""通"，大宁方言的"尽""皆"等。还有一个相当于"到处"义的"可世界"或"满世界"，在山西大多数方言点都能说，应该也是统括性范围副词。

B. 表数量的范围副词如普通话的"总共、统共"等，山西绝大多数方言也都能说。具有山西方言特色的如很多方言点都有的"满共""拢共""一共"等，还有原平的"一拢共"、盂县的"囫囵共"等。

C. 无范围如普通话的"不管、无论"等，这两个副词山西方言大都能说。具有山西方言特色的如并州片大都有的"甚不甚"、原平的"不拘管"、兴县的"无拘 / 不拘 / 拘 / 凭甚"等、临猗的"随管 / 粹管"等。

2. 限制性副词比较复杂，可以分为仅有式、估计式、另类式和类同式四种。

仅有式如普通话的"仅、光、就、偏、单、才、唯独"等，这几个副词山西方言也大都能说。具有山西方言特色的说法如交城方言的"刚"、临猗方言的"光光"、晋语区很多方言点都说的"蹓仅"等。

估计式如普通话的"至多、至少、大概、大致"等，山西大多数方言点也都有这几个副词。具有山西方言特色的如临猗等方言的"顶多"、阳城方言的"顶撑 / 碰顶 / 顶碰 / 碰天顶多、最多""大笼大概"等。

另类式如普通话的"另、另外"等，这两个副词山西方言也大都能说。具有山西方言特色的如盂县的"替另"，临猗的"单另""平＝"等。

类同式如普通话的"也、一起、互相"等，这三个副词山西方言大都能说。具有山西方言特色的如全省大多数方言点都能说的"一伙""厮跟""相跟"等。

（二）结构特点

1. 山西方言范围副词的结构与普通话基本相同，既有单纯式如"也、才、光、都、就、蹓、平＝"等，也有合成式如"满共、可共、单另、可底共（兴县）、替另（盂县）、囫囵共（盂县）、圪满（阳城）、随管 / 粹管（临猗）"等，还有短语形式如"甚不甚、可世界、至败兴（阳城）"等，这些短语形式在当地口语中已经词化。

2. 山西方言范围副词重叠形式较少，目前发现的有临猗方言的"光光"、大同方言的"□□ [tʂɔ̃⁴²tʂɔ̃⁴²] 除此之外无别的"。临猗方言的副词"光光"相当于普通话的"仅仅"（临猗方言还有形容词"光"的重叠式"光光儿 [kuaŋ³¹kuaŋɚ²⁴]"——副词与形容词重叠式声调不同，而且前者无儿化，后者有儿化），重叠后具有强调范围小的意义。

3. 值得注意的是，山西晋语区的范围副词在结构上比较独特之处是，很

多方言点表示"全部、总共"义时都用"一"作为合成词的语素。如大同的
"一划、一都、一共",原平的"一伙、一拢共",兴县的"一致嘞",长子的
"一满、一共",阳城的"一满、一通、一伙、一僧"等。

（三）句法功能

山西方言的范围副词一般只能做状语,不能做补语,少数可以独立成
句,这是范围副词与其他大多数副词的共同特点。

1. 范围副词与其他副词的一个很大区别是,范围副词既有附谓性,又
有附体性。所谓附谓性,就是指该类范围副词一般情况下只能修饰谓词性词
语;所谓附体性,就是指该类范围副词虽可以修饰谓词性词语,但主要修饰
体词性词语。张谊生（2001:109 页）认为,普通话典型的附谓性范围副词
如:都、全、尽、净、统、通、共、足、均、全都、统统、通通、统共、总
共、一律、一概、一例、一共、一总、大都、大略、大致、只有、就是、只
是、不过、不只、不止等;典型的附体性范围副词如:凡、大凡、举凡、但
凡、凡是、仅、光、只、就、单、唯、偏、独、单单、仅仅、独独、偏偏、
唯独、唯有等。

从上文所列两类副词可以看出,统括性范围副词一般属于附谓性的,大
多数限制性范围副词属于附体性的。虽然张谊生认为附谓性副词和附体性副
词都包括统括性和唯一性（本章的限制性副词中的仅有式）,但他在附体性
的例子中统括性副词只列举了"凡"类词——凡、凡是、大凡、举凡、但
凡、是凡。

考察山西方言的范围副词,我们发现,不论是统括性,还是限制性,都
既可以修饰谓词,也可以修饰体词。试比较:

统括性副词	限制性副词
临猗:a. 咱都走吧?	a. 光馍馍,没有菜?
b. 你都三外个啦,还要?	b. 光吃馍馍不就菜。
阳城:a. 我身上一满四十几块钱。	a. 光你,不要他?

　　　　　　　　b. 身上一满装了二百块钱。　　　　b. 光说不干。

　　交城：a. 我总共只有这一块，你还要？　　a. 光你，不要我？

　　　　　　b. 满共就这些些东西，你还想要？　　b. 光吃不干？

　　兴县：a. 一共来了三十个人。　　　　　　a. 不蹔不仅我一个，还有茶"乃他们嘞。

　　　　　　b. 一共一块还叫你花咧。　　　　　b. 都走咧，蹔仅剩下我咧。

　　范围副词修饰体词性词语是因为往往只有人、物或数量等体词性成分才
有范围可言。关于这一点将在下文分析。不过，大多数统括性副词和限制性
副词还是以修饰谓词为常。例如：

　　大同：（122）把那一都全部吃了哇。

　　原平：（123）一个月统共才挣三百来块。

　　兴县：（124）你亏迟无论如何不能走。

　　交城：（125）前头满全是玻璃渣子。

　　盂县：（126）蹔丢下我咧！只剩下我了！

　　阳城：（127）身上只有这么多钱，哪敢一伙全部予给你？

　　临猗：（128）你班一共有多少人？

　　2. 范围副词的连用，普通话包括同义连用、配合连用、协同连用、多项连
用和越位连用（张谊生，2001）。山西方言与普通话基本相同。例如临猗方言：

　　（129）咱得一伙全部都走吧。（"一伙"与"都"同义连用）

　　（130）光光仅仅只剩下馍馍啦，没给我剩菜？（"光光"与"只"同义连用）

　　（131）一人都只有两块点心？（"都"与"只有"配合连用）

　　（132）他一家人真真都可好着哩。（"都"与程度副词"真真""可"协同连用）

　　（133）伢他兀几外几个孩，都真真可是爱学习太太着哩。（四项副词连用）

　　山西方言中一般没有三项及三项以上范围副词的连用。

（四）语义指向特点

　　朱德熙（1982：195—196 页）把范围副词分为两类：一类标举它前面
的词语的范围（如"全班同学都会游泳"）；另一类标举它后头的词语的范围

（如"就厂长没走"）。朱先生其实就是按语义指向分的类。

张谊生（2001）从位置、数目、隐现、分合四个方面分析了普通话范围副词的语义指向，从中我们发现，范围副词语义指向的本质是指向其所统括或限制的词语。如前所述，范围副词所统括或限制的都是人、物或数量，因此，不论范围副词修饰的是谓词性词语还是体词性词语，其语义指向一般都指向体词性成分。正如林曙（1993）所说，范围副词语义上的总括或限制对象与句法上的修饰对象往往不一致，其总括或限制对象可以在修饰对象之前，也可以在修饰对象之后或在修饰对象之中……范围副词的总括或限制对象一般是句中的名词性成分，而不是动词性成分。山西方言范围副词的语义指向与普通话基本相同。例如：

大同：（134）把那一都吃了哇。（"一都"前指"那"）

（135）蹉仅穿个毛衣冷哩。（"蹉"后指"毛衣"）

兴县：（136）把这饭一致嘞都打撖收拾完，并州片多说"杀割"了。（"一致嘞""都"都前指"饭"）

（137）不管你咋家说，人家也不信。（"也"前指"人家"）

（138）蹉仅红豆嘞就有两万斤。（"蹉"后指"红豆嘞"）

盂县：（139）囫囵共就丢下两块咧，你还要拿走一块？（"囫囵共"后指"两块"）

阳城：（140）共满攒了五万多块钱，这一次就全花了。（"共满"后指"五万"）

（141）咱一通去游泳。（"一通"前指"咱"）

临猗：（142）他得他们都来啦。（"都"前指"他得"）

（143）都谁来啦？（"都"后指"谁"）

（144）他光打篮球。（"光"后指"篮球"）

（145）光他爱打篮球。（"光"后指"他"）

（146）都爱打篮球。（"都"指向句外"打"的施事者）

从以上例句可以看出，统括性副词的 A 类（表范围）往往前指；B 类（表数量）和 C 类（无范围）往往后指。限制性副词往往也是后指的。

（五）范围副词例举

各片与普通话相同的如"都、全、尽、净、统、通、共、足、均、全都、统统、通通、统共、总共、一律、一概、一例、一共、一总、大都、大略、大致、只有、就是、只是、不过、不只、不止、凡、大凡、但凡、凡是、仅、光、只、就、单、唯、偏、独、单单、仅仅、独独、偏偏、唯独、唯有"等，大多没有列出，主要列举具有方言特色的副词。

表4-2　范围副词一览表

片属	方言点	范围副词
大包片	阳高	寡 [kuɑ⁵³]、蹉 [tsʰɛ⁵³] 仅、净 [tɕiəŋ²⁴]、就 [tɕiɤu²⁴]、一共 [iə²³⁴kuəŋ²⁴] / 总共 [tsuəŋ⁵³kuəŋ²⁴] / 满共儿 [mɛ⁵³kuər²⁴] / 统共儿 [tʰuəŋ⁵³kuər²⁴] / 拢共儿 [luəŋ⁵³kuər²⁴]、本来 [pəŋ⁵³lei³¹²] / 原么根儿 [yɛ³¹²məʔ³⁴kər³¹] / 原本根儿 [yɛ³¹²pəŋ³¹kər³¹] / 苔⁼根儿 [tʰei³¹kər³¹] 原来、凭啥 [pʰiəŋ³¹²sɑ³¹]、爱⁼[ŋei²⁴]、啥不啥 [sɑ³¹pəʔ³⁴sɑ³¹]、可世世 [kʰɑ⁵³sʅ²⁴sʅ²⁴]、可世界 [kʰɔ⁵³sʅ²⁴tɕiɛ²⁴]
五台片	原平	也 [iɤ²¹³]、一伙 [iə²³⁴xuɤ²¹³] 一下子、统共 [tʰuəŋ²¹³kuəŋ⁵³] / 一拢共 [iə²³⁴luəŋ²¹³kuəŋ⁵³] / 满共 [mɛ̃²¹³kuəŋ⁵³] 总共、不拘管 [pəʔ²³⁴tɕyu²¹³kuɛ̃²¹³] 不管
吕梁片	兴县	一致嘞 [iə²⁵⁵tsʅ⁵³ləʔ⁵³] 全部、蹉 [tsʰæ̃³²⁴] 仅、统共 [tʰuəŋ³²⁴kuəŋ⁵³] / 满共 [mɛ̃n³²⁴kuəŋ⁵³] / 拢共 [luəŋ³²⁴kuəŋ⁵³] / 可共 [kʰəʔ²⁵⁵kuəŋ⁵³] / 一共 [iə²⁵⁵kuəŋ⁵³] 总共、可底共 [kʰəʔ²⁵⁵ti³²⁴kuəŋ⁵³] / 一底共 [iə²⁵⁵ti³²⁴kuəŋ⁵³] 本来、止终 [tsʅ³²⁴tsuəŋ³²⁴] 始终、无拘 [u⁵⁵tɕy³²⁴] / 不拘 [pəʔ²⁵⁵tɕy³²⁴] / 拘 [tɕy³²⁴]、凭甚 [pʰiəŋ⁵⁵səŋ⁵³] / 不管 [pəʔ²⁵⁵kuɛ̃³²⁴] 无论、磕底 [kʰəʔ²⁵⁵ti³²⁴] / 磕个底子 [kʰəʔ²⁵⁵kuəʔ²⁵⁵ti³²⁴tsəʔ⁵⁵] 自始至终、无论如何、亏迟 [kʰuei³²⁴tsʰ⁵⁵] 无论如何、至多 [tsʅ⁵³tɤ³²⁴]、顶多 [tiəŋ³²⁴⁻³¹²tɤ³²⁴]、可世界 [kʰɤ³²⁴⁻³¹²sʅ⁵³tɕiai⁵³] 到处、就是 [tsou⁵³sʅ⁵³]
并州片	交城	蹉 [tsʰã⁵³] 只、总共 [tsuɤ̃⁵³kuɤ̃²⁴] / 满共 [mɤ̃⁵³kuɤ̃²⁴]、光 [kuɤ¹¹]、不拘 [pəʔ⁵⁴tɕy¹¹] 随便、无论、迁就 [tɕʰiã¹¹tɕiʌɯ²⁴] 凑合、将就、单另 [tã¹¹liə²⁴] 另外、满 [mɤ̃⁵³] 全、净、顶多 [tiŋ⁵³təɯ¹¹]、刚 [kɤ¹¹] 才、可世界 [kʰaʔ²¹səɯ²⁴tɕiɛ²⁴⁻¹] 到处
上党片	阳城	光 [kuãŋ²²]、一满 [iə²²mɛ²¹]、通满 [tʰuoŋ²²mɛ²¹] / 圪满 [kə²²mɛ²¹] 总共、共满 [kuoŋ⁵³mɛ²¹] / 满共 [mɛ²¹kuoŋ⁵³] / 满利 [mɛ²¹li⁵³] 总起来不过……、一通 [iə²²tʰuoŋ²²]、一伙 [iə²²xuə²¹]、一僧 [iə²²tso²²] 全部、统统、至败兴 [tsʅ⁵³pai⁵³ɕiə̃i⁵³] / 至不地道 [tsʅ⁵³pəʔ²²ti⁵³to⁵³] / 至不吃货 [tsʅ⁵³pəʔ²²tʂʰəʔ²²xuə⁵³] 至少、最低、顶撑 [tiə̃i²¹tʂʰã̃ŋ²²] / 碰顶 [pʰuoŋ⁵³tiə̃i²¹] / 顶碰 [tiə̃i²¹pʰuoŋ⁵³] / 碰天 [pʰuoŋ⁵³tʰiɛ²²] 顶多、最多、大笼 [tɑ⁵³lyoŋ²¹] 大概、大致

片属	方言点	范围副词
汾河片	临猗	也 [iʌ⁵³]、就 [tɕʰiou⁴⁴]、光 [kuaŋ³¹]、光光 [kuaŋ³¹⁻²⁴kuaŋ³¹] 仅仅、满共 [mæ⁵³kuəŋ⁴⁴] /一共 [i³¹kuəŋ⁴⁴]、都 [təu³¹]、一伙 [i³¹xuɤ⁵³] 全部、净 [tɕʰiŋ⁴⁴]、随管 [ɕyei²⁴kuæ⁵³] /粹管 [tsʰuei²⁴kæ⁵³]、不管 [pu³¹kæ⁵³]、另 [liəŋ⁴⁴]、单另 [tæ³¹liəŋ⁴⁴]、平⁼[pʰiɛ²⁴]、才 [tsʰai²⁴]

三、情态、方式副词

情态、方式副词与其他几类副词相比较，意义相对较为实在，各自有各自的词汇意义。也有学者合称情状副词或描摹性副词，张谊生（2000：23页）也认为这类副词是以词汇意义为主（其他类副词是以功能意义为主）。

（一）语义特点

我们看到，张谊生（2000）把描摹性副词分为方式、状态、情状和比况四类，但仔细分析发现，他所分的情状类和比况类大都是书面语色彩极浓的词语。例如情状类要么是"×然"类：依然、慨然、毅然、悻然……；要么是重叠类：婷婷、脉脉、比比、耿耿……这些副词在方言口语里一般不会出现。

根据山西方言副词的实际情况，我们把这类副词分为情态和方式两类。情态和方式其实有时也不是截然不同的，因为从不同的角度看可能属于不同的类，如"款款儿"，既可以看作是描摹动作的情状，是情态副词，也可以认为是行为动作的方式，是方式副词。因此，虽然我们把这类副词分作两类，但会有一些交叉和重叠现象。

1. 情态副词即主要用来描摹动作、性质的情貌或状况，因此这类副词的词汇意义更加突出，个性也更加鲜明。

情态副词在山西各方言点中说法完全相同的很少，各片具有共同点的情态副词主要有以下几类。

首先，相当于普通话"正好儿"义的"可可儿"在山西各方言点普遍存在。"可可儿"既可以修饰名词性词语，相当于"仅有"或"正合适"的意义，也可修饰动词，相当于"碰巧"（尤其用于不想见却偏遇见的语境）义，这两种用法在山西方言中普遍使用。

其次，相当于普通话"猛然""忽然"义的副词，官话区汾河片的临猗方言为"猛猛""惊猛""思猛"等；晋语区多为"猛不防"（大同、交城），"猛不丁"（原平），"打猛估嘞"（兴县），"打猛"（交城），"猛儿提防／猛儿不猛儿"（盂县），"一猛／一圪猛"（阳城）。虽然各地读音各异，说法也不尽相同，但这一意义下不论晋语区还是官话区，山西方言多由"猛"作为主要的构词语素。

另外，相当于普通话"莫名其妙"的"平白无故"（大同、临猗等）在晋语区和官话区都存在；相当于普通话"专门"义的，山西方言多为"专意"（交城、盂县、阳城等），"专专"（大同、临猗），"直专"（原平），"专"（兴县），"专门"（兴县、临猗等），都用"专"作为构词语素；相当于普通话"一直不断地；尽管"义的"直管"（大同、兴县、长子），"直顾"（交城），"即顾"（阳城），"只管"（临猗）等副词也都具有共同语素。

大多数情态副词在山西方言中个性十足，共性很少，参见表4-3。

2. 山西方言方式副词的共同点主要表现在以下几个方面。

首先，不论是官话区还是晋语区，几乎所有方言点都有"款款儿轻轻地、慢慢儿地"和"停停儿不动地"两个副词，意义基本相同，只是读音各异。另外，具有共同语素"贸"的"贸写""贸说"等相当于普通话"贸然"义的用法基本上也是全省通用。

其次，晋语区具有共同特点的方式副词还有相当于普通话"胡（胡说、胡写）"的"瞎"；相当于普通话"顺便""捎带"的"捎来带去"（大同、原平、兴县），"捎道儿"（交城），"趁便儿"（盂县），"捎带"（长子、临猗）都有共同语素。阳城的"就手"和临猗的"顺手"具有更形象的动态感。

另外，山西各地大多用类似拟声词的四字格词语表达动作的"迅猛"义，如原平的"黑里倒腾／恨迟倒愣"、兴县的"咯吱嗜载／更吱各载"、长子的"咯喽马叉"、临猗的"咳哩嘹嚓"等。

各方言点的大多数方式副词个性很强,参见表4-3。

（二）结构特点

1. 总体来说,这类副词单音节单纯词较少,双音节和多音节词较多。单音节单纯式如"瞎、贸、紧、胡"等;合成式如"直管"(大同)、"捎道儿"(交城)、"直专"(原平)、"就地"(兴县)、"一忽撩"(兴县)、"趁便儿"(盂县)、"敢情"(盂县)、"瞎胡"(阳城)、"时猛"(临猗)等。

2. 这类副词结构方面的突出特点是重叠式和四字格比其他副词要多。

A. 四字格如大同的"捎来带去、接慌忙拦、平白无故"等,原平的"死蔫圪筋、黑里倒腾、刁来带去"等,兴县的"好眉丹眼、打猛估嘞、眼不留证"等,阳城的"暗打卟咚、当打对面、几乎差乎"等。

B. 重叠式又可分为全式重叠和局部重叠两种。全式重叠如全省共有的"款款儿、停停儿、可可儿"等,大同等地的"专专儿"等,原平等地的"伙伙、利利儿"等,交城等地的"强强地"等,临猗等地的"猛猛儿、宁宁儿、整整儿、美美儿、展展儿、端端儿"等。局部重叠如交城的"正好好、可好好",盂县的"猛儿不猛儿忽然、冷不防、拉么么儿差点儿"等,长子的"洽仔仔地轻轻地、慢慢地,夹咪咪地要求对方按所说的去做",阳城的"冷乎乎忽然";临猗的"正好好、故佞佞故意、一门门不停地"等。

（三）句法功能特点

山西方言口语中的情态、方式副词一般只能做状语,修饰动词。少数可以独立成句,在特殊语境中也能充当谓语,这也是情态、方式副词与其他大多数副词的共同特点。这些特点与普通话情态、方式副词也基本相同。例如:

大同:（147）你知也不知道还,瞎说啥哩!

　　（148）一连儿索性要是不见哇,也就不想啦。

原平:（149）不敢紧顾不断地吃凉的咧,吃着肚吃坏肚子呀。

（150）时长多时咧不见你，打猛儿冷不丁一伙一下没认出来。

兴县：（151）你买菜去了一顺嘞捎带把酱油打上吧。

（152）茶"那个人好眉丹眼就恼咧。

交城：（153）能不能三天做出来？——紧的嘞给你做哇。

（154）正说你，你正好好／可好好就来啦。

盂县：（155）你把我哩桌子款款儿哩放回来。

（156）今日晌午拉么么儿差点儿和那车碰咾。

长子：（157）咱俩伙吃吧？

（158）那个孩的孩子在那儿停停地静静地、不动地坐了一前晌。

阳城：（159）你瞎胡予给大家讲上几句就行。

（160）看球赛看得正起劲，冷乎乎突然停电了。

临猗：（161）将将下雨呀刚才要下雨了，我咳哩嚓嚓几下就把院（里）东西打整
　　　　　[tʂɤ⁴⁴]回来啦。

（162）你时猛忽然；偶尔的行为令人吃惊来啦？

情态、方式副词独立成句或做谓语的情况只在祈使句中出现。例如临猗
方言：

（163）款款儿哩轻轻地！

（164）你款款儿哩！

情态副词与所修饰的谓词之间一般不能有其他修饰成分，部分情态、方
式副词可以和表范围、时间、语气、否定的副词连用。连用时，其他副词在
前，情态副词紧贴中心语。例如临猗方言：

（165）他又停停儿立兀哒去啦。

（166）你得你们都顺手拿咾伢"人家"合音一外一个？

但少数情态、方式副词与范围副词、否定副词连用时可以出现在其前面。例如：

（167）呀呀呀此处是表达歉意的感叹！叫伢你专门又跑咾一回。

（168）见师父老师来啦，学生宁宁儿都不说话啦。

这种连用形式山西各地方言基本相同，也与普通话基本相同。

（四）情态、方式副词例举

与普通话基本相同的如"猛然、忽然、连忙、赶紧、悄悄、暗暗、大力、稳步、单独"等副词大多没有列出。主要列举具有方言特色的副词。

表 4-3　情态、方式副词一览表

片属	方言点	情态、方式副词
大包片	阳高	瞎 [ɕiaʔ³⁴] / 乱 [lɛ²⁴]、顺便儿 [suəŋ²⁴piər²⁴]、顺手 [suəŋ²⁴sʏu⁵³]、趁手 [tsʰəŋ²⁴sʏu⁵³]、就领儿 [tɕivu²⁴liər⁵³]、捎带是 [sɔu³¹tei²⁴sɔʔ³⁴]、直直 [tsəŋ⁵³tsəŋ³⁴]、直管 [tsəŋ³⁴kuɛ⁵³]、一直、成心 [tsʰəŋ³¹²ɕiəŋ³¹]、存心 [tsʰuəŋ³¹²ɕiəŋ³¹]、专股儿 [tsuɛ³¹kuər⁵³]、专门儿 [tsuɛ³¹mər³¹²]、好蛋蛋的 [xɔu⁵³tɛ³⁴tɛ⁰tiəʔ⁰]、平白无故 [pʰiəŋ³¹²pei³¹²vu³¹ku²⁴]无缘无故、索性就是个索啦 [suʏ³¹ɕiəŋ³¹tɕivu³¹sʐ³⁴kəʔ³⁴suʏ⁵³laʔ⁰] / 干脆利飒 [kɛ³¹sʰuei⁵³li²⁴saʔ³⁴]、一下 [iəʔ³⁴ɕia²⁴]、眼看的 [iɛ⁵³kʰɛ²⁴tiəʔ⁰]、眼睁睁的 [iɛ⁵³tsəŋ³¹tsəŋ³¹tiəʔ⁰]、转个板凳会儿 [tsuɛ⁵³kəʔ³⁴pɛ⁵³təŋ²⁴xuər²⁴]立刻、款款儿地 [kʰuɛ⁵³kʰuər⁵³tiəʔ⁰]、停停儿地 [tʰiəŋ³¹tʰiər³¹tiəʔ⁰]、还还儿地 [xuɛ³¹²xuər³¹²tiəʔ⁰]、猛不愣怔 [məŋ⁵³pəʔ³⁴ləŋ²⁴tsəŋ²⁴]、猛不防 [məŋ⁵³pəʔ³⁴fɔ³¹]、没防住 [məʔ³⁴fɔ³¹tsʰuəʔ³⁴]、一伙 [iəʔ³⁴xuʏ⁵³]突然、一圪搭 [iəʔ³⁴kəʔ³⁴taʔ³¹]、伙 [xuʏ⁵³]、啥不啥 [saʔ³¹pəʔ³⁴saʔ³¹]、接慌忙乱 [tɕiaʔ³⁴xɔ³¹mɔ³¹²lɛ²⁴]
五台片	原平	瞎 [xaʔ³⁴] 胡、紧顾 [tɕiəŋ²¹³ku⁰] / 紧地 [tɕiəŋ²¹³tiəʔ³⁴] / 紧地顾 [tɕiəŋ²¹³tiəʔ³⁴ku⁰] 不断地、大老地儿 [tʏ⁵³lɔ²¹³tiər⁵³] 粗略地、就里儿 [tɕivu²¹³liər²¹³] / 捎带 [sɔɔ²¹³tæɛ⁵³]顺便、捎来带去 [sɔɔ²¹³læɛ⁰tæɛ⁰kəʔ³⁴] / 刁来带去 [tiɔɔ²¹³læɛ⁰tæɛ⁵³kəʔ³⁴] / 刁拖得 [tiɔɔ²¹³tʰuəʔ³⁴tiəʔ³⁴] 抽空儿、直专 [tsʐəʔ³⁴tsuɛ²¹³] 成心；专门、失仓 [sʐəʔ³⁴tsʰɔ⁰] 不小心、不将会过 [pəʔ³⁴tɕiɔ²¹³iɛ⁵³kuʏ⁰] 不知不觉、款款儿 [kʰuɛ²¹³kʰuɛr²¹³]、停停儿 [tʰiʔ²¹³tʰiʔ²¹³] 静静地、没有一点儿动作、打青儿 [taʔ²¹³mər²¹³] 冷不丁、黑里倒腾 [xəʔ⁵³li²¹³⁻²¹təʔ⁰tʰəŋ³¹] 指动作猛，动静大、恨迟倒愣 [xəŋ⁵³tsʐ³³⁻²¹təʔ²¹³ləŋ⁵³] 指动作迅速，多用于催促对方、死蔫圪筋 [sʐ²¹³iɛ²¹³kəʔ³⁴tɕiəŋ²¹³⁻¹] 指动作没精神、伙伙 [xuʏ²¹³xuʏ²¹³] 共同，一起、来不来 [læɛ³³pəʔ³⁴læɛ³³] 率先，首先、利利儿 [li⁵³liər⁵³] 痛痛快快地、意乃开 [i⁵³næɛ²¹³kʰæɛ²¹³] 过意得去
吕梁片	兴县	瞎 [xaʔ⁵⁵] 胡、貿 [mɔu⁵³]、直管 [tsʐəʔ³¹²kuɛ⁵³]、尽管 [tɕiəŋ³²⁴kuɛ³²⁴] 不停地、一顺嘞 [iəʔ⁵⁵suəŋ⁵³ləʔ⁵⁵]顺便、捎来带去 [sɔu³²⁴lei⁵⁵tei⁵³kəʔ⁵⁵] / 捎带 [sɔu³²⁴tei⁵³]、专门 [tsuɛ³²⁴məŋ⁵⁵]、专 [tsuɛ³²⁴]、安心 [ŋɛ³²⁴ɕiəŋ³²⁴]、就地 [tɕiɔu⁵³ti⁵³]顺便、一久计 [iəʔ⁵⁵tɕiɔu³²⁴tɕi⁵³]索性、好眉丹眼 [xɔu³²⁴mi⁵³tæ³⁴niæ⁵³] 莫名其妙、一伙 [iəʔ⁵⁵xuʏ³²⁴] 一下子、一忽撩 [iəʔ⁵⁵xuəʔ⁵⁵liɯɯ⁵⁵] 突然、咯吱嘻载 [kəʔ⁵⁵tsʐ³²⁴xai⁵³tsai⁰] / 更吱各载 [kəŋ⁵³tsʐ³²⁴kəʔ⁰tsai⁵³]动作快速利索、眼不溜证 [niæ³²⁴pəʔ⁵⁵liou⁵³tsəŋ⁵³]眼看着突然没了、款款地 [kʰuɛŋ³²⁴kʰuɛŋ³²⁴ti⁵³]、停停地 [tʰi³²⁴tʰi⁵⁵ti⁵³]静静地、一动不动地、乖乖地 [kuai³²⁴kuai³²⁴ti⁵³]恳求某人按所说的去做、生硬 [sʏ³²⁴niəŋ⁵³]生生地、老猛估嘞 [lɔu³²⁴məŋ⁵³ku³²⁴ləʔ⁵⁵] / 打猛估嘞 [tA³²⁴məŋ⁵³ku³²⁴ləʔ⁵⁵] / 冷不猛估 [ləŋ³²⁴pəʔ⁵⁵məŋ⁵³ku³²⁴]忽然、伙 [xuʏ³²⁴] / 一时 [iəʔ⁵⁵sʐ⁵⁵]同时

片属	方言点	情态、方式副词
并州片	交城	不防儿 [pəʔ¹¹xuɣ¹¹ɤ⁰] 不小心、瞎 [xaʔ¹¹] 胡、捎道儿 [sɔu¹¹tɔu²⁴ɚr¹¹] 顺便、直顾 [tsʅ¹¹ku⁵³] 一直，不断地、贸 [mɔu²⁴] 贸然、紧的 [tɕiə⁵³təʔ⁰] 尽量地、款款儿地 [kʰũ⁵³kʰũ⁵³⁻¹¹ɚ⁰ti²⁴]、停停儿地 [tʰi¹¹tʰi¹¹⁻²⁴ɚ⁰ti⁰] 不动地，静静地、正好好 [tsɤw²⁴xɔu⁵³xɔu⁵³⁻¹¹]/ 可好好 [kʰɣw²⁴xɔu⁵³xɔu⁵³⁻¹¹] 正好、猛不防 [mia⁵³pə?¹¹xuɣ¹¹]/ 打猛 [ta⁵³⁻¹¹mia⁵³]/ 忽刹地 [xu¹¹sa⁵³ti²⁴⁻⁵³] 忽然、差一码码 [tsʰa²⁴iəʔ¹¹ma⁵³ma⁰] 差点儿、强强地 [tɕiɣ¹¹tɕiɣ¹¹⁻²⁴ti²⁴⁻⁵³] 勉强地、专意 [tsü¹¹i²⁴] 故意、可可地 [kʰaʔ¹¹kʰaʔ⁰ti²⁴⁻⁵³] 正好、敢情 [kã⁵³tɕʰiə¹¹] 原来
并州片	盂县	瞎 [xʌʔ²²] 胡、专意 [tsuæ⁴¹²i²²] / 专根儿 [tsuæ⁴¹²kər²²] 故意、趁便儿 [tsʰə̃⁵⁵pær⁵⁵] 顺便儿、尽管 [tsə̃⁵⁵kuæ̃⁵³] 一直；不断地、贸 [mau⁵⁵] 贸然、紧 [tɕiə⁵³] 尽量，抓紧、款款儿 [kʰuæ̃⁵³kʰuær⁵³]、停停儿 [tʰi⁵³tʰiər²²]、可可儿 [kʰɣɔ⁵³kʰər²²] 正好、敢情 [kæ̃⁵³tɕʰiə⁵⁵] 原来、猛儿提防 [mər⁴¹²ti⁴¹²fɣɔ²²] / 猛儿不猛儿 [mər⁵³pə?²²mər⁵³⁻⁴¹²] 忽然；冷不防、拉么么儿 [la⁴¹²mə?²²mər²²] 差点儿
上党片	阳城	□ [tsã²²]/ 白 [pai²²]、□□ [tsã²²⁻²⁴tsã²²] / □白白 [tsã²²⁻²⁴pai²²pai²²] 白白地、凑首 [tsʰɐu⁵³ʂɐu²¹] / 就首 [tɕiɐu⁵³ʂɐu²¹] 趁早，预先、就手 [tɕiɐu⁵³ʂɐu²¹] 顺手，顺便、惯 [kuɛ⁵³] 顺便、紧功 [ciə̃²¹kuɔŋ²²] 勉强、赶工 [kɛ²¹kuɔŋ²²] 尽力、一猛 [iə²²mã̃²¹] / 一圪猛 [iə²²kə?²²mã̃²¹] / 猛一下 [mã̃²¹iə²²ɕia⁵³] 忽然、冷乎乎 [lã̃²¹xu²²xu²²] 忽然、暗打卟咚 [ɣɛ⁵³ta²¹pə?²²tuɔŋ⁵³] 冷不防、一圪 [iə²²tʰuə²²] 一块，一起、瞎胡 [ɕiʌʔ²²xu²⁴⁻²²]、架外 [cia⁵³vai²²]① 格外；②另外、隔另 [kʌʔ²²liə̃⁵³] 单独；分开；另外、对打 [tuai⁵³ta²¹] / 对乎 [tuai⁵³xu²²]/ 凑乎 [tsʰɐu⁵³xu²²]、差乎 [tsʰa⁵³⁻²²xu²²] / 几乎差 [ci²¹xu²²tsʰa²¹] / 几乎差乎 [ci²¹xu²²tsʰa²¹xu²²] 几乎，差点儿、当打对面 [tã²²ta²¹tuai⁵³miɛ⁵³] 面对面地、笼头摸圪脑 [luɔŋ²¹tʰɐu²⁴mə?²²kə?²²no²¹] 莫名其妙、提跋 [tʰi²⁴⁻²²tʰa²¹] 从速，多用于催促、傻 [ʂɐu⁵³]① 本义为行动迟缓，引申为"经久耐用"；②用在行为动词前为时间之长而感叹，一般用于感叹句、款款地 [kʰuɛ²¹kʰuɛ²¹tə?²²]、停停地 [tʰiə̃²¹tʰiə̃²¹⁻²⁴⁻²²tə?²²]、专意 [tʂuɛ²²i⁵¹]/ 专门 [tʂuɛ²²mã̃²⁴] 故意、着实 [tʂʅ̃²⁴ʂə?²²] 其实，事实上、即顾 [tɕiə²²ku⁵³] 只顾、终末 [tʂuɔŋ²²mʌ²²] 终究，最终、称量 [tʂʰə̃²¹liã̃²⁴⁻²²] 斟酌、贸 [mo⁵³]
汾河片	临猗	胡 [xu²⁴]、专门儿 [pfæ̃³¹mər²⁴]、故意 [ku⁴⁴i⁴⁴]、捎带 [sɔ³¹tai⁴⁴] 顺手 [fɔ̃⁴⁴ʂou⁵³]、只顾 [tsʅ³¹ku⁵³]、贸 [mo⁴⁴]、猛猛 [mia⁵³mia³¹⁻²⁴] / 时猛 [sʅ²⁴⁻³¹mia⁵³] 忽然、惊猛 [tɕiɛ³¹mia⁵³]、宁宁儿 [niəŋ²⁴niəŋ²⁴] 悄悄儿、宁宁儿 [niɛ²⁴niɛr²⁴] 不动地、款款儿 [kʰuæ̃⁵³kʰuær⁵³⁻²⁴]、停停儿 [tʰiɛ²⁴tʰiɛr²⁴]、赶紧 [kæ̃³¹tɕiɔ̃⁵³]、可可儿 [kʰɣ⁵³kʰɣər⁵³⁻²⁴]/ 正好好 [tʂəŋ⁴⁴xau⁵³xau⁵³⁻²⁴]/ 正好儿 [tʂəŋ⁴⁴xaur⁵³]、美美儿 [mei⁵³mər⁵³⁻²⁴]、险乎 [ɕiæ̃⁵³xu⁰/xou³¹]、硬 [niəŋ⁴⁴]、故佞佞 [ku⁴⁴niəŋ³¹niəŋ³¹⁻²⁴] 故意、凑势 [tsʰou⁴⁴ʂʅ⁴⁴] 趁势，预先、顺手儿 [fɔ̃⁴⁴ʂour⁵³]、当面 [taŋ³¹mæ̃⁴⁴]、一门门 [i³¹mɔ̃²⁴mɔ̃⁰] 不停地、整整儿 [tʂəɣ⁵³tʂɣ⁵³⁻²⁴]、展展儿 [tʂæ̃⁵³tʂæ̃r⁵³⁻²⁴]、端端儿 [tuæ̃³¹tuær³¹⁻²⁴]、平白无故 [pʰiŋ²⁴pai²⁴vu³¹ku⁴⁴] 莫名其妙

四、时间、频率副词

（一）语义特点

时间、频率副词分为时间副词和频率副词两类。

分析时间副词，首先要把时间副词和时间名词区别开来，区别的标准就是：既能做状语又能做定语或主宾语的是时间名词，只能做状语的才是时间副词。表时间的副词在山西方言中比较少，很多说法都是时间名词而非时间副词，例如：大多数方言点都有的"将将儿"，大同的"旧日"，兴县的"旧根""当根"，交城的"刚阵""起头头"，长子的"头儿地""一开始"，阳城的"头刚""安根"，临猗的"先头""将开始"等。

表示曾然意义的时间词在山西方言中只有少数属于副词，如各片几乎都有的"将"，大同的"达＝达＝会儿早就""那根儿当初、本来"等，原平的"逮根儿原本"，兴县的"旧根""当根"等，交城的"起初""起头头"等，阳城的"安根"等。

时间副词还能表近过去义和短时义。表近过去义的如山西大多数方言都有的"将／将将""刚""才"等；表短时义的如大同的"立马"，原平的"当下"，兴县的"洒利""当现眼"，交城的"立鼻眼下"，阳城的"马刻"，临猗的"说话"等。

表将然意义的时间副词相对多一些，如大同的"当下／立马"，原平的"当下""乍打乍刚刚"等，兴县的"当现眼""立马""歘马"等，交城的"立鼻眼下"等，阳城的"马刻"等，临猗的"当下"等。

表频率义的副词总体来说，表示高频的较多，低频的较少。高频副词如大同的"动不动"、原平的"一出／拖起"、兴县的"海共／可共"、交城的"一天价"、阳城的"展常"、临猗的"作不作"等；表低频义的如大同的"时没笼共"、原平的"失仓"、兴县的"打多时"、交城的"多来时"、临猗的"紧慢"等。

（二）结构特点

1. 山西方言时间、频率副词的结构与普通话基本相同，既有单纯式如"倒、才、将、刚、可"等，也有合成式如"原前"（大同）、"失仓"（原平）、"翻手"（兴县）、"刚阵"（交城）、"半天"（临猗）等，还有短语形式如"时没笼共"（大同）、"乍打乍"（原平）、"打多时"（兴县）、"立鼻当下"（交城）、"作不作"（临猗）等，这些短语形式在当地口语中已经词化。

2. 山西方言时间、频率副词重叠形式与范围副词相比略多，但与其他几类相比仍显少，这类重叠包括完全重叠、部分重叠和语段重叠三种。完全重叠目前发现的为大多数方言都有的"将将儿（地）"，阳城的"才才、且且"，大同的"还还"等；不完全重叠有大同的"达ᵘ达ᵘ会儿"，原平的"紧等等儿"，兴县的"常年年"，交城的"起头头"等；语段重叠包括很多方言点都有的"动不动"，原平的"乍打乍"，临猗方言的"作不作"等。时间、频率副词重叠往往表达一种强调意义，即强调时间过长或过短；频率过高或过低。

（三）句法功能特点

山西方言口语中的时间、频率副词一般只能做状语修饰动词，个别能修饰名词，少数可以独立成句。这也是时间、频率副词与其他大多数副词的共同特点。这些特点与普通话时间、频率副词也基本相同。例如：

大同：（169）将将吃饱饭，不用 [piɔ²¹⁴] 跑。

（170）自起原来我就说不行，你要去哩。

五台：（171）他直停咧一直说。

（172）他才高中生。

兴县：（173）我常年年经常到弭姨姨行我姨姨家去嘞。

（174）你随当立刻就给我。

交城：（175）起头头就没啦说好这块 [tsɛ⁵³] 事情，害得这会儿不好办啦哇。

（176）我磕底子从来没啦去过卦山。

孟县：（177）我浑正吃饭哩，叫我干甚？

　　　　（178）你先下去哇，我说话就下去咧。

阳城：（179）县里才才又下来两个干部。

　　　　（180）我不想听你说，展常说动都是怨人家的过。

临猗：（181）你多乎来哩哝？——将将儿。

　　　　（182）这孩，作不作就哭啦，你能休哭啦盲吗？！

时间副词内部小类可以连用。例如：

五台：（183）他老是将来就走。

　　　　（184）他早就看咾一遍啊。

临猗：（185）他先头老走我屋来，一马现在不来啦。

　　　　（186）这孩作不作又哭啦。这孩子咋不咋（无缘由地）又哭起来了。

时间副词也可以与其他副词连用。例如：

五台：（187）他概共不说话一直不说话。

　　　　（188）他一直也不同意。

临猗：（189）我将将儿也看去。

　　　　（190）兀人叫汽车碓撞；碰啦，当下就不行啦。

（四）时间、频率副词例举

　　与普通话基本相同的如"已经、曾经、刚、才、刚刚、正、在、正在、将、将要、就、就要、马上、立刻、终于、常、常常、时常、时时、往往、早晚、一向、向来、总是、始终、永、赶紧、仍然、还是、重新、还、再、再三、偶尔"等副词大多没有列出。

表4-4　时间、频率副词一览表

片属	方言点	时间、频率副词
大包片	阳高	起头 [tɕʰi⁵³tʰɤu³¹²]、一领儿 [iəʔ³⁴liər⁵³]、一开把 [iəʔ³⁴kʰei³¹pa³¹]、原先 [yɛ³¹²ɕiɛ³¹]、搭得会儿 [ta³¹təʔ³⁴xuər²⁴]、将 [tɕiɤʔ³¹]、才 [tsʰei³¹²]、将将儿 [tɕiɤʔ³¹tɕiɤər³¹]、且出且

片属	方言点	时间、频率副词
大包片	阳高	[tɕʰiɛ⁵³tsʰuɔʔ³⁴tɕʰiɛ⁵³] / 马下 [mɑ⁵³sɔ²⁴] / 立马 [liə²³⁴mɑ⁵³]、歘马 [tsʰuɑ²⁴mɑ⁵³]、实哞唁共 [sɔ²³⁴mɔ²³⁴lou⁵³kuəŋ²⁴] / 多些时 [tuɣ³¹ɕie³¹sʅ³¹²] / 多时 [tuɣ³¹sʅ³¹²]、天每 [tʰiɛ³¹mei⁵³] / 天每天 [tʰiɛ³¹mei⁵³tʰiɛ³¹]、当下 [tɔ³¹ɕia²⁴] / 现眼前 [ɕiɛ²⁴ie⁵³tɕʰiɛ³¹²]、一伙 [iəʔ³⁴xuɣ⁵³]、定 [tiəŋ²⁴]、一下 [iəʔ³⁴ɕia²⁴]、一概 [iə²³⁴kei²⁴]、整个儿 [tsəŋ⁵³kər²⁴]、动不动 [tuəŋ²⁴pəʔ³⁴tuəŋ²⁴]
五台片	原平	倒 [tɔo²¹³] 已经、将将儿 [tɕiɔ²¹³tɕiɔr²¹³]、逮根儿 [tæɛ²¹³kɔ̃r²¹³] 原本、义"至 [i⁵³tsʅ²¹³] 还没……的时候、至到罢儿 [tsʅ⁵³tɔo⁵³par⁵³] 到最后、当下 [tɔ²¹³xa²¹³] 立刻、到明儿 [tɔo⁵³miɔ̃r³³⁻²¹] 将来、到时候、紧等等儿 [tɕiəŋ²¹³təŋ²¹³⁻²¹təŋr²¹³] 快……的时候、乍打乍 [tsa⁵³ta²¹³⁻²¹tsa⁵³] 刚刚、一自儿 [iəʔ³⁴tsər⁵³] 通常、失仓 [ʂɔʔ³⁴tsʰɔ²¹³⁻²¹] 偶尔、一拖起 [iəʔ³⁴tʰuɔ²⁴tɕʰi²¹³] 不间断地、海共 [xæɛ²¹³kuəŋ⁵³] 总是
吕梁片	兴县	原先 [yẽ⁵⁵ɕiẽ³²⁴]、将将地 [tɕiɛ³²⁴tɕiɛ⁵⁵ti⁵³] / 将 [tɕiɛ³²⁴] / 才 [tsʰei⁵⁵] 刚刚、大概里 [tai³²⁴kai⁵³li³²⁴] / 大概 [tai³²⁴kai⁵³] 普代里 [pʰuɣ³²⁴tai⁵⁵li³²⁴] 过去一直、当根 [tɣ³²⁴⁻³¹²kəŋ³²⁴]、可国底子 [kʰə³²⁵kuəʔ²⁵⁵ti³²⁴tsəʔ⁵⁵]、当下 [tɣ³²⁴ɕiʌ⁵³] / 当现眼 [tɣ³²⁴ɕiẽ⁵³niæ̃³²⁴] / 当地信眼 [tɣ³²⁴ti⁵³ɕiəŋ⁵³niæ̃³²⁴] 立刻、马上 [mʌ³²⁴ʂɣ⁵³] / 立马 [li⁵³mʌ³²⁴] / 歘马 [tsʰuʌ³²⁴mʌ³²⁴] / 随当 [ɕy⁵⁵tɣ³²⁴] 立刻、翻手 [xuɣ³²⁴ʂou³²⁴] 紧接着、洒利 [sʌ³²⁴li⁵³] 忽然、老峁地嘞 [lou³²⁴mou³²⁴ti⁵³lɔʔ⁵³] / 打多时 [tʌ³²⁴tɣ³²⁴sʅ⁵⁵] 偶尔、可共 [kʰə³²⁵kuəŋ⁵³] / □共 [kʰei³²⁴kuəŋ⁵³] / 海共 [xei³²⁴kuəŋ⁵³] 一直、自始至终、常年年 [tʂʰɣ⁵⁵niẽ⁵⁵niẽ⁵⁵] 每年、大利 [tai³²⁴li⁵³] 从来、一惯 [iəʔ³²⁴kuæ̃⁵³] 一直；本来、粘甚 [tʂẽ³²⁴ʂəŋ⁵³] 动不动、一门终 [iə²⁵⁵məŋ⁵³tsuəŋ³²⁴] 直到
并州片	交城	刚阵 [kɣ¹¹tsɣ̃²⁴] 刚刚、刚 [kɣ²⁴] 才、起初 [tɕʰi⁵³tsʰu¹¹] / 当初一儿 [tɣ¹¹tsʰu¹¹iəʔ¹¹ər¹¹] / 起头头 [tɕʰi⁵³tʌɯ¹¹tʌɯ⁰] 原先、立马 [liəʔ¹¹mɑ⁵³] / 立鼻眼下 [liəʔ¹¹piəʔ⁵⁴⁻¹¹niæ̃³xɑ²⁴] / 立鼻当下 [liəʔ¹¹piəʔ⁵⁴⁻¹¹tɣ¹¹xɑ²⁴] 马上、磕底子 [kʰəʔ¹¹ti⁵³tsʅ⁰] 向来、从来、一□儿 [iəʔ¹¹zɑ²ʅ⁰ʅ⁰] 平素、平时、一天家 [iəʔ¹¹tʰiɑ̃¹¹tɕiɑ⁰] 频率高之义、说话 [sua¹¹xuɑ²⁴] 很快、多来时 [tɣɯ¹¹lɛ¹¹sʅ¹¹] 好长时间、一开始 [iəʔ¹¹kʰɛ¹¹sʅ¹¹] 原来、概 [kɛ¹¹] 从来、永远、动不了 [tuɔ̃¹¹pəʔ¹¹lɔ⁰] 偶尔、多两天 [tɣɯ¹¹liɑ⁵³tʰiɑ̃¹¹] 时间较短、一咋地 [iəʔ¹¹tsɑ⁵⁴ti¹¹] 一怎么……就……
上党片	阳城	安根 [ɣɛ²²kɑ̃²²] 当初，起初、先头 [ɕiɛ²²tʰɐu²⁴⁻²²] / 头刚 [tʰɐu²⁴kɑ̃²²] / 头将 [tʰɐu²⁴tɕiɑ̃²²] / 才刚 [tsʰai²⁴kɑ̃²²] / 才将 [tsʰai²⁴tɕiɑ̃²²] 刚刚、眼时 [iɛ²¹ʂʅ²⁴⁻²²] 目前、立马 [liə²²mɑ²¹] / 马刻 [mɑ²¹kʰʌʔ²²] 马上、立刻、随间 [suai²⁴ɕiɛ²²] 过一会儿、刻 [kʰʌʔ²²] / 刻点 [kʰʌʔ²²tiɛ²¹] 这么快就……、随时间 [suai²⁴⁻²²ʅ²⁴ɕiɛ²²] 紧接着、讧 [xoŋ⁵³] 正在、即便 [tɕiə²²piɛ⁵³] 当下（一般用于短时间不能结束的语境）、即当 [tɕiəʔ²²tɑ̃⁵³] ①同"即便"；②就算……、丢底 [tiɐu²²ti²¹] / 落底 [luʌʔ²²ti²¹] 最后、且 [tɕʰiʌʔ²²] 离结束还需较长时间、且且 [tɕʰiʌʔ²²tɕʰiʌʔ²²] "且"的重叠，表强调义、时乎半晌 [ʂʅ²⁴xu²²pɛ⁵³ʂɑ̃⁵³⁻²¹] 有时候、半大天 [pɛ⁵³tɑ⁵³tʰiɛ²²] 形容时间很长、展常 [tʂʅ̩²¹tʂʰɑ̃²⁴⁻²²] 常常

续表

片属	方言点	时间、频率副词
汾河片	临猗	先头 [ɕiæ³¹tʰəu²⁴] 原来、当根 [taŋ²⁴kɤ³¹] 过去；最初、将 [tɕian³¹]、将将 [tɕian³¹⁻²⁴tɕian³¹]、常 [tʂʰaŋ²⁴]、一天 [i²⁴tʰiæ³¹] 经常、马上 [ma⁵³ʂaŋ⁴⁴]、说话 [ɕye³¹xua⁴⁴] 马上；时间短、当下 [taŋ³¹ɕia⁴⁴] 立刻、紧慢 [tɕiɤ̃⁵³mæ⁴⁴] 偶尔、多时 [tuɤ²⁴ʂ²⁴] 好长时间、将开始 [tɕian³¹⁻²⁴kʰai³¹ʂʅ⁵³]、作不作 [tsuɤ³¹pu³¹⁻²⁴tsuɤ³¹] 动不动，"作"是"怎么"的合音、（大）半天 [(tʰɤ⁴⁴)pæ⁴⁴tʰiæ³¹)] 形容时间长、一努 [i³¹lou⁵³] 经常、随……就 [suei²⁴…tɕʰiou⁴⁴]、总 [tsuəŋ⁵³]（是 [ʂʅ⁴⁴]）/ 老 [lau⁵³]（是 [ʂʅ⁴⁴]）、一了儿 [i³¹liauɤ⁵³] 频率低，用于否定词"不"前、永世 [yəŋ⁵³ʂʅ⁴⁴]

五、语气副词

（一）语义特点

我们所说的语气副词，张谊生（2000：56—58 页）归为评注性副词，他认为这类副词具有传信和情态两个范畴的功能。

1. 传信功能包括四个方面：断言、释因、推测和总结。

断言功能即对客观事实的肯定或否定。包括加强肯定、加强否定和反问三方面：加强肯定的如大多数方言都有的"确实""真""的确""就是"等，再如原平的"真个"、兴县的"确例"等；加强否定的如大多数方言都有的"绝""决""万万""千万""根本""压根儿"等，再如阳城方言的"可也"等；表反问的如大多数方言都有的"何必""难道""究竟"等，再如"当亏、到究"（兴县），"到底"（阳高、临猗），"哪旮能"（交城）等。

释因功能即阐释已然事实的形成原因。可分为理解性释因和溯源性释因：理解性释因如大多数方言都有的"难怪""怪不得 / 怨不得"等；溯源性释因如大多数方言都有的"原来""本来""敢是"等。再如兴县的"就离"、交城的"原本"、阳城的"形共 / 正共"等。

推测功能就是对事件的发展或结果进行推断估测。包括确定性推测和揣度性推测：表确定性推测的如大多数方言都有的"准保""想必""一定""必定""肯定"等；表揣度性推测的如大多数方言都有的"兴许""恐怕""也许""大概"等，再如大同的"可是"，原平的"咋也、妥活儿"，兴县的"未景、不敢定",交城的"想见",盂县的"想是",临猗的"作么"等。

总结功能就是对事实和现象提出概括性结论。包括推断性总结和排他性总结：推断性总结如大多数方言都有的"毕竟""自然""其实""终究""终归"等；排他性总结如大多数方言都有的"反正""左右""长短""横竖""贵贱"等，再如"好赖"（阳高），"高低、长圆"（原平），"长短"（兴县），"死活"（交城、盂县、临猗）等。

2. 张谊生（2000：59—61 页）认为，副词表示的情态包括十个方面：强调与婉转、深究与比附、意外与侥幸、逆转与契合、意愿与将就。

强调与婉转。强调态表示说话人对相关命题的高度重视和坚定的态度，除了那些表断言的副词可以兼表强调态之外，其他副词如"是、正、才、简直、硬是、绝对、恰巧、分明、恰恰、明明"等，山西方言"碰巧、可巧"（阳高），"可可（地）"（原平、兴县、临猗），"可妙、实实"（临猗）等都可表强调态。婉转态表示说话人对相关命题的主观估测和含蓄的态度，除了那些表示推测的副词可以兼表婉转态之外，其他副词如"或许、也、未免、未尝、无非、不妨、莫非、约莫"等，山西方言"不敢定、咋也"（阳高、原平、兴县），"敢是"（原平、兴县），"妥活儿"（原平），"想是、想见、还许"（交城），"兴许"（阳城、临猗）等都可表婉转态。

深究与比附。深究态所表示的是一种疑惑的、反诘、责难的情态，常用的副词有"竟、可、倒、还、岂、难道、究竟、到底、莫非、倒是"等，与上面"推测"与"婉转"中的很多副词的表义功能有所交叉。比附态所表示的是一种不很清楚的、不很明确的近似性委婉情态，主要有"似乎、好像"等。

意外与侥幸。意外态是一种主观意愿同客观事实相反的，出乎意料或略感惊讶的情态。常用的副词有"竟、偏、竟然、居然、偏偏"等，除此之外，山西大多数方言还有一个表意外语气的"到"（如临猗方言"我还没起来起床哩，伢他到来啦"）等。侥幸态是一种由于避免了某种不如意之事而具有的庆幸的、欣喜的、感激的情态。主要有"亏、幸亏、幸好、多亏、好在"等。

逆转与契合。逆转态所指的是，由于对某种情况或现象的主观否定而形成的对立或转折，主要有"倒、反、反倒、反而、其实、当然、自然"等。契合态所指的是，某种情况或现象的发生，正好恰到好处，不期而遇，不谋而合，主要有"正、恰、刚、恰好、恰巧、偏巧、刚好、刚巧、正好、正巧、碰巧"等，山西方言还有"碰巧、可巧"（阳高），"可可（地）"（原平、兴县、临猗），"可妙、实实"（临猗）等。

意愿与将就。意愿态是指比较了两种情况之后而有所选择的意向性情态，主要有"宁、非、偏、宁可、宁肯、宁愿、偏偏、死活、非得"等。将就态是指由于某种原因或条件的限制，致使主观意愿不能完全实现而形成的凑合、容忍而略感遗憾的情态，主要有"就、只好、只得、只是、只有、不得不"等。

（二）结构特点

1. 语气副词的结构同其他几类副词一样，既有单音节单纯词，也有多音节合成词，单纯词如"可""正""就""样（阳城）"等，合成词如"些许"（阳高），"敢是"（原平），"偏其"（兴县），"原本"（交城），"还许"（盂县），"兴许"（阳城、临猗）等。总体来看，合成词较多，单纯词较少。

值得注意的是，语气副词一个明显的特点是，反义联合结构较多，如"反正、高低、贵贱、左右、死活、长短、长圆、好赖、歪好、或长或短"等。这些反义联合词语在各片方言中都表示"无论如何"的意义。

山西方言中，语气副词同其他副词一样，也有由短语词化的成分，如阳高的"不敢定、说不准"、原平的"甚不甚"、阳城的"或长或短"、临猗的"还不胜、还不敌"等，这些成分在句中的功能都相当于一个词。

2. 语气副词也有部分重叠词。例如阳高和兴县的"利利儿"，原平的"彻彻儿偏偏儿、欠欠儿狠狠地、浑浑儿表示事与愿违、本来"，原平、兴县、临猗的"可可儿（地）"，临猗的"实实"和交城的"精精明明"等，还有大多数方言都有的"万万""明明""偏偏"等。以上是完全重叠，部分重叠的还有原平的"险马马儿差点儿",交城的"大模模",阳城的"圪喃喃/实喃喃实实在在"等。

（三）句法功能

山西方言的语气副词大多数情况下只能做状语，少数可以独立成句，与普通话副词的功能基本相同。例如：

大同：（191）他不敢定今儿还来哩不了。

　　　（192）我是高低也干不了。

五台：（193）反正，我明天要走。

　　　（194）你咋呀是把钥匙放咧家里俩了？——没敢定可能。

兴县：（195）早知道文科这来这么不好找工作时地的话，那阵阵哪顶/哪如学上个理科嘞。

　　　（196）这个题我未景就做不出来。这道题我未必做不出来。

交城：（197）快去哇，保不住/备不住还能碰上你家[nie⁵³]每们老师嘞。

　　　（198）长短你得说下块害数数结果嘞。

盂县：（199）甚不甚先把饭吃咾再说哇。

　　　（200）元宵卖完咧没啦？——还许有哩，你看看哇。

阳城：（201）冒是幸亏我半路多了个心，要不是也跟上跌了崖了。

　　　（202）或长或短无论如何你予我说成一句话，不敢再一直推扯了。

浮山：（203）你贵贱别来。

　　　（204）那人虚估可能、记得来过咱村里。

临猗：（205）伢你自不然当然不受这苦，（你多有钱）！

　　　（206）他今个儿来么？——不保险。

语气副词内部小类一般不能叠加共现，与其他副词连用往往位于其他副词前。例如：

五台：（207）他没敢定也来。

　　　（208）他死活不去。

（209）你其实迟早得走。

临猗：（210）你万万不敢去！

（211）不想见他不想见他，可妙在路上就碰着啦。

（212）我还不胜一伙都吃咾，给你剩咾几外几个你还嫌少。

（四）语气副词例举

与普通话基本相同的如"确实、真、的确、就是、难怪、怪不得／怨不得、原来、本来、准保、想必、一定、必定、肯定、兴许、恐怕、也许、大概、毕竟、自然、其实、终究、终归、反正、简直、硬是、绝对、恰巧、分明、恰恰、明明、或许、也、未免、未尝、无非、不妨、莫非、约莫、竟、偏、竟然、居然、偏偏、可、倒、还、岂、难道、究竟、到底、倒是、反、反倒、反而、当然、正、恰、刚、恰好、偏巧、刚好、刚巧、正好、正巧、碰巧、宁可、宁肯、宁愿、死活、宁、非、非得"等。以下主要列举具有方言特色的副词。

表 4-5　语气副词一览表

片属	方言点	语气副词
大包片	阳高	可3 对 [kʰɔ⁵³tuei²⁴]、可3 巧 [kʰɔ⁵³tɕʰiou⁵³]、可3 卯 [kʰɔ⁵³mou⁵³] 碰巧、险乎儿 [ɕie⁵³xuər³¹]、强会儿 [tɕʰiʌŋ³¹²xuər²⁴]、利利儿地 [li²⁴liər²⁴tiəʔ⁰]、正 [tsəŋ³¹]、就 [tɕiɤu²⁴]、真个儿 [tsəŋ³¹kər²⁴]、一圪领儿 [iəʔ³⁴kəʔ³⁴liər⁵³]、迟早 [tsʰɤ³¹²tsou⁵³]、贵贱 [kuei²⁴tɕie²⁴]、横竖 [xəŋ³¹²su²⁴]、好赖 [xou⁵³lei²⁴]、就那 [tɕiɤu²⁴na²⁴]、些许 [ɕie³¹ɕy⁵³]、管也 [kue⁵³iɑ²⁴]、说不定 [suɤ³¹pəʔ³tiəŋ²⁴]、不敢定 [pəʔ³⁴kə³⁴tiəŋ²⁴]、说不准 [suɤ³¹pəʔ³⁴tsuəŋ⁵³]、咋也 [tsɑ³¹iɑʔ³⁴]、看 [kʰɛ²⁴]、到底 [tou²⁴ti⁵³] ／ 究竟 [tɕiɤu⁵³tɕiəŋ²⁴]、又 [iɤu³¹²]、就" [tɕiɤu²⁴]、敢岂 [kɛ⁵³tɕʰiɑʔ³⁴]
五台片	原平	左来 [tsuɤ²¹³læɛ⁰] 本来就、高低 [kɔo²¹³ti⁰] ／ 贵贱 [kuəi⁵³tɕie⁰]、长圆 [tʂʰɔ⁵³yɛ̃⁰]、真个 [tʂəŋ²¹³kɤ⁵³] 真的、甚不甚 [ʂəŋ⁵³pəʔ³⁴ʂəŋ⁵³]、险马马儿 [ɕiɛ²¹³mɑ⁰mɑr²¹³] 差点儿、可可儿 [kʰɤ⁵³kʰər⁵³] ／ 彻彻儿 [tʂʰɔʔ³⁴tʂʰɔr²¹³] 偏偏儿、欠欠儿 [tɕʰiɛ⁵³tɕʰiɛr⁵³] 狠狠地、没敢定 [mə³⁴kiɛ²¹³tiəŋ⁵³] 或许、敢是 [kiɛ²¹³sʅ⁰] 难道是、再咋也 [tsæɛ⁵³tsuɔʔ³⁴iɑ³⁴] 即使再……也、咋也 [tsuɔ³⁴iɑ³⁴] 大概、妥活儿 [tʰuɤ²¹³xuɔr²¹³] 说不定、浑浑儿 [xuəŋ⁵³xuər²¹³] 表示事与愿违，本来

片属	方言点	语气副词
吕梁片	兴县	偏其 [pʰiẽ³²⁴tɕʰi⁵⁵] 偏偏、当亏 [tɤ³²⁴kʰuei⁵⁵] 还说、长圆 [tʂʰɤ⁵⁵yẽ⁵⁵] / 长短 [tʂʰɤ⁵⁵tuẽ³²⁴] / 贵贱 [kuei⁵³tɕiẽ⁵³] 反正、好赖 [xɤu⁵³lai⁵³] 从来；无论如何、确例 [tɕʰyə?³¹²li⁵³] 的确、早敢 [tsɔu³²⁴kæ⁵³] 反正；尽量、就是 [tsɔu³²⁴sʅ⁵³] 就那样、就离 [tsɔu³²⁴⁻³¹²li⁵⁵] 本来就、就 [tsɔu⁵³] 快；轻而易举、真个 [tsəŋ³²⁴kɤ³²⁴] 真的、正人 [tʂəŋ⁵³zəŋ⁵³] 其实；真的、难万 [næ³²⁴uæ⁵³] 万一、利利地 [li⁵³li⁰ti⁵³] 干脆利索、且乎 [tɕʰiɛ³²⁴xu⁵⁵] 差一点、可可地 [kʰɤ⁵³kʰɤ⁵³ti⁵³] / 可正好 [kʰɤ³²⁴tʂʅ⁵³xɔu³²⁴] / 正好 [tʂʅ⁵³xɔu³²⁴]、不敢定 [pə?⁵⁵kæ³²⁴tiəŋ⁵³] 或许、未景 [uei⁵³tɕiəŋ³²⁴] 未必、㞗不地 [mɔu³²⁴pə?⁵⁵ti³²⁴] 可能、咋也 [tsuA³²⁴iɛ³²⁴] 表揣测、大概 [tai⁵³kai⁵³] / 大 [tai⁵³] 揣测、哪顶 [lA⁵⁵tiəŋ³²⁴] / 哪如 [lA⁵⁵zu⁵⁵]、倒究 [tɔu⁵³tɕiou³²⁴] / 究竟 [tɕiou³²⁴tɕiəŋ⁵³]、齐ᵘ [tɕʰi⁵⁵] 尽管、一忙 [iə?⁵⁵mɤ³²⁴] 快速、可 [kʰə?⁵³] 劝告，商量、敢是 [kA³²⁴sʅ⁵³]
并州片	交城	精精明明 [tɕi¹¹tɕi⁰mi¹¹mi⁰] 明明、原本 [yū¹¹pə̃⁵³]、保险 [pou⁵³⁻¹¹ɕiã̃⁵³] 肯定、大模模 [ta²⁴mu¹¹mu⁰] / 大约摸 [ta²⁴iã?¹¹ma?¹¹] / 约摸 [iã?¹¹ma?¹¹]、不敢保 [pə?¹¹kã̃⁵³⁻¹¹pou⁵³] 不敢肯定、贵贱 [kui²⁴⁻¹¹tɕiã̃⁵³] / 死活 [tsʅ⁵³⁻¹¹xuɑ?⁵⁴] 无论如何、保不住 [pou⁵³pə?¹¹tsu²⁴] / 备不住 [pi²⁴pə?¹¹tsu²⁴] 不一定、还许 [xã̃¹¹ɕy⁵³] 也许、哪咨能 [la?¹¹kɑ̃²⁴nã̃¹¹] 哪能、差一点点 [tsʰɑ²⁴iə?¹¹tiã̃⁵³tiã̃⁰]、赏ᵘ当ᵘ山ᵘ [sɤ⁵³tɤ²⁴sɑ̃¹¹] 假如，万一，也许、想见 [ɕiʏ⁵³tɕiã̃²⁴] 估计、说成个甚 [suɑ¹¹tsʰə̃¹¹kuɛ²⁴sə̃²⁴] / 长短 [tsʰʏ¹¹tū⁵³] 无论如何、甚不甚 [sə̃²⁴pə?¹¹sə̃²⁴] / 不管甚 [pə?¹¹kū̃⁵³sə̃²⁴] 不管怎样、倒 [tɔu²⁴] 意外语气、想是 [ɕiʏ⁵³sʅ²⁴] 猜想语气、咋地 [tsa²⁵⁴ti¹¹] 反问语气
	盂县	还许 [xæ̃²²ɕʏ⁴¹²] 也许、佐ᵘ不来 [tsuo⁵³pə?²²lɑɛ²²] / 妥ᵘ反 [tʰʏo⁵³fæ̃⁵⁵] 反正、倒 [tɑu⁵⁵] 意外语气、想是 [ɕio⁵³sʅ⁵⁵] 猜想语气、怎么们 [tsei:⁴¹²mə̃⁰] / 怎么 [tsei:⁴¹²] / 那块 [nai⁴¹²] 反问语气、怎个儿 [tsei⁴¹²kər⁵³]、死活 [sʅ⁵³⁻⁴¹²xuʌ?⁵³]、长短 [tsʰʏo⁴¹²tuæ̃⁵³] 无论如何、准保 [tsuə̃⁵³pɑu⁵³] 一定
上党片	阳城	割忍 [kʌ?²²zə̃ə̃ʅ²¹] 忍痛放弃，多用于商量的语气、自不然 [tsʅ⁵³pə?²²zʅ̩ə²⁴] 相当于"自然"、情 [tɕʰiə̃ʅ²⁴]、敢情 [kɛ²¹tɕʰiə̃ʅ²⁴] 表示完全可以，完全能够、形供 [ɕiə̃ʅ²⁴kuɔŋ⁵³] / 正共 [tʂə̃ʅ⁵³kuɔŋ⁵³] 义同"本来就"、歪好 [vai²⁴xo²¹] 贵贱 [kuai⁵³ɕiɛ⁵³] / 长短 [tʂʰɑ̃ŋ²⁴tuɛ²¹] / 或长或短 [xuə?²²tʂʰɑ̃ŋ²⁴xuə?²²tuɛ²¹] 无论如何、很ᵘ [xɑ̃ŋ²²] ① 快、赶紧、迅速；② 尽管、可也 [kʰʌ?²²iʌ²²] 千万、冒是 [mo⁵³sʅ̩⁵³] 幸亏，多亏、兴许 [ɕiə̃ʅ²⁴ɕy²¹]、样 [iɑ̃ŋ⁵³] 索性、干脆，也可是程度副词"很"、毫厘 [xo²⁴li²¹] 实在、圪喃喃 [kə?²²nɛ²⁴⁻²²nɛ²⁴⁻²²] / 实喃喃 [sə?²²nɛ²⁴⁻²²nɛ²⁴⁻²²] 实实在在
汾河片	临猗	可 [kʰʏ³¹] 反问，转折、死活 [sʅ⁵³xuʏ²⁴]、贵贱 [kuei⁴⁴tɕʰiæ⁴⁴]、反正 [fæ̃⁵³⁻³¹tʂəŋ⁵³]、硬（是）[niəŋ⁵⁵（sʅ⁴⁴）]、自不然 [tsʰʅ̩⁵³pu⁵⁴zɤ²⁴] 表肯定语气、真额ᵘ [tʂə̃³¹ŋʏ²⁴] 真的、怎么 [tsuo³¹mʏ⁰] 无论如何；揣测语气、还不胜 [xa²⁴pu³¹səŋ⁴⁴] / 还不敌 [xa²⁴pu³¹tʰiɛ²⁴]、实实 [sʅ̩²⁴sʅ̩²⁴] 的确、可妙 [kʰʏ⁵³miau⁴⁴]、可可儿 [kʰʏ⁵³kʰʏər⁵³⁻²⁴]、万万 [væ̃⁴⁴væ̃⁴⁴]、兴许 [ɕiŋ³¹ɕy⁵³]、倒 [tau⁴⁴] 意外语气

六、否定副词

否定副词比较简单，主要就是"不"和"没"，"不"在山西所有方言中都存在，"没（有）"兼具动词和副词两种词性，在汾河片和大包片多与普通话相同，并州片和吕梁片多读"没啦""没嘞"，上党片有的是"没哪"，有的是"没（有）"。除此之外，还有"不用""不要"以及两者的合音形式，另外还有"不应""不敢""不顶""休"等。否定副词在句中也主要做状语。例如：

大同：（213）天不咋冷，不用 [piə²¹⁴] 生炉子了。

五台：（214）把这件衣衫给了姐姐哇——不，们我还穿咧。

兴县：（215）这对鞋没嘞那对鞋扎实结实。

（216）不敢往地下坐！

交城：（217）他十八岁就走啦，再也没啦回来过。

（218）饭熟啦没啦嘞？——没啦嘞。

盂县：（219）那块地方自来水还没啦用上哩。

（220）饭中咧没啦？——没啦哩。

阳城：（221）不敢吃铅笔！

（222）年轻轻的，一顿还休不吃三碗饭？

临猗：（223）你先休不要走哩些，再坐坐盲吗。

（224）你还没有 50 岁哩吧？

否定副词也可以与其他副词连用。例如：

五台：（225）他们全不来。

（226）他们不全来。

（227）你们不要 [piɑɔ⁵²] 全来。

（228）你千万不要 [piɑɔ⁵²] 走。

（229）他一直没回来。

（230）他又没嘞来。

　　和普通话基本相同的"不要、不用"等大都没有列出，主要列举具有方言特色的副词。

表 4-6　否定副词一览表

片属	方言点	否定副词
大包片	阳高	甭 [pəŋ³¹²]、不敢 [pəʔ³⁴kɛ⁵³]、没 [məʔ³⁴]
五台片	原平	不 [pəʔ³⁴]、不用 [pəʔ³⁴yəŋ⁵³]、不敢 [pəʔ³⁴kɛ̃²¹³]、没 [məʔ³⁴] / 没嘞 [məʔ³⁴lɤ²¹⁴]
吕梁片	兴县	不应 [pəʔ⁵⁵iəŋ⁵³] 不用、不敢 [pəʔ⁵⁵kæ̃³²⁴] 不可、不顶 [pəʔ⁵⁵ti³²⁴] 不如、没 [mɤ³²⁴]/ 没嘞 [mɤ³²⁴ləʔ⁰]
并州片	交城	不 [pəʔ¹¹]、不敢 [pəʔ¹¹kɑ̃⁵³]、没啦 [məʔ⁵⁴lɑ²⁴] 没有
	盂县	不 [pəʔ⁵⁵]、不敢 [pəʔ⁵⁵kæ̃⁵³]、没啦 [məʔ²²lɑ⁴¹²] / <u>没啦</u> [mɑ⁴¹²]
上党片	阳城	休 [xɐu²²] 不要，别，不、不敢 [pəʔ²²kɛ²¹] 用于祈使句，义同"不要"、没（有） [məʔ²²(iɐu²¹)]
汾河片	临猗	休 [xəu³¹]、不敢 [pu³¹kæ⁵³]、没（有） [mu³¹(iəu⁵³)]

第五章　山西方言的时体系统

第一节　时体研究概述

一、时体研究简述

时体研究在国外很早就开始了，从理论体系方面看，有 Comrie 的经典体系、Smith 的"双部"理论、Binnick 的"三部"理论、Dik 的"五部"理论和 Langacker 的"单部"理论等；从流派方面看，有语言类型学流派、功能语言学流派、形式语言学流派等，不同体系、不同流派的时体理论不尽相同（参见陈前瑞，2008）。

国内的时体研究主要是参照国外学者的理论体系来研究汉语的时体系统。最早可以追溯到黎锦熙 1924 年出版的《新著国语文法》，黎先生认为"了"表完成，"着"等表持续，不过他并未建立起明确的汉语语体范畴。黎锦熙之后，王力（1980）认为汉语有"体"而无"时"，并列举描写了"普通貌""进行貌"等七种情貌（王力称"体"为"情貌"）；高名凯（2010）明确提出了"体"的范畴，并且十分强调"时间"和"体"两个不同范畴之间的区别，他将汉语的"体"概括为"进行体""完成体"等五种，并充分阐述了汉语有"体"无"时"的观点。而吕叔湘（1982）从表达论的角度对汉语"时间"和"动相"的表达方式做了比较详尽的描写，并明确区分时间的"绝对基点"和"相对基点"，这为后来学者对时制问题的研究提供了重要参考。20 世纪 50 年代后期，汉语有"体"无"时"的观点受到了苏联汉学家龙果夫、雅洪托夫和国内学者张秀等人的挑战，他们各自从不同的角度证明汉语中不仅有"体"的范畴，而且有"时"的范畴。而这些观点在当时的学界并没有引起足够的重视，也没有展开进一步的讨论。

20 世纪 80 年代以来，国内时体研究取得长足的进展。影响较大的有李临定（1990）、陈平（1988）、龚千炎（1995）、李如龙（1996）、张济卿（1998）、戴耀晶（1997）、左思民（1997）、李铁根（1999）等多位学者的时制或体貌系统。这些学者基本上都是以普通话为时体研究的对象，这些对后来的研究者都具有很好的启发作用。

进入 21 世纪之后，时体研究也进入一个崭新的阶段，研究更加深入，所建立的时体理论也更加完善，而且方言学界也更加关注时体理论。这时期较有影响的有马庆株（2000），李宇明（2002），金立鑫（2002、2003、2004），李小凡（2004），陈前瑞（2008）等，这些学者主要从共时或历时层面研究普通话的时体系统。

此外，不少学者也开始关注现代汉语方言的时体系统，在我们所见到的文章中，有邢向东（2002、2006），罗自群（2006）等人关于各地方言时体范畴的一些论述，这些论述为现代汉语方言语法研究提供了宝贵的资料和值得借鉴的研究方法。

二、国内影响较大的三个体貌 / 时体系统

下面重点介绍陈前瑞（2008），李小凡（2004）和陆丙甫、金立鑫（2015）有关时体的论述。

1. 陈前瑞的体貌系统

目前国内影响最大的"体"系统当数陈前瑞（2008），陈全面总结了国内外有关体貌的研究成果，共时和历时相结合，充分研究了现代汉语的体貌特征，建立起一个汉语四层级的体貌系统：最高层的是"核心视点体"，包括完整体（外部视点体，标记为词尾"着"）和未完整体（内部视点体，标记为词尾"了"）；其下层是边缘视点体，包括进行体（内部视点体，标记是

"正／正在／在"呢"等）和完成体（外部视点体，标记为句尾"了"、词尾"过""来着"等）；再下层是阶段体，包括起始体（标记为"起来"）、延续体（标记为"下来／下去"）、完结体（标记为补语性的"完／好／过"）、结果体（补语性的"到／得／着"）、短时体（动词重叠式）、反复体（动词复叠）；最下层是情状体，包括状态情状（如"知道／是"）、动作情状（如"跑／玩／唱歌"）、结束情状（如"创造／建造"）、达成情状（如"死／赢"）。四层体貌系统分别归属完整体和未完整体，未完整体包括进行体、起始体、延续体、完结体、状态情状、动作情状；完整体包括完成体、结果体、短时体、反复体、结束情状、达成情状。可以说，这是目前最完备的现代汉语体貌系统，既包括语法手段，又包括词法手段，四层级的最后两级（阶段体和情状体）的体貌标记的语法化程度都不高或者完全是词汇手段。

2. 李小凡的体态系统

李小凡（2004）根据汉语方言和共同语，提出了一个不同于国外也不同于国内大多数学者的现代汉语体貌系统。他认为，现代汉语的体貌系统首先要区分为动态和事态两大类型。动态是从微观角度观察谓词所表示的动作、行为、变化过程中的种种情状；事态是从宏观角度观察句子所表述的事件发生、存在与变化的状况。动态或事态不仅可以单独表示体貌，还可以组合在一起表示体貌，曹广顺（1995）也得出了同样的结论。动态的组合、动态与事态的组合有交融、相容、包容三种方式。交融是两种动态并合，只采用其中一个标记。相容是两种动态加合，同时采用两个标记。动态与事态组合时总是被事态所包容，但仍是两种体貌范畴，两个标记都要采用。在这样的系统下，李小凡把体貌分为动态和事态两部分，"动态既非动词独有的体范畴，又非动词必有的体范畴。表示动作、行为、变化的谓词都有动态范畴，不表动作、行为、变化的动词则无动态范畴。动态均以'体'命名，主要用动态助词标记。现代汉语有完成体、持续体、经历体、继续体、短时体等5种动态"；"事态并非谓词的体范畴，而是肯定句、否定句、疑问句等句子的语法范畴，这是汉语不同于印欧语的一大特点。事态在句末和状语位置上有双重标记（其中一个标记有时羡余）。主标记通常是位于句末的事态语气词，副标记通常是事态状语。事态语气词是事态助词和句末语气词的并合体，事态状语多由事态副词充任。事态均以'态'命名，普通话有已然态、将然态、未然态、正然态、依然态、确然态等 6 种事态"。

3. 陆丙甫、金立鑫的时体系统

从语言类型学角度详细阐述时体系统的是陆丙甫、金立鑫（2015）。该书第九章全面讨论了"时 – 体 – 情态类型"。

该书认为"时"作为一个语义概念，有两个区分，一个是"时位"（事件发生的时间位置），另一个是"时量"（即时段）。在多数语言中，被语法化的通常是时位，时位比时量更重要，所以研究"时"主要是研究时位。"时"在不同语言中有不同的系统，有的是二分系统（过去 – 非过去对立 / 将来 – 非将来对立），有的是三分系统（过去 – 现在 – 将来），还有多分系统（远过去 – 近过去 – 现在 – 近将来 – 远将来）。

该书认为"体"作为一个范畴，主要指由句子中的各种相关成分所表达的核心事件（主句中由主要动词所表达的事件）的状态。并特别强调，"体"是句子层面的范畴，只有句子才可能有"体"的概念，短语和词层面的是另一个问题。"体"包括空间视点体和时间视点体：空间视点体包括完整体和非完整体，一般语法化程度较高，完整体将事态看作有界的格式塔整体，可以是完整时点或完整时段，视点具有高强制性，时段事态的起始点、持续段及终止点均可强制为有界的整体，用完整体表达，视点一旦变换，也可用非完整体。

该书还认为俄语、芬兰语属于空间视点体，汉语和英语属于时间视点体。时间视点体包括完成体和未完成体。完成体只关注事态的终止点，与事态的整体性无关。未完成体不是一个独立的体意义，其内部包括进行体（动作）、持续体（状态）、惯常体以及反复体。

综上所述，不论国外还是国内，学者关于时体的理解不尽相同，本章以山西方言时体事实为基础，以上述三种时体理论为参考，研究山西方言的时体系统。正如陈前瑞（2017：21 页）所说："体（aspect）"侧重虚化的语法形式，"体貌"则涵盖表达体貌意义的各种形式。山西方言"情状体"和"阶段体"都是词汇手段或标记处于半虚化状态，与陈前瑞（2008）所述普通话的特点大同小异，所以本书只讨论山西方言语法化程度较高的时体标记的语法意义。

第二节 山西官话区时体标记与时体系统
——以临猗方言为例

一、临猗方言的"时"标记和"时"系统

先看例句：

（1）甲：你（夜儿个昨天）看电影去去吗你（昨天）看电影去了吗？——乙：去去了。（过去时）

（2）甲：他做嗦"什么"合音去啦他（现在）干什么去了？——乙：看电影去啦。（现在时）

（3）甲：你做嗦"什么"合音也你（要）干什么去？——乙：我看电影也我（要）看电影去。（将来时）

以上三例分别是过去时、现在时和将来时：过去时标记是"去 [tɕʰiⁿ]"；现在时标记是"啦 [laⁿ]"；将来时标记是"也 [iaⁿ]"。关于"去""啦""也"的来源以及语法化问题，我们将在下文进一步讨论，本节只考察三种"时"的对立。

（一）临猗方言的过去时

1."去"的句法功能

上例（1）显示，临猗方言表过去时意义用"去 [tɕʰiⁿ]"，与表趋向的

"去"声韵母相同，区别是趋向动词读去声，过去时标记读轻声。再如：

（4）甲：你（夜儿个）看去么你（昨天）看了吗？——乙：看去看了。

（5）甲：你去去么你去了吗？——乙：去去去了。

（6）村里正月唱戏去。村里正月里唱戏了。

（7）年时清明前后冷去吗？去年清明前后冷了吗？

（8）多乎清明去？哪天过清明节了？

（9）他孩多乎满月去？他家孩子什么时候过满月了？

　　从以上例句可以看出，表过去时的"去"可以出现在动词（包括趋向动词），动宾短语，形容词，名词（节气、节日或具有特殊意义的时间名词）之后——动词谓语句、形容词谓语句、名词谓语句之中。但不论何种句型，"去"一定处于句末，兼有语气词和成句的功能。

　　"去"能出现在否定句中，但有一定的语境限制。例如：

（10）你看电影去么？——去去／看去／没看去。

（11）你给我打电话兀会儿，我没上网去。

（12）* 我不知道你不在太原去。

（13）* 我先头不喝酒去。

　　如上例句，否定句语境下，"去"只能用于行为动作动词之后，只能用"没"做否定词，其他语境中不能出现。另外，"去"不能出现在判断句、被动句、处置式等句式中，也不能出现在表示"过去惯常动作"义的句子中。如果动词的受事带有数量词或动词表示"终结／结果"义，表"过去时"义的"去"都不能出现，这些限制都说明官话区"去"的空间趋向义还没有彻底消失。再如：

（14）* 我先头以前早起跑步去。

（15）* 买咾一挂车去。

（16）* 他 1990 年死去。

　　2."去"的语法意义以及与"过"的异同

　　从上例还可以看出，表过去时的"去"对应为普通话时大多数为"了"，但好像对应为普通话的助词"过"也无不可，因为"去"在临猗方言中既可以表示近过去，也可以表示远过去。也就是说，标记词"去"表达的"时位"都是在说话时间之前发生或实现，说话时间已经不存在所述事件或性状，时间的远近无所谓。"去"的"过去"义与动态助词"过"有相似之处，但二者的表义功能不相同。具体如下：

第一，二者的句法位置不同："过"只能处于谓词后（词尾），"去"只能处于句尾。试比较：

（17）a. 我走北京去。我去北京了。

　　　b. 我走过北京。我去过北京。

第二，二者附着的词性有区别："过"只能出现在动词／形容词性词语之后，与普通话的句法位置一致；"去"则既可以出现在动词／形容词性词语之后，也可以出现在名词性词语之后。

第三，"过"只能表示曾然或"远过去"义，"去"则既可以表示远过去（曾然），也可以表示"近过去"义。试比较：

（18）a. 我将将去去。我刚刚去了。

　　　b. * 我将将刚刚去过。

（19）a. 我年时就吃去。我去年就吃了。

　　　b. 我年时就吃过。我去年就吃过。

（20）a. 前年我就看这电影去。

　　　b. 前年我就看过这电影。

以上例（19）和（20）中事件发生的时间离说话时间都很远，既可以用"去"，也可以用"过"。例（18）是说话前刚刚发生的事，只能用"去"，不能用"过"。值得注意的是，例（18b）在普通话中是可以说的，但在临猗话中不能说，听到这样的话当地人会觉得这是一种"土洋结合"的说法，很奇怪，很可笑。

第四，"过"和"去"都表"曾然"时，意义有区别："去"重在强调"过去"的时点，"过"则重在强调"过去"的经历。如上例（19）"吃去"

是强调"吃"这种行为发生在过去;"吃过"是强调"吃"这一行为是曾经的经历。再如例（20），"看这电影去"是在陈述"看电影"这件事发生在说话之前（至于离说话时间有多远则不重要），"看过这电影"是在陈述"看电影"这件事是曾经的经历。所以我们认为"去"是过去时标记，但"过"不是过去时标记，而是经历体标记。

（二）临猗方言的现在时

1. "啦"的句法功能和语法意义

临猗方言的"啦"是虚化程度最高的"时"标记，除了不出现在过去时与将来时语境中，其他语法功能与普通话的"了2"一致。

A. "啦"的句法功能

如例（2）所示，临猗方言现在时标记是句尾"啦 [la⁰]"。再如：

（21）我吃咾饭啦。

（22）你哥走啦?——走啦。

（23）不下啦，晴啦。

（24）我三外个苹果都没啦。

（25）我页="一外"，即"一个"合音苹果都没啦。

（26）这东西你还要不要啦?

（27）我叫东西送过去啦。

（28）你叫老师训啦?

（29）我都看完这本书啦。

（30）今儿个你就是高中生啦。

（31）今个儿不疼啦?——不疼啦。

（32）枣儿都红啦。

（33）伢孩满月啦。

以上例句显示，"啦"出现的语境既可以是动词谓语句，也可以是形容词谓语句和名词谓语句；既可以是陈述句，也可以是疑问句；既可以是肯定句，也可以是否定句；谓语动词既可以是行为动作动词（活动），也可以是表结果、终结等意义的动词；受事既可以受名词、形容词修饰，也可以受数量短语修饰。

B."啦"的语法意义

我们说"啦"是现在时，前提是句子中没有其他时间词语或提示时间的小句。"啦"的现在时意义重在强调与说话时间的相关性：例（21）中"吃"这一动作也许发生在说话之前，但问话人和答话人所关注的都是在说话这一刻是否"吃啦"；例（22）同理，"走"这一动作发生在说话之前，但问答双方所关注的也是在说话之时"走"这一动作是否已经发生（不论"你哥"是正走在路上还是已经到达目的地）。

例（23）—（33）都是在说话时间发生的事件或产生的性状，或就是说话时间。如"枣儿红""满月""三外个苹果都没啦"等都是说话时刚刚发现的新情况。学界很多学者解释普通话"了2"的语法意义是表示"新情况出现"，其实也是说明"了2"所表示的语法意义与说话时间的相关性。

也有学者提出诸如"走了！走了！"和"吃饭了！"是表示将来时，临猗方言这两句也是"走啦！走啦！"和"吃饭啦！"，但我们认为这种祈使句所要表达的意思是催促听话人"现在"可以"走了"或可以"吃饭了"，都是现在时，如果表示行为、事件即将发生（"即将走"或"即将吃饭"），临猗方言用"也"标记，将在下文分析。

所以句尾"啦"可以表示现在时，重在关注事件、性状等与说话时刻的相关性。

2."哩"的句法功能和语法意义

"哩"也处于句末，在默认语境中表示事件在"说话时刻正在进行或持续"，所以也属于现在时。例如：

（34）（打电话）甲：你做嗺干什么（着）哩？——乙：做饭（着）哩。

（35）甲：鱼还活着吗？——活着哩。

上例中，"哩"都处于句末，例（34）中的"哩"表示动态事件在说话时刻正在进行；例（35）中的"哩"表示静态事件在说话时刻正在持续。由于"哩"与持续／进行体标记"着"经常共现，我们在"体"标记中详细分析。

（三）临猗方言的将来时

1."也"的句法功能

如例（3）所示，临猗方言将来时标记是句尾的"也 [ia⁰]"。再如：

（36）我走太原也。

（37）我想睡也。

（38）下雨也。

（39）你哥走也不？——走也。

（40）推上车都\"子做嗦也？

（41）我明儿个有空也。

（42）吃咾晌午饭她买裙都子也。

（43）我慢后以后天天都走夜校也。

（44）作业下星期就写完也。

（45）我叫作业本搁到这哒也。

（46）不好好干，又想叫人骂也？

（47）我马上就写完三道题也。

（48）我马上就是山大的学生也。

（49）过了清明就不冷也。

（50）明儿个清明也。

（51）孩明儿个就满月也。

上例显示，官话区将来时标记"也"的语法化程度也很高，可以出现在各种句法结构中，几乎没有限制。既可以出现在动词谓语句中，也可以出现在形容词谓语句中，还能出现在名词谓语句中。动词谓语句的谓词既可以是光杆动词，也可以是动宾或动补短语。

2."也"的语法意义

"也"的将来时意义很明显，值得注意的是，如果无其他时间标记时，"也"表示动作、事件或性状即将发生（近将来），但时间较远的将来没有另一标记，也是用"也"标记。试比较：

（52）a. 我孩上大学也。

b. 再过 10 天我孩就上大学也。

c. 再有两年我孩就上大学也。

d. 撵等我到菜市场，人家都（快）散摊也。

很显然，临猗方言"也"表示近将来时无其他时间标记，如例（52a）表示孩子即将上学，是近将来；表示远将来时必须有其他时间标记，例（52b）和（52c）是"将来之将来"，即"远将来"义，必须有"再过 10 天"或"再有两年"等时间标记；（52d）是"过去之将来"义，是回忆自己某天到菜市场的时候，菜市场即将散摊，也必须有参照时间小句（"等我到菜市场"），句子才能成立。

（四）临猗方言过去时、现在时和将来时的比较

从以上分析可以看出，临猗方言的过去时、现在时和将来时都是有标记的，而且标记都是虚化程度很高的助词。我们可以再通过比较，看"去""啦""也"所承担的"时"的功能。

（53）a. 我看去。我看过了。　　　　（过去）

b. 我看啦。我看了。　　　　　（现在，已然）

c. 我看哩。我看呢。　　　　　（现在，正然）

d. 我看也。我将要去看。　　　（将来）

从以上四个最简句式可以看出，在完全无标记的语境中，过去、现在和将来的意义主要由"去""啦""哩""也"承担："去"是表示说话之前的时点，"啦""哩"是着眼于说话之时的时点，"也"是表示说话之后的时点。

去（过去）　　　啦/哩（现在）　　　也（将来）

需要说明的是，因为系统中有"过去时（标记词'去'）"和"将来时（标记词'也'）"，山西官话区的"啦"比普通话"了₂"的使用范围要窄，只用于表示"现在时"，不出现在"将来时"或"过去时"的语境中。

"哩"一般对应为普通话的"呢"，"去"和"啦"都只能对应为普通话的"了"，但在临猗人的语感中，两者是完全不同的，"去"表达的意义与说话之前的时间相关，"啦"表达的意义与说话之时相关，"也"表达的意义与将来相关。"去"对应为普通话也可以是"过"，但正如前文所说，"去"和"过"的意义在临猗方言中有明显区别："去"与"时"相关，"过"与"体"相关。我们可以再比较：

（54）a. 小明夜儿个吃去，今儿个还吃啦。

　　 b. * 小明夜儿个吃啦，今儿个还吃去。

　　 c. * 小明夜儿个看也，今儿个还看去。

（55）a. 小明夜儿个看去，今儿个还看啦，明儿个又看也。

　　 b. * 小明夜儿个看啦，今儿个还看去，明儿个又看也。

　　 c. * 小明夜儿个看啦，今儿个还看也，明儿个又看去。

例（54）和（55）的 a 句都是按照时间先后顺序出现"去""啦""也"，在当地方言中是很正常的说法，b、c 两句的时间顺序与"去""啦""也"所表时间相悖，所以在当地都是不成立的句子。

Lyons 认为，如果在一个 L 语言里，某种语义对立或语义区别是用明确的（explicit）语法手段来编码的，那我们就说这种语义对立或语义区别在 L 语言里已经语法化，变成了语法范畴（转引自吴福祥，2006：67 页）。普通话的一个"了₂"，在临猗方言中要分别用表过去时的"去"、现在时的"啦"和将来时的"也"来对应，三者之间的意义是对立的，而且都已经完全虚化，是完全用语法手段而非词汇手段形成的三种"时"的对立，初步形成了"时"范畴。

当然，在多数语言里，"时"与"体"都不是孤立的，二者不可能截然分开，"时"着重于事件发生的时位，"体"着重于在特定时位上行为/事件进行的各种阶段和状态。因此"时"标记不可避免地有"体"的内涵，如上文官话区的"去""啦"着重表时间，但同时也有"实现/完成"义，前者是表示"过去完成"，后者是表示"现在完成"。"哩"既是"现在时"的标记，也是"进行/持续体"的标记。

二、临猗方言的"体"标记和"体"系统

"体"作为一个范畴，主要指由句子中的各种相关成分所表达的核心事件（主句中由主要动词所表达的事件）的状态，"体"包括空间视点体（完整体/非完整体）和时间视点体（完成体/未完成体）。汉语属于时间视点体。（陆丙甫、金立鑫，2015：207 页）

根据陆丙甫、金立鑫（2015），我们从时间视点体角度观察临猗方言的"体"系统。时间视点体包括"完成体"和"未完成体"，"未完成体"内部又可以包括进行体（动作）、持续体（状态）、惯常体以及反复体。

（一）临猗方言与普通话结构和标记都基本相同的"体"

有些"体"的形式结构，临猗方言与普通话或其他大多数方言大同小异，这里一并列举。

第一，临猗方言的惯常体一般是无标记的，如："日头到东岸升起，搁西岸落下。""他爱吃肉。""小张天天早起早上跑步。"这与普通话基本相同。

第二，反复体，陈前瑞（2008）总结汉语普通话有"加叠"（如"打打骂骂"）、"对叠"（如"东瞧瞧，西看看"）、回叠（如"谈了打，打了谈"）、某些形式的完全复叠（如"忽闪忽闪"）、某些形式的间接复叠（如"走啊走"）等。临猗方言的反复体也基本超不出这几个类型。

第三，用重叠形式表示量小（"小量体"或"短时体"），临猗方言与普通话也基本相同。不同的是，临猗方言的重叠式，前一音节是长音节的，如

"试试 [ʂʅ:⁴⁴ʂʅ⁰]""走走 [tsəu:⁵³tsəu⁰]",长音节应是"一"脱落声韵只保留时值的结果。

第四,继续体在临猗方言中不发达,可以用补语"下去"标记,如"照这么赔下去,老本就赔光啦"。也可以用"往下"介词短语标记,如"他停了停,喝了口水,又往下说起啦"。可以看出,临猗方言的继续体基本上是词汇手段标记,与普通话大同小异。

第五,临猗方言的经历体与普通话相同,都是用词尾的"过"标记。关于"过"与"去"的区别,前文已有讨论,这里不再赘述。

以上五点本书不做专门讨论,本书重点讨论临猗方言的完成体、进行 / 持续体和起始体。

（二）临猗方言的完成体

完成体只关注事态的终止点,事态是否具有整体性并不关注（陆丙甫、金立鑫,2015）。临猗方言完成体意义的主要承担者是"咾 [lau⁰]"。

1. 咾

临猗方言"咾 [lau⁰]"的句法分布和语法意义与普通话的"了1"一致,可以独立承担完成体意义。例如:

（56）他吃咾两外馍馍。他吃了两个馒头。

（57）水流咾一夜。

（58）我吃咾饭就走。

（59）我买咾十斤鸡蛋。

（60）甲:这亩地今年收咾多少苹果? ——乙:收咾 2000 斤苹果。

以上完成体也可以从空间视点角度看作完整体,即外部视点体（陈前瑞,2008）。

作为完成体标记一般只用于陈述句和疑问句,祈使句中的"V 咾"是说者命令、规劝或希望听者完成。例如:

（61）叫饭都吃咾! 把饭都吃了!

（62）我顾不得，你叫麦给咱收咾吧。我顾不上，你把麦子给咱收了吧。

"咾"的句法位置是附着在谓词之后，如果没有别的完成体标记（如"啦"），"咾"在以上句子中是不可或缺的。例如：

（63）*他吃两外个馍馍。

（64）*水流一夜。

（65）*我吃饭就走。

（66）？我买十斤鸡蛋。

（67）*甲：这亩地今年收多少苹果？——乙：*收 2000 斤苹果。

显然，以上例句删除"咾"或者不成立，或者不再是完成体（如"我买十斤鸡蛋"）。

"咾"在一般语境中表达现在完成义，如果句中有其他时间词语，"咾"也可以出现在表达"过去完成"或"将来完成"的语境中。例如：

（68）夜儿个晌午我吃咾两碗饭。

（69）今儿个早起没有吃饭，肚饥哩不行啦，我今晌午肯定能吃咾三碗饭。

所以，"咾"表达的是现在完成时，过去完成或将来完成义需要用词汇手段表达。

如前所述，"时"标记虽着重表达"时"意义，但同时也有一定的"体"的功能，因此临猗方言过去时标记"去"和现在时标记"啦"也在一定程度上具有"完成／实现体"的意义。不再赘述。

2. "咾"与"啦"共现

正如李小凡（2004）、陈前瑞（2008）所述，"咾"是谓词的词尾标记，"啦"是全句句尾的标记，两个标记词在句子中处于互补分布。例如：

（70）甲：你吃咾饭啦么？——乙：吃啦。

（71）甲：看咾几遍啦？——乙：看咾三遍啦。

（72）他吃咾就走啦。

（73）柿都ⁿ柿子红咾就能吃啦。

（74）清明咾就不冷啦。

上例（70）、（71）都是由一个小句构成的单句，前者谓语是动宾结构，后者谓语是动补结构。"咾"附着于谓词词尾，"啦"附着于全句句尾。"啦"主要担负现在时的功能，同时具有完成体意义。

例（72）、（73）是另一类，全句分别由两个小句构成，前一小句的标记是"咾"，后一小句的标记是"啦"，二者构成条件关系：只有前一小句的动作完成或性状实现，下一小句的动作或性状才能完成或实现。如例（72）只有"吃"这一动作完成，"走"这一行为才能实现；例（73）只有"柿都￝子红"成为现实，"吃"这一动作才能实现；例（74）只有"清明"节气到来（实现），"不冷"才会成为现实。所以我们认为，"咾"和"啦"共同担负完成义的语义功能，而且"咾""啦"共现，如果没有别的时间词限制，"啦"默认是现在时。

值得注意的是，刘勋宁（2002）首先注意到北京话本来的标准句型是"V了O了"，例如：

△我回（了）家了。

△我吃（了）饭了。

△我去（了）公园儿了。

△我买（了）三个了。

△我打（了）二两油了。

陈前瑞（2017）通过对语料的分析（《朱子语类》《金瓶梅》《红楼梦》《儿女英雄传》《四世同堂》及王朔小说），发现双"了"句从南宋以来经历了由少到多，再由多到少的过程，特别是清代前后出现了戏剧性的暴涨暴跌。他认为除了语言因素外，与满语对北京话的影响密不可分。

吴福祥（2006）全面分析了"强制性/非强制性""形态的黏着性"等方面对语法范畴的影响与制约作用，区分了"典型的语法范畴"（强制性范畴）和"非典型的语法范畴"（非强制性范畴），认为词汇范畴、非强制性语法范畴和强制性语法范畴是一个连续统，汉语的体标记"了""着"不具有强制性，是由话语驱动的，即为了避免冗余使用（信息冗余）。"了""着"

虽不是典型的语法词，语法化程度不很高，但都属于附着词，是语法层面而非词汇层面的标记。

结合学界对双"了"句的分析，考察临猗方言的"咾""啦"共现句，我们发现，如果谓语中心是动作动词，临猗方言的双"了"句中的"咾"在任何语境中都不可删除。例如上面刘勋宁所举例子在临猗方言中的说法是：

（75）我回咾家啦。

（76）我吃咾饭啦。

（77）我去咾公园儿啦。

（78）我买咾三外个啦。

（79）我打咾二两油啦。

以上例句只有（75）的说法当地人会感觉有点"文"，当地更地道的说法是"我回咾屋家啦"，其他例句都是非常地道的方言说法。例（75）只是在非强调语境中"咾"多弱化为 $[au^0]$（声母脱落），"啦"也经常弱读为 $[a^0]$。但不论怎么弱读，动作动词后"咾"的句法位置仍然很清楚，一般不可删除。如果是心理动词或存在动词，"咾"不会出现，如下例（80）。所以北京话的双"了"句中"了1"有消失的趋势，但目前临猗方言中两个标记仍然存在，只是新派说法中"咾"在上述结构中已经有消失的迹象。

不过值得注意的是，临猗方言的"咾"和"啦"相比，前者不如后者自由，试比较：

（80）a. 强孩知道这事。

　　　b. 强孩知道**咾**这事，气（哩）一夜没睡着。

　　　c. 强孩知道这事**啦**。

上例 a 句是客观、静态的陈述；b 句用"咾"附着于"知道"之后，使句子变得不自足，后面必须有另一小句，否则前一小句不能独立成句；c 句在句尾加"啦"，既表完成义，又有成句作用，完全可以独立成句。所以，在表示现在完成体意义时，"啦"比"咾"的作用更显赫。

3."咾"更倾向于"体"意义，"啦"更倾向于"时"意义

如前所述，"时"和"体"虽然属于不同的语法范畴，但在大多数语言中，二者之间属于"剪不断，理还乱"的关系，没办法截然分开。我们考察临猗方言的"咾"和"啦"，发现"咾"虽与时间有关系，但更多倾向于"体"意义，而"啦"虽与"体"有关系，但更多倾向于"时"意义。试比较：

（81）a. 甲：他一么现在走太原去啦么？——乙：没哩，他**吃咾**饭就走也。

　　　b. 甲：他一么现在走太原去啦么？——乙：去啦，他**吃咾**饭就走啦。

　　　c. 甲：他（夜儿个昨天）走太原去去么？——乙：去去。他（夜儿个）**吃咾**饭去去。

上例（81）中，a 句的"咾"除了标记"吃"的动作完成之外，含有假设关系：即如果"吃"这一动作完成，将发生下一动作"走"，"也"标记"走"发生在说话时间之后；b 句的"吃咾"出现在现在时语境中："吃"的动作完结后立即发出了"走"的动作，而且"走"的动作在说话时刻已经发出，用"啦"表明句子的着眼点是"走"的动作与说话时间的相关性；c 句是过去时，句末"去"标记动词"去"与说话时间无关（说话时间"去"的动作已经彻底结束，动作人已经从太原回到说话地点），但过去时句子中"咾"同样可以标记动作的完成。即：

　　a. V1+ 咾 +V2+ 也　　（将来时）

　　b. V1+ 咾 +V2+ 啦　　（现在时）

　　c. V1+ 咾 +V2+ 去　　（过去时）

很明显，不论句子是过去时、现在时还是将来时，"咾"都可以附着于 V1 之后，标记动作完成或性状、事件的实现。而"啦"虽也能表示"完成体"意义，但只能出现在与说话时间相关的语境中，如果动作或事件发生的时间与说话时间无关（将来时或过去时）就不能用"啦"。所以我们认为，"咾"更多倾向于"体"意义，"啦"虽也具有"体"意义，但更多倾向于"时"意义。

另外需要说明的是，临猗方言也可以用"上 / 下"表示行为动作或事件

的完成，如"买下车票啦""蒸上馍馍啦"。但"上／下"仍未彻底虚化，都还是处于补语位置，用词汇手段表达完成，而且句末的"啦"不可或缺，所以这里不做专门讨论。

（三）临猗方言的进行体与持续体

进行体是动作或活动的持续，持续体是一种状态的持续。例如：

（82）我（正）吃饭着哩。

（83）画儿在墙上挂着哩。

上例（82）是进行体，（83）是持续体。进行体和持续体标记都可以用"着"，但"着"和"哩"往往连用。如前所述，"哩"是现在时（正然）标记，同时也是进行／持续体的标记。

1. 进行体

A. 进行体的表现形式

进行体是指行为动作正在进行，也可以说是一种动态的持续。所以谓词都必须是表示行为动作的动词且这类动词都具有［＋持续］义，［＋瞬间］义动词进入进行体句子表示这一动作在反复进行。进行体的句子如：

（84）甲：你（正）做嗫干什么（着）哩？——乙：（正）看电视（着）哩。

（85）甲：你快回来啦吗？——乙：（正）在路上走着哩。

（86）（打电话）甲：你敲（一）敲他门，看他在么？——乙：我（正）敲着哩。

（87）孩（正）写作业（着）哩，休打搅他。

从上例可以看出，临猗方言的"着"与普通话的位置不同：普通话的"着"只能附着于谓词之后，而临猗方言的"着"必须在句末，处于句末助词"哩"之前。再比较：

普：台上唱着戏。　　　普：教室里上着课。

临：台上唱戏着哩。　　临：教室里上课着哩。

显然，临猗方言进行体标记"着"也处于句尾（宾语之后），不过一定是在句尾标记"哩"的前面，"着"与"哩"两个标记应该是叠加关系。

B.“哩”“着”“正”三个进行体标记的分布

从上例还可以看出，临猗方言进行体可以用副词“正”、助词“着”和句尾“哩”共同担负，但副词“正”可以省略，“着”在大多数语境中也可以省略，只有句尾“哩”任何语境中都不可省略。试比较：

（84′）a. 甲：你做嗦干什么哩？——乙：看电视哩。

　　　b. 甲：*你正做嗦干什么？——乙：*我正看电视。

　　　c. 甲：*你做嗦干什么着？——乙：*我看电视着。

　　　d. 甲：*你正做嗦干什么着？——乙：*我正看电视着。

上例中，a 句删除了“正”和“着”，句子意义基本不变，而且能自足成立；b 句删除了“哩”和“着”，只保留了副词“正”，c 句删除了“正”和“哩”，只保留了“着”，d 句删除了“哩”，保留了“正”和“着”，这三句在缺“哩”的情况下都无法自足成立。

不过，如果谓语是光杆动词，必须最少有两个标记词共现，只能删除一个。试比较：

（88）a. 甲：你赶紧吃饭么！——乙：我吃**着**哩。

　　　b. 甲：你赶紧吃饭么！——乙：我**正**吃哩。

（89）a. 甲：你走起啦么？——乙：我走**着**哩。

　　　b. 甲：你走起啦么？——乙：我**正**走哩。

（90）a.（打电话）甲：你敲门啦么？——乙：敲**着**哩。

　　　b.（打电话）甲：你敲门啦么？——乙：**正**敲哩。

以上三句的谓语都是光杆动词，a 句都是删除了“正”，b 句都是删除了“着”，a 句和 b 句在临猗方言中都是成立的句子，表义功能基本相当。

所以，临猗方言进行体中，最主要的“体”功能承担者是句尾的“哩”，任何语境中都不可删除，“着”和“正”只有辅助功能，没有独立承担进行体的功能。三个进行体可以构成蕴含关系：

正／着⊃哩

但“哩”可以分别和“正”与“着”两两共现，也可以三者共现。

例如：

（87′）a. 孩写作业哩，休打搅他。

　　　b. 孩正写作业哩，休打搅他。

　　　c. 孩写作业着哩，休打搅他。

　　　d. 孩正写作业着哩，休打搅他。

上例 a 句只有句尾"哩"独自承担进行体功能，b 句是"正"与"哩"共现，c 句是"着"与"哩"共现，d 句是"正""着""哩"三者共现，这些句子在临猗方言中都是成立的，相比较而言，"着""哩"共现的使用频率更高些，三者共现多在强调语境中出现。

还需要说明的是，动词后面可以带宾语，但动词不可以带结果补语（如"做完"）、时间补语（如"做三小时"）、动量补语（如"看三次"）等，这方面与普通话基本相同，不再赘述。不过，"第 + 动量词"可以进入表进行体义的句子中，例如：

（91）我（正）看第三遍（着）哩。

这是因为"第 + 动量词"已经是名词性词语了，所以"第 + 动量词"在这类结构中相当于宾语，而非补语，与进行体意义不矛盾。

C. 过去进行体和将来进行体

以上标记出现语境都是"现在进行体"。如完成体一样，"过去进行体""将来进行体"与"现在进行体"的标记词相同，只是句子中必须有表达"过去"或"将来"的时间词或小句共现：

（92）我夜儿个回到屋我昨天回到家，她正做饭（着）哩。

（93）明儿个这个时候，我正往火车站走（着）哩。

上例（92）是过去进行时，（93）是将来进行时。两个例句中句尾的"哩"不可缺省。显然，"哩"在默认语境中都是现在时，要表达"过去 / 将来"义必须添加表"过去 / 将来"义的词语。

值得注意的是，过去进行体和将来进行体的共同特点，也是与现在进行体共同的区别是——现在进行体中，副词"正"是可有可无的，但过去进行体和将来进行体中的"正"却是不可或缺的，删除"正"句子便很不自然。

通过比较我们发现，"着"和"哩"着意于动作进行的阶段（正在进行／持续中）；而"正"着意于动作与参照时间的相关性，所以如果是现在进行体，句子中不出现任何时间词或提示时间的小句，默认时间就是现在，那么"正"可有可无，只在强调时间的语境中出现；如果不是现在进行体，句子中出现了不同于说话时间的参照时间，"正"就必须出现，提示动作与句中的参照时间有密切关系。

2. 持续体

A. 持续体的表现形式

持续体表示某种状态正在持续，是静态持续。谓词多为表持续义的动词、形容词。例如：

（94）他等我着哩。

（95）金鱼还活着哩。

（96）孩在南厦睡着哩。

（97）你脸还红着哩。

（98）这两天还冷着哩，不敢脱棉袄。

以上例句都是一种静态的持续，即"等（我）着""活着""睡着""红着""冷着"等状态在说话时正在持续。

B. 持续体与进行体的异同

第一，持续体与进行体的共同点是：二者都既可以用"着"做标记，也可以用"哩"做标记，"着"与"哩"经常叠加连用。

第二，持续体与进行体的区别是：首先，临猗方言持续体标记不能单用"哩"，也不能单用"着"，必须是"着"与"哩"叠加连用，如上例（94）—（98）。再比较：

（99）他（正）打电话（着）哩。（进行体）

（100）日头（正）红着哩。（持续体）

（101）鱼（还）活着哩。（持续体）

（102）他（正）在椅都＝子上坐着哩。（持续体）

以上例句显示，持续体都是静态的，谓语多是单音节的动词或形容词，"着"和"哩"都不可删除，"正"在大多数语境中可有可无，但在静态动词（"活"）句中不能出现。

值得注意的是，临猗方言持续体和进行体的边界并不清楚，从不同角度看，既可以是进行体，也可以是持续体。例如：

（103）他（正）睡觉（着）哩。

（104）我（正）在火车上哩。

上例（103）中，"正""着"和"哩"可以共现，但"正"和"着"都可以删除，不过，删除"正"意义基本不变，而删除"着"后，更像进行体，即"睡觉"这一行为正在进行，"着""哩"共现，更像持续体，表明"他"的状态是处于"睡觉"这一静态持续中。例（104）的谓语动词是"在"，"在"既可以理解为一个表示存在义的静态动词，也可以理解为一个表示"正在"行动的动态动词，这句中"在"的意思应该是后者，因此这句话不能加"着"，只能用"哩"做标记，"正"可有可无，是典型的进行体形式。

C. 临猗方言静态存现句与普通话的区别

普通话的动态存现句与临猗方言的区别已在上文中有所分析。静态存现句，即"NP处所＋V＋着／了＋NP人／物"，在临猗方言中很少能说，尤其是"存现动词＋着"类，临猗方言与普通话的语序正好相反。试比较：

普：墙上挂着一幅画。　　　　　普：台上坐着主席团。

临：a. 一幅画在墙上挂着哩。　　临：a. 主席团在台上坐着哩。

　　b. 墙上有一幅画儿。　　　　　　b. *台上有主席团

　　c. 墙上挂奈的画儿。　　　　　　c. 台上坐奈的主席团。

普：门上贴着对联。　　　　　　普：台上架着炮。

临：a. 对都＝对子在门上贴着哩。　临：a. 炮在台上架着哩。

b.？门上有对都＂对子。　　　　　b. 台上有炮。

c. 门上贴奈的对都＂对子。　　　　c. 台上架奈的炮。（静态持续）

　　　　　　　　　　　　　　　　　台上架炮着哩。（动态活动）

　　如上例显示，普通话的"V 着"类静态存现句在临猗方言中都不能说，最自然的表达就是 a 句"NP 人 / 物 + 在 +NP 处所 +V 着 + 哩"的结构。b 句是"有"字句，虽也能表静态持续，但其语义重点是表示存在。c 句是"NP 处所 +V+ 奈的 +NP 人 / 物"结构，虽隐含着静态持续，但重在描摹人 / 物所处状态。所以表示静态持续义最自然、最高频的说法是 a 句。

　　3. "着"与"哩"

　　总体来说，"着"是"持续 / 进行体"的标记，"哩"是兼"现在时（正然态）"和"持续 / 进行体"的标记，这是因为"正然态"义与"进行 / 持续"义有交叠，两种意义在标记"哩"中获得了交融。

　　同时我们还认为，进行体和持续体中的"着""哩"是叠加关系，不是复合式标记，这是因为从语料的分析和当地人的语感来看，"着"与 V 或 VP 的关系更紧密，这从静态持续句中看得更清楚，例如"醒""活"这种表示"持续"和"静态"的动词，在任何语境中都不可以单说，单独回答问题时必须附着"着"，即"醒着""活着"，例如：

　　（105）a. 你醒着么？——醒着哩。

　　　　　　b. 你吃么？——吃哩。

　　（106）a. 鱼还活着么？——活着哩。

　　　　　　b. 你看么？——看哩。

　　从以上这两句我们能明显感觉"醒""活"虽是动词，但其意义表达的是一种静态或状态，必须附着"着"意义才完整，因此"着"与"醒""活"这类动词虽未词化，但联系显然更紧密，"哩"则是标记"醒着""活着"这种状态一直在持续中。其结构应是：

　　活着 | 哩。

因"着"与动词的联系更紧密，只是"进行 / 持续体"标记，"哩"附着于全句末，在表达"进行／持续"义的同时，兼有"现在时（正然态）"的功能。

（四）临猗方言的起始体

起始体即表示事件、状态或行为动作的开始阶段。起始体的标记词临猗方言与普通话都是用"起"，临猗读作 $[k^hei^0]$。例如：

（107）下起雨啦。开始下雨了。

（108）孩又哭起啦。孩子又开始哭了。

（109）天晴起啦。天开始放晴了。

（110）枣儿红起啦。枣儿开始红了。

从上例可以看出，尽管起始体标记词相同，临猗方言起始体与普通话之间还是有一定区别，区别最大的是，临猗方言"起"的语法化程度更高，可以出现的语境更加宽泛。试比较：

普：下起雨（来）了。　　　　　　普：他开始走了。

临：下起雨啦。开始下雨了。　　　临：他走起啦。

普：天开始放晴了。／？天晴（起来）了。　普：枣儿红了。／枣儿开始红了。

临：天晴起啦。天开始放晴了。　　　　　临：枣儿红起啦。枣儿开始红了。

从上例可以明显看出，临猗方言的"起"已经完成了"空间→时间"的语法化过程，所以几乎所有的动词、形容词在表达起始义时都可以用"起"做标记，但普通话的"起／起来"的语法化程度还很低，所以大多数语境中还不可以直接成为起始体的标记。

另外，临猗方言"上"也能表示起始，如"你都吃上饭啦开始吃饭了？"也是趋向补语做标记，但使用范围很窄，只能用于人"吃饭"等很有限的语境中。"上"更多用于"完成时"标记，如"我蒸上馍馍啦"，但使用范围也较有限。

所以，临猗方言起始体标记的语法化程度较高，虽还未完全虚化，但其功能已经开始泛化，是一个较为成熟的"体"标记助词。

第三节　山西晋语区时体标记与时体系统

山西晋语区和官话区的时体标记和时体系统虽不尽相同，却有着整齐的对应规律。就山西晋语区内部的时体标记和时体系统而言，也是共性较大，差异较小，所以这里不分开描写而做综合讨论。

一、晋语区的"时"标记和"时"系统

山西晋语区和官话区一样，大多数方言都是三分的"时"系统。

（一）晋语区的过去时

1. 过去时标记"来"

晋语区的过去时标记大多数都是"来"，读音各片略有差异，具体如表5-1：

表5-1　山西晋语区各片方言过去时标记词"来"的读音

并州片		吕梁片		上党片		五台片		大包片	
太原	平遥	兴县	临县	长治	晋城	忻州	朔州	浑源	左云
[lai⁰]	[læ⁰]	[lei⁰]	[lεe⁰]	[lε⁰]	[lε⁰]	[læ⁰]	[lε⁰]	[læ⁰]	[læ⁰]

晋语区的"来"与晋南官话区的"去"意义基本相当，表示动作行为、事件或性状在说话之前已经发生、完成或实现。例如：

（1）我去来。（大包片，左云）

（2）他去太原去来。（五台片，原平）

（3）村里正月唱戏来。（并州片，介休）

（4）兀家他进来来没啦？——进来来。（并州片，平遥）

（5）还疼来？——还疼来。（并州片，太原）

（6）兴县每日以前可穷来咧。（吕梁片，兴县）

（7）你作甚的去来咧？——我看唱的去来。（吕梁片，汾阳）

（8）甚时候清明来？——三月初八（清明）来。（上党片，晋城）

（9）这个花半个月前还红来。（上党片，长治）

从上例可以看出，"来"可以出现在没有任何表示过去时间词语的句子中，如上例（1）、（2）、（4）、（5）、（7）句，也可以出现在有时间词语的句子中，如上例（3）、（6）、（8）、（9）句。无论有无时间词做参照，"来"都表示"过去时"义，即句中所述事件、性状在说话之前已经发生、完成或实现，与说话时间无关。

晋语区的"来"与晋南官话区的"去"一样，都处于句尾，既可以出现在动词谓语句中，也可以出现在形容词谓语句中，还可以出现在名词谓语句中。

与官话区的"去"相比较，"来"的句法分布要广泛得多：既可以出现在肯定句中，也可出现在否定句中；既可以出现在判断句、被动句、处置式等句式中，也可以出现在表示"过去惯常动作"义的句子中；动词的受事带有数量词或动词表示"终结 / 结果"义时，句末也可以用"来"表示"过去时"义。例如：

（10）你家 [niε²⁴] 你们还没啦做作业来？——没啦来。（吕梁片，方山）

（11）你给我打电话的那阵阵我没上网来来。（五台片，偏关）

（12）我不知道你不在太原来。（并州片，阳曲）

（13）我以前不喝酒来。（上党片，晋城）

（14）兀家们是学生来。（并州片，孝义）

（15）夜儿黑夜昨晚我叫一个警察给拦来来。（五台片，偏关）

（16）你着被人打来？（并州片，榆社）

（17）警察把我拦住来。（并州片，太原）

（18）那家他还没啦没有戒咾烟的兀会儿那会儿，吃烟抽烟吃得可凶来嘅。（吕梁

片，方山）

（19）王强夜个昨天买兰＂了一挂辆车来。（上党片，晋城）

（20）他是 1990 年死的来。（上党片，阳城）

上例（10）—（13）是"来"出现于否定句中，否定词既可以是"没"，也可以是"不"；例（14）是判断句；例（15）、（16）是被动句；例（17）是处置式；例（18）是形容词谓语中心受程度副词"可"修饰（"可凶来"）；例（19）是受事宾语受数量短语修饰（"买兰＂一挂车来"）。

值得注意的是，例（20）动词"死"表"终结／结果"义，相当于普通话"他是 1990 年死的"，这句话在晋语区可以用"来"标记"过去时"义，但前提是动词之后必须有一个相当于焦点标记的"的"，否则句子不成立。试比较：

（20′）a. *他是 1990 年死来。

　　　　b. 他是 1990 年死的来。

上例 a 句不成立，是因为句子默认语境着眼"死"这种"状态／事件"发生的时间，但"死"这一状态／事件一旦发生，会一直持续，不会改变，如果用"来"表"过去时"义，就好像他 1990 年死过，现在是"活"的状态，这种有悖常识的说法在口语中当然不成立。但 b 句在"死"后加焦点标记"的"，标明本句的焦点不是状态／事件，而只是关注"死"这一行为动作发生的时间，"来"表示动作"死"发生在 1990 年（过去），与说话时间无关，所以这句在当地方言中就是成立的。再如上党片晋城方言：

（21）a. 我 1990 年上大学来。（关注"状态／事件"发生的时间）

　　　　b. 我 1990 年上呢＂的大学来。（关注"动作"发生的时间）

上例 a、b 两句都成立，但两句关注点不同：a 句关注"上大学"这一事件／状态发生的时间，"来"表明这一事件／状态发生在过去，与说话时间无关，比如说话时已经工作；b 句用焦点标记"呢＂的"表明本句话关注的是"上大学"这一行为动作，用"来"表明这一行为动作的结束时间与说话时间无关，发生在 1990 年（过去）。山西方言这种区别值得关注。

　　另外需要说明的是，晋语区的过去时标记可以是复合式的"来来、来咧、来了、来嘅"，关于这些复合式标记的分布及成因，将在下文分析。

　　据调查，"来"在全国部分方言中都有所保留，如济南、西安、徐州、柳州、金华、广州等方言。

　　2."来"与"过"比较

　　我们在前文分析了山西官话区"去"与"过"的异同，山西晋语区"来"与"过"也同样具有这样的差别。

　　第一，二者的句法位置不同。"过"只能附着在谓词之后，"来"只能出现在句末。

　　第二，"过"附着在谓词之后，谓词只能是动词或形容词性的词语；"来"在句末，既可以出现在动词谓语句中，也可以出现在形容词谓语句中，还可以出现在名词谓语句中。

　　第三，在大部分晋语区，"过"只能表达"曾然"义，即"远过去"，但"来"既可以表达"远过去"义，又可以表达"近过去"义。例如中北区偏关方言：

（22）a. 我将将去去来来。我刚才去了。

　　　　b. * 我将将去过。

（23）a. 我年时就吃来来。

　　　　b. 我年时就吃过。

（24）a. 前年我就看这个电影来来。

　　　　b. 前年我就看过这个电影。

　　以上例句中，偏关方言的过去时标记是复合的"来来"。上例（22）表示"近过去"义，"来"可以出现，"过"却不可用；例（23）、（24）是表示"远过去"义，"来"和"过"都可以出现。经我们调查，山西晋语区大多数方言的"来"既可以表达"近过去"义，又可以表达"远过去"义，与普通话的"来着"有所不同。

　　第四，值得注意的是，在山西晋语区，有相当一部分方言"近过去"也可以用"过",我们调查发现大包片、并州片、吕梁片、上党片都存在"过"可以表示"近经历"的说法。例如：

（25）我将将吃过苹果，这小乎现在不吃啦。（上党片，平顺）

（26）我将将去过。（并州片，平遥）

根据我们的调查，普通话的"过"也能表示"近经历"义。例如：

（27）然而你在我们**刚刚**采访之前又说**过**，我的舞台剧不是你印象中的话剧。

　　　（杨澜访谈录 II）

所以我们认为"过"与"来"不是"近经历"和"远经历"或者"近过去"和"远过去"的区别。"来"和"过"的本质区别应该是"来"更着重于动作行为、事件、性状等发生、完成或实现的"时点"（说话时的"过去"），而"过"更关注行为、事件、性状等是曾经的经历。这从"来"与"过"出现的语境可以看出。例如平遥话：

（28）a. 甲：你去去我三姑家吧？——乙：我将将去来。

　　　　b. 甲：你去过我三姑家嘞没啦咧？——乙：我将将去过。

（29）a. 甲：我今日给你捍荷：拿了点好吃的，可好吃嘞。——乙：（不屑地）我年时去年就吃来。

　　　　b. 甲：看看兀家捍的块是甚看看他拿的那（吃的）是什么？我们没啦没有吃过。——乙：我年时就吃过。

（30）a. 甲：我们今天看这个电影吧？——乙：前年我就看（这电影）来。

　　　　b. 甲：你看过这个电影没啦咧？——乙：前年我就看过（这电影）。

上例都是在对话语境中出现，a 句是"来"字句，b 句是"过"字句，二者语境有区别：例（28）a 句中甲建议乙"去三姑家"，乙回答说"去来"，是表示在甲提议之前"去三姑家"的事件已经完成，强调的是"时点"；b 句中甲问乙是否去过三姑家，乙回答说"去过"，表示"去三姑家"已经经历。例（29）中甲告诉乙自己给他带了点好吃的（以为对方没吃过），乙不屑地回答说"年时去年就吃来"，是强调"吃好吃的"发生的时间；而 b 句中甲觉得自己和乙都没有吃过所看见的东西，乙回答说自己"年时去年吃过"，是强调曾经的经历。例（30）是甲邀请乙看电影，乙回答说前年就"看来"，也是强调"时点"；b句甲问乙是否看过，乙回答"看过"，甲、乙关注的都是乙是否"经历"。

所以，针对问者的发问，答者既可以用"来"回答，侧重"时点"，也可以用"过"回答，侧重"经历"，还可以同时关注，答句中"过""来"共现。再如太原小店方言：

（31）a. 甲：你看这电影来？——乙：前年我就看（这电影）来。

b. 甲：你看过这个电影来没啦？——乙：前年我就看过这个电影。/ 前年我就看这个电影来。/ 前年我就看过这个电影来。

上例（31）a句甲侧重问"时点"，即说话时间之前是否看过这电影，乙也就侧重"时点"回答说"看来"。b句是甲问有没有看过这电影，既可以理解为询问"经历"（问句用"过"），也可以理解为询问"时点"（问句中也出现了"来"），还可以理解为既询问"经历"，又询问"时点"。乙的第一个回答是着重"经历"，用"过"；第二个回答是侧重"时点"，用"来"；第三个回答则是同时回答了"经历"和"时点"，"过"与"来"共现。选择怎样回答，一是看问话人的角度，二是看答话人对问话人所提问题的理解，根据理解选择角度回答。再如离石方言：

（32）甲：谁吃过这东西来？——我吃过（这东西）来。

（33）甲：你看过这个电影没啦来嘞你看过这个电影没有呢？——看过（这个电影）来。

上例中，"过"附着于动词"吃 / 看"之后，"来"处于句末，"过"着重"经历"义，"来"着重"过去"的时间义，二者在分布上和功能上都属于互补，所以可以在同一句中共现。实际上，此说法在山西晋语各片方言中几乎都能找到。

所以，我们认为，"来"与"过"没有"近经历 – 远经历"或"近过去 – 远过去"的区别，其本质的不同是"来"表示"过去时"义，"过"表示"经历体"义，二者是"时"与"体"的区别。因为"来"和"过"所表达语义的着重点不同，又都有"过去"义，所以山西方言中可以在同一句中共现。

当然，如前所述，在世界大多数语言（包括汉语）中，"时"与"体"经常纠缠在一起，不容易分开，山西方言过去时与经历体也不是泾渭分明的，只是相对有所侧重。邢向东（2002）认为，"过"是"经历体"助词，"来"是"过去时"助词；邢向东（2017）又明确说，"来"属于"时"范畴，"过"属于"体"范畴。邢向东的观点与我们对"过"和"来"意义的判断是一致的。

（二）晋语区的现在时

1. "啦""咧""唡""嘞"的句法功能和语法意义

山西晋语区的现在时基本都是用句末助词表示，分别读作"咧""啦""唡""嘞"等，同官话区"啦"的功能基本一致，在表达现在时意义时与普通话"了2"的句法分布和语法意义基本一致。晋语区"咧""啦""唡""嘞"读音如表 5-2：

表 5-2　山西晋语区现在时标记词"了2"的读音

并州片		吕梁片		上党片		五台片		大包片	
太原	平遥	兴县	临县	长治	沁水	忻州	偏关	大同	左云
咧 [lie⁰]	啦 [la⁰]	咧 [lie⁰]	嘞 [lei⁰]	啦 [la⁰]	啦 [la⁰]	唡 [lia⁰]	啦 [la⁰]	啦 [la⁰]	啦 [la⁰]

以上各片的现在时标记词读音虽不尽相同，但表示现在时义时可以出现在动词谓语句、形容词谓语句和名词谓语句中，动词谓语句的谓词既可以是光杆动词，也可以是动宾／动补短语。例如：

（34）我吃咾饭啦。（五台片，忻州）

（35）你哥走啦？——走啦。（五台片，五寨）

（36）不下啦，晴啦。（大包片，浑源）

（37）我没三个苹果啦。（五台片，偏关）

（38）我一苹果都没兰"啦。（上党片，阳城）

（39）这东西你还要不要啦？（上党片，沁水）

（40）我把东西送过去啦。（大包片，左云）

（41）你给老师骂啦？（并州片，孝义）

（42）我已经看完滴这本书兰"啦。（上党片，晋城）

（43）今儿你就是高中生咧。（并州片，阳曲）

（44）今儿疼不啦？——不疼啦。（五台片，繁峙）

（45）枣儿都红咧。（并州片，晋源）

（46）伢"人家"合音孩满月啦。（吕梁片，汾阳）

以上例句显示，"啦"的出现语境可以是动词谓语句、形容词谓语句和名词谓语句；既可以是陈述句，也可以是疑问句；既可以是肯定句，也可以是否定句；谓语动词既可以是行为动作动词（活动），也可以是表结果、终结等意义的动词；受事既可以用名词、形容词修饰，也可以用数量短语修饰。晋语区和官话区表现在时的标记的句法分布方面高度一致。

需要说明的是，有学者认为"啦"是表示过去时意义，理由是所述动作、事件或性状是在说话之前发生、完成或实现的，我们认为"啦"所标记的动作、事件或性状虽发生在说话时间之前，但都与说话时间有密切关系，而且说话人关注的时间都是在说话这一刻。如例（35），甲问："你哥走啦？"是关注"你哥"在说话时刻走没走，乙回答"走啦"也是就说话时刻回答的。答话时乙的哥哥肯定离开了当地，或在去外地的路上，或正在外地办事，或在回来的路上，总之，乙在答话时他哥肯定不在甲所处的当地，如果乙的哥哥已经回到当地，表明"走（离开说话地）"这件事已经彻底结束，这时就要用过去时"来"做标记词。

同官话区一样，因为系统中有"过去时（标记词'来'）"和"将来时（标记词'也'）"，山西晋语区的"啦""咧""啊"等标记词比普通话"了2"的使用范围要窄，只用于表示"现在时"，不出现在"将来时"或"过去时"的语境中。

2."的着""嘞""哩"的句法功能和语法意义

同官话区的"哩"一样，晋语区也有一个主要表示"持续/进行体"同时兼表"现在时"义的"的着""嘞""哩"等。例如：

（47）你醒的着嘞？（并州片，太原小店）

（48）外前外面下雪（的着）哩。（大包片，大同）

上两例中的"嘞""哩"在默认语境中是表示"现在时"义，但更着重表达的是"持续/进行体"。各方言片"的着""嘞""哩"的读音和表义功能参看本节"晋语区的进行体和持续体"部分。

（三）晋语区的将来时

晋语区的将来时与晋南官话区一致，而且各地读音大同小异，有学者把将来时标记写作"呀"，但这个标记词应源于古代汉语的"也"。晋语区各地读音如表 5-3，少数方言"也"读作 $[iɛ^0]$ 或 $[i^0]$。

表 5-3　山西晋语区将来时标记词"也"的读音

并州片		吕梁片		上党片		五台片		大包片	
太原	祈县	临县	柳林	武乡	阳城	忻州	原平	大同	左云
$[ia^0]$	$[ia^0]$	$[iA^0]$	$[ia^0]$	$[ia^0]$	$[ia^0]$	$[ia^0]$	$[ia^0]$	$[ia^0]$	$[ia^0]$

"也"在山西大多数方言中表示行为动作、事件或性状即将发生、完成或实现。例如：

（49）我去太原也。（大包片，大同）

（50）我想睡也。（大包片，左云）

（51）下雨也。（五台片，五台）

（52）你哥走也不？——走也。（五台片，五寨）

（53）推着车子干啥去也？（并州片，太原）

（54）我明儿有时间也。（五台片，偏关）

（55）吃咾晌午饭她买裙子去也。（并州片，阳曲）

（56）我以后每天都去夜校也。（并州片，太原）

（57）作业下个星期就写完也。（并州片，阳曲）

（58）我明个把牛肉吃咾呐相当周边的"也"。（上党片，晋城）

（59）不好好干，等等又叫人骂也。（并州片，阳曲）

（60）我快做完三道题也。（并州片，榆社）

（61）我歘马马上是山大的学生也。（五台片，偏关）

（62）过了清明就暖也。（吕梁片，临县）

（63）明天清明也。（大包片，阳泉）

（64）孩的˹孩子明天就满月也。（上党片，武乡）

上例显示，晋语区的将来时标记"也"的语法化程度也很高，可以出现在各种句法结构中，几乎没有限制。句子中如果没有任何时间词语或表示参照时间的小句，句子默认参照时间都是"现在"，即说话时刻，"也"都表达"近将来"义。如果要表达"远将来"义，同官话区一样，句子需要有时间词或提示时间的小句。例如并州片盂县方言：

（65）我到菜市场散˹"时间"合音，人家都快散摊也。

（66）明年这会儿，我就快有工作也。

上例（65）属于"过去之将来"义，是回忆自己某天到菜市场的时候，菜市场即将散摊；例（66）是"将来之将来"义，是设想一年之后自己即将有工作。这两句都是"远将来义"，标记词都仍是"也"，但"远将来"义必须有"快/要"或表时间的小句提示，这一点与官话区相同。

值得注意的是，"也"在晋语区个别方言中不表将来时意义，只表达诧异语气，应该是语法化程度更高的虚词（参见李卫锋，2016）。

总之，山西晋语区的"时"系统基本属于三分系统，分别用三个标记词标示：过去时用"来"，现在时用"啦""咧""呐"等，将来时用"也"，其时间系统如下：

来（过去）　　啦/咧/呐/嘞/哩（现在）　　也（将来）

（四）山西方言的"过去 – 非过去"时系统

值得注意的是，山西官话区和晋语区也有个别"时"系统属于二分系统，这里以官话区的河津方言为例说明。

河津方言属于官话区汾河片解州小片。河津方言的"时"系统属于"过去 – 非过去"系统，即"过去时"用标记词"去 [tɕi⁰]"，"现在时"和"将来时"共用一个标记，都是"也 [ia⁰]"。

过去时如：

（67）阳历二十二冬至去。

（68）甲：他吃去盲ᵇ吗？——乙：吃去。

（69）甲：兀两天咱这哒冷去盲ᵇ吗？——乙：冷去。

现在 / 将来时如：

（70）今儿个都冬至也。

（71）明道明天冬至也！

（72）过了清明就不冷也。

（73）立了冬就冷也。

（74）我走教室也，你去盲ᵇ吗？

（75）甲：你瞅着也盲ᵇ吗？——乙：瞅着也。

（76）十二点也，赶紧做饭！

上例中，过去时标记与官话区其他方言一致，不再赘述。

很显然，在河津方言中，现在时和将来时的标记完全一样。这种情况下，如果有语境或时间词提示，现在时和将来时可以分清楚，如例（70）和（71），前者有"今儿个"和"都"，后者是"明道明天"，根据常识知道，例（70）是现在时，例（71）是将来时；但如果句子中没有时间词或提示小句，孤立地看单句就会有歧义，如例（75）既可以理解为将来时："你快看见了吗？——快看见了。"也可以理解为现在时："你看见了吗？——看见了。"例（76）既可以理解为"快十二点了"，也可以理解为"现在已经十二点了"。

所以对这种无词汇手段标记时间的句子，其意义只能靠交际语境来判断。

晋语区五台片的定襄方言也是"过去－非过去"的二分系统：过去时用"来来"标记，现在时和将来时都用"哪"标记，与河津方言不同的是，表"将来时"时，当地方言除了"哪"之外，还必须用副词"快"标记，这样将来时与现在时就有所区别，只是"快"是词汇手段，不是语法手段，因此，定襄方言的"过去－非过去"二分系统不如河津方言典型（具体参见范慧琴，2007）。

二、晋语区的"体"标记和"体"系统

同官话区一样，山西晋语区的一部分"体"标记和"体"系统与普通话区别不大，如惯常体往往是无标记的；反复体与普通话的复叠等手段基本一致；继续体也多用"下去"等半虚化补语标记；经历体各地都用"过"，已在前文说明。这些"体"形式本书暂不讨论。

"小量体／短时体"大多数方言点用重叠手段，吕梁等部分方言用"一下""给一下（及其合音形式'呱ᵘ'等）""小"等词汇手段。例如普通话的"试试"在吕梁方言中可以说成"试一下"或"试呱'给一下'的合音"，平遥等少部分方言用"小试"等手段表示，这些都是词汇手段，本书也暂不讨论。这里重点讨论山西晋语区的完成体、进行体／持续体和起始体。

（一）晋语区的完成体

山西晋语区的完成体标记同官话区一样，也是附着在谓词之后的"咾"，相当于普通话的"了₁"，各片读音如下表5-4：

表5-4　山西晋语区完成体标记"了₁"的读音

	并州片		吕梁片		上党片		五台片		大包片	
	太原	平遥	兴县	离石	长治	沁水	忻州	偏关	怀仁	左云
了 1	[lau⁰]	[lɔ⁰]	[liɯɯ⁰]	[lau⁰]	[lau⁰]	[lɔ⁰]	[lɔ⁰]	[lə⁰]	[lau⁰]	[lə?⁰]

从上表可以看出，普通话的"了1"在山西晋语区读音比较整齐，多数方言中读音同"唠"，少数方言读音同"勒 [ləʔ⁰]（促化音）"，为行文方便，下面统一记作"唠"。

山西晋语区的"唠"与晋南官话区"唠"的功能基本相同，一般附着在谓词之后，谓词可以是动词或形容词。例如：

（77）我才吃唠饭。（大包片，左云）

（78）咱嗨嗨儿夜儿买唠点儿"大钢"股票，人家今儿就跌啦。（大包片，浑源）

（79）他没裸゠没有到唠定襄。（五台片，定襄）

（80）兀家脸红唠一下。（并州片，交城）

（81）吃唠饭就走。（并州片，孟县）

（82）那他打唠我一下。（吕梁片，兴县）

（83）夜来他给唠我几捆麦子。（上党片，长治）

（84）这事情今儿肯定能办唠。（上党片，沁水）

上例都是单用"唠"的句子，晋语区各地方言基本一致，都附着在谓词之后，表示动作或事件已经发生或完成。同官话方言一样，如果没有别的完成体标记（如"啦"），"唠"在以上句子中是不可或缺的。

同官话区一样，晋语区主要表示"现在时"意义的"啦""咧""啝""哩"等，既有"现在时"意义，也具有"完成体"意义，即句子所述事件或性状在说话时间已经发生、完成或实现。谓词末的"唠"和"啦""咧""啝"在同一句中共现是山西方言出现频率最高的句子。例如：

（85）我说唠他啦，你甭气啦。（大包片，大同）

（86）他给唠我书啦。（大包片，左云）

（87）我吃唠饭啝。（五台片，忻州）

（88）我教唠三年书啝。（五台片，五台）

（89）我告唠兀家咧。我告诉了他了。（并州片，交城）

（90）立唠秋咧，天一天比一天凉咧。（吕梁片，兴县）

（91）我今儿写唠四副对子咧。（吕梁片，汾阳）

（92）我吃唠饭啦。（上党片，端氏）

"唠"和"啦""咧""啊"在同一句中共现，二者在功能上有所分工："唠"附着在谓词之后，表示动作 / 性状处于完成或实现的状态，"啦""咧""啊"附于全句末，则主要承担"现在时"的功能，表明全句所述事件处于现在完成或现在实现的状态。

"唠"和"啦""咧""啊"在默认语境中是表示"现在完成"义，如果句子中有时间词语或提示时间的小句，也可以表示"过去完成"或"将来完成"义，即"过去完成"或"将来完成"义是由词汇手段而非语法手段表达的。这一点与官话区临猗方言一致，不再赘述。

北京话的双"了"句，在山西大多数方言中仍以双"了"为常，我们仍用刘勋宁（2002）列出的例句进行测试，结果发现，在绝大多数方言点，"唠"不能省略，少数方言点虽可省略，但感觉不省略的说法更自然，如并州片的和顺方言、大包片的左云方言等。

另外需要说明的是，晋语区多数方言也可以用"上""下"表示行为动作或事件的完成，如"买下车票啦""蒸上馍馍啦"。但"上""下"仍未彻底虚化，都还是处于补语位置，用词汇手段表达完成，而且句末的"啦"不可或缺，所以这里不做专门讨论。

（二）晋语区的进行体和持续体

山西晋语区方言的进行体和持续体与官话区大同小异，只是语音形式有差异。例如：

表 5-5　山西晋语区进行体和持续体标记的读音

	并州片		吕梁片		上党片		五台片		大包片	
	太原	平遥	兴县	汾阳	高平	晋城	朔州	偏关	大同	左云
的着	[təʔ0]	[tiəʔ0]	[tʂəʔ0]	[tieʔ0]	[tieʔ0]	[tsəʔ0]	[tiəʔ0]	[təʔ0]	[tiəʔ0]	[tiəʔ0]
嘞 / 哩 / 咧	[ləʔ0]	[liəʔ0]	[ləʔ0]	[ləʔ0]	[læ0]	[nə0]	[liəʔ0]	[liəʔ0]	[nə0]	[liəʔ0]

1. 进行体

A. 进行体的整体规律

首先需要说明的是，晋语区大多数方言把"着"读成"的"音，应是"着"的古音残留，我们记作"的着"，因与本文无关，不再赘述。

同官话区一样，山西晋语区的进行体一般也有三个标记："正""的着"和"嘞／哩／咧"。只是前两者在多数语境中可以省略，"嘞"在任何语境中都不可省略。进行体的句子如：

（93）外前外面（正）下雪（的着）哩。（大包片，大同）

（94）甲：你（正）做啥（的着）哩？

　　　——乙：（正）看电视（的着）哩。（大包片，左云）

（95）甲：你快回来啦么？——乙：（正）在路上走的着咧。（五台片，偏关）

（96）（打电话）甲：你敲（一）敲他（的）门，看他在么？

　　　　　——乙：我（正）敲的着哩。（五台片，朔城区）

（97）甲：你闹甚嘞？你（正）干什么呢？

　　　——乙：（正）看电视（的着）嘞。（并州片，太原小店）

（98）孩（正）写的着作业咧，不要胡搅他。（并州片，平遥）

（99）茶＂个那个孩勒孩子（正）吃饭（着）嘞。（吕梁片，兴县）

（100）外头下的着雨咧。（吕梁片，汾阳）

（101）甲：你快回来兰＂了？——乙：（正）在路上走嘞。（上党片，平顺）

（102）甲：你快些吃饭哇！——乙：我（正）吃着呢。（上党片，晋城）

从上例可以看出，晋语区大多数方言的"的着"与普通话的位置也不同，与官话区临猗方言的"着"位置一致，都处于句末助词"嘞／哩"之前。"的着"与"嘞／哩／咧"也形成一种叠加关系。只有吕梁片汾阳方言可以说"写的着作业咧"，不说"写作业的着咧"。

此外，大多数方言的"正""的着""嘞／哩／咧"三个标记中，"嘞／哩／咧"在任何语境中都是必不可少的，副词"正"与"的着"在大多数语境中是可有可无的，这一点也与官话区基本相同。三者也可以构成蕴含共性：

正、的着⊃嘞/哩/咧

值得注意的是，山西方言表进行/持续义的副词不用"在/正在"，一般多用"正"，这是官话区和晋语区的共同特点。

B. 将来进行体和过去进行体

以上标记出现语境都是"现在进行体"。和完成体一样，"过去进行体""将来进行体"与"现在进行体"的标记词相同，只是必须有表达"过去"和"将来"的时间词或小句共现：

（103）我夜来回咾家，她正睡觉嘞。（并州片，太原小店）

（104）31 号这个时候，我正往火车站走哩。（大包片，左云）

上例（103）是过去进行体，（104）是将来进行体。两个例句中句尾的"嘞""哩"不可缺省。

但值得注意的是，同官话区临猗方言一样，晋语区的过去进行体和将来进行体的共同特点，也是与现在进行体共同的区别——现在进行体中，副词"正"在大多数语境中是可有可无的，但过去进行体和将来进行体中的"正"却是不可或缺的，删除"正"句子便不成立。所以，晋语区与官话区的共同点还在于："的着"和"嘞/哩/咧"着意于动作进行的阶段（正在进行/持续中）；而"正"着意于动作与时间的相关性，如果是现在进行体，句子中不出现任何时间词或提示时间的小句，默认时间就是现在，那么"正"可有可无，只在强调时间的语境中出现；如果不是现在进行体，句子中出现了提示时间的词语或小句，"正"就必须出现，提示动作与句中的参照时间有密切关系。

2. 持续体

A. 持续体的表现形式

晋语区持续体标记与进行体大同小异，只是静态持续的谓词多为表持续义的动词、形容词。例如：

（105）他等我的着哩。（大包片，大同）

（106）门开的着哩。（大包片，左云）

（107）金鱼还活着哩。（五台片，偏关）

（108）我醒的着嘞。（并州片，太原小店）

（109）苹果还好着嘞。（吕梁片，兴县）

（110）这两天还冷的着嘞，不敢脱衣裳。（上党片，高平）

以上例句都是一种静态的持续，即"等我的着""开的着""活着""醒的着""好着""冷的着"等状态在说话时正在持续。

同临猗方言一样，动态动词所表示的进行体可以用副词"正"标记（可有可无），如果是静态动词，句子里一般不能用副词"正"标记持续，如果是性质形容词，有时反而可以用"正"表示某种性状正在持续，如"日头正红嘞"（平顺方言）。

B. 两种不同的进行体和持续体

山西晋语区有两种不同于上述类型的进行体，这里分别以并州片的平遥方言和上党片的平顺方言为例说明。

并州片平遥方言的进行体句末标记与完成体相同，都是"咧 [liəʔ⁰]"，因此平遥方言的"的着"就成为不可或缺的标记，否则与完成体容易相混。试比较：

（111）a. 我走咧。

　　　　b. 我走的着咧。

例（111）的 a 句是指在说话时刻"我"已经离开某地，是完成体；b 句则是指说话时刻"我"正在路上行走义，是进行体。

持续体与进行体标记相同，例如：

（112）a. 我醒咧。

　　　　b. 我醒的着咧。

上例 a 句是完成体，是指说话时刻自己处于"醒着"的状态；b 句是持续体，是指"我"一直处于"醒的着"的状态，至于"醒的着"的状态什么时候开始，什么时候结束，不是这句话所关注的，"的着"成为唯一可以区别于其他"体"意义的标记。

上党片平顺方言与平遥方言不同，与上述各方言点也不同，除了可有可无的副词"正"外，句末的"嘞"是唯一的进行体标记。没有类似其他大多数方言"的着"的标记。例如：

（113）甲：你弄甚了？——乙：（正）瞧电视嘞。

（114）甲：你赶紧吃饭！——乙：我正吃嘞。

如上例所示，例（113）中的"正"可有可无，"嘞"可以是唯一的进行体标记；例（114）中谓语是光杆动词，副词"正"必须出现，与"嘞"一起标记进行体，当地方言中没有"*我吃的着嘞"和"*我正瞧电视的着嘞"这样的说法。

持续体也一样，只有"嘞"是唯一的语法标记：

（115）我醒嘞。我醒着呢。

（116）他等我嘞。他等着我呢。

不过，有意思的是，以上虽是平顺方言最常用的说法，但当地仍存在两个语法标记的说法。如例（116）可以说成：

（116′）他等嘞我嘞。

而且我们发现，如果动词后面没有宾语或补语时，如例（115）"我醒嘞"的"嘞"后有一个不太明显的尾音，既像"嘞"韵母的延长，也像另一个弱化音节 [ə⁰]，所以我们判断，平顺方言可能原来同大多数方言一样，也是两个语法标记，这两个标记读音相同，都读"嘞"（谓词后的"嘞"很有可能是"着"音变后的弱化形式），一个附着于谓词之后，一个附着于句末，但表进行或持续义时谓词之后经常没有宾语或补语，两个"嘞"连在一起，逐步发生了合音。即：

他等嘞着 [ləʔ⁰] 我嘞 [ləʔ⁰] →他等嘞着 [ləʔ⁰]（我）嘞 [ləʔ⁰] →他等嘞着 [ləʔ⁰] 嘞 [ləʔ⁰] →他等嘞着 [ləʔ⁰]（嘞 [ə⁰]）。

我醒嘞 [ləʔ⁰] 嘞 [ləʔ⁰] →我醒嘞 [ləʔ⁰]（嘞 [ə⁰]）→我醒嘞 [lə:⁰] / 我醒嘞 [ləʔ⁰]。

很显然，平顺方言的第一个"嘞"相当于普通话的"着"（可能是"着"的音变形式），是谓词之后的助词；第二个"嘞"是句末助词，两个助词不在同一句法层面，但当谓词后没有宾语出现时，两个"嘞"的位置就紧密相连，受经济原则的制约，两个完全同音且功能接近的语法词必然发生合音。这种合音时间可能还不长，处于似合非合的阶段，所以当地人有时会感觉"嘞"有一个拖长的尾音存在。

3. 普通话的存现句在山西晋语区的语序

如前所述，持续体很多句法表现形式在普通话中是存现句，但静态持续句在山西大多数方言中与普通话的语序不同。例如普通话"墙上挂着一幅画儿"在山西各地大多数方言中都是"一幅画在墙上挂着呢"，具体如下：

左云：一幅画儿在墙上挂的着哩。

朔州：一幅画在墙上挂的着哩。

太原：一幅画在墙上挂的着嘞。

阳曲：一张画儿在墙上挂的着了。

平遥：一幅画在墙墙上挂的着咧。

盂县：画儿在墙上挂的着哩。

灵石：一幅画在墙上挂的着了。

平顺：一幅画在墙上挂嘞。

与山西官话区不同的是，部分晋语区方言在表述静态持续义时，既可以说"一幅画在墙上挂的着嘞"，也可以说"墙上挂的着一幅画"，当地人感觉前一种说法更地道。

（三）晋语区的起始体

山西晋语区和官话区的起始体都是用半虚化的补语标记，不同的是，官话区多用"起"（如前文所述临猗方言），晋语区多数方言用"开"，同时"起"和"将……（来）"也并存使用。

表 5-6　山西晋语区起始体标记的读音（括号表示很少说）

并州片		吕梁片		上党片		五台片		大包片	
太原	平遥	兴县	汾阳	平顺	高平	朔州	偏关	大同	左云
开 [kʰai⁰]	开 [kʰai⁰]	开 [kʰei⁰]	开 [kʰai⁰]	开 [kʰai⁰]	开 [kʰai⁰]	开 [kʰai⁰]	开 [kʰei⁰]	开 [kʰɛe⁰]	开 [kʰɛe⁰]
起 [tɕi⁰]	起 [tsʰʅ⁰]	上 [sɤ⁰]	起 [tsʰʅ³¹²]	（起） [tɕi⁰]	（起） [tɕi⁰]	起 [tɕi⁰]	——	起 [tɕi⁰]	（起） [tɕi⁰]
将 [tsɔ̃⁰]	将 [tɕyɔ⁰]	——	将 [tsa⁰]	将 [aŋ⁰]	将 [tʂaŋ⁰]	将 [tɕiaŋ⁰]	将 [tɕiɒ²⁴]	将 [iɒ⁰]	将 [iɒ⁰]

从上表可以看出，山西晋语区大多数方言起始体都可以有三个标记词，有的多到四个（如大同方言除此之外还有"上"）。"上"在山西方言中做起始标记较有限，我们这里重点关注"开""起""将"三个标记词的分布与功能。

"开""起""将"三个标记表示起始义时一般只用于动词谓语句和形容词谓语句，这里我们以普通话"下起雨来了"和"天冷起来了"为例说明。

表 5-7　山西晋语区起始体标记（括号表示很少说）

方言片	方言点	V+ 开（+O）+ 了2 下开（雨）了2	V+ 起 +O+ 了2 下起雨了2	V+ 起 +O+ 来了2 下起雨来了2	V+ 将 +O+ 来了2 下将雨来了2	V+ 将 +O+ 了2 下将雨了2
北部 大包片	大同	+	+	-	+	+
	左云	+	（+）	-	-	+
北中部 五台片	朔州	+	+	+	（+）	-
	偏关	+	-	-	+	-
中部 并州片	太原	+	+	+	+	-
	平遥	+	+	-	+	-
西部 吕梁片	汾阳	+	+	+	+	-
	兴县	+	-	-	-	-
东南部 上党片	平顺	+	-	（+）	-	-
	高平	+	-	（+）	+	-

从上表可以看出，表起始义的动词谓语，所有方言都能用"开"做标记，宾语可有可无，宾语后不能有"来"，句末一定要有"了₂"结句，表示与说话时间相关（现在时）。

用"起"做标记的方言相对较少，兴县、偏关、平顺、高平基本不能用"起"做起始体标记，有的方言虽可以用"起"做标记（如左云方言），但使用频率较低，有人认为是受普通话影响的结果。

晋语区大多数方言可以用"将……来"标记起始体，单用"将"的方言只存在于大包片。

形容词谓语句中起始体标记的分布情况与动词谓语句大体一致，只有太原方言在"A 起了"和"V 起雨了"有不同：前者在当地方言中不成立，后者是成立的——有宾语时可以没有"来"，无宾语时，标记必须是"起来"才可以。具体如表 5-8：

表 5-8　山西晋语区起始体标记（括号表示很少说）

方言片	方言点	A+ 开 + 了₂ 天冷开了₂	A+ 起 + 了₂ 天冷起了₂	A+ 起 + 来了₂ 天冷起来了₂	A+ 将 + 来了₂ 天冷将来了₂	A+ 将 + 了₂ 天冷将了₂
北部 大包片	大同	+	+	-	+	+
	左云	+	(+)	-	-	+
北中部 五台片	朔州	+	+	+	(+)	-
	偏关	+	-	-	-	-
中部 并州片	太原	+	-	+	+	-
	平遥	+	+	+	+	-
西部 吕梁片	汾阳	+	+	+	+	-
	兴县	+	-	-	-	-
东南部 上党片	平顺	+	-	(+)	+	-
	高平	+	-	(+)	+	-

从三个标记在各方言片的分布看，"开"在全部五个方言片都存在，使用频率也较高，"将……来"的分布远远高于单用"将"标记，在并州片和上党片更常用，"起"也主要分布在并州片，其他各片出现频率较低，而且大多数本地人感觉"起"较文，应是受官话影响的结果。吕梁片的兴县只用"开"做起始体标记，另外还用"上"做标记，但不用"起"和"将"类标记；吕梁片的汾阳与并州片地理位置比较接近，所以汾阳片的标记词与并州片一致。

值得注意的是，"起"在山西晋语区还可以是完成体标记，但必须重读，而起始体标记的"起"一般是轻读的。

三个标记都用的方言，三个标记的语义之间有细微差别，例如大同话"开""起""将／将……来"都可以表示起始体，除此之外，还能用"上"表示起始义，但据武玉芳（2010），几个标记词的语义有细微差别：例如"下上雪了"和"下起雪了"都能说，如果希望下雪，就说"下上雪了"，如果不希望下雪却下了，就说"下起雪了"（意外、惊讶、不满）。也能说"下开雪了"，"开"与"上"可以互换使用，但"开"是"较文气"的说法。大同的"开"的说法可能是受并州片影响的结果。

第四节　山西方言时体助词的共时比较

一、山西晋语区与官话区时体助词共时比较

从本章第二、三节可以看出，山西晋语区和官话区的时体系统具有较为整齐的对应规律。表现出以下特点：

第一，山西晋语区和官话区的过去时标记在地域上基本处于互补分布中：官话区的过去时标记多为"去"，晋语区过去时标记多为"来"。

第二，山西晋语区和官话区的现在时标记基本对应，都应是"了也"的

合音形式，只是读音上有差异，官话区多读"啦"，晋语区多数也读"啦"，另外还有"唡""啊"等读音；将来时晋语区和官话区高度一致，都是"也"。"去""啦""也"或"来""啦／唡／啊""也"在功能上形成了互补分布，试比较：

晋语区（以太原话为例）　　　　官话区（以临猗话为例）

a. 他到北京去来 [lai⁰]。　　　　a. 他走北京去去 [tɕʰi⁰]。　　（过去时）

b. 他到北京去了 2[lie⁰]。　　　 b. 他走北京去了 2[la⁰]。　　 （现在时）

c. 他到北京去也 [ia⁰]。　　　　c. 他走北京去也 [ia⁰]。　　　（将来时）

第三，山西方言表过去时的"去""来"、表现在时的"啦／唡／啊"等和表将来时的"也"已经完全虚化，完全是用语法手段而非词汇手段形成了三种"时"的对立，形成了较为成熟的"时"范畴：

去／来（过去）　　　啦／唡／啊（现在）　　　也（将来）

第四，"去""来"与"过"不论在晋语区还是官话区，功能基本一致："去""来"更多表达的是"时点"义（过去时），"过"则表示的是"经历"义（经历体），所以"去""来"和"过"的区别在于表"时"义和表"体"义的区别；"唠"与"啦／唡／啊"的关系也基本如此："唠"附着于谓词之后，只表达"完成体"义，"啦／唡／啊"附着于句末，既有"完成体"义，但更多倾向于"现在时"的意义。

第五，山西方言"体"系统比"时"系统复杂，其中有的"体"还是用词汇手段表示，只有完成体、进行／持续体、经历体和起始体有了较为虚化的"体"标记，起始体的体助词处于半虚化状态。

第六，山西方言的完成体标记都是"唠"和"啦／唡／啊"。普通话的双"了"句的"了1"在大多数语境中可以删除或省略，山西大多数方言的"唠"不可删除。两者相比较，"了2"（"啦／唡／啊"）比"了1"（"唠"）使用更自由，功能更强大。

第七，山西方言进行体和持续体"体"标记相对复杂，可以出现三个标记词，即"哩／咧／嘞""着"和副词"正"，前两者是语法手段，后者是词汇手段，"哩／咧／嘞"在三者中功能最强大，是任何语境中都必须出现的进行／持续体标记，"正"和"着"可以分别与"哩"配合，也可以三者共现，其蕴含关系为：**正／着⊃哩／咧／嘞**。

第八，起始体标记官话区相对单纯，多用"起"，晋语区相对复杂，有"开""起""将……来"等，但这些标记都还是补语成分，属于半虚化状态，与起始体标记相配合，句末都必须有"啦／咧／啊"出现，"啦／咧／啊"是现在时标记，标示起始体与说话时间密切相关。

第九，山西方言的小量体（短时体）基本上是用动词重叠表示，反复体是用加叠等（参照陈前瑞，2008：76 页）手段表达，继续体用"下去"等补语标记，这些手段都还基本属于词汇手段，且与普通话的表达手段基本相同，文中没有专门讨论。

国内有关时体系统的研究往往是与时体助词结合在一起。不同的时体助词表示不同的时体意义，学界一般认为汉语有"体"无"时"，但晋语语法学者（最具代表性的当数邢向东）认为晋语是有"时"的，因为通过句末助词，当地人能清晰分辨出"时"的不同。

二、山西晋语区事态助词"来""来了""来来""来嘅"的共时比较 [①]

山西晋语区的大部分方言点都有表"过去"义的时助词"来"及其变式"来嘅""来来"或"来了"。本部分就山西晋语区"来""来了""来来""来嘅"的特点做些初步探讨。

调查中我们发现，"来"在山西晋语区的分布不是十分均匀，其中，大包片的大同、左云、右玉、天镇、怀仁等地"来"已很少说，只有部分残留，句末多用"了"，与普通话差别不大。除此之外，山西晋语区的其他方

---

① 本节发表在《语言研究》2011 年第 3 期。这里做了较大幅度的修改。

言点都有句末助词"来",而且使用频率极高,只是单用"来"还是合用"来了""来来""来嘅"在分布上有些差异。

(一)"来""来了""来来""来嘅"的分布与功能

1."来"的分布与功能

句末单用"来"的主要是上党片全部方言点和并州片大部分方言点。大包片大同一带的多数方言点虽在句末多用"了"而不用"来",但阳泉、平定和左权等地仍保留单用"来"的说法。而且吕梁片、并州片、五台片"来嘅""来了""来来"连用的方言点也大都可单用"来"。

"来"在各地都与当地趋向动词"来"声韵母一致,都读轻声,且读音各地差别不大。例如:

(1)她才将嚎来吧?他刚才哭了吧?——嚎来。哭了。(平定)

(2)兀家夜来来来没啦他昨天来了没有?——来来。(平遥)

(3)这儿原来挂画来,还有块印印呢。(介休)

(4)兀家们是学生来。(孝义)

(5)茶゠还没啦做作业来?——没啦来。(方山)

(6)我以前不喝酒来。(晋城)

(7)夜来晚上还疼来。昨天晚上还疼来着。(太原)

(8)甚时候清明来?什么时候过的清明节?——三月初八(清明)来。(晋城)

(9)小红以前出门一直拿的一把伞来。(阳城)

(10)她1990年死呢゠的来。(晋城)

如前所述,以上例句所反映的"来"的句法分布在山西晋语区普遍存在。如上例,表"过去时"义的"来"既可以用于动词/形容词谓语句,也可以用于名词谓语句;既能用于肯定句,也能用于否定句;既能用于判断句,也能用于表示"过去惯常动作"或"终结/结果"义等语境中。

不过,做谓语的形容词和名词要受到严格的限制。形容词必须是口语中常用的可以表示变化的性质形容词,名词必须是表示节日、节气或特殊纪念日的名词（如"清明"等）。

2."来了""来来""来嘅"的地域分布

"来了""来来""来嘅"的语义与语法功能与"来"一致，这里主要看三者的地域分布。

A."来了"[lɛ⁰lə⁰ / lɛ⁰liɛ⁰]分布在并州片、吕梁片和五台片的部分地区，如祁县、离石、文水和保德等地都有这种说法。其中祁县、离石、文水的"了"读为[lə⁰]，保德的"了"读为[liɛ⁰]，例如保德话：

（11）我去太原来了。

（12）你夜来来来了没啦？——来来了。

（13）夜来清明来了。

当地后一个"了"一般不省略，但去掉"了"后当地人觉得基本意义没变，加"了"后语气有所加强。

B."来来"[lɛ⁰lɛ⁰/ læ⁰læ⁰]的分布面比较宽，主要有下面几种情况：

句末只能说"来来"，一般不单用"来"。主要分布在五台片，如五台、神池、朔州、河曲、偏关等地；

可说"来"，但多说"来来"。主要分布在代县、忻州、左权、原平、平鲁等地；

可说"来来"，但现在多说"来"。主要分布在介休、汾阳、柳林、平定、盂县、古交等地；

不能说"来来"，只能说"来"。如太原、中阳、交口、平遥、灵石、阳城、长治、晋城、左云、浑源等地。

只能"来来"连用的如五台话：

（14）我去太原去来来。我去太原了。

（15）他夜来来来来没啦？他昨天来了没有？——来来来。来了。

（16）夜来晚上还疼来来。昨天晚上还疼了。

（17）甚时候清明来来？什么时候过的清明？——三月初八来来。三月初八过的清明。

"来来"和"来"可以互相替换的地区，当地人认为"来来"连用和单用"来"意义基本相同，只是"来来"具有加强语气的作用。

C. "来嘅" [lɛ⁰kɛ⁰] 主要分布在吕梁片的临县、离石、柳林等地，"嘅"在句末一般要和"来"连用，不能单说，也不能与其他助词连用。例如临县话：

（18）我去太原来嘅。

（19）我洗澡来嘅。

（20）甚会清明来嘅？——三月初八来嘅。

（21）你夜来来嘅没啦？——来来嘅。

去掉"嘅"当地人觉得句子意思没什么变化，只是语气会有所减弱。

（二）"来了""来来""来嘅"中"了""来""嘅"都是合音形式

"来了""来来""来嘅"这三种形式比较特殊，除了山西晋语区外，陕北和内蒙古晋语区也有"来了""来来"这两种形式（邢向东，2002；邢向东、张永胜，1997）。我们在近代汉语中没有发现这样的连用形式。最初我们认为句末的"了""来""嘅"可能只是语气助词，但是，"来嘅"和"来来"的后一音节"嘅"和"来"对前一助词"来"的依附性很强，尤其是"嘅"，离开助词"来"是不能在任何句末单独出现的，这在语气助词中也是很少见的。经过考察，我们认为，"来了""来来""来嘅"中的"了""来""嘅"都应是合音形式。

1. 句末的"了2"，刘勋宁（1985）认为是"了也"[liau ie] 的合音形式。山西晋语区的"也"多读 [ie] 或 [iɑ]，而句末"了"大多读"唡"[lie⁰]、"啊"[liɑ⁰]、"啦"[lɑ⁰] 的事实也能证明这一点。而且我们在上党片的阳城方言中发现了合音之前的说法，例如：

（22）他去了1[lə] 太原了2 也 [lə⁰iɑ⁰]。他去太原了。

而"来了"中的"了"应该也不例外，就是这种合音形式。

邢向东（2002：626页）认为晋语的"来来"其实是"'了'因轻读而受'来'的韵母同化的结果，而不是'来'的重叠"。如果确实如此，那么

"来了"和"来来"应是同一种形式的不同变体。我们发现"来来"说法最盛行的五台片，句末"了"单用时基本上都读"咧"（[lie⁰] / [liæ⁰]），与当地"来"（[le⁰] / [læ⁰]）的韵腹相同，跟在"来"后受其读音影响，发生同化是完全可能的。只有五台"了"单用时读为"啊"[liɑ⁰]，"来来"连用时读为[le⁰le⁰]。我们认为由于处于句末，经常轻读，[liɑ] 很容易弱化为 [lɑ]，[lɑ] 受前一音节"来"（[lɛ]）韵母的影响，就会再进一步同化为 [lɛ]：

$$[liɑ⁰] \rightarrow [lɑ] \rightarrow [lɛ]$$

所以"来来"的后一个"来"是"了也"的弱化形式应能成立。

如果 [lɛ] 或 [læ] 再继续弱化，就会产生祁县、文水、离石等地"来了"中"了"的读音 [lə]。

2. 如前所述，"嘅"在吕梁一般要和"来"连用，不能单用于句末，也不能与其他助词连用。但我们看到刘勋宁（1998）所述陕西清涧话的 [·kɛ] 是"去也"的合音形式，可以单用。例如：

（23）你回去也？ ˈŋ ₌xuai · kɛ?

陕西清涧与山西吕梁毗邻，同属晋语。值得一提的是，两地的"去"做趋向补语时大都读 [kɣ]（动词"去"[kʰɣ] 的弱化形式），"也"大都读 [iɛ]。而清涧的这个 [·kɛ] 与吕梁片的"嘅"读音又相同。邢向东（2002：627 页）也说：晋语句末的"也""有的方言和前头的字合音，最多的是和'去'合音"。所以，"去也"合音现象在晋语区不仅仅是陕西清涧话才有，吕梁片的"嘅"很可能也是"去也"的合音形式：

"去也" [kɣ] +[iɛ] → [kɛ]

我们在近代汉语中没有见到"来了""来来"的连用现象，但近代汉语有大量"去也"和"了也"的连用实例，据俞光中、植田均（2000：436 页）的统计，"《祖堂集》里'去也'与'了也'出现数目不相上下"，"《祖堂集》中极多见'去也'"。说明"去也"和"了也"在近代汉语中出现频率很高，由于长期连用，而且都处于句末，轻读，"去也""了也"逐步发生合音是完全可能的。

这样，"来了"和"来来"的后一音节"了""来"都是"了也"的合音形式，"嘅"即"去也"的合音形式——"来了""来来"就是"来了也"，"来嘅"就是"来去也"。

近代汉语中，"去也""了也"中的"也"是个语气助词（曹广顺，1995；俞光中、植田均，2000），所以"去"和"了"担负事态助词的功能，"也"表句末语气，同时具有成句作用。晋语区合音后的"去也""了也"读为"嘅"或"了／来"，就兼具了事态助词和语气助词的功能，所以当地人觉得句末"来"的后面加上"了""来""嘅"以后具有加强语气的作用。

近代汉语中"去""了""来"都是事态助词，都产生于唐代。我们认为，连用现象可能发生在合音后，因为合音前的音节太长，三个句末助词连用不太可能，而且在同一个句子的同一个位置上三者应是互相排斥的。而合音后的"嘅""了"在语音上发生了变化，又都完全虚化，人们便逐渐忽略了它们原来与"来"平行并用和互相排斥的特点。

第五节　山西方言时体助词的历时比较

一、近代汉语句末助词"去""来""了""也"在山西方言中的分布与功能 [①]

近代汉语中有四个句末助词"去""来""了""也"。学者们一般认为，"了"即普通话中的"了2"，"也"演变为普通话句末语气词"啊"（曹广顺，1995），"去"和"来"在现代汉语普通话中消失。但这四个助词在山西方言里至今仍当句末助词使用，而且使用频率很高。本节主要讨论这四个句末助

---

① 本节发表在乔全生主编：《晋方言研究——第三届晋方言国际学术研讨会论文集》，希望出版社，2008 年。这里有所增删和改动。

词在山西方言和近代汉语中的功能异同以及造成差异的主要原因。

（一）"去""来""了""也"的来源与分布

1."去"的来源与共时分布

"去"在近代汉语中曾是"较为活跃的一个事态助词"（曹广顺，1995：107 页），根据《祖堂集》的用例，曹广顺（1995：108—109 页）把"去"分为表示"将要"、"将要"（假设条件）、"完成"（假设）和"完成"四种用法。

我们看到助词"去"在闽方言中保留了下来，主要表示"完成"义（参见陈泽平，1992）。在山西方言中，事态助词"去"也非常活跃，主要分布在山西南部官话区即汾河片的运城、临猗、万荣、河津、永济、芮城、平陆、夏县（以上归解州小片），闻喜（归平阳小片），稷山（归绛州小片）等方言点。

在这些方言中，趋向动词"去"多读 [tɕʰiʔ]，句末事态助词"去"多读轻声 [tɕʰi⁰]，但在永济"去"为趋向动词时读 [tɕʰiʔ]，做事态助词时读 [kʰɛ⁰]，芮城的风陵渡一带事态助词"去"也读 [kʰei⁰]。"去"读 [kʰ] 声母应是保留的古音，这证明表事态意义的"去"并不是新起的，而是较为古老的读音，起码发生于见系声母（细音前）由 [k] 类演变为 [tɕ] 类之前。研究近代汉语的学者，如李崇兴（1990：220 页）发现表示事态意义的"去""大致存在于中唐至元一段"，解州小片方言"去"的起源时间应该也在这一时期。

如本章第二节所述，事态助词"去"在山西官话区表示"过去时"义，即某一动作、事件或性状在过去某时间段已经发生或实现，现在已经不存在。"去"可出现在动词谓语句、形容词谓语句和名词谓语句句末。例如：

（1）村里正月唱戏去。村里正月唱戏了。（万荣）

（2）咱村乃宣传队多乎解散去？咱村的宣传队什么时候解散了？——年时解散去。

　　去年解散了。（临猗）

（3）你去去吗？你去了吗？——去去。去了。（芮城）

（4）你看电影去去吗？你去看电影了吗？——去去。去了。（运城）

（5）清明后头冷去吗？清明后头（那些天）冷了吗？——冷去。冷了。（永济）

（6）夜儿黑咾还疼去吗？昨天晚上还疼了吗？——疼去。疼了。（河津）

（7）多乎清明去？什么时候过的清明？——三月初八清明去。（夏县）

（8）他孩多乎满月去？他的孩子什么时候过的满月？——二月初三满月去。（闻喜）

2. "来"的来源与共时分布

"来"在近代汉语中也是一个很常见的事态助词，曹广顺（1995：98 页）认为"来"较常见的用法有：表示"曾经""将来""完成""语气"等（例略）。事态助词"来"在全国部分方言中有所保留，如济南、西安、徐州、柳州、金华、广州等，大都可表示"曾经"或"完成"的时间义（参见李荣，2002：2177—2187 页）。

事态助词"来"主要出现在山西晋语区的绝大多数方言点，分布面非常广，遍及山西晋语区的并州片、吕梁片、上党片、五台片和大包片。除了大包片的大同、左云、右玉、天镇、怀仁等地"来"只有部分残留，句末多用"了"外，其余各片句末"来"的使用频率都很高。另外如前文所述，五台片、吕梁片和并州片的部分方言点有"来来""来嘅""来了"等说法，与单音节"来"的功能基本相同。

"来"在各地的读音差别不大，主要有 [lɛ⁰][læ⁰][lai⁰] 等几种读音，都与当地趋向动词"来"声母、韵母一致，轻声。

事态助词"来"也表示某一动作、事件或性状在过去某时间段已经发生或实现的意义。例如：

（9）他去太原去来。（原平）

（10）村里正月唱戏来。（介休）

（11）这房子今年漏来没？——漏来。漏了。（朔州）

（12）兀家他将将进来来没啦？——进来来。（平遥）

（13）夜来昨天晚上还疼来。（太原）

（14）甚时候清明来？——三月初八（清明）来。（晋城）

3. "了2"的来源与共时分布

曹广顺认为，句末事态助词"了"相当于现代汉语的"了2"，"用在句末，主要肯定事态出现了变化，或即将出现变化，有成句的作用"。这也是《现代汉语八百词》中对"了2"所下的定义。山西方言中"了2"（山西方言多为"啦""咧""唡"等）在晋语区和官话区普遍存在，主要表示说话时刻事态开始出现了变化或已经成为事实，不表示"即将出现变化"的意义，此意义是"也"的功能。

需要说明的是，普通话的"了1"和"了2"在山西方言中读音不同，以"吃了1饭了2"一句为例，大多数方言"了1"多读为 [lau⁰] 或 [lɔ⁰][lou⁰][cɔ⁰]等，"了2"读为 [la⁰][liɛ⁰][lia⁰] 等。

普通话中"谓词＋了"处于句末时是"了1"还是"了2"不好分辨，但在山西方言中根据读音完全可以分辨。例如临猗话：

（15）这事情今儿个肯定能办了1[lau⁰]。

（16）这事情今儿个肯定就办了2[la⁰]。

再如：

（17）把棉花收了1[lau⁰]。（祈使句）

（18）把棉花收了2[la⁰]。（陈述句）

在山西方言中，"了2"应属于"现在时"助词，即"事件的发生时间与参照时间是同时的"（邢向东，2006：133页）。例如：

（19）我年时去年学会了2[la⁰]。（五台）

（20）他上初三就一米八了2[la⁰]。（大同）

（21）到七月十五枣儿就红了2[liɛ⁰]。（晋源）

（22）我一叫，他就出来了2[lia⁰]。（洪洞）

（23）过了1[lau⁰]清明就不冷了2[la⁰]。（永济）

（24）我吃了1[lau⁰]饭了2[la⁰]。（忻州）

（25）下雨了2[la⁰]。（长治）

4．"也"的来源与共时分布

近代汉语中的"也"，多数学者认为是语气助词。俞光中、植田均（2000：430 页）认为是现代汉语语气词"啊"的前身，但曹广顺（1995：93 页）指出，"语气词'也'在古汉语中用于表示静止性的事实，魏晋以后，它也用于表示变化性的事实，兼有古汉语语气词'矣'的功能"，只是由于"'了'字本来已经是在表示事态变化的实现了，所以，'也'字的作用必然会被弱化"。

"也"在山西方言中与"了2"一样，分布面特别广，遍及各片方言区（少数方言点除外），"也"在山西也有较为一致的读音，多读为 [ia^0]。

事态助词"也"在各地方言中都能表示某一动作、事件或性状即将发生或实现。可出现在动词谓语句、形容词谓语句和名词谓语句后面。例如：

（26）我去太原也。（大同）

（27）下雨也。（五台）

（28）我吃饭去也。（晋源）

（29）过了清明就暖也。（临县）

（30）明天清明也。（阳泉）

（31）孩的˝孩子明天就满月也。（武乡）

（32）明儿个冷也。（临猗）

（二）"来"和"去"是地域上互补且意义和功能上相当的事态助词

如前所述，"去"主要分布在山西方言官话区汾河片，"来"主要分布在除汾河片之外的晋语区。两者在功能和意义上基本相当。试比较：

（33）a. 村里正月唱戏来没啦？村里正月唱戏了没有？——唱来。唱了。（介休）

b. 村里正月唱戏去吗？——唱去。（河津）

（34）a. 这房子今年漏来没？这房子今年漏了没有？——漏来。漏了。（朔州）

b. 这厦今年漏去啊没有？——漏去。（临猗）

（35）a. 兀家夜来来来没啦？他昨天来了没有？——来来。来了。（平遥）

　　b. 他夜儿个来去吗？——来去。（万荣）

（36）a. 夜来晚上还疼来。昨天晚上还疼了。（太原）

　　b. 夜儿个黑咾还疼去。（临猗）

　　山西晋语区的"来"和官话区的"去"的差异在本章前文已经涉及，这里不再赘述。总体来说，"来"的语法化程度比"去"更高，句法分布范围更广泛。

（三）"去、了、也"和"来、了、也"分别在功能和意义上互补

　　从前面的分析中可以看出，晋语区的"来、了、也"和汾河片的"去、了、也"在功能上是基本对应的："来"和"去"都表"过去时"义，即动作或性状在说话之前就已经完成或实现；"了"表"现在时"义，即在说话时间动作或性状已经或开始得以实现；"也"表"将来时"义，即表示动作或性状即将发生。试比较：

晋语区（以太原话为例）　　　　　官话区（以临猗话为例）

a. 他到北京去来 [lai^0]。　　　　他走北京去去 [tɕʰi^0]。

b. 他到北京去了2[lie^0]。　　　　他走北京去了2[la^0]。

c. 他到北京去也 [ia^0]。　　　　他走北京去也 [ia^0]。

　　a 组的两句话都是立足于过去的时间，即动作在说话之前就已经完成，"他"在说话时一定从北京返回来了。b 组的两句话都是立足于说话时，即在说话时"他"已经发出了"去北京"的动作，至于到没到北京不一定。也许已经到了北京，也许正在去的路上，但可以肯定的是，"他"一定没有从北京返回来。c 组的两句话都是立足于将来，即在陈述说话时即将发生的动作。"他"还没有发出"去北京"的动作，但这个动作即将发生。

　　近代汉语中产生的句末助词"来""去""了""也"，在长期的竞争中，"了2"逐步取得胜利，"来、去"在大多官话方言区逐渐消失，"也"变为语气助词。但这四个助词在山西方言中并没有因相互的竞争而此消彼长，不仅仍都活跃在口语交际中，而且使用频率很高，它们的分布和功能呈现出互补

的特点：

"去"主要分布在官话区——晋南，即汾河片的十多个市县（分布面比较小）。"来"主要分布在晋语区，分布面比较大。"来"和"去"功能相当，在地域上形成了互补分布。"了"和"也"在全省大多数方言点都得以保留，意义和功能在各地基本一致——"了"为现在时（已然态）标记，"也"为将来时标记。所以晋语区和汾河片分别形成了"来、了、也"和"去、了、也"两套"时"系统。

这四个句末助词能在山西方言中全部保存下来，其原因应该归功于它们在功能和地域上的互补："来""去"在地域上互补，"来、了、也"和"去、了、也"在功能上互补——"来"为"过去时"，"了₂"为"现在时"，"也"为"将来时"。这种互补使得这四个助词在竞争中互相退让，各自缩小了自己的"地盘"，相互"和平共处"，各司其职，共同担负事态助词的功能。

二、山西官话区的"X 去"及其来源①

这里所要讨论的"X 去"，主要分布在官话区（汾河片）的运城、临猗、河津、万荣、稷山、永济、芮城、绛县、闻喜、曲沃、翼城等方言点。"去"在方言点读音一般都为轻声 [tɕʰi⁰]。

方言学界对"X 去"的有关描写和研究目前没有见到，我们只看到太田辰夫（2003）、曹广顺（1995）、梁银峰（2005）等学者对唐宋诗词中"X 去"所做的不同解释（将在后文论及）。本部分旨在通过对山西南部方言和近代汉语"X 去"结构和意义方面的分析和比较，考察"X 去"的虚化轨迹以及山西南部方言"X 去"的来源。

（一）山西南部官话区方言的"X 去"的共时分布与功能

1. 在结构方面，山西南部官话区方言的"X 去"一般处于"X 去 +VP /

---

① 本文发表在《语文研究》2010 年第 4 期。这里略有改动。

AP"的句式中，其中"X"可以是动词、形容词、名词性词语；这种句式可以是陈述句、疑问句和祈使句，而且"X去"既可以出现在表示已然意义的句子中，也可以出现在表示将然意义的句子中，不过将然意义或已然意义是由全句语境或其他实词决定的，不是"X去"的功能。值得注意的是，"X去"不出现在表示现在时间的句子中。具体情况如下：

A. X动（O）＋去＋VP / AP：

将然意义：

（37）他攒下兀么多钱，死去都花不完。他攒了那么多的钱，到死的时候都花不完。（永济）

（38）英英嫁去咾你动我吗？英英出嫁的时候你请我参加婚礼吗？（闻喜）

（39）看电影去唤上我。看电影的时候叫上我。（翼城）

已然意义：

（40）我走去还没明哩。我走的时候天还没亮呢。（临猗）

（41）你上会去嘅＝"怎么"的合音不多拿个钱？你赶集的时候怎么不多带点儿钱？（运城）

B. X形＋去＋VP / AP：

将然意义：

（42）老去手里要有钱哩，没钱就恓惶啦。到老的时候手里要有钱，没钱就可怜了。（河津）

（43）攒热去咾你能做完吧？到天热的时候你能干完吧？（闻喜）

（44）把袄拿上，冷去咾穿上。把衣服拿上，冷的时候穿上。（运城）

已然意义：

（45）今年没落下枣，攒枣红去都烂完啦。今年的枣没收成，等枣红的时候都烂完了。（临猗）

（46）夜黑咾疼去吃药去吗？昨晚疼的时候吃药了吗？（万荣）

C. X名＋去＋VP / AP：

将然意义：

（47）撵端午去就有卖粽子（哩）啦。等到端午的时候就有卖粽子的了。（临猗）

（48）撵清明去你回来吗？等到清明的时候你回来吗？（运城）

（49）清明去（唠）你可要回来哩！等到清明的时候你一定要回来！（万荣）

已然意义：

（50）他孩满月去场面没有伢这么大。他家孩子满月的时候（庆贺的）场面没人家这
　　　么大。（河津）

（51）禽流感去你鸡死去吗？禽流感的时候你的鸡死了？（临猗）

以上例句中，"X 去" 都是黏着的，后面总有后续分句 VP 或 AP，也就是说，离开后续分句 VP 或 AP，"X 去" 不能独立成句。

"X 去" 中 X 的使用有严格的条件限制：X 为动词时，可以是及物动词，也可以是不及物动词，但都只能是行为动作动词；X 为形容词时，仅限于日常口语常用的可表变化的性质形容词（如 "老、冷、热、红、疼" 等）；X 为名词时，其限制更为严格，仅限于日常口语常用的表节日、节气名称的词（如 "端午、清明、芒种、元旦、八月十五" 等）和个别表示特殊纪念日的名词（如 "满月" 等），大多数名词不能出现在这种句式中。

2. 在表义方面，山西南部方言 "X 去" 相当于普通话的 "X 时（X 的时候）"。上面各例中的 "X 去" 都是 "X 时" 的意思，如 "嫁去" 就是 "嫁的时候"，"冷去" 就是 "冷的时候"，"清明去" 就是 "清明的时候"。这与主要出现在晋语区的 "X 动"（如 "走动了叫上我走的时候叫上我"）意义相当。

（二）近代汉语中的 "X 去"[①]

1. 在近代诗词中我们看到大量与汾河片相似的 "X 去"。[①]结构也多为 "X 动 / X 形 + VP / AP"。例如：

（52）老去将何散老愁，新教小玉唱伊州。（白居易《伊州》）

---

① 文中所引近代诗词来自：《全唐诗》（上海古籍出版社，1986 年版）；《宋诗钞》（中华书局，1986 年版）；《续修四库全书·晚晴簃诗汇》（上海古籍出版社，2002 年版）。

（53）乱来知酒圣，贫去觉钱神。（韦庄《遣兴》）

（54）松竹健来唯欠语，蕙兰衰去始多情。（吴融《秋事》）

（55）宦情薄去诗千首，世事闲来酒一尊。（李群玉《送于少监自广州还紫逻》）

（56）吟来携笔砚，宿去抱衾裯。（白居易《重修香山寺毕题二十二韵以纪之》）

（57）吟去望双旌，沧洲晚气清。（郑巢《送衡州薛从事》）

（58）大去便应欺粟颗，小来兼可隐针锋。（李商隐《题僧壁》）

（59）愁来自觉歌喉咽，瘦去谁怜舞掌轻。（韩偓《偶见》）

（60）归去水云多阻隔，别来情绪足悲伤。（刘兼《秋夕书怀呈戎州郎中》）

（61）死去元知万事空，但悲不见九州同。（陆游《示儿》）

（62）觉来因记梦，醒去不成眠。（杨万里《睡觉》）

（63）醉去昏然卧绿窗，醒来一枕好凄凉。（杨万里《舟中不寐》）

（64）读来堪下泪，寄去怕伤情。（刘克庄《哭薛子舒二首》）

（65）觉来成阅历，记去偶分明。（富宁《梦》）

（66）去去愿携手，蜡屐同跻攀。（张士元《竹西草堂宴集分得还字》）

以上例句中既有"X形去"，也有"X动去"。"X形去"如"老去""贫去""衰去""薄去""大去""瘦去"等，"X形"都是可以表示变化的性质形容词；"X动去"如"宿去""吟去""归去""死去""醒去""醉去""寄去""记去""去去"（汾河片也有"去去"的说法，如"去去叫我着去的时候叫上我"）等，"X动"既可以是及物动词，也可以是不及物动词，都是表示行为动作的动词。另外，"X去"后都附有小句，都可构成"X去+VP/AP"句式。

2. 在表义方面，近代诗词中出现不少"X去"与"X时"互文为义的例子，证明二者意义上是相通的，例如：

（67）歇时情不断，休去思无穷。（白居易《筝》）

（68）少时岂省为名误，老去真知与世疏。（沈遘《次韵和少述秋兴》）

（69）儿时行乐几时愁，老去情怀懒出游。（杨万里《郡中上元减旧例三之二而又迎送使客》）

（70）睡去斜阳在露台，醒时明月满湖隈。（刘廷玑《水村即景》）

（71）老去悲秋多感慨，少时怀古独淹留。（劳之辨《兖州登少陵台》）

（72）来时千嶂雪，归去五湖秋。（方士淦《戊子三月望日自伊犁首途》）

另外，王学奇（1999：47页）也收集到近代汉语中"去"与"时"互文为义的两个例句：

（73）燕子来时，梧桐老去，锦树花攒。（张可久《秋日海棠》）

（74）只因喉咙太响，歌时嘴边起霹雳，身子又太狼伉，舞去冲翻了御筵卓。
（洪昇《长生殿》）

（三）山西南部方言的"X去"是近代汉语"X去"的沿用与发展

首先，对照以上山西南部方言和近代汉语的"X去"，我们发现二者在结构和意义方面都基本相同。在结构方面，如前所述，山西南部方言和近代汉语的"X去"都出现在"X去+VP/AP"的句式中，"X去"都必须是黏着的，都必须后附"VP/AP"小句，"X"的词性多为动词或形容词，动词一般都是表示行为动作的动词，形容词都多为表变化的性质形容词（如上例）。汾河片的"X名+去+VP/AP"在近代汉语中没有见到，可能是当地方言在功能上的扩展，所以受到更多的限制（只能是表节气、节日的名词，见前例）。在表义方面，山西南部方言的"X去"和近代汉语的"X去"都相当于普通话的"X时"，这从前两部分的例句中可以明确看出。

所以不论是从结构上还是语义上看，汾河片方言的"X去"都应是承袭了近代汉语的说法并有所发展。

其次，近代汉语"X去"与汾河片方言"X去"中的"去"一样，都已经虚化，其虚化的轨迹应该都是由表示空间趋向演变为表示时间趋向。正如徐丹（2005）所说，"老去悲秋强自宽"（杜甫）等诗句里的"去""不表达空间移动，只能表达时间移动"。例如"死去""走去"等"V去"中的"去"所强调的已不是"死"和"走"等动作行为的空间趋向，即"向某空间处所移动"，而是一种时间趋向，即"向某动作发生的时间移动"（既可以向未来移动，也可以向过去移动，但必须具有［+移动］义的时间趋向，所以"去"

一般不出现在表示"现在"时间的句子中）。"老去""清明去"等"X形去"和"N名去"中的"去"更不表示空间趋向，只是一种时间的移动，即"某种性状的变化""某种时间（节日、节气）的到来"。而实词语法化的一条重要规律是："由表空间引申为表时间，而不是相反，这是人的认知总是从空间转移到时间的规律在起作用。"（沈家煊，2005：3 页）。"X 去"由空间到时间这种意义上的变化，正是其语法化的标志。

当然，"X 去"中"去"的虚化还不彻底，其趋向意义仍存在，只是由空间趋向变为了时间趋向。

最后，我们也看到了对唐宋诗词中"X 去"的不同解释：一是太田辰夫（2003：207 页）认为，"去"是"表示随着继续，状态逐渐加深"。二是曹广顺（1995：112 页）认为，"'老去'犹言'老了'"。三是梁银峰（2005：33 页）认为，"在唐代，这种意义的'去'经常跟在某些状态形容词或不及物动词之后，表示某种状态发生之后，接着发生另一件事，可表示为'V 去VP2'"。

我们看到，同样是"X 去"，太田辰夫关注的是"去"趋向的"过程"（"随着继续……"），而曹、梁二位更关注的是"去"趋向的"结果"（"动作、变化的完成"或"发生以后"）。但正如前文所说，"X 去"中"去"的虚化还不彻底，其趋向意义仍然存在，三位都注意到了"去"的趋向意义，但这应该都是"去"的时间趋向，即徐丹（2005：345 页）所说："不表达空间移动，只能表达时间移动。"

曹、梁二位先生对"X 去"中"去"有具体的解释，曹认为是"了"，梁认为是"后、以后"。二位所选例句都为形容词（曹为"老去"；梁为"老去、贫去、大去、衰去、阴去"等）。笔者认为，这两种解释与我们认为"X去"即"X时"之间有相通之处，例如"老的时候徒然悲伤""老了徒然悲伤""老了以后徒然悲伤"三句话意思基本相同；再如："冷的时候把衣服穿上""冷了把衣服穿上""冷（了）以后把衣服穿上"意思也没有明显差别。汾河片所有的"X 形去"都可以同时解释为"X 形时""X 形了"或"X

形后"，意义基本不变。这说明"X形＋时""X形＋了""X形＋后"都具有"性状开始或已经实现"的意义。

但汾河片和近代诗词中大多数"V＋去"却很难理解为"V＋了"或"V＋以后"，例如："去去叫我着"只能理解为"去的时候叫上我"，不能理解为"去了／以后叫上我"。再如"死去元知万事空"的"死去"也只能理解为"临死的时候……"，理解为"死了"或"死后"就有点牵强。还有"睡去斜阳在露台，醒时明月满湖隈""去去愿携手，蜡屐同跻攀"等诗句中的"睡去"和"去去"都应该理解为"睡的时候"和"去的时候"才更符合上下文语境。

"X形＋去"和"X动＋去"在语义上的这种差别可能正是形容词和动词的差别。形容词在语义上具有更强的模糊性，在表示"性状开始实现"还是"性状已经实现"时没有明确的界限，所以可以有不同的理解。而动词的这种模糊性相对较弱，是"动作开始时"还是"动作完成后"不容混淆。汾河片"X名＋去"（如"清明去要上坟哩"等）可以勉强理解为"X名了"，但绝不能理解为"X名后"，理解为"N时"是最自然的说法。根据以上分析，我们认为把"X去"理解为"X时"更为全面。

此外，汾河片还活跃着一个句末事态助词"去"，在近代汉语中也大量出现，它和"X去"中"去"的共同特点是都能跟在动词、形容词、名词性词语后面，但语法意义和功能却完全不同。前文已见句末"去"的大量实例，这里仅以临猗方言为例比较二者的不同：

（75）a. 你看电影去叫我着。你看电影的时候叫上我。

　　　b. 谁看电影去去？谁去看电影来着？

（76）a. 我去去没叫她。我去的时候没叫她。

　　　b. 我去去。我去来着。

（77）a. 叫袄拿上，冷去穿上。把衣服拿上，冷的时候穿上。

　　　b. 今年清明后头还冷去。今年清明过后那几天还冷来着。

（78）a. 夜黑咾攒疼去吃药去吗？昨晚疼的时候吃药了吗？

　　　　b. 夜黑咾还疼去吗？昨天晚上还疼了吗？

（79）a. 清明去要上坟哩。清明的时候要上坟呢。

　　　　b. 阴历初八清明去。阴历初八清明来着。

（80）a. 你孩满月去怎么不动我？你家孩子过满月的时候怎么不请我？

　　　　b. 你孩多乎满月去？你家孩子什么时候满月来着？

以上各例 a 句中的"去"即本部分的"X 去"；b 句中的"去"都处于句末，为表"过去时"义的事态助词，其虚化程度比"X 去"要深。

从以上例句的比较中可以清楚地看到，位置不同，词语的虚化程度和语法意义则会大不相同。"X 去"和句末事态助词"去"的差别曹广顺（1995）和梁银峰（2005）也都注意到了。

第六章　山西方言的处置式

第一节　处置式及山西方言处置标记研究概述

一、普通话与全国方言处置式的研究成果综述

处置式是汉语中较有特点的句式，也是最重要的句式之一，自从王力把"把"字句命名为"处置式"以来，"处置式"的研究一直受到学界的关注，在现代汉语、汉语史、汉语方言学界都有不同角度的专题讨论。随着研究的深入，方言中各种各样的处置式标记也被发现，李蓝、曹茜蕾（2013）总结了目前各地方言中的处置式，发现了113个处置式标记（当然，不排除若干个标记是同一个来源，只是在不同方言中读音有差异而已），除了持拿义之外，还有给予义、得到义、趋向义、使令义、连接义、助益义、言说义等多种来源的动词都可以语法化为处置式标记。

吴福祥（2003）把处置式分为狭义处置式、广义处置式和致使义处置式三类，并认为广义处置式和狭义处置式是较早的形式，致使义处置式是较晚的形式。他令人信服地诠释了"持拿"义动词语法化为处置式标记的历时轨迹。

值得注意的是，据黄晓雪、贺学贵（2016），源于使役动词的处置标记"叫"主要分布在河南、山东、安徽北部等地的官话区，通过对近代作品《歧路灯》的考察可以看出，"叫"字句有致使义处置式，但没有狭义处置式，"叫"演变为处置标记经历了由"使役动词→用于致使义处置式→用于广义

处置式和狭义处置式"的发展过程，其出现次序也与"将""把"等这种由
"持拿"义动词而来的标记相反。

本章就是要在前贤研究的基础上，观察分析山西方言处置式的类型特征。

二、山西方言处置式标记的分布与特点综述

山西方言处置式的语序与普通话相同，也与绝大多数汉语方言的处置式
结构相同，即谓语中心语之前用介词短语做状语。所以本章重点关注处置式
标记词的类型特征。

考察山西方言处置式的标记词，我们发现，大多数方言的介词标记都是
"把"，只是晋语区的"把"因语义弱化而发生促化，有的学者用"拨""不"
等同音字替代，晋南官话区也有方言因"把"语音弱化或发生音变而被记作
"不"或"抱"等，其实这些都是"把"字，个别方言有不同标记，例如朔
州（中北部五台片）的处置式是"管"：

（1）有些地方管太阳叫日头。

太原（中部并州片）、大同（北部大包片）除了"把"外，还能用"叫"
做处置义标记。晋语区上党片有用"跟"做处置标记的，如阳城方言：

（2）跟把东西放下吧。

（3）我才才刚刚跟把书都放起。

晋南官话区的处置标记相对复杂，既有"把"，也有"给"和"叫"，如
万荣、临猗方言有"孩给/叫碗打啦"的说法，万荣方言中既可以用"把"，
也可以用"给"做处置标记，临猗方言中既可以用"给"，也可以用"叫"
做处置标记，二者可以自由替换。

晋南处置标记"叫"在有的方言点读作"照""招"（如永济部分方言）
或"到"（如临猗县东的临晋一带），我们认为"照""招""到"都是"叫"
的音变形式。

晋南闻喜方言的处置标记是"拿"，与"把""给"等都是手持义动词，
其语法化轨迹基本一致，已有学者注意到这些现象，本章不再赘述。

第二节 山西官话区的"叫"字句 ①

——以临猗方言为例

山西汾河片（官话区）解州小片的多数方言处置式标记和被动式标记都为"叫"，多数方言读音为 [tɕiɑu⁴⁴]（各方言点音值略有差异），"叫"在有的方言点读作"照"（如永济部分方言）或"到"（如临猗县东的临晋一带），有学者认为"照""到""叫"三者是不同来源，其实，考察晋南官话区的音系，就会明白"照"和"到"都是"叫"的音变形式。例如河津方言见系字分尖团：像"叫""见""浇""轿"等字在当地方言中都读 [tʂ] 声母；浮山、临汾一带"家""鸡""叫""教""见"等字都读 [t] 声母，因此，从晋南方言声母系统我们可以看出，"照"和"到"都是"叫"的音变形式。

本节以临猗猗氏片方言为例分析山西官话区的"叫"字句。

一、临猗方言的动词"叫"

"叫"作为动词，临猗方言读为 [tɕiɑu⁴⁴]（去声）。如：

（1）你是叫我吧？

（2）你叫什么？

"叫"作为使令动词和介词时，读音存在两种情况，一种是与单字音相同，一种是变读为 [tɕie⁴⁴]。不论是读单字音还是变读，其声调又存在两种情况，即都可以读本调 44，还可以变读为 24。因此，"叫"做使令动词和介词时，在语音上便存在四种情况：

$$[\text{t\c{c}iau}^{44}] \longleftrightarrow [\text{t\c{c}iau}^{24}]$$

$$\updownarrow \qquad\qquad\qquad \updownarrow$$

$$[\text{t\c{c}i\textepsilon}^{44}] \longleftrightarrow [\text{t\c{c}i\textepsilon}^{24}]$$

如图所示，[t\c{c}iau] 与 [t\c{c}i\textepsilon] 之间可自由替换，声调 44 与 24 也可以自由替换，属自由变体。不过 [t\c{c}iau] 与 [t\c{c}i\textepsilon] 比较，读 [t\c{c}iau] 的较多；但本调 44 与变调 24 比较，则读变调的较多，后者似乎有取代前者的趋向。

"叫"做动词时（包括表行为动作的动词和使令动词），语法功能与普通话基本相同，这里不再赘述。

二、临猗方言处置式与被动式标记"叫"

（一）处置式与被动式用同一标记

比较特殊的是，"叫"做介词时既可以相当于普通话中的介词"把"，又可相当于介词"被"。也就是说，普通话中的"把"字句和"被"字句在临猗方言中均是"叫"字句。如：

（3）a. 车都＝车子叫英英（给）推走啦。

　　 b. 英英叫车都＝车子（给）推走啦。

（4）a. 黑娃叫狗（给）咬啦。

　　 b. 狗叫黑娃（给）咬啦。

（5）a. 腿叫桌都＝桌子（给）碰了一下。

　　 b. 桌都＝桌子叫腿（给）碰了一下。

（6）a. 手叫炉都＝炉子（给）烫了一外＝一个泡。

　　 b. 炉都＝炉子叫手（给）烫了一外＝一个泡。

（7）a. 食盆叫猪（给）拱倒啦。

　　 b. 猪叫食盆（给）拱倒啦。

以上五组例句中，a 类都相当于"被"字句，b 类都相当于"把"字句。"叫"所联系的一个是人，一个是物，或者一个是可自动的动物，一个是不可自动的物体。常理下，这五组例句中的受事者只能是"车都ᵈ""黑娃""腿""手""食盆"。所以上述五组句子在任何语言环境中，当地人都能分辨得很清楚，不会产生歧义。值得注意的是，这种融主动与被动于一体的"叫"字句有逐渐分家的趋向：相当于"被"字句的"叫"一般读44调值（去声），而相当于"把"字句的"叫"读24调值（阳平）。另外，上面例句中动词前的"给"是可有可无的，加上"给"后一般表示强调，在被动句中还有"遗憾／自责"等语用义。再如：

（8）a. 碗叫孩给打啦。

　　　b. 孩叫碗给打啦。

（9）a. 水叫鸡给弄洒啦。

　　　b. 鸡叫水给弄洒啦。

（二）处置式与被动式在语境中的区别

1. 如果"叫"所联系的两个名词均为人，一般实有所指者为受事者。如：

（10）a. 今儿个在会上集市强孩叫人（给）打啦。

　　　b. 今儿个在会上好几外ᵈ人叫强孩（给）打了一顿。

（11）a. 牛牛叫人家（给）逗哭啦。

　　　b. 人家叫牛牛（给）逗哭啦。

上面两组例句中 a 类仍相当于"被"字句，b 类仍相当于"把"字句。两组句中的"强孩""牛牛"都是受事者；不确指的"人""好几外ᵈ人""人家"等都是施事者。在表被动时，"叫"字后面的这些词语有时可省去，如：

（12）这条狗叫打惊啦，钻到窝里半天都不敢出来。

（13）腿叫碰啦，半个月啦还不能走哩。

（14）黑娃叫被打（得）惊吓（得）防一岸躲到别处不敢回来啦。

2. "叫"所联系的两个名词均为人，而且都实有所指时，如果动词后面有补语，这种"叫"字句一般相当于"把"字句。例如：

（15）今儿个强孩叫英英美美打了一顿。

（16）她妈叫她美美嚷骂了一顿。

这两句中的"美美"相当于普通话的"狠狠"，可以省去，也可以放在"叫"的前面，都起强调的作用。如：

（17）今儿个强孩美美叫英英打了一顿。

（18）她妈美美叫她嚷骂了一顿。

如果动词后边的补语省去，加上句末语气词"啦"，这种"叫"字句便相当于"被"字句。如：

（19）英英叫强孩给打啦。

（20）她叫她妈给嚷骂啦。

这时候，动词前的"给"不能省去。

但是在对话中，加上补语也可以是"被"字句。如：

（21）问：小丽怎么啦？——答：叫强孩给打了一顿。

（22）问：她作怎么不高兴呢？——答：叫她妈给嚷骂了一顿。

3. 有时，一个句子中可以出现两个"叫"字。例如：

（23）三娃叫被人家叫把他打了一顿。

（24）红红叫被狗叫把他腿咬破啦。

这两个例句中的第一个"叫"相当于"被"，第二个"叫"相当于"把"，第二个"叫"可以换为"给"，意义不变。

4. 再看"叫"构成的兼语句。例如：

（25）锁柱叫让黑娃叫把小明打了一顿。

（26）红红叫让狗叫把黑娃的腿咬破啦。

（27）王军叫让老婆叫把桌都＂子摆好。

（28）我爸叫让二哥叫把这棵树砍了。

（29）老师叫让小军叫把红红送回去啦。

以上五个例句是兼语句，第一个"叫"是使令动词，第二个"叫"相当于"把"。其中例（26）—（28）中的第二个"叫"可以换成"给"，意思不变，例（25）、（29）中的第二个"叫"后跟的是表人的名词，"叫"不能换为"给"。

5. 有时使令动词的"叫"字句与表被动的介词"叫"字句从字面上看完全相同。例如：

（30）车都＝叫他推去啦。

（31）书叫他拿去啦。

这两个句子中的"叫"，从字面上看既可以是使令动词，又可以是介词（相当于"被"）。也就是说，这两句都是多义结构，既可以是"车子被他推走了"和"书被他拿走了"的意思，又可以是"车子让他推去了""书让他拿去了"的意思。但在口语中，如果动词"推"和"拿"的韵母（主要是韵腹）变为长元音，这个句子中的"叫"相当于"被"。如：

（32）车都＝叫他推 [tueːi^{31}] 去啦。

（33）书叫他拿 [nʌː^{24}] 去啦。

如果动词韵母不变为长元音，句子中的"叫"则是使令动词。

6. 在临猗方言中，还有一种类似感叹句的"叫"字句，一般表示面对面的责骂、恫吓和无可奈何的感叹等，通常格式是："我叫你（这个）……"例如：

（34）咹！我叫你这个东西！咋这么捣蛋呢？！（表责骂）

（35）哼！我叫你这个畜生！你小心着！（表恫吓）

（36）唉！我叫你呀！真真都没法儿说你！（表无可奈何的感叹）

这三个例句中的"叫"都相当于介词"把"。这类结构的"把"字句已有多位学者讨论，与运城方言中的同类句子也完全相同（王雪樵，1996），不再赘述。

通过以上分析可以看出，以临猗方言为代表的山西官话区（汾河片解州小片）的"叫"既可以是处置式标记，也可以是"被"动句的标记，二者形式相同，但在具体语境中有细微差别，当地人能轻松辨别。

关于"叫"作为处置标记的语法化问题，学者们也多有论述，尤其是黄晓雪、贺学贵（2016）从历时角度分析了处置标记"叫"的分布与语法化历程，具有很强的说服力。

第三节　山西官话区处置式标记"眊"①的语法化

——以绛县方言为例②

一、"眊"的视觉动词义

"眊"在山西方言中是普遍存在的一个视觉动词（陕北方言中也大量存在），读音基本一致（各地音系的缘故，略有差异），各地方言俗字都写作"眊"。

"眊"在方言中最常用的语义是"探望"义。例如各地民歌：

（1）三十里的名沙二十里的水，五十里的路上我眊呀么眊妹妹，半个月那眊了妹妹十五回。(《眊妹妹》)

（2）哥哥我穿上它，兜根兜根轻忽飘飘，眊呀眊你来。(《恋不够的双山梁》)

（3）你给哥哥做上一双牛了鼻鼻鞋，哥哥穿上咯噔咯噔咯噔，眊了妹子儿来。

　　(《摇三摆》)

（4）头一回眊妹妹你不那个在，你妈妈劈头打我两锅盖。(《想亲亲》)

以上民歌中的"眊"都是探望义。方言中"眊"的常用义也是探望义。例如：

临猗：我师傅病啦，叫让我走医院眊眊探望探望他去。

绛县：他眊病人去啦。

汾阳：我说等有空儿喽眊眊你来。

①　绛县方言"眊"字句语料大部分是作者在绛县调查所得，另外两位绛县籍学生——史荣（硕士）和李瑞华（本科）也提供了部分语料，特此感谢。

②　本文发表在吴福祥主编：《语法化与语法研究》（九），商务印书馆，2019年。这里有小的改动。

原平：你不眊眊他去？

"眊"也可以是"瞧"义，具有随意、短时的意义。例如：

临猗：叫我眊（一）下他在么。让我看看他在不在。

绛县：走地里眊一下去吧 [tɕia²⁴]。去到田地里瞧瞧去吧。

清徐：到地里眊的去来没啦嘞？到地里看了看没有？

天镇：我眊一眊。

"眊"在《说文解字》《词源》《现代汉语词典》中都是形容词，《说文解字注》（2006：131 页）对"眊"的解释是"目少精"，去声。显然，山西方言中"眊"的视觉动作义并不是"眊"的本义，那么，视觉动作义的"眊"在山西方言中是引申义，还是个俗字？本书无意考证，本书重点关注"眊"作为处置标记的语法化历程。

二、"眊"在绛县方言中可以充当处置式标记

"眊"作为处置式标记的分布面很小，目前我们只发现存在于山西南部绛县、新绛县和稷山一带。下文以绛县方言为例，在前人研究的基础上，分析"眊"由视觉动词到处置式标记的语法化历程。

绛县位于山西省南部，运城地区东北端（与临汾地区接壤）。东部与临汾地区的翼城县相接，西部和运城地区的闻喜县毗连，南跨中条山与运城地区的垣曲相邻，北部自东向西由临汾地区的翼城、曲沃和侯马市环绕。地理坐标为东经 110°24′ ～ 110°48′，北纬 35°20′ ～ 35°38′。根据《中国语言地图集》（2012），绛县方言属中原官话汾河片。

"眊"在绛县读音为 [ɛmɑu]。当问及处置式 [ɛmɑu] 是哪个字时，当地人都毫不犹豫地写作"眊"，我们在当地音系中也找不到另一个读音相同或相近的动词，所以根据当地人的语感和我们的判断，处置式标记"[ɛmɑu]"与视觉动词"眊"应是同一个词，处置标记是由视觉动词语法化而来。

（一）处置式标记"畀"可以出现在各种句类里

"畀"作为处置式标记，与普通话"把"的语法与语义功能基本相当，语义特征也基本一致，可以出现在各种句类中。例如：

（5）王强畀兵兵打咾一顿。（陈述）

（6）你咋畀外⁼那杯子打啦？（疑问）

（7）你畀这块手巾涮（一）涮。（祈使）

（8）畀外⁼那狗冻得！（感叹）

（9）我畀你娃扔井里啦？你畀我恨成这样！（反问＋感叹）

（二）"畀"字句的句法语义条件限制与"把"字句基本相同

"畀"字句与"把"字句的句法语义条件也基本相同。例如：

（10）他畀我训咾一顿。（"畀"的宾语通常为定指）

（11）谁畀我黑板上外⁼那字擦啦？（动词必须是复杂形式）

（12）绛县人畀石子饼唤格兰托。（"畀"字的宾语具有话题性）

（13）不要哭啦，我畀你兀那书搁到书房学校啦，没没没丢。（"畀"宾语受动作的完全影响）

（14）你咋畀外⁼那苹果弄地下啦？（不如意或出乎意料）

（15）你畀书包拿起叫我坐下。（与因果或目的关系有联系）

（16）我畀钱都存咾银行啦。（受"都"管辖的受事要做"畀"的宾语）

（17）他畀信看完了。|＊这是他畀信看完的地方。（充当句子成分受限）

以上是根据沈家煊（2002）分出的类。从这些例句可以看出，"畀"字句与"把"字句的语法、语义条件限制也基本相同。

（三）"畀"字句也可分为广义、狭义和致使义三种

吴福祥（2003）把处置式分为三类：广义处置式、狭义处置式和致使义处置式。这三种处置式绛县的"畀"字句都能涵盖。例如：

广义处置式：V+O1+V+O2

（18）你眊钱予咾他。你把钱给了他。　　　　　　　　　　（处置"给"）

（19）他眊我作啥人啦？他把我当成什么人啦？　　　　　　（处置"作"）

（20）我眊娃送咾他姥娘厦啦。我把孩子送到他姥姥家了。　（处置"到"）

狭义处置式：P+O+V

（21）眊门闭咾。把门关了。（光杆动词）

（22）你眊外˭那咋一伙全部扔啦？你把那些怎么全部扔啦？（动词前有修饰成分）

（23）眊地拖干净。把地拖干净。（动词后有补充成分）

致使义处置式：

（24）你眊屋里溷地！你把家里弄得乱的！

（25）眊我冻感冒啦。把我冻感冒了。

（26）眊我看睡着啦。把我看得瞌睡了。

以上例句包含了"眊"字句的各类句法结构。不再赘述。

因此，绛县方言的"眊"字句与共同语中的"把"字句语义和功能相当。

三、处置式标记"眊"的语法化历程

（一）"眊"的主观化

1.视觉动词"眊"的语义特征

如前所述，绛县方言的"眊"读音为[ˌmɑu]（同效摄开口一等明母字，阴平），上文所列各方言点的视觉动词用法在绛县方言中都存在。

"眊"和"看"是绛县方言中使用频率最高的视觉动词。二者语义上既有交叉又有区别，"看"一般出现在如"看书""看戏""看电影"等需要一个人"专注"或"视线长时间集中"的语境中，"眊"则出现在"探望""随意""短时"等语境中，具有［＋视觉，＋动作性，＋探望，＋随意，＋短时］等语义特征，所以当地口语中，"眊"经常构成重叠式"眊（一）眊"，或与"一下""两眼""几下"等表示"短时"义的时量短语相组合，因与论述内容无关，不再赘述。

2. 视觉动词"眊"的主观化倾向

按照 Sweetser（1990）的观点，感官动词的隐喻运作方式是从身域投射到心域，而心域可进一步投射到言语行为域，产生相应的语用功能（转引自魏兴、郑群，2013：84 页）。曾立英（2005），郑娟曼、张先亮（2009），刘月华（1986）等多位学者都曾讨论过视觉动词语法化的问题。绛县方言的视觉动词"眊"的"身域→心域→言语行为域"的主观化倾向也很明显，即"眊"与"看"的主观化程度基本相同。

A. 由"身域"到"心域"

（27）你眊着瞧着他今个喜欢高兴盲″吗？

（28）你眊着天黑咾你瞧着天黑了，就赶紧往回走。

（29）眊，车！看，（小心）车！

（30）你眊这办法还行盲″吗？——我眊着不行。我觉得不行。

（31）我眊着明儿下雨呀。我觉得明天要下雨。

上例（27）"眊"的对象是"他今个喜欢高兴盲″吗"，"眊"除了视觉动作外，还需要观察、感受和判断对方的心情；例（28）"天黑"除了视觉观察外，也还需要经验感知，具有了［+视觉，+感知］的语义特征。例（29）例中的"眊"的主观化也有所加强，是说话人警示听话人"小心车"，这句中"眊"的视觉义已经很弱了。例（30）—（31）的主观化进一步加强，相当于［+觉得/认为］义，视觉动作义基本消失。

以上例句显示，视觉动词"眊"由"视觉动作"已经发展到了"心理感知、认知"阶段，即已经由"身域"投射到了"心域"。

B. 由"心域"到"言语行为域"

沈家煊（2002）认为，与陈述句相比，祈使句带有更强的主观性。调查中我们收集到很多"眊"字祈使句。这种祈使句主要是句首提示语"眊！"或"你眊！"，在当地使用频率很高。值得注意的是，"（你）眊！"这种祈使句中有很强的言语行为义，即说话者通过言语要求听话人按照要求发出"眊（看）"这一动作或提醒对方小心注意。因此，"眊"不仅由"身域"投射到了"心域"，更由"心域"投射到了"言语行为域"。

我们发现，绛县方言具有"言语行为域"的"你眊！"句，常带有责备、埋怨的语气：

（32）你眊！电脑弄坏了吧？

（33）你眊！娃摔着啦！

（34）你眊！鸡蛋打啦吧？

这种语境中，听话人由于某种过失导致了不如意的结果——"弄坏了电脑""摔了娃""打了鸡蛋"，这是说话人出乎意料的，也不愿看到（不如意）的事实，所以说话人用带有责备、抱怨的语气斥责对方。由于听话人所做错事已经是双方都明了的，是无须再用眼看的，所以这种语境中的"眊"视觉意义基本消失，更多的是对不如意事件的责备，具有了明显的言语行为义，主观化进一步增强。上面各例中的"你"在具体语境中也可以省略，如（32）例可以直接说："眊！电脑弄坏了吧？"

调查中发现，"眊"字感叹句在当地使用频率很高，而感叹句包含着说话人强烈的情感，因此主观性更强。例如：

（35）眊我拐累得！

（36）眊他气得！

（37）眊外＝那狗冻得！看那狗冻的！

（38）（你）眊外＝那地方穷得！

以上四例中的"眊"出现在感叹句句首，虽然"眊"后所描述的人或物的状态，例如"累得"状态、"气得"状态、"冻得"状态都是可视的，但同时也是一种主观感觉。如例（37）"眊外＝那狗冻得！"一句，既有狗瑟瑟发抖的可视景象，也包含着说话人的主观判断。如果是冬天，说话人的判断正确，如果是夏天，说话人这种判断就是错误的；例（38）的视觉动作义进一步减弱。因为"穷"是不可只用眼观，更需要用心去感受，去认知的。

以上例句不仅是说话人在抒发强烈情感，也是说话人在寻求听话人对自己观点的认同。因此也具有较明显的言语行为义。

　　还有一种感叹兼祈使的句子，既是说话人的感叹，也是对听话人的催促。例如：

　　（39）眊饭凉喽！小心饭凉了！（快吃！）

　　这句话中的"眊"具有一定的催促、提醒义，主观色彩更浓，视觉动作义进一步减弱，主要语义是［＋催促／提醒］，要求听话人听到此话语后，抓紧时间做出说话人希望的行为（吃饭）。因此，这里的"眊"具有了更明显的"言语行为义"。

　　以上视觉动词"眊"的主观化过程符合"身域→心域→言语行为域"的语法化规则。

　　（二）"眊"的语法化

　　需要说明的是，绛县方言的处置式一般都是"眊"字句，"把"字句很少说，而且大多数人认为"把"字句是较文的说法。

　　1．"眊"字句中，处置标记的隐含

　　如前所述，"眊"在具体语境中可以主观化，具有了"言语行为义"。这种具有"言语行为义"的"眊"一般出现在祈使句和感叹句中。沈家煊（2002）通过"把"字句和一般动宾句的比较，从说话人的"情感""视角""认识"三个互有联系的方面，论证了"把"字句的语法意义是一种"主观处置"。他同时认为，祈使句与陈述句相比较，祈使句带有更强的主观性，所以祈使句多用"把"字句。我们在调查中也发现，绛县方言所有的"眊"字句中，祈使句和感叹句的主观化程度比陈述句和疑问句更高。这类祈使句往往是表示责怨语气，感叹句往往是不如意的语气。但根据语境可知，责怨的结果和不如意的结果都不是对方有意而为的，是"无意致使"的，而只有"无意致使用法"的使役结构才有可能发展为致使义处置式（黄晓雪、贺学贵，2016）。例如前例（32）—（38），再如：

　　（40）你眊碗打啦吧？

　　（41）（你）眊袄弄脏了吧？

（42）眊娃吓得！

（43）眊我嗓喊哑了！

例（40）—（41）与前例（32）—（34）相同，都是责怨语气,（42）—（43）与前例（35）—（38）相同，都是不如意的感叹语气。以上例句中的"眊"既可以只理解为"看"义，也可以理解为处置式，试比较：

（40′）a.（你）看碗打了吧？

　　　b.（你）看把碗打了吧？

（42′）a.看娃吓得！

　　　b.看把娃吓得！

以上 a 句中只用"看"，b 句中的"看"后出现了处置标记"把"，这两例都不是绛县方言的说法，但在大多数方言中都能使用。我们发现，上例中的 a 句和 b 句，有无"把"意义并没有太大的差别，只是用"把"强调了处置义，即使无"把"，句子中也含有处置义，因为受事"碗""娃"等在这类句子中具有"被致使"义——"碗被打""娃被吓"，所以，由于受事的"被致使"义的存在，处置标记可以不出现，处于隐性状态。

我们可以通过其他结构来证明这一点。朱德熙（2010）发现，因为"卖"类动词（还包括"送""递""借"等）本身含有"给予"义，所以这些动词所出现的句子中"给"就可以处于隐性状态。例如（转引自朱德熙，2010：102 页）：

△我卖你一本。　　　△我送你一盆花。　　　△他借我一本书。

以上三例都可变换为：

△′我卖给你一本。　　　△′我送给你一盆花。　　　△′他借给我一本书。

因为"卖""送""借"本身包含"给予"义，所以"给"就可以不出现。朱先生认为，不带"给"的句式可以看成带"给"句式的紧缩形式（朱德熙，2010：103 页）。

同理，绛县方言的"眊碗打了"类句子中，因"碗打了"本身就包含了"被致使"义，所以处置标记可以不出现，处于隐含状态，或是一种紧缩形式。

2. 受语境感染，"眊"具有了"致使"义

沈家煊（2002：389页）认为，因为处置式常有不如意的含义，所以当受事受损时，人们更多选择处置式："就'把'字句而言，常见的结果是，在说话人的心目中，施事成了责任者，受事成了受损者。"如前所述，"眊"后的受事都有"被致使"义——"碗被打""娃被吓""我被气""嗓被喊哑"，这种"被致使"义经常出现在责怨句中。也就是说，"被致使"的受事都成了"受损者"，句内或句外的施事便成了"责任者"。在这种语境中，如前所述，受事"碗""袄""娃""嗓"的前面应隐含着一个表示处置义的介词（如大多数方言中的"把"），例如：

（41′）眊（把）袄弄脏了吧？看把袄弄脏了吧？

（43′）眊（把）我嗓喊哑了！看把我嗓子喊哑了！

例（41′）可以理解为"看把袄弄脏了吧？"；例（43′）可以理解为"看把我嗓子喊哑了！"。但如前所述，绛县方言中没有"把"做处置标记的句子，其他方言中的处置标记"把"在绛县方言中都用"眊"。我们也可以说"把"在绛县方言中永远处于隐含状态。但是，因为"把"的隐含，使得"把"的这一空位被忽略，"眊"便直接与受事组合，受事的"被致使"义逐步感染了"眊"，使得"眊"具有了"致使"义，成为处置标记。因此，"眊"的处置标记功能是受语境感染所致。

这种受语境影响，使不具有某意义的动词沾染上此意义的现象并不罕见，构式语法学者在这方面有不少论述。我们这里以朱德熙（2010）对"写"类动词的论述为例。

朱先生发现，"写"类动词（还包括"留""搛""舀"等），本身不包含给予义，但在 S1（Ns+V+ 给 +N′+N）里因整个句子是表示给予义的，因此"写"类动词也就沾染上了给予义。例如（转引自朱德熙，2010：91页）：

△他写给校长一封信　　　　　△他留给小王一个座位。

在具体论证"写"的给予义时，朱先生说：当"写"跟"信"组合的时

候，预先假定有"受者"（收信人）一方存在，此时"写"就取得了给予的意义。（朱德熙，2010：98 页）

我们认为，绛县方言中的"眊"与朱先生所论证的"写"类动词所处语境类似，都是在语境中获得了词本身不具有的意义。当"眊"经常与具有"被致使"义的受事组合时，"眊"就取得了"致使"义。

3."眊"字句的重新分析过程

由视觉动词逐渐变为处置式标记，这一语法化过程可能经过了长时间的重新分析阶段，而且这一重新分析阶段至今并未完全结束——表示责怨语气的祈使句和表示不如意语气的感叹句至今都可以有多种理解。例如：

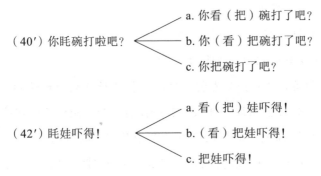

（40′）你眊碗打啦吧？
a. 你看（把）碗打了吧？
b. 你（看）把碗打了吧？
c. 你把碗打了吧？

（42′）眊娃吓得！
a. 看（把）娃吓得！
b. （看）把娃吓得！
c. 把娃吓得！

调查时，问到类似以上祈使句和感叹句时，当地人认为 a、b、c 三种理解都可以。但现在一般会理解为是 c 类，即"眊"相当于"把"，是一个处置式标记。

因此，绛县方言的处置式标记经历了以下重新分析的过程：

眊：看（＋把）　→　眊：（看＋）把　→　眊：把

由于这三种"眊"字句在当地使用频率很高，"眊"的处置式标记功能便不断得到加强，其功能得以稳固后，"眊"的处置标记功能便向狭义处置式和广义处置式扩展，从祈使句、感叹句向陈述句和疑问句扩展，也就有了今天绛县方言中语义语法结构与官话"把"字句相当的"眊"字处置式。至此，"眊"完成了由视觉动词到处置式标记的语法化历程。

汉语语法化的一个鲜明特点是，虚化过程中，词语的意义开始变得丰富起来，新意义的产生并不意味着旧有意义的消亡，新旧意义同时共存于同一方言之中，这个特点能帮我们解释为何"眊"的视觉动作义和处置式标记义能够共存，也能解释为何致使义处置式至今能够重新分析（也可能是因为"眊"作为处置标记的时间还不太长），当然这种新旧义共存现象也为我们寻找其语法化轨迹提供了切实可靠的帮助。

第七章　山西方言的疑问句

第一节　疑问句研究概述

一、共时研究

（一）疑问范畴研究的发展

关于汉语疑问句的研究，马建忠最早在《马氏文通》（1983）中将汉语疑问句分为设问、拟议和咏叹三类。之后，章士钊的《中等国文典》（1907）按照语气词的不同，将疑问句分为叙述句、疑问句、命令句和感叹句。黎锦熙的《新著国语文法》（1992）在马建忠研究成果的基础上以助词为纲，将疑问句分为"表然否的疑问句"和"助抉择和寻求的疑问句"两类。

20 世纪 50 至 80 年代，汉语疑问句开始进入深入研究阶段。这一时期出现了一些对后世影响重大的研究成果。高名凯（1957）提出要区分疑惑命题和询问命题。王力（1980）把疑问句分为叙述句、描写句和判断句。黄伯荣（1984）将疑问句分为是非问、特指问、选择问和正反问四类。此外，他还对"表示猜度的疑问句"和"表示反诘的疑问句（反问句）"进行了研究。范继淹（1982）分析了是非问句和选择问句的关系，并指出是非问句是选择问句的一种特殊形式。吕叔湘、江蓝生（1985）讨论了特指问、是非问、正反问和选择问在疑问词、疑问语调、疑问焦点和反面提问等方面各自的特点，与林裕文（1985）的研究成果一起成为汉语疑问句研究理论描写方面的奠基之作。朱德熙（1985）提出了"可 VP"和"VP 不 VP"是两种相对立的正反问类型，二者不能在同一方言中共存。除此之外，研究成果还有徐杰、张林林（1985），邢福义（1987），刘月华（1986、1988）等。

20 世纪 90 年代，汉语疑问句研究转向深化，功能语法理论被引入疑问句研究之中，取得了丰硕的研究成果。袁毓林（1993）讨论了是非问内部两种形式的区别和"吗"字是非问的归属问题，从语义角度分析了"VP 不 VP？"和"VP 吗？"的关系，认为二者都可以称为广义正反问句，并提出前者主要用于真性问，后者主要用于非真性问，少数用于真性问。吴福祥（1997）对"麼"的产生过程进行了历时的描写，提出"麼"的产生源于"VP-neg"式中否定词的虚化。朱德熙（1991）分析了"V-neg-VO"和"VO-neg-V"两种反复问句在汉语方言里的分布特点，认为前者主要分布于北方方言区，后者分布于南方方言区，并对"V-neg-VO"式反复问句的紧缩形式进行了描写分析。在特殊疑问句研究方面，李宇明（1990、1997），邵敬敏（1996）都做了全面细致的研究，其中最为突出的是邵敬敏第一次将语法、语义、语用三个平面理论运用到汉语疑问句的研究当中，并且对前人在疑问语气词、疑问焦点、疑问程度等方面的成果进行了更深入的研究，是汉语疑问句研究中最为全面的著作。

21 世纪以来，汉语疑问句研究出现了大量新的成果，其中一些著作对汉语疑问句做了深入的研究。例如：陈昌来（2000）总结了 20 世纪疑问句研究的历史、对象及方法理论，更深入地研究了疑问语气词、疑问程度、疑问点与答问情况等问题。齐沪扬（2002）对疑问语气词"吧""呢"的句法分布、搭配、功能以及历史演变和语法化过程做了细致的描写，同时总结了"肯定否定重叠形式"表示疑问语气时的具体形式和用法。胡德明（2010）对构成现代汉语反问句的语义语用条件和反问句产生的模式进行了假设，然后经过大量的语言事实验证假设，最后再用这个经过验证的模式去解释反问句句法、语义、语用等问题。邵敬敏（2012）将是非问内部进行了细致分类，认为"吗"字问是真正的有疑而问，语调问（高声调）是诧异问，"吧"字问是求证问。

如果从功能角度考察疑问句，不可避免地要涉及疑问程度，即信疑度。疑问程度一直是疑问句研究中的一个难点。针对这个问题，很多学者做过有益的研究，甚至提出了划分疑问程度的可操作方法。例如吕叔湘（1982）首先把疑问句分为询问、测度和反诘三种，询问的疑问度最高，反诘最低，测度居中。赵元任（1968）也认为"吗"字是非问的怀疑度较高，信任度在 50% 以下。徐杰、张林林（1985）将疑问程度进行量化，分为 100%，80%，60%，40% 四级，并考察了疑问程度和疑问句类型之间的关系。黄国营《"吗"字句用法初探》（1986）中的"五级划分"实质就是前者的细致化。郭锐（2000）对疑问句的信疑问题进行了进一步的探讨，参照黄国营的等级分类，他把"确信度"分为五级：0 确信度（C=0，对所问之事持否定态度，即反问句）；低确信度（C → 0.25，即对肯定答案抱有怀疑）；中确信度（C → 0.5，即对所问之事无所猜测）；高确信度（C → 0.75，即对肯定的答案有所猜测）；全确信度（C=1，即完全相信所问之事为真）。

（二）疑问句内部类型及分类的研究

现代汉语疑问句的传统分类为四分，即是非问、特指问、选择问和正反问（反复问）。但各类疑问句之间的关系怎样？各自在疑问系统中占怎样的位置？历年来学术界的意见并不一致。邵敬敏等（2010）对目前各家疑问句分类进行了总括，大致分为五类：

A. 吕叔湘是派生系统的代表。他把疑问系统分为特指问和是非问，是非问又派生出正反问和选择问。其系统图示如下：

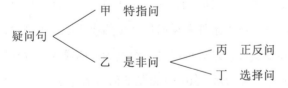

B. 朱德熙是转换系统的代表。他认为陈述句和疑问句区别的关键在于语调，只要把陈述语调变为疑问语调，就成为是非问句；再带入疑问词语，

就成了特指问句；把陈述句的谓语部分变成并列的几项，就成了选择问句。这三类疑问句都是由陈述句转换来的。其系统图示如下：

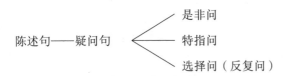

C. 林裕文和陆俭明是结构系统的代表。二者又有分别：林氏认为疑问句具有疑问代词、"是 A 还是 B"选择形式、"X 不 X"的正反并立形式、语气词与语调，疑问句内部的对立应建立在这四项特点的对立上。陆俭明（1982）则认为特指问和选择问有两项重要的共同点与是非问形成对立：是非问是由非疑问形式的语言成分构成，而特指问和选择问却都是由疑问形式的语言成分构成；是非问只能带语气词"吗"，不能带"呢"，而特指问和选择问则正好相反。其系统图示如下：

D. 范继淹是功能系统的代表。他认为除特指问句外，其他的疑问句都是一种选择关系，因此是非问句是选择问句的一种特殊形式。他的出发点是语义解释。其系统图示如下：

E. 邵敬敏是选择系统的代表。他认为是非问和正反问本质上都是一种是非选择，关键是句子中出现的选择项是单项还是双项；而特指问和选择问都是若干的选择，关键是选择项是有定还是无定。因此，该系统的内部关系如下：

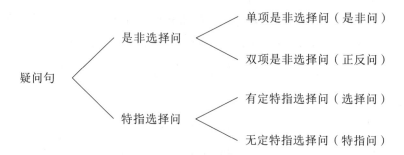

从传统四类疑问句的分合关系来看，以上五种分类中，吕叔湘、朱德熙、陆俭明等人都把选择问和反复问（正反问）合在一类；范继淹虽然没有明确的分类，但显然他的"特指选择问"应当包括选择问和正反问；邵敬敏认为疑问句的各类之间都是选择关系，并把正反问与是非问合并，把选择问与特指问合并。

刘丹青（2008）认为，选择问和反复问不是人类普遍存在的问句类型。反复问从形式上看像选择问句，从功能上看像是非问句（要求做出肯定或否定回答，可以用点头、摇头作答），是用选择问形式表达是非问功能的一种问句，从历时看则是从选择问到是非问的一种中间过渡类型。

关于"反复问"或"正反问"术语的定名问题，我们看到以上五类中，有四类出现"正反问"或"反复问"说法，其中朱德熙称为"反复问"，其他学者都叫"正反问"。根据我们对山西方言的考察，发现在一般语境（非强调、无附加语用色彩）中，山西方言大都是"VP 不 / 没"问句，"VP 不 / 没 VP"这种最典型反复问句很少出现，VP 并无"反复"特征，所以我们觉得在山西方言中，叫"正反问句"更切合实际。

从分类系统来看，以上五种分类中，吕叔湘、范继淹和邵敬敏基本上属于二分系统，其中吕叔湘和邵敬敏认为是非问与特指是相对的两大类，范继淹则认为是非问与选择问是相对的两大类。

（三）类型学视野下的疑问句分类系统研究

刘丹青（2008）介绍，"人类语言普遍存在的疑问句基本功能类别是两种，一为是非疑问句（yes-no question），又叫一般疑问句或极性疑问句（polarity question）；二为特指疑问句（疑问代词问句 Wh-question）"。对于现代汉语中的选择问，他认为其"独立成类的普遍性不强"。对于正反问来说，世界大多数语言没有这种问句，其存在的普遍性不强。因此，对于现代汉语疑问句来说，正反问、选择问可以看作是非问之下独立的两类。

二、历时研究

（一）历时研究概况

古代汉语疑问句研究主要是专书和专题研究。其中涉及的专书主要有《殷墟卜辞》（裘锡圭，1988），《秦墓竹简》（冯春田，1987；朱德熙，1991），《敦煌变文》（李思明，1983；朱德熙，1991；刘子瑜，1994）等，专书疑问句研究的成果（包括硕博论文）不计其数。这些专书研究大多都是先从疑问程度的角度将书中的疑问句分为询问句、测度句和反问句，然后再从结构的角度进行下位分类，通过对书中疑问句的穷尽性描写和系统性梳理，从而归纳出该书疑问句的特点。但是这些研究大多只是对疑问句的结构特点进行深入的挖掘，缺少对语义功能的探讨。值得一提的是，祝敏彻（1995）通过大量语言事实阐释了古汉语和近代汉语中选择问句、正反问句的区别及其各自发展变化情况，指出从上古到近代，正反问的使用频率和句式复杂程度不断提高，而选择问则向相反方向发展，且在发展中出现了正反问和选择问范畴交叉的情况。此外，祝敏彻（1999）重点针对《国语》《战国策》二书进行了疑问词和疑问结构的研究，并把二书中的疑问句分为正反问、是非问、选择问、委婉问、反问五种，为古汉语中疑问句的研究提供了翔实的语料分析。

近代汉语疑问句的专书研究主要涉及两种语料类型：敦煌文献和禅宗语录。二者都是以口语为主体的"白话"篇章，能够反映当时的口语风貌，具有较强的研究价值。专书研究成果也不计其数，这里不一一列举。近代汉语疑问句研究主要集中于疑问语气词、疑问程度以及疑问句内部类型和分类的研究，开始结合共时和历时两个层面，梳理疑问句的发展脉络。

（二）疑问句的历时演变关系

有关疑问句历时发展的研究，主要有傅惠钧（2006、2011），吴福祥（1997），王力（1985），蒋绍愚、曹广顺（2005），张敏（1990），袁毓林（1993），祝敏彻（1995、1996）等。

1. 正反问句的产生

先秦两汉时期的正反问主要有两种形式，一是 VP-neg（PRT：语气词），一是 VP-negVP（PRT）。"VP-neg（PRT）"在先秦时期已经出现，"VP-negVP"最早出现在《睡虎地秦墓竹简》里（蒋绍愚、曹广顺，2005）。

关于正反问句产生的源头，汉语语法学界的主要观点有二："省略说"和"称代说"。

"省略说"由梅祖麟首先提出，他认为正反问句是由选择问句省略关联词得来的。《睡虎地秦墓竹简》的出土，为"省略说"提供了更加有力的语料支持。例如（转引自傅惠钧，2006）：

（1）人奴妾盗其主之父母，为盗主，且不为？（《睡虎地秦墓竹简·法律问答》）

（2）甲贼伤人，吏论以为斗伤人，吏当论不当？当谇。（《睡虎地秦墓竹简·法律问答》）

（3）免老告人以为不孝，谒杀，当三环之不？不当环，亟执勿失。（《睡虎地秦墓竹简·法律问答》）

例（1）显然是并列选择问，但只要省去关联词"且"，便会形成"VP-negVP"形式的正反问句。例（2）和例（3）则分别为典型的"VP-neg（PRT）""VP-negVP"式正反问句结构。例（1）的句型结构省去关联词便可成为例（2）的形式，进一步省略便是例（3）的形式。

"省略说"受到了学界的广泛认可。但是，"省略说"无法解释"VP 否"形式正反问句的来源。例如（转引自蒋绍愚、曹广顺，2005）：

（4）遂使寡人得相见否乎？（《孟子·公孙丑下》）

（5）二世曰："丞相可得见否？"乐曰："不可。"（《史记·秦始皇本纪》）

"遂使寡人得相见否乎"并不是由"遂使寡人得相见否相见乎"省略而来，"可得见否"也不是由"可得见否得见"省略而来。为此，张敏（1990）从类型学的角度提出源于称代的说法。

"称代说"的源头可以追溯到吕叔湘（1982）关于"否"的解释。他认为"否"其中一种解释是"称代性的否定词"，并举例：① 晋人侵郑以观其可攻与否。（左·僖公三十）；② 二三子用我，今日；否，亦今日。他指出，例 ① 中的"否"等于"不可攻"，例 ② 中的"否"等于"不用我"。依据吕叔湘对"否"的称代性解释，张敏认为："汉代大量出现的'VP-neg'型反复问句的来源正是先秦的这种'VP 否'式动词并列词组，而不是来源于选择问的删除。"然而，"称代说"并没有完全否定"省略说"，对于"neg"形式为"不"和"未"的正反问句，张敏认为，有可能是经选择问删除而得来的。（转引自傅惠钧，2006）。

综上所述，虽然学界对于正反问的来源没有统一的观点，但是"省略说"和"称代说"都可以证明，先秦时期正反问句的产生与选择问句有很大的渊源关系，至少有一部分正反问句是来源于选择问句的，是由选择问句经过省略或删除而形成的。

2. 正反问和选择问的此消彼长

选择问句和正反问句自先秦产生以后，一直活跃于汉语中，从未消失，但其在使用频率方面却呈现出明显的发展变化趋势（下表中古代与近代数据引自祝敏彻，1995；现代数据引自傅惠钧，2006）。

表 7-1 正反问句、选择问句数量消长

时间	著作	选择问句	正反问句	比例（约）
古代	《论语》	8	1	8:1
	《孟子》	16	3	16:3
	《战国策》	22	1	22:1
	《左传》	39	2	18:1

续表

时间	著作	选择问句	正反问句	比例（约）
近代	《水浒传》	7	43	1:6
	《儒林外史》	4	47	1:12
现代	《骆驼祥子》	3	46	1:15

　　从以上数据统计表中我们可以看出，选择问句、正反问句的使用频率在从古代汉语发展到现代汉语的过程中呈现出此消彼长的趋势，选择问句的使用频率不断降低，正反问句的使用频率不断增高。在古代汉语中，选择问句使用频率很高，正反问句很少出现。发展到近代，正反问句大量增加，选择问句使用大幅减少，正反问句的使用频率已经远远高于选择问句。

　　数量方面的此消彼长显示出选择问句向正反问句演变的趋势。对于两个语义正反相对的并列选项，正反问和选择问都可以表达，而正反问形式相对简单，符合交际的需要和语言发展追求简洁的规律，因此选择问句在使用的过程中逐步紧缩、省略，形成了大量的正反问。例如（转引自傅惠钧，2006）：

　　（6）子以秦为将救韩乎？其不乎？（《战国策·韩策》）

　　（7）人当贞邪？不当贞？（《太平经》）

　　（8）今欲有可乞问，甚不谦，不知当言邪？不邪？（《太平经》）

　　上例中的并列选项表达的是正反相对的语义，虽为选择问句，但语义和结构都非常接近正反问，傅惠钧（2006）认为其可以被看作"选择问到正反问的过渡形式"。这种包含语义相反的两个选项的选择问句在古代汉语中很常见，但到近代汉语中就逐渐被正反问句取代了。据傅惠钧（2006）统计，"好不好"在《金瓶梅》和《儿女英雄传》中共出现了30次，并没有出现"是好，还是不好"的用法。

　　3. 是非问和正反问发展的历史渊源关系

　　A. 句末否定词的演变

　　a. 汉魏六朝时期句末否定词开始虚化，"VP-neg"句式出现了以下两种变体：一是"疑问副词颇 / 宁 / 岂等 +VP-neg（PRT）"形式，例如（转引自吴福祥，1997；蒋绍愚、曹广顺，2005）：

（9）使君谢罗敷，宁可共载不？（《乐府诗集·陌上桑》）

（10）后日，王问长生："汝宁便习兵法不？"对曰："实便习之。"……后日，王问长生："汝宁好猎不？"对曰："臣少好猎……"（《大正藏·长寿王经》）

（11）乡里人择药，有发筒而得此药者，足下岂识之不？（《全晋文·王羲之杂帖》）

二是"否定副词 +VP-neg"形式，例如（转引自吴福祥，1997；蒋绍愚、曹广顺，2005）：

（12）王尚书惠尝看王右军夫人，问："眼耳未觉恶不？"（《世说新语·贤媛》）

（13）桓南郡每见人不快，辄嗔云："君得哀家梨，当复不蒸食不？"（《世说新语·轻诋》）

对于以上两类问句的性质，吴福祥（1997）认为，"疑问副词颇 / 宁 / 岂 +VP-neg（PRT）"形式的疑问句应经变成"F+VP"式正反问句或反诘问句，"否定副词 +VP-neg"式疑问句已经变成了测度问句，这两种变形已经不再属于"VP-neg"式正反问句。因为"颇、宁、岂"等语气副词以及否定副词"不"是不能进入"VP-neg"式正反问的语义框架的。那么，在此类句型中，否定词"不、否"已经虚化成为语气词，只是用来传达句子的疑问语气，失去了否定的功能。汉魏六朝时期出现的正反问变体虽然不能断定是否可以归为是非问，但这种非正反问句形式的出现预示了正反问向是非问的演变，在这一过渡时期，正反问句和是非问句是难以划清界限的。

b. 唐五代时期"VP-neg"句式句末否定词虚化的现象更加明显，普遍性也有所增大。据吴福祥（1997），这一时期，"VP-neg"句式出现了三种变体：

一是"否定副词 +VP-neg"，例如：

（14）不落莫否？（韩愈《送杨少君序》）

（15）吴王曰："万兵不少以不？"（《敦煌变文集》）

二是"F-VP 不（否）"，例如：

（16）言是人所得福德宁为多不？（《敦煌变文集》）

（17）夫子曰："善哉！善哉！吾与汝共游天下，可得已否？"（《敦煌变文集》）

三是"莫+VP不（否）"，例如：

（18）净能问长官曰："夫人莫先疾病否？"（《敦煌变文集》）

（19）师曰："莫从须弥顶上采得来不？"（《祖堂集》）

随着这一时期句末否定词"不（否）"在VP-neg句式中虚化现象程度的加深和范围的扩大，"VP-neg"式正反问句分化出非正反选择问。这些非正反选择问包括了是非问句（含测度问句）和反诘问句（蒋绍愚、曹广顺，2005）。

吴福祥（1997）举出的唐代《祖堂集》和宋代成书的《景德传灯录》里的例证有力地证明了"不（否）"的虚化现象的发展。例如：

（20）师曰："莫是湖南去不？"对曰："无。"师曰："莫是归乡去不？"对曰："也无。"（《祖堂集》）

（21）"莫湖南去？莫归乡去？"（《景德传灯录》）

这足以说明，"莫+VP-neg"形式的疑问句中的句末否定词已经失去否定意义，成为可有可无的句法成分。从这个例证中，我们可以窥见一部分正反问句向是非问句演化的过程。

综上所述，汉魏六朝至唐五代，"VP-neg"式正反问句中"neg"部分虚化的语法化过程导致了一部分"VP-neg"式正反问向是非问转化。

B. 句末语气词的演变

关于是非问句中"吗"问句的历史来源，大致经过了以下几个阶段：

先秦两汉至魏晋六朝时期，"不、否、未、无"已经进入"VP-neg（PRT）"式正反问句的框架，作为置于句尾的否定词而存在。然而，这一时期，"无"的使用范围比较狭窄，只能出现在包含"有"的语境当中（蒋绍愚、曹广顺，2005）。例如：

（22）汝能食不？（《百喻经》）

（23）上乃曰："君除吏已尽未？吾亦欲除吏。"（《史记·魏其武安侯列传》）

（24）丞相可见否？（《史记·秦始皇本纪》）

（25）问诸人曰："世间羸瘦，有剧我者无？"（《贤愚经》）

从唐代开始，"无"大量进入"VP-neg（PRT）"式正反问句框架中，且不再作为否定词，只用于与"有"相对的语境中。例如（转引自王力，1980）：

（26）肯访浣花老翁无？（杜甫《入奏行赠西山检察使窦侍御》）

（27）幕下郎官安稳无，从来不奉一行书！（杜甫《投简梓州幕府，兼简韦十郎官》）

（28）今日池边识我无？（白居易《苏州故吏》）

（29）善眼仙人忆我无？（李商隐《送臻师二首》）

同时，在这一时期，"无"在一些文献中还写作"麼、磨、摩"等形式。例如（转引自蒋绍愚、曹广顺，2005；袁毓林，1993）：

（30）南斋宿雨后，仍许重来麼？（贾岛《王侍御南原庄》）

（31）不知陶靖节，还动此心麼？（李中《听蝉寄胸山孙明府》）

（32）叮咛与访春山寺，白乐天真也在麼？（僧齐己《送僧归洛中》）

（33）师以手拔眉云："莫不辜负摩？"（《祖堂集》）

王力（1980，523页）认为，"麼"一类词是由"无"演变而来的。"'无'的上古音是 mǐwa，它的文言音和白话音是分道扬镳的：文言音逐渐变为轻唇（mǐua → mǐwu → vǐwu → vu → wu）；白话音则保留着重唇的 m 而丧失了韵头。"因此，"麼、磨、摩"一类词是从"无"演变来的。此外，我们从例句中可以发现，此类疑问句中"VP"本身可以是否定形式，这也证明此时的"无、麼、磨、摩"已经虚化成为句末语气词，只作为疑问标记而存在。

"麼、磨、摩"在中古时期属于果摄戈韵，读 mua，后来丢掉了韵头，变成 ma。王力（1980）推测，后人采用了"比较适合于现代音系的谐声偏旁的'马'字"，"吗"字作为疑问语气词才普遍使用。对于语气词"吗"来自"无"，王力还用现代汉语中的方言进行了佐证。粤语写作"冇"（"佢嚟冇"＝"他来吗"），客家话写作"冇"或"无"（"你食猪肉无"＝"你吃猪肉吗"）。

综上所述，疑问语气"吗"经历了"无→么→吗"的过程，"吗"字是非问是从以否定副词"无"结尾的"VP-neg"式正反问句演变而来的。"历史语法的演变是一个从量变到质变的过程","在这个过程中,肯定会出现处于演变中间阶段的语法形式"(蒋绍愚、曹广顺,2005:464页)。在正反问向是非问发展的过程中,产生了句末否定词虚化等语法化现象,虽然学界对此类句型无法进行确切归类,但一定程度上表明了句型之间演化发展的量变过程。

总之,选择问、正反问、是非问在汉语历时发展的过程中具有密切的渊源关系。从疑问句的整个发展历程来看,最先产生的是选择问句,从先秦时期开始,部分选择问句开始转化为正反问句,到近代汉语中,正反问的使用频率已经远远高于选择问句;在正反问自身演变的过程中,随着句末语气词的演变,部分正反问逐渐向是非问转化。这三种问句之间存在着继承关系,选择问是正反问的来源之一,正反问也是是非问的来源之一,这种继承关系在一定程度上决定了其在语义功能和句法结构方面存在许多共同点。从历时的角度来看,疑问句的发展经历了"并列选择问句→正反选择问句(反复问句)→是非问句"的发展演变过程(蒋绍愚、曹广顺,2005)。对于正反问来说,世界上大多数语言都没有这种问句,它并不是一种普遍的句法类型,但是现代汉语中却存在大量正反问句,甚至许多方言中只有正反问句,而极少有是非问句。由于正反问和选择问、是非问之间这种密切的渊源关系,我们可以把它看作"从选择问到是非问的一种中间过渡类型"(刘丹青,2008)。

在共时层面上,是非问、正反问、选择问的语义功能具有一致性,均为问话人列举选项供听话人回答。是非问隐含了"A"和"非A"两个选项供听话人选择;正反问将谓语的肯定形式和否定形式并列,要求听话人从谓语的肯定形式和否定形式中选择,即可符号化为对"A"和"非A"两个并列选项的选择;选择问则是列举多于一个的选项供听话人回答,可符号化为对选项"A"和"B"的选择或对"A、B、C……"的选择。特指问的语义功能与其他三种疑问句类型有明显区别,用疑问代词进行提问。疑问焦点落在疑问代词上,答句根据疑问代词所问内容进行回答。

因此,无论从共时层面还是历时层面来分析,是非问、正反问、选择问三者都具有相通性和一致性,具有归为一类进行分析和研究的可行性。

第二节　山西方言疑问句功能分类的系统考察 ①

如前所述，现代汉语疑问句的传统分类即是非问、特指问、选择问和正反问（反复问）。根据我们对山西全境方言的实地调查，正反问、选择问和是非问在功能和语义方面具有一定的相通性。

一、是非问与正反问的关系

（一）是非问与正反问在山西方言中呈互补分布状态

邵敬敏（2010：211—220 页）把是非问句分为中性问、诧异问和求证问。诧异问和求证问都不是严格意义上的有疑而问。真正的有疑而问的疑问句即中性问句（我们叫"真性问句"）——问话人事先没有确定的答案，纯粹是对不了解的事情提问，想从对方那里得到答案。

考察山西方言的真性问句，我们发现官话区和晋语区呈互补分布：官话区正反问很不发达，真性问句只有是非问；晋语区的真性问句则只有正反问，没有是非问，普通话的是非问形式在晋语区都是求证问或诧异问。

1. 真性是非问只存在于官话区

典型的是非问句是陈述句的语序附着疑问句的语调或疑问语气词构成，普通话的是非问句末都可以用语气词"吗"标记。

A. 山西晋语区方言真性是非问句很不发达，陈述语序的疑问句要么是诧异问，要么是求证问。诧异问如：

大同：哎？ ↗你没听说？ ↗

---

① 本节发表于刘丹青等主编：《方言语法论丛》第六辑，中国社会科学出版社，2015 年。这里略有改动。

朔州：你没听说过？↗

五台：你没喽听说过？↗

太原：是？↗｜你还想去？↗

介休：你不知道？↗

昔阳：就你？↗你沾？你行吗？↗

兴县：不是？↗｜你不知道？

临县：就你？↗

长子：你还想去？↗

襄垣：就你？↗你行？↗

这种诧异问往往不带语气词，靠较高的升调来表达诧异的语气。

如果带语气词，则往往是求证问，例如：

大同：你真想去呢？→

朔州：你还想去<u>哩</u>啊？→｜你不想去兰＂啦？→

五台：你还想去咧？↗｜你不想去啦？↗

五寨：你还想去去哩啊？→｜你莫过不想去兰＂啦？→

岚县：你还想去啊？→｜你想去哩哇？→｜你不想去啊？→｜你没啦去哇？→

交口：你还想去咧？→｜你不想去啦？→｜你没啦去哇？→

昔阳：你还想去哩？↗｜你不想去啦？↗｜你没有去哇？→

陵川：你还想去吧？→｜你不想去啦？→｜你没嚷去吧？→

襄垣：你还想去了？→｜你不想去啦？→｜你没哪去哇？→

求证问在山西方言中多为平调，少数是升调，但升调的高度明显没有诧异问高。所带语气词都与普通话的"吗"不对应，相当于普通话的"吧"或"了2"。因此，晋语区没有真性是非问句。

B. 真性是非问句只在官话汾河片大量存在。例如：

蒲县：你吃饭么？你吃饭吗？｜你吃饭了么？你吃了饭了吗？｜你听上了么？你听见了吗？

吉县：你听得啦么？｜你吃饭啦么？

洪洞：吃略″了饭地去，行么？

浮山：你去过北京盲″吗？｜吃了饭再去，能行盲″吗？｜夜儿个下雨啊吗吗？

闻喜：吃啊么？｜吃去么？｜睡去么？｜睡啦么？｜你听着（了）曼″吗／么？

河津：这事你知道么？｜今个他能来么？

临猗：你听得啦么？｜你买菜啦么？｜你有车票么？｜这是你乃书么？

万荣：能拿动么？｜还有么？｜你吃啦么？｜这花儿香么？

运城：拿得动么？｜你吃啦没有？

新绛：拿得了么？｜能拿了么？｜吃了饭再去行么？｜你吃了（饭了）么？

官话区真性问句末一般必须有语气词，否则就是诧异问的语气。语气词大都是"么"，读音为 [mə⁰] 或 [mo⁰]，部分方言同时存在曼″吗 [mæ̃⁰] 或盲″吗 [mɑŋ⁰] 的读音，这些读音的语气词都相当于普通话的"吗"。

2. 真性正反问句主要存在于晋语区

正反问句可根据否定词是"不"还是"没"分为未然与已然两类。这与其他方言相同，不再赘述。

A. 官话区的正反问很不发达，只残存着正反问中的"没"字句

"V（Part）没V（Part）"的说法在整个官话区的使用很有限，是一种有标记形式，即常常受到语境的限制，在强调的语境中才使用，一般语境中多使用是非问形式。试比较：

强调语境	一般语境
蒲县：你睡 [ʂu³³] 没睡？（新派）/ 你睡啊没睡？（老派）	你吃啊么？｜睡啊么？
吉县：吃没吃啦？｜睡没睡啦？	你吃啦么？｜你睡啦么？
闻喜：吃没吃？	你吃啦么？｜你睡啦么？
临猗：吃啊没吃？｜睡啊没睡？	你吃啊么？｜睡啊么？

以上闻喜方言"V没V"只限于"吃没吃"这种最常用句式，其他问句一般只能用"V啦么现在时"或"V去么过去时"句式表达，如："睡啦么睡了吗？""睡去么（刚才）睡过了吗？""来啦么来了吗？""来去么（刚才）来过了

吗？"官话区方言多如此。

官话区基本没有正反问句中的"不"字句。

B. 正反问是晋语区主要的传疑形式

如前所述，山西方言晋语区一般没有是非问，官话区的是非问句在晋语区多用正反问。正反问句的形式可以概括为以下六类：

a. V（Part）不 V（Part）

b. VP（Part）不 / 没 VP（Part）

c. V（Part）不 / 没（Part）

d. VP（Part）不 / 没（Part）

e. V 不 VP（Part）

f. VP（Part）不 V（Part）

以上六类中，晋语区使用频率最高的是 c、d 两类。

a 类仅限于口语中使用频率最高的部分单音节动词，如"吃、睡、走、说"等词。例如：

大同：你吃不吃啦？ | 你耍不耍啦？

浑源：你吃不吃？ | 睡不睡？

五台：你吃不吃？ | 睡不睡？

岚县：吃不吃？ | 你睡不睡？

临县：你吃不吃嘞 [lei^{33}] 了 [lə^0]？ | 睡不睡嘞 [lei^{33}] 了 [lə^0]？

交口：你吃不吃？ | 睡不睡咧？ / 睡不睡嘞？ | 你洗咧不洗？

太谷：你吃不吃嘞？ | 睡不睡嘞？

介休：你吃啊 [tʂɚ^{24}] 不吃啊？ | 你睡不睡也？

昔阳：你吃也不吃？ / 你吃不吃？ | 你洗也不洗？ | 睡也不睡？

陵川：你吃不吃嘞？ | 洗不洗嘞？ | 睡不睡嘞？

襄垣：你吃不吃？ | 洗不洗？

沁县：你吃不吃？ | 睡不睡？

长子：你吃不吃？ | 你睡不睡？

b、e、f 类在晋语区使用频率很低，只在语用层面使用（如强调、责问等语境，这里不再举例说明）。也就是说，晋语区的正反问句是以"不"和"没"结尾的句式为主。例如：

浑源：你吃饭咧不？你吃饭吗？｜吃饭也不？快吃饭了吗？｜你听见了没 [mə^0]？

朔州：你吃饭不？｜你睡觉不？｜你听见兰゠啦没？｜你睡着兰゠啦没？

原平：你吃饭啊不？｜你听见了没？

五寨：你吃饭（哩）不？｜你听见兰゠啦没？｜你买菜兰゠啦没？

五台：你吃饭也不？｜你听见了没咾？

平定：你吃饭也不？｜你听见啦没有？

岚县：你吃饭咧不？｜你听见了没啦？｜你吃喽饭咧没啦？

兴县：你吃饭也 [iə^{213}] 不 [pəʔ^3]？｜你听见咧没 [mə^{324}]？

临县：你吃饭也不？｜你听见嘞没啦 [ma^0]？｜你吃咾饭嘞 [lei^0] 没啦？

交口：你吃饭咧不？／你吃饭嘞不？｜你听见啦没啦咧？

孝义：你吃饭咧不咧？｜你听见啦没啦咧？

汾阳：你吃饭咧不咧？｜你听见啦没啦 [ma^{312}] 咧？

文水：你吃饭不哩？／你吃饭哩不？｜你听见呐么啦？

太谷：你吃饭也不嘞？｜你听见咧没啷了？

介休：你吃饭不？｜你听见了没啦？

徐沟：你吃饭不嘞？／你吃饭嘞不？｜你听见了没哴゠？

昔阳：你吃饭也不哩？你现在吃不吃（饭）？｜你听见啦没有？

襄垣：你吃饭不？｜你听着了没哪？／你听着啦哪？现在时｜听着来没哪？过去时

长子：你吃不吃（饭）？｜你听着了没哪？

陵川：你听着了没曦？｜你吃饭嘞不？｜你吃饭了没曦？

沁县：你吃饭了不？｜洗涮了不？｜你听见了没啦 [mu^{31}na^{24}]／[n^{31}na^{24}]？

以上事实充分说明，山西方言的是非问句和正反问句表义基本相同，在地域上处于互补分布中。

（二）晋语区的"没"与官话区的"么"具有渊源关系

1. 晋语区正反选择问句的"没"与官话区是非问句的"么"读音相同

如前所述，是非问和正反问在官话区和晋语区呈互补分布。我们注意到，晋语区正反问句末的"没"的读音常常与官话区中性问句末的语气词"么"音同或音近。试比较：

晋语区　　　　　　　　　　　　　官话区

浑源：吃啦没 [mə?^{53}]?　　　　　　闻喜：吃啊么 [mə^0]?

朔州：你吃兰＂没 [mə?^{0}]?　　　　吉县：你吃啦么 [mə^0]?

五寨：他买菜了没 [mə^0]?　　　　万荣：他买菜啦么 [mo^0]?

原平：你有车票也没 [mə^0]?　　　运城：你有车票么 [mə^0]?

兴县：你听见咧没 [mə^0]?　　　　临猗：你听得啦么 [mə^0]?

以上方言的否定词如果处于句中（为动词或副词）时大都读入声 [mə?]，处于句末时多数方言因弱化而丢掉入声韵尾，与语气词"么"读音完全相同，只有少数如朔州方言句末仍读促化形式。晋语区的"没"字句和官话区的"么"字句在表义功能方面也已经基本相同，只是晋语区的人被问及句末的 [mə^0] 是何意时，大都会回答是否定词"没"，而官话区的人则告知是一个无意义的语气词"么"，二者的区别仅限于此。

2. 是非选择问句末的语气词"么"应是"没"（"无"）语法化的结果

关于"么"的来源，学界多数人认为来自"无"，首先提出这一观点的是王力。王力（1980）明确提出："麼"就是"无"，"没"也是"无"，"麼""没"的共同来源都是"无"，而且还说"麼"是"否定词"，也就是说，语气词"麼"是由否定词"麼"逐渐虚化而来的。

冯春田（2000）也认为，由于"无"字处于句末，是非问在一定程度上可以代替正反问（就意义而言），所以"无"就容易虚化，结果是表示正反问的"无"演变为语气词，它所在的正反问句也就变为了是非问句。这种虚化和句式的变化大概是始自初唐，"无"此时发生变化的直接证据就是它因虚化而发生音变，字形也由"无"而改写为"磨"，五代时期的禅宗文献《祖堂集》里写为"摩"，宋代以后，禅宗文献里写为"么（麼）"，其他文献多为"么"，也有的用"末"。近代语料里有很多"么"写作"没"的例子，如：

（1）是甚没人？（《李陵变文》）

（2）问："离念是没？"答："离念是不动。"（《大乘五方便》）

（3）莫道是乱军，便是六丁黑煞，待子甚摩？（《西厢记诸宫调》）

（4）前世为什没不修行？今日还来恼乱我。（《佛说阿弥陀佛讲经文》）

　　山西方言晋语区正反选择问句末否定词"没 [mə]"和官话区是非选择问句末语气词"么"应该正是"无（没）"虚化前与虚化后的两个不同阶段的反映。从前面可以看出，晋语区的"吃啦没 [mə]"和官话区的"吃啊么 [mə]"等例句，在表义功能方面基本相同，唯一的区别就是晋语区的人感觉句末 [mə] 是否定词，而官话区的人感觉是句末语气词。值得注意的是，晋语区少数方言点被调查者已经感觉 [mə] 是一个语气词了，例如五台片的五台和朔州方言，当被问及"你听见了 [mə]"的 [mə] 是表示否定还是表示语气时，被调查者有的回答是语气词"么"，有的则回答"没""么"皆可。

　　语法化的重要标志是句法成分的重新分析。我们认为，山西方言正反选择问句"VP没？"的"没"最初是一个否定词，但随着语音的虚化，其表示否定意义的实意也逐渐模糊，因此就有了既可以理解为否定词，又可以理解为语气词的过程，最后表示否定的实意彻底消失，[mə] 就只是表示语气意义，完成了虚化的全过程。其语法化路径应该是：

没 [məʔ / mʌʔ] →没 [mə]/ 么 [mə] →么 [mə]

　　根据意义的虚实判断，[mə] 在官话区已经完成了语法化过程；而在晋语区，其语法化过程在有的方言点已经进入重新分析阶段（既可以理解为"没"，也可以理解为"么"），而在大多数方言点，语法化则刚刚开始，只是语音开始弱化，表否定的实意并没有消失。

　　但是，如前所述，晋语区句末为否定词的非完整式正反选择问句既有

"VP没"，也有"VP不"，而在官话区，这两类正反问句都表现为"VP么"。我们认为，当"没"虚化为"么"后，就开始向表示未然意义的"不"字句扩张，这符合语法化的程度越高，其分布的范围就越广的规律。

杨永龙（2003）认为"吗"（山西方言的"么"，笔者注）是在"VP无"格式中语法化的，整个过程可以从两个方面观察：一是"无"语义泛化，与句法功能的扩展有关；一是"VP无"句式的主观化，与表达功能的扩展有关。山西方言由"没"到"么"正是这样一个过程。

（三）晋语区正反选择问句末"没"的脱落形式

晋语区正反选择问句末的"没"的虚化还表现为在有的方言点"没"的脱落。这种现象主要出现在上党片方言中，这里以长子和襄垣两个方言点为例说明。

1. 长子方言相当于普通话"没有"的说法是"没哪"（与晋语区其他片的"没啦"相当），在正反选择问句末，既可以说成"没哪"，也可以脱落"没"只说"哪"。即：

你吃咾饭啦没哪？ = 你吃咾饭哪哪？

他买菜（啦）没哪？ = 他买菜哪哪？

"哪哪"是"啦没哪"脱落"没"的形式，"没"脱落后，"啦"受到"哪"的感染，声母发生了同化，就成了"哪哪"。以上脱落形式和非脱落形式可以自由替换。

2. 我们调查了襄垣县夏店镇的付村和西北阳村两个村庄，这是两个毗连的村庄，但在正反问句末却有两种不同的表达方式。

西北阳村正反问句末用"没哪"，与上述长子的否定词基本一致。而付村则只用"哪"，"没"完全脱落。试比较[1]：

---

① 上党片部分方言省略"没"的两个"哪"之间或一个"哪"之后，往往会有一个近似[n]自成音节的延音，如"你吃咾饭哪哪"的"哪哪"读音为[na⁰ŋ⁰na⁰]；"你有车票哪"的"哪"读音为[na⁰ŋ⁰]。说明这些方言"没"脱落时间并不长，其时值仍保留着。

西北阳村	付村
你有车票没哪？	你有车票哪？
你听着了没哪？	你听着了哪？
你买票来没哪？	你买票来哪？
他去啦没哪？	他去了哪？
他上课来没哪？	他上课来哪？

我们注意到，"没"脱落以后的问句就与是非选择问句没有了区别："你有车票哪？"可以理解为普通话的"你有车票吗？"，这两句都是用陈述句的语序和结构加上疑问语气词来传疑。刘丹青（2008：9页）认为"汉语的反复问本质上是一种是非问"，山西方言的"没"演变为"么"以及"没"脱落只保留语气词的这一事实证明了这一论断的正确性。

（四）晋语区正反选择问句末"没啦"的合音形式"吗＝"

晋语区大多数方言的否定词为"没啦"（上党片部分方言为"没哪"，前面已经提及），相当于普通话的"没有"。"没啦"的"啦"是一个黏着成分，这些方言中"没"一般不能独立运用，即使处于状语位置也必须说"没啦／没哪"。例如：

交口：兀家他没啦买菜？

临县：你没啦听说啊？

盂县：人家兀两块（人）就没啦红过脸。

长子：你没哪去？

陵川：你就没啦吃饭？

我们发现，山西方言晋语区部分方言"没啦"已经开始合音，读一个与普通话"吗"基本相同的音。例如：

大同：他走啦没啦／<u>没啦</u> [mʌʔ⁰]？

临县：吃来没啦／<u>没啦</u> [mɑ⁰] 了？

汾阳：你听见啦没啦 / 没啦 [ma³¹²] 咧？

盂县：他去咧没啦 / 没啦 [mɑ⁴¹²]？

这些方言中，"没啦"的合音形式还没有完全替代非合音形式，二者处于自由替换阶段。

值得注意的是，官话区没有发现"没啦"的说法，晋语区只说"没"不说"没啦"的方言点，句末否定词"没"与官话区的"么"基本同音；但晋语区说"没啦"的方言，"没"的弱化形式却是合音形式"吗 [ma]"。也就是说，山西方言中官话区语气词没有读 [ma] 或近似音的，晋语区没有"没啦"说法的方言中语气词也没有 [ma] 或近似音。所以 [ma] 在山西方言中只是"没啦"的合音形式。

（五）"不"向"没"的扩展

我们在晋语区吕梁片的临县方言中发现了否定词"不"相当于"没"的用法。值得注意的是，这种用法在临县也只局限在部分乡镇。例如我们调查了临县城庄镇郝家湾村和大禹乡大禹沟村，其中城庄镇郝家湾村在非完整式的正反问句末用"没啦"，大禹乡大禹沟村则用"不"，两句意义完全相同。试比较：

城庄镇郝家湾村	大禹乡大禹沟村
你有票了没啦？	你有票了不？
买了票了没啦？	买上票了不？

邵敬敏（1996）曾发现现代汉语中有一种"VP 不"出现在应该是"没"出现的语境中，不能解释为"VP 不 VP"的非完整式。他认为这种句子可能另有来源，并推测这是由古汉语"VP 否（不）"一类的用法经过近代汉语的"一种遗留格式"。临县这种用法的句式也许就是上古"VP 否（不）"说法的残存。不过，我们认为临县这种局部说法更像是"不"字句向"没"字句的扩展。刘丹青（2008：14 页）认为，"不"扩展至"没"，表明"不"的性质已由否定词语法化为是非问助词，突破了原来的时体限制，其表现跟普

通话"吗"的来历相同。这个规律应该同样适用于"没（么）"向"不"的扩展。

总之，是非问与正反问在山西方言中呈互补分布，语气词"么"与否定词"没"（"无"）的语法化关系以及部分方言点存在的正反问句"没"的脱落形式、否定词"没啦"的合音形式、"不"向"没"的扩展形式等，都说明传统意义上的是非问和正反问在语义和功能上具有相通性。

二、选择问与特指问、正反问的关系

（一）选择问句的内部功能分类差异明显

传统意义上的选择问句是从形式上分出的类。如果从答句的角度看，传统的选择问句应该分两类：一类是正反选择问句，另一类是列项选择问句。二者虽然在形式上相同，但在答句和功能上却有明显区别。

1. 正反选择问句与是非问、正反问句在功能上完全相同

我们认为正反选择问句与是非问、正反问功能相同，是因为正反选择问句可以用摇头或点头的方式回答问题，这与是非问、正反问完全相同，都属于 yes-no question 问句。我们把这类问句大都已经归入正反问句。例如：

官话区（临猗）　问：你吃啦还是没吃？——答：吃啦。/ 没吃哩。

晋语区（和顺）　问：你明儿去医院也不？——答：去也。/ 不去。

上例官话区（临猗）的例句没有争议，学者们都会认定是正反选择问句，因为否定词"没"后有动词"吃"。但晋语区（和顺）的例句可能会存在争议，或许有学者认为这是正反问句。

我们之所以认定"A 也不（A）"是正反选择问句，是因为其结构与列项选择问句完全相同，这里以吕梁片兴县方言为例比较。

表 7-2　兴县方言正反选择问与列项选择问比较表

正反选择	列项选择
问：你做作业也啊 [iA⁰] 不咧？ 答：做也。/ 不做咧。| 点头 / 摇头	问：输咧啊 [liA⁵⁵] 赢咧？ 答：输咧。/ 赢咧。
问：明日开会也啊 [iA⁰] 不？ 答：开也。/ 不开。| 点头 / 摇头	问：你在儿行家也啊 [iA⁰] 女行家？ 答：在儿行。/ 在女行。
问：喜糖那他买嘞啊 [lA⁰] 不买（咧）？ 答：买嘞。/ 不买咧。| 点头 / 摇头	问：白的好嘞啊 [lA⁰] 红的好？ 答：白的（好）。/ 红的（好）。
问：你买下咧没？ 答：买下咧。/ 没买下。| 点头 / 摇头	问：你买下咧租下咧？ 答：买下咧。/ 租下咧。

　　从上表可以看出，正反选择问与列项选择问的结构基本相同。但值得注意的是，同为选择问句，二者的答句却完全不同——正反选择问句完全可以用摇头或点头的方式回答，与是非问、正反问相同，甚至可以对译为普通话的"吗"字句或正反问句。

　　你做作业也啊 [iA⁰] 不咧？　　　　＝你（现在）做作业吗？

　　　　　　　　　　　　　　　　　＝你（现在）做不做作业？

　　明日开会也啊 [iA⁰] 不？　　　　　＝明天（要）开会吗？

　　　　　　　　　　　　　　　　　＝明天开不开会？

　　喜糖那他买嘞啊 [lA⁰] 不买（咧）？　＝喜糖他（会）买吗？

　　　　　　　　　　　　　　　　　＝喜糖他买不买？

　　你买下咧没？　　　　　　　　　　＝你买到了吗？

　　　　　　　　　　　　　　　　　＝你买到了没有？

　　可以说，除了形式上的区别，正反选择问与是非问、正反问在功能上完全等同。再比较：

　　山西官话区（临猗）：这菜炒么？——炒（也）。/ 不炒。　　　　（是非问）

　　山西晋语区（朔州）：这菜炒不？——炒（也）。/ 不炒。　　　　（正反问）

　　山西晋语区（昔阳）：这菜炒也不（炒）？——炒（也）。/ 不炒。（正反选择问）

以上方言例句显示三种问句的答句可以完全相同，都是"肯定/否定"回答。三者的不同只在于形式。

2. 列项选择问与特指问功能大同小异

A. 列项选择问与正反选择问的答句明显不同

如表 7-2 显示，正反选择问与是非问、正反问功能相同，答句都是"肯定/否定"回答；但列项选择问和特指问都不能进行"肯定/否定"回答，而是一种针对性的回答。因此从答句来看，正反选择问和列项选择问有明显不同，虽然从形式上可以把二者合为一类，但从功能上看，二者有本质的区别。

B. 列项选择问与特指问表义功能基本相同

关于列项选择问句，几年前我们就发现，每当田野调查涉及选择问句时，发音人都自然而然地转换为特指问句，只有很费力地设置情境、反复启发才能问出选择问句。当时的第一感觉是，方言中选择问句的出现频率较低，后来的方言语料和文学作品语料的统计分析证明了这一点。例如下列是我们的一次问卷^①调查设置的问题：

你第一次去 S 大学，走到一个岔路口（分左右两边），你不知道哪条路通向 S 大学，需要向路人询问，你会如何提问？

这一问题当时是为选择问句设置的，我们想到的最常用的应该是诸如"去 S 大学走这条路还是那条路"等问句，但从我们收集到的问句来看，最常用的提问方式有：

① 去 S 大学这是该往哪边走呢？　　　　　　　　　（晋语大包片）

② 去 S 大学往哪头走呀？　　　　　　　　　　　　（晋语五台片）

③ 去 S 大学朝哪拐咧？　　　　　　　　　　　　　（晋语五台片）

④ 我要去 S 大学，这是往昂兜哪头走嘞？　　　　　（晋语并州片）

⑤ 去 S 大学咋捏走哩？　　　　　　　　　　　　　（晋语并州片）

① 本问卷是由 2019 届本科生付佳玮等 5 位同学的科研训练小组完成的。

⑥ S 大学往哪面面走嘞?　　　　　　　　　　　（晋语并州片）

⑦ 走这条道就去咾哪啦?　　　　　　　　　　　（晋语并州片）

⑧ 去 S 大学走亚＝面面哪面嘞?　　　　　　　　（晋语并州片）

⑨ S 大学在左面呢还是右面呢?　　　　　　　　（晋语并州片）

⑩ 走哪半子可才能去 S 大学哩?　　　　　　　　（晋语并州片）

⑪ 去 S 大学走哪条路呢?　　　　　　　　　　　（晋语吕梁片）

⑫ 走哪面能到 S 大学?　　　　　　　　　　　　（晋语吕梁片）

⑬ 我去 S 大学,往左走还是往右走?　　　　　　（晋语上党片）

⑭ 请问 S 大学怎走了?　　　　　　　　　　　　（晋语上党片）

⑮ 去 S 大学走哪项啊了呀?　　　　　　　　　　（晋语上党片）

⑯ 去 S 大学往左面拐啊,还是右面?　　　　　　（晋语上党片）

⑰ （我想问一伙）,到 S 大学往哪安拐兰＝?　　　（官话汾河片）

⑱ 去 S 大学走这边儿还是这边儿?　　　　　　　（官话汾河片）

⑲ 你好,兀从哪哒走能到 S 大学?　　　　　　　（官话汾河片）

⑳ 我要去 S 大学,该走撒＝岸哪边?　　　　　　（官话汾河片）

以上 20 个例句仅仅是举例说明,据统计,这个问题收到 105 份有效答卷,其中 80% 用的是特指问句,只有 20% 用了列项选择问句。上面各例都是山西各地方言的说法。20 个问句中只有 4 例,即例（9）、（13）、（16）、（18）用选择问形式,16 个问句选用了特指问的形式。

徐杰、张林林（1985）也认为,"疑问句式不同而疑问程度相同的疑问句,如果其疑问对象也相同,它们之间就可能存在变换关系。这是疑问程度同疑问句式的基本关系之一"。他们举出的例证是:"面和饭两样,你吃哪样?"与"你是吃饭还是吃面?"两者的疑问程度都是 60%,可以互换。

C. 列项选择问与特指问的表义功能有细微差异

特指问与列项选择问最大的区别是形式上的区别:前者是用疑问代词来提问,后者是通过列出正反两项来提问。

二者的表义功能基本相同,都是要求答话人针对疑问焦点做出回答,只是特指问的疑问焦点没有规定明确的范围，答话人可以根据自己的情况做出较为宽泛的选择，而列项选择问是问话人已经明确提出了可供选择的范围，在合作原则下，答话人一般只根据提问者给予的范围做出选择（当然也可以超出这个规定范围）。或者可以说，特指问一般给予听话人的是一个可选择的面，列项选择问则给予的是两个（或多个）可选择的点。

特指问与列项选择问的另一个细微区别是，特指问的话语较为简洁、经济，列项选择问则较为冗余、繁琐。试比较（山西临猗方言）：

特指问：妈，咱多乎儿走也？

选择问：妈，咱晌午走也还是后晌走也？

显然，特指问简洁明快，符合语言的经济原则，选择问虽较为繁琐冗余，在不需要提供选择范围的语境中，特指问句就有了突出的优势，这也是为何在现代汉语（包括方言）中，特指问特别发达，选择问却越来越萎缩的原因。因为在实际交际中，如果表义相同，人们就会倾向于选择符合经济原则的句子，对于列项选择问，它的经济形式就是特指问。

不过，选择问并未在任何方言或文学作品中彻底消失，这说明选择问句虽繁琐但却在特定语境中比特指问表义更明确。我们甚至能看到方言中使用频率较高的"特指＋选择"的问话方式。例如：

晋语吕梁片（兴县）：你爱吃甚嘞？苹果嘞啊 [lA⁰]，梨嘞啊 [lA⁰]，还是香蕉嘞？

晋语大包片（左云）：修几间？两间，三间？

官话汾河片（临猗）：这回咱走哪儿逛走？北京，上海，还是广州？

同类的例句在英语中也能找到：

Which juice would you like, coffee, tea or coco cola?

Which do they want me to do, declare war or surrender?

上例中，特指问与列项选择问和谐共现，一般是特指问在前，列项选择问在后，前者用疑问代词提出一个疑问焦点，后者补充说明这个疑问焦点可供选择的范围。这说明列项选择问适用于强调选择范围的语境中，它是一种特殊语境下的特指问句，或者可以说是特殊的特指问句。

综上所述，我们认为列项选择问是用一组可并列的项目标记疑问焦点的询问句，其答语往往就疑问焦点在限定范围内选择回答。列项选择问实际上是一种特殊语境中使用的特指问。所以列项选择问句可以与传统上的特指问句合为一类，构成广义的特指问句，其内涵是，针对某一个通常为疑问代词或并列的项目的疑问焦点进行提问，疑问域和答语无限宽广（但在前后语境的限制下总是有限的）的询问句。它包含了狭义的"特指问"和"列项选择问"。

（二）列项选择问是特指问的变体形式；是非问与选择问、正反选择问互为变体

从上面的分析中我们可以清楚地看出，是非问与正反问、正反选择问不仅在功能上互补，而且在地域上也呈现出互补分布状态，因此三者都是一般疑问句的变体形式（三者互相为变体形式）。

山西晋语区的是非问只出现在非真性问句中，正反问、正反选择问多出现在真性问句中，正反问和正反选择问不在同一地域出现；山西官话区的是非问多承担真性问功能，没有正反问句，正反选择问多承担非真性问功能。

同理，列项选择问是特指问的变体形式，只在需要具体选择范围的语境中出现；而且狭义特指更经济，因此，列项选择问在方言中呈现出萎缩趋势。

疑问句的以上变体形式与音位变体很相似，不同的形式共同承担同一个功能，特定形式只在特定的位置（语境）中出现，同一功能的不同形式之间往往形成互补分布格局。

第三节　从定量分析角度看山西方言疑问句的功能 ①

本节对山西方言疑问句的统计分析，都是以成篇自然语料为依据统计出来的。成篇自然语料，即转写成的录音语料，这些录音语料是在方言语境中，用录音设备录取发音人无察觉的、纯自然的聊天、对话语料。发音人多为 55 岁以上中老年人。以下数字都是对在这种成篇语料中获取的疑问句统计分析的结果。

需要说明的是，邵敬敏（2012）认为，倾否的问句，即无疑而问的句子，尤其是反诘问，其标记非常突出，一般是"难道……""岂不……""莫非……"，不应包含在疑问句范围内。但山西方言的反诘问基本都没有标记，与其他问句的结构无异，且所获取的语料中反诘问数量较少，所以这里的语料统计包括了反诘问。

对山西方言录音语料疑问句的统计，我们共涉及了 10 个方言点，其中官话区 2 个点，即永济方言（汾河片解州小片）和汾西方言（汾河片平阳小片，汾西处于官话区和晋语区交界处）；晋语区 8 个点，分别是：左云（大包片）、朔州（五台片）、太原南郊（并州片晋阳小片）、和顺（并州片平辽小片）、汾阳（吕梁片）、平顺（上党片潞安小片）、陵川（上党片晋城小片）、高平（上党片晋城小片）。

---

① 本节方言录音语料转写来源——永济方言：2016 级硕士尚童欣；汾西方言：2016 级硕士刘娜；左云方言：2016 级硕士李艳；朔州方言：2016 级硕士常娥；太原南郊方言：2017 级硕士王淑冰；和顺方言：2017 级硕士郭淼；汾阳方言：李卫锋副教授；平顺方言：2016 级硕士许丽庆；陵川方言：2016 级硕士刘柯佳；高平方言：2017 级硕士苏延龄。

一、山西官话区（晋南）方言疑问句语料统计分析

（一）永济方言疑问句

1. 永济方言各结构类真性问句与非真性问句比例

永济方言中我们得到成篇语料 5469 字，从中获取的疑问句共计 75 例，其中真性问句 45 例，非真性问句 30 例。具体如下表：

表 7-3　永济方言各结构类中真性问句与非真性问句比例表

疑问句	真性问句	非真性问句	合计
是非问	18（37.5%）	30（62.5%）	48（100%）
正反问	0（0%）	0（0%）	0（0%）
选择问	1（100%）	0（0%）	1（100%）
特指问	26（100%）	0（%）	26（100%）
合计	45（60%）	30（40%）	75（100%）

表 7-3 是对四类问句中真性问句与非真性问句各占百分比的统计。可以看出，在永济方言中是非问、选择问和特指问都可以承担真性疑问句的功能。

A. 特指问共 26 句，全部都是真性问句。例如：

（1）谁早早就放炮哩？——开面哩。结婚当天女方父母给女儿进行的刮脸仪式。

（2）过年多会走？——初十。

（3）这硕＊“什么”的合音响哩？——水泵么。

（4）白棉子白粗布一斤值多钱？

B. 是非问句数量最多，共 48 句，既可以承担真性问句的功能，也可以承担非真性问句的功能。真性问句 18 句，例如：

（5）青青嫁了吗？——嫁啦，嫁到郑州啦。

（6）李家巷重业你认识吗？——不认识。

（7）你呆呆哥回来了吗？

非真性问句30句，例如：

（8）这是一蚊帐？——啊，对。（求证问）

（9）伢二强不多说话哈？——嗯。（求证问）

（10）第二回还离了？——啊，离了。（诧异问）

（11）你房类房子暖气都关了还热？（诧异问）

C. 选择问只有1例，属于真性问句，例如：

（12）（两家商量合伙蒸馒头）：我寻的你妈我（去）找你妈蒸呀还是你妈寻的我蒸呀？

能够看出，当地选择问句主要是"A还是B"结构。据调查，选择问句在永济方言中分三类结构：一是"（是）A还是B"结构；二是"A也B也"结构，如"吃葡萄也（吃）桃儿也"；三是"A吗B"结构，如"（饭做好了）你吃吗不吃"。其中前两类所占比例较高，后一类较少，但正反选择问句多由这类结构承担。录音语料中只出现了"A还是B"类，后两类没有出现。

D. 值得注意的是，官话区正反问句很不发达，当地方言只在强调（生气、厌烦）语境中才会使用正反问句，在获取的录音语料中没有发现正反问句。但据调查，当地方言中也有正反问句。例如：

（13）这件衣裳你卖不卖？

（14）你吃饭啦没？

句末的"没"与"么"声韵母基本相同，非强调语境中读轻声"么"。

2. 永济方言真性问句与非真性问句在四种结构类中的比例

从真性与非真性疑问句的比例分配来看，根据录音语料，永济方言真性问句中特指问所占比例最高，达到58%，其次是是非问，占真性问句的40%，无正反问句；非真性问句则主要由是非问承担，选择问和特指问很少承担非真性问句（当地方言正反问句也主要承担非真性功能，但所占比例很小，语料中无显示）。具体如下表：

表 7-4 永济方言真性问句与非真性问句在四种结构类中的比例

疑问句	真性问句	非真性问句	合计
是非问	18（40%）	30（100%）	48（64%）
正反问	0（0%）	0（0%）	0（0%）
选择问	1（2%）	0（0%）	1（1.3%）
特指问	26（58%）	0（0%）	26（34.7%）
合计	45（100%）	30（100%）	75（100%）

30 例是非非真性问句中，绝大多数是求证问，共 28 例，剩余问句中，诧异问 1 例，反诘问 1 例。

（二）汾西方言疑问句

汾西县位于官话区和晋语区交界处，与晋语区的灵石、交口、隰县等地接壤，方言既有官话区的特点，也有晋语区的特点，很长时间以来方言归属存在争议。根据侯精一（1986），汾西方言归中原官话区汾河片平阳小片；根据沈明（2006），汾西方言归晋语吕梁片隰州小片。从疑问句的功能分类看，汾西方言与晋南官话区基本一致。

1. 汾西方言各结构类真性问句与非真性问句比例

我们得到汾西方言 8000 字左右原始录音语料，从中获取的疑问句共计 101 例，其中真性问句 63 例，非真性问句 38 例。具体如下表：

表 7-5 汾西方言各结构类中真性问句与非真性问句比例表

疑问句	真性问句	非真性问句	合计
是非问	31（73.8%）	11（26.2%）	42（100%）
正反问	0（0%）	0（0%）	0（0%）
选择问	3（60%）	2（40%）	5（100%）
特指问	29（53.7%）	25（46.3%）	54（100%）
合计	63（62.4%）	38（37.6%）	101（100%）

表 7-5 是对四类问句中真性与非真性问句各占百分比的统计。可以看出，在汾西方言中是非问、选择问和特指问都可以承担真性疑问句的功能。具体如下：

A. 汾西方言特指问仍是真性问句主要承担者之一，例如：

（15）继英是谁呢？

（16）因为甚呢？

（17）打电话问她走北京的话，坐哪趟车呢？

同时，特指问也承担非真性问句的功能，但多是反诘问。例如：

（18）那些买的面有什么好吃头？我就不买面吃。

（19）兀的谁能晓得呢？谁能晓得是真是假呢？

（20）她凭甚叫我给他交呢？你享受了，凭甚叫我给你交呢？

B. 是非问真性问句最多，例如：

（21）这五千给了么？

（22）晓不得他有楼房么？不知道他（在城里）有楼房吗？

（23）能荷起么？——能荷起。

是非问也承担非真性问句的功能。例如：

（24）在这个广场角角里？——嗯，就在这里住着了。（求证问）

（25）没叫继英在这里吃饭？——没，她下去做的吃饭了。（求证问）

（26）这还能干成？（诧异问）

（27）你能认得我？（诧异问）

（28）呀，你说这凤香就不嫌败兴？就是不要脸！（反诘问）

（29）我又不是三六一十八，我还解不下？我又不是十八岁小孩，还理解不了？（反诘问）

C. 选择问在汾西方言中不多用，录音语料中只发现 5 例，例如：

（30）倒是凤香，你见了问了，她自己说了？你见了问的（凤香）还是她自己说的？

（31）高考了中考呢？是高考还是中考？

（32）这话该说也不该呢？

　　当地方言选择问句用"还是"做连接词的较少，列项选择问经常是两项并列，长句中间有停顿，如例（30）；短句中间没有停顿，如例（31）；正反选择问句用"也／了"做连接词。

　　选择问也承担非真性问句的功能，例如：

　　（33）呀呀，我当县长啦还是省长啦？（哪有那么大的面子）！

　　汾西方言与永济方言一样，正反问句很不发达，当地方言只在强调（生气、厌烦）语境中才会使用正反问句，在获取的 8000 字左右的成篇语料中没有发现正反问句。不再赘述。

　　2. 汾西方言真性问句与非真性问句在四种结构类中的比例

　　从真性与非真性疑问句的比例分配来看，汾西方言真性问句中是非问所占比例最高，达到 49.2%，其次是特指问，占真性问句的 46%，真性问无正反问句；非真性问句则主要由特指问和是非问承担。具体如下表：

表 7-6　汾西方言真性问句与非真性问句在四种结构类中的比例

疑问句	真性问句	非真性问句	合计
是非问	31（49.2%）	11（28.9%）	42（41.5%）
正反问	0（0%）	0（0%）	0（0%）
选择问	3（4.8%）	2（5.3%）	5（5%）
特指问	29（46%）	25（65.8%）	54（53.5%）
合计	63（100%）	38（100%）	101（100%）

二、山西晋语区方言疑问句语料统计分析

（一）左云方言（大包片）疑问句

　　左云县位于山西北部，方言属于晋语大包片。

　　1. 左云方言各结构类真性问句与非真性问句比例

　　左云方言中我们得到成篇语料 5059 字，从中获取的疑问句共计 93 例，其中真性问句 63 例，非真性问句 30 例。具体如下表：

表 7-7　左云方言各结构类中真性问句与非真性问句比例表

疑问句	真性问句	非真性问句	合计
是非问	0（0%）	18（100%）	18（100%）
正反问	28（82.4%）	6（17.6%）	34（100%）
选择问	12（92.3%）	1（7.7%）	13（100%）
特指问	23（82.1%）	5（17.9%）	28（100%）
合计	63（67.7%）	30（32.3%）	93（100%）

表 7-7 中，是非问全部是非真性问句，其他三类问句则绝大多数是真性问句。具体如下。

A. 是非问 18 例中，全部为非真性问句，其中求证问 11 例，诧异问 6 例，反诘问 1 例。例如：

（34）这两天能动弹啦哇？（求证问）

（35）今年比年省肉点儿啦昂？今年比去年胖啦哈？（求证问）

（36）你还没吃完？（诧异问）

（37）那还了得哩？（反诘问）

B. 特指问共 28 例，真性问句 23 例；非真性问句 5 例，其中 4 例反诘问，1 例求证问。真性问句如：

（38）谁们家有卷尺哩？

（39）晌午吃的啥啦？

（40）咱们钱还剩多少？

非真性问句如：

（41）那窑还不咋咋儿嗷？那窑没事儿吧？（求证问）

（42）回去哇能做个啥？（反诘问）

（43）这让你说成个啥啦？你怎么能这么说？（反诘问）

C. 正反问 34 例，真性问句 28 例；非真性问句 6 例，其中 4 例求证问，1 例诧异问，1 例反诘问。总体来说，左云方言真性正反问与非真性正反问

在结构形式上有所分化——真性正反问句绝大多数是"VP 不／没",共 20
例,"V 也不／没 V"3 例,其余是"V 得 V 不得"2 例,"V 不 V"2 例,"V
不 V 得"1 例;非真性正反问句"是不(是)VP"3 例,"VP 哩不啦"1 例,
附加问 2 例。真性问句如:

(44)过年回哩不?

(45)后来寻见啦没?

(46)你认得金元认不得?

(47)你东街那房在不在啦?

非真性问句如:

(48)开封是不是不远,离咱们这儿? (求证问)

(49)是不这个,不是? (求证问)

(50)你别作声啦能不? (反诘问)

D. 选择问数量较少,共 13 例,其中真性问句 12 例,反诘问 1 例。语
料显示,左云方言口语中选择问很少用"还是"做连接项,句子短时两个选
项可以直接并置,如例(51),也可以用"是""也""兰‗了"等连接词:未
然选择可用"也",已然选择可用"兰‗"。

真性问句如:

(51)修几间?两间,三间?

(52)你兰‗是他兰‗?你干的还是他干的?

(53)这阵儿吃也,是一刻儿吃也?

非真性问句如:

(54)我吃你的兰‗了是喝你的兰‗了? (反诘问)

2. 左云方言真性问句与非真性问句在四种结构类中的比例

从总数量上看,当地方言正反问句最为发达,占疑问句总量的 36.6%,
而且主要承担真性问功能;其次是特指问,占疑问句总量的 30%,也主要承
担真性问功能;选择问句数量最少,只占疑问句总量的 14%。

真性问句中,正反问比例最高,占到所有真性问句的 44.4%,其次是

特指问，占 36.5%，真性问句中没有是非问；是非问句主要承担非真性问功能，占非真性问句的 60%，具体如下表：

表 7-8　左云方言真性问句与非真性问句在四种结构类中的比例

疑问句	真性问句	非真性问句	合计
是非问	0（0%）	18（60%）	18（19.4%）
正反问	28（44.4%）	6（20%）	34（36.6%）
选择问	12（19.1%）	1（3.3%）	13（14%）
特指问	23（36.5%）	5（16.7%）	28（30%）
合计	63（100%）	30（100%）	93（100%）

（二）朔州方言（五台片）的疑问句

朔州市位于山西中北部，方言属于晋语五台片。

1. 朔州方言各结构类真性问句与非真性问句比例

我们在朔州朔城区获得原始语料 4973 字，得到疑问句 40 例。其中真性问句 18 例，非真性问句 22 例。可以看出，朔州方言是非问只承担非真性问功能，选择、特指和正反问主要承担真性问功能，是非问与其他三类疑问句形成明显的互补分布。具体如下表：

表 7-9　朔州方言各结构类中真性问句与非真性问句比例表

疑问句	真性问句	非真性问句	合计
是非问	0（0%）	20（100%）	20（100%）
正反问	2（50%）	2（50%）	4（100%）
选择问	2（100%）	0（0%）	2（100%）
特指问	14（100%）	0（0%）	14（100%）
合计	18（45%）	22（55%）	40（100%）

表 7-9 中是对四类问句中的真性与非真性问句各占百分比的统计。

A. 是非问有 20 例，其中 2 例诧异问，18 例求证问。例如：

（55）这后头这二儿又到叫抓起来啦。是啊？——是嘞哇。（求证问）

（56）哎，那个狗的，到离婚五年啦？——嗯，正年到探上六年啦。（求证问）

（57）那 [na^{53}] 二欢还去扭="你们家来来啊？——嗯。时刻儿去嘞。（诧异问）

B. 特指问有 14 例，全部为真性问句。例如：

（58）那是谁给那福字？——昂，那是迎街上买的。

（59）你多大啦？——我五六啦。

（60）那咋熬稀粥滴油哩？——滴些就不溢啦。

C. 正反问 4 例，2 例真性问句，都是"VP 不"，2 例非真性问句（求证问），其中 1 例附加问"是不是"，1 例无否定词问句"是是 VP"。真性问句如：

（61）你老汉丈夫这立儿这会儿回来不？——回来嘞。

（62）你南房留人嘞不？——臧="这地方不好个正留人。这地方不好留人。

非真性问句如：

（63）二欢有钱儿嘞我听见是不是？——噢，人儿人家那个二儿一个月八千。（求证问）

（64）利民这二欢是是在这汇="兰="这儿嘞？——嗯。在嘞。（求证问）

语料中没有表示已然事件的"没"字句，但当地有与"VP 不"结构相同的"没"字句（如"有吃的没"）；求证问多用附加问和省略语气词的问句。

D. 选择问有 2 例，都是真性问句。例如：

（65）最后是咋啦？买了白灰啦水泥啦？——哎，拉了一年水泥。

（66）是咋嘞是？是没看对娃娃是没看对大人？——不是臧="这样。

上例（65）是两个选择项直接并置，例（66）是用"是"作为连接词。

2. 朔州方言真性问句与非真性问句在四种结构类中的比例

朔州方言真性问句主要由特指问句承担，占真性问句总量的 77.8%，真性问句中没有是非问句；非真性问句则主要由是非问句承担，所占非真性问句的比例高达 90.9%，是非问与其他三类问句也呈现出互补分布的特点。

从总量上看，是非问数量最多，占疑问句总量的50%，但全部是非真性问句，其次是特指问句，占疑问句总量的35%，全部是真性问句，选择问比例最少，仅占疑问句总量的5%。具体如下表：

表7-10　朔州方言真性问句与非真性问句在四种结构类中的比例

疑问句	真性问句	非真性问句	合计
是非问	0（0%）	20（90.9%）	20（50%）
正反问	2（11.1%）	2（9.1%）	4（10%）
选择问	2（11.1%）	0（0%）	2（5%）
特指问	14（77.8%）	0（0%）	14（35%）
合计	18（100%）	22（100%）	40（100%）

（三）太原小店区大吴村（并州片）方言的疑问句

太原小店区位于山西省中部，属于晋语并州片晋阳小片。

1. 太原小店方言各结构类真性问句与非真性问句比例

我们从太原南郊小店区大吴村获得原始语料19473字，得到疑问句354例，其中真性问句161例，非真性问句193例。非真性问句达到疑问句总量的54.5%，超过半数。

表7-11　太原小店区方言各结构类中真性问句与非真性问句比例表

疑问句	真性问句	非真性问句	合计
是非问	0（0%）	170（100%）	170（100%）
正反问	17（50%）	17（50%）	34（100%）
选择问	8（100%）	0（0%）	8（100%）
特指问	136（95.8%）	6（4.2%）	142（100%）
合计	161（45.5%）	193（54.5%）	354（100%）

表 7-11 是对四类问句中真性与非真性问句各占百分比的统计。

A. 是非问共 170 例，都是非真性问句，其中求证问 126 例，诧异问 15 例，反诘问 29 例。例如：

（67）爸爸他们去老姑啊去咧？爸爸他们去老姑家去了？（求证问）

（68）圆圆上班了哇？（求证问）

（69）宰゠"这块"合音还不够了？（诧异问）

（70）宰゠"这块"合音到上主食了？（诧异问）

（71）随便逮住一块人问圪下随便抓住一个人问一下，不就知道咧？（反诘问）

（72）我宰゠"这块"合音不是看嘞？（反诘问）

B. 正反问共 34 例，真性问句 17 例，其中"VP 没啦"6 句，"VP 不咧 / 嘞"3 句，"V 不 V（+NP）"7 例，"有没啦 NP"1 例。例如：

（73）王晨你吃宰゠"这块"合音不咧？

（74）你吃唠饭咧没啦？

（75）醋，你要不要？

（76）冰冰，你喝不喝饮料了？

（77）看一看有没啦粉条子了？

非真性问句共 17 例，求证问 16 例，其中附加 4 例，"V 不 V+NP"12 例；反诘问 1 例，用"VP 没啦"问句。例如：

（78）车坏咧是不是？（求证问）

（79）邢津你是不是肉胖咧了？（求证问）

（80）听见咧没啦没有？（反诘问）

C. 特指问共 142 例，其中 136 例都是真性问句。例如：

（81）二子，俺俩块谁白嘞我俩个谁（脸）白呢？

（82）干甚去呀？

（83）你去哪勒理去呀？你去哪里理发呀？

（84）二子，你姐姐们是多会儿回的？

（85）你怎腻怎么没啦没有去了？

非真性问句只有 6 例，全部为反诘问。例如：

（86）谁认得你了？

（87）外人伢那人家审车的不用上厕所？

D. 选择问 8 例，全都是真性问句。

（88）这是吃的还是用的了？

（89）戒烟是要胖还是要瘦了？

（90）火车站往东往西了？

根据语料判断，太原小店方言选择问句一般用"还是"作为连接词，短句可以直接并置。

2. 太原小店方言真性问句与非真性问句在四种结构类中的比例

小店区方言中真性问句比例最高的仍是特指问句，占真性问句的 84.5%，选择问句最少，但都是真性问句；是非问句仍只承担非真性问句的功能。值得注意的是，小店区方言正反问句中，真性问句与非真性问句各占 50%，这可能与录音语料来源（多为春节亲戚在酒店吃饭时的对话）有关。

从疑问句的总量来看，是非问句数量最多，达到疑问句总量的 48%，但都是非真性问句；特指问次之，占疑问句总量的 40.1%，但绝大多数都是真性问句。选择问句最少，只占疑问句总量的 2.3%。具体如下表：

表 7–12　太原小店区方言真性问句与非真性问句在四种结构类中的比例

疑问句	真性问句	非真性问句	合计
是非问	0（0%）	170（88.1%）	170（48%）
正反问	17（10.5%）	17（8.8%）	34（9.6%）
选择问	8（5%）	0（0%）	8（2.3%）
特指问	136（84.5%）	6（3.1%）	142（40.1%）
合计	161（100%）	193（100%）	354（100%）

（四）和顺方言（并州片）疑问句

和顺县位于山西中东部，方言属于晋语并州片平辽小片。

1. 和顺方言各结构类真性问与非真性问比例

和顺方言原始语料共 10838 字，获取疑问句 115 例。其中真性问句 56 例，非真性问句 59 例。具体如下表：

表 7-13　和顺方言各结构类中真性问句与非真性问句比例表

疑问句	真性问句	非真性问句	合计
是非问	0（0%）	54（100%）	54（100%）
正反问	18（94.7%）	1（5.3%）	19（100%）
选择问	1（100%）	0（0%）	1（100%）
特指问	37（90.2%）	4（9.8%）	41（100%）
合计	56（48.7%）	59（51.3%）	115（100%）

A. 是非问共 54 例，全部是非真性问句，其中 42 例求证问句，7 例诧异问句，5 例反诘问句。例如：

（91）今儿吃糕呀？（求证问）

（92）正春人名胃做咾手术兰＂了？（求证问）

（93）还没贴对对联哩？（诧异问）

（94）研究生还不给分配营生？（诧异问）

（95）俺夜来那些人给我哩钱你不是都拿走兰＂了？（反诘问）

（96）黑夜那么多人能吃扁食？（反诘问）

B. 特指问共 41 例，其中 37 例真性问句，4 例非真性问句，非真性问句都是反诘问。

真性问句如：

（97）那毛衣是谁买下哩宝？

（98）正春有多大兰＂了？

（99）这两天吃饭咋样？

非真性问句如：

（100）你怎么又拿兰"了？（反诘问）

（101）我也是说哩为什么不从老大开始？（反诘问）

C. 正反问句共 19 例，其中真性问句 18 例，非真性问句 1 例（附加问），从结构方面看，正反问有 11 例 "VP 没啦"，6 例 "VP 不"，1 例 "V 不 V"，1 例附加问。例如：

（102）你回来见李子玥兰"了没啦？

（103）你们喝饮料呀不？

（104）长哩多不多？

非真性问句只有 1 例附加问。例如：

（105）这地方原来是火锅店是不是？

D. 选择问仅 1 例，结构是 "是 A 是 B"。例如：

（106）咱是吃苦荞面哇是吃好面哇？

2. 和顺方言真性问句与非真性问句在四种结构类中的比例

真性问句中，特指问所占比例最高，达到 66.1%，其次是正反问，达到 32.1%，选择问只有 1.8%，真性问句中没有是非问句。

非真性问句中，是非问比例最高，占非真性问句的 91.5%，正反问最低，只有 1.7%，非真性问句中没有选择问句。从总量来看，和顺方言真性问句与非真性问句相当。

从疑问句总量看，是非问最多，占疑问句总量的 47%，都是非真性问句；特指问次之，占疑问句总量的 35.7%，大都是真性问句；选择问比例最小，只占总量的 0.8%。具体如下表：

表 7-14　和顺方言真性问句与非真性问句在四种结构类中的比例

疑问句	真性问句	非真性问句	合计
是非问	0（0%）	54（91.5%）	54（47%）

疑问句	真性问句	非真性问句	合计
正反问	18（32.1%）	1（1.7%）	19（16.5%）
选择问	1（1.8%）	0（0%）	1（0.8%）
特指问	37（66.1%）	4（6.8%）	41（35.7%）
合计	56（100%）	59（100%）	115（100%）

（五）汾阳方言（吕梁片）的疑问句

汾阳市位于中西部（太原盆地西缘），方言隶属晋语吕梁片。

1. 汾阳方言各结构类真性问句与非真性问句比例

汾阳方言疑问句原始语料共 20019 字，获取疑问句共计 345 例，其中真性问句 140 句，占全部问句的 40.6%，非真性问句 205 例，占全部问句的 59.4%，超过半数。表 7-15 中是对四类问句中真性与非真性问句各占百分比的统计。

表 7-15　汾阳方言各结构类中真性问句与非真性问句比例表

疑问句	真性问句	非真性问句	合计
是非问	0（0%）	187（100%）	187（100%）
正反问	25（80.6%）	6（19.4%）	31（100%）
选择问	15（100%）	0（0%）	15（100%）
特指问	100（89.3%）	12（10.7%）	112（100%）
合计	140（40.6%）	205（59.4%）	345（100%）

A. 是非问共 187 例，都是非真性问句，其中求证问 169 例，诧异问 3 例，反诘问 15 例。例如：

（107）你们也捡挑选日子咧？——捡咧。（还能不捡日子？）（求证问）

（108）送亲老爷一般都是哥哥？——是咧。（求证问）

（109）她孩儿上学不是对啦？——嗯，对啦。（求证问）

（110）老婆家精神大咧哈？——嗯，精神可大咧。（求证问）

（111）南关敢有小学咧？（诧异问）

（112）居上家里没菜？——没菜么。（诧异问）

（113）同学吧都能成喽才，敢？（反诘问）

（114）你看这一片建的，看见就美咧吧？——嗯，不赖。（反诘问）

B. 特指问共 112 例，其中非真性问句 12 例，包括反诘问 11 例，诧异问 1 例；其余 100 例都是真性问句。真性问句如：

（115）你孩儿宰＂像喽谁啦咧？——像他爸。

（116）彩礼是甚会儿送咧？——正日子的前个儿十天正式日子的前十天。

（117）有多儿班咧？——文班儿是六块个，理班儿十几圪节个咧。

（118）二勇和平子去喽何地儿啦咧？二勇和平子去了哪里了？——<u>一个</u>是纪检委，<u>一个</u>是统计局。

非真性问句如：

（119）（你妈出院？诶？）你妈怎来怎么咧？——唉，给车撞喽一下么。（诧异问）

（120）俺家的孩儿怎么就都赶上高峰期啦咧？大的咧是属龙的，2000 年养的；二的咧是赶上二胎放开，正人多咧。（反诘问）

（121）年轻的们谁想剥乃核桃咧？年轻人谁愿意剥那核桃？（反诘问）

C. 正反问共 31 例，真性问句 25 例，其中"VP 没啦" 7 例，"VP 不咧" 7 例，"V 不 V（+NP）" 1 例，"V 喽 不 V / VP 不 V" 5 例，"VP 不 VP" 5 例；非真性问句共 6 例，都是求证问，全部都是"是不是 VP"。真性问句如：

（122）<u>那家</u>在那儿行喽不行咧？——行喽么，说是挺好的。

（123）二宝乃他过来咧不咧？——不过来啦吧。

（124）宝贝见过宰＂<u>虫虫</u>没啦咧？——<u>没啦</u>见过。

（125）你怕咧不怕咧？——怕甚咧？

（126）好治不好治咧？——不知道么。

非真性问句如：

（127）是不是在建昌里咧？——应该不是吧，那来远咧？（求证问）

（128）兀自赵家庄是不是在那儿咧？——应该在那儿咧。（求证问）

D. 选择问 15 例，全都是真性问句，例如：

（129）（宰叫甚咧？）腰腰？洞洞？圪钻钻咧？——圪钻钻。

（130）那家是养的厮儿男孩，女子咧？——厮儿男孩么。

（131）坐公交咧，打车咧？——坐公交吧。

（132）比咱们高一届还是俩届咧？——不知道。

（133）人家老子那会儿已经是纪检书记啦还是甚咧？——纪检监察局局长么。

据录音语料，当地方言选择问句既有并置型，如例（129）、（130），也有用语气词，如例（131），或用"还是"，如例（132）、（133）等做连接词的说法。

2. 汾阳方言真性问句与非真性问句在四种结构类中的比例

汾阳方言所有真性问句中，比例最高的仍是特指问句，占所有真性问句的 71.4%；所有的疑问句中选择问句最少，但都是真性问句，占所有真性问句的 10.7%；是非问句仍只承担非真性问句的功能，没有真性问句；正反问句内，真性问句占绝对优势，非真性问句占很少一部分（参见表 7-16），但总数量明显少于特指问和是非问，真性问句只占所有真性问句的 17.9%。

从疑问句的总量来看，是非问句数量最多，达到疑问句总量的 54.2%，但都是非真性问句；特指问次之，占疑问句总量的 32.5%，但绝大多数都是真性问句；选择问句最少，只占疑问句总量的 4.3%。具体如下表：

表 7-16　汾阳方言真性问句与非真性问句在四种结构类中的比例

疑问句	真性问句	非真性问句	合计
是非问	0（0%）	187（91.2%）	187（54.2%）
正反问	25（17.9%）	6（2.9%）	31（9%）
选择问	15（10.7%）	0（0%）	15（4.3%）
特指问	100（71.4%）	12（5.9%）	112（32.5%）
合计	140（100%）	205（100%）	345（100%）

（六）平顺方言（上党片）的疑问句

平顺县位于山西东南部，方言隶属上党片潞安小片。

1. 平顺方言各结构类真性问句与非真性问句比例

我们获取了平顺方言原始语料 6668 字，得到疑问句共计 59 例，其中真性问句 23 例，非真性问句 36 例。表 7-17 是对平顺方言四类问句真性与非真性问句各占百分比的统计。

表 7-17　平顺方言各结构类中真性问句与非真性问句比例表

疑问句	真性问句	非真性问句	合计
是非问	0（0%）	31（100%）	31（100%）
正反问	6（60%）	4（40%）	10（100%）
选择问	1（100%）	0（0%）	1（100%）
特指问	16（94.1%）	1（5.9%）	17（100%）
合计	23（39%）	36（61%）	59（100%）

A. 是非问共 31 例，全部都是非真性问句，其中求证问 25 例，诧异问 5 例，反诘问 1 例。例如：

（134）你还调造型样式啦？（求证问）

（135）做饭是在捏＂"你们"合音舅舅家做饭了？（求证问）

（136）能吃饭啦哇？（求证问）

（137）你说哈他是宁＂件＂那样淹死来？（诧异问）

（138）哈他不是装捏的了？（诧异问）

（139）哈他娶捏那媳妇现管了，捏那能管住喽啊？（反诘问）

B. 特指问共 17 例，真性问句 16 例，反诘问 1 例。真性问句如：

（140）捏俩孩了那俩孩子谁经理照料了啊？

（141）捏妈你妈抽了个甚啊？

（142）信用社几点下班嘞？

（143）哈他是在哪半哪里做饭了啊？

非真性问句如：

（144）笑话甚啦？笑话什么呢？（反诘问）

C. 正反问共 10 例，真性问句 6 例，其中"VP 没有 / 没哪" 4 例，"VP 不" 1 例，"V 不 V" 1 例；非真性问句 4 例，其中附加问（求证）3 例，反诘问（结构为"V 不 V"）1 例。

真性问句如：

（145）见那个爷爷了没有？

（146）还有瓶了没哪？

（147）上头要按套装门不？

（148）我带上你哇，敢不敢？

非真性问句如：

（149）你说这光来家了，行不行啊？（求证问）

（150）哪知道行不行？（反诘问）

D. 选择问句仅 1 例，是正反选择问，其结构为"VC 啊 V 不 C"。例如：

（151）弄成啊弄不成？

这一问句也可以理解为正反问句。

2. 平顺方言真性问句与非真性问句在四种结构类中的比例

从总量来看，平顺方言是非问最多，占疑问句总量的 52.6%；其次是特指问，占疑问句总量的 28.8%；选择问最少，只占总量的 1.7%。

真性问句中，比例最高的是特指问句，占真性问句的 69.6%；其次是正反问句，占真性问句的 26.1%；真性问句中没有是非问句，是非问只承担非真性问句的功能，占非真性问的 86.1%。具体如下表：

表 7-18　平顺方言真性问句与非真性问句在四种结构类中的比例

疑问句	真性问句	非真性问句	合计
是非问	0（0%）	31（86.1%）	31（52.6%）

续表

疑问句	真性问句	非真性问句	合计
正反问	6（26.1%）	4（11.1%）	10（16.9%）
选择问	1（4.3%）	0（0%）	1（1.7%）
特指问	16（69.6%）	1（2.8%）	17（28.8%）
合计	23（100%）	36（100%）	59（100%）

（七）陵川方言（上党片）的疑问句

陵川县位于山西东南部，方言隶属晋语上党片晋城小片。

1. 陵川方言各结构类真性问句与非真性问句比例

我们从陵川方言中获取原始语料7893字，取得疑问句共计119例。其中真性问句42例，非真性问句77例，表7-19中是对陵川方言四类问句中真性与非真性问句各占百分比的统计。

表7-19　陵川方言各结构类中真性问句与非真性问句比例表

疑问句	真性问句	非真性问句	合计
是非问	0（0%）	73（100%）	73（100%）
正反问	15（93.8%）	1（6.2%）	16（100%）
选择问	3（75%）	1（25%）	4（100%）
特指问	24（92.3%）	2（7.7%）	26（100%）
合计	42（35.3%）	77（64.7%）	119（100%）

A. 是非问共73例，全部都是非真性问句，其中求证问71例，诧异问2例。

（152）这两天的土豆贵啦？（求证问）

（153）这个是她哥来？（求证问）

（154）还不是想你爸了吧？（求证问）

（155）你们家二孩在家咧？——哦，二孩在家咧。（求证问）

（156）那么高还不行？（诧异问）

（157）你不会使洗衣机？（诧异问）

（158）他小哩他会知道大人？（反诘问）

（159）葱头配肉，蘑菇配鸡蛋，这不是俩菜？（反诘问）

B. 特指问共 26 例，其中真性问句 24 例，非真性问句 2 例。真性问句如：

（160）这个是谁来？——不知道。

（161）平均每天能摘多少？

（162）那个鞋厂是哪呀？

（163）大姨，咱多会儿走？

（164）草灰家是怎能说来呀？

非真性问句如：

（165）那费事甚咧？那费什么事呢？（反诘问）

（166）进那个里头干甚哩？（反诘问）

C. 正反问共 16 例，仅 1 例非真性问句，其余 15 例都是真性问句；从结构看，正反问句中 "VP 没呢 / 没有" 9 例，"V 不 V" 4 例，"VO 不 V" 2 例，"V 不 V+NP" 1 例。真性问句如：

（167）有菜咧没呢？

（168）刨土豆来没有？

（169）凉不凉嘟嘟人名？

（170）今儿个上工不上？

（171）在学校谈不谈恋爱嘟嘟人名？

非真性问句如：

（172）该去挣钱哩，是不是？（求证问）

D. 选择问共 4 例，3 例为真性问句，1 例为非真性问句（反诘问）。值得注意的是，选择问句没有 "A 还是 B" 结构，有 "是 A，是 B" 结构和 "A 也 B" 结构。

（173）你叫爹了也叫爸爸哩？

（174）你喜欢 18 的也？　28 的？　38 的？

（175）那是省事吧是费事？都不饿那就不用做啦。

2. 陵川方言真性问句与非真性问句在四种结构类中的比例

从表 7-20 可以看出，陵川方言真性问主要由特指问承担，占真性问句总量的 57.2%；其次是正反问，占真性问句总量的 35.7%；真性问句中没有是非问句，是非问句全部承担非真性问句的功能，占到非真性问句的94.8%，真性与非真性功能互补分布明显。

从总量来看，是非问例句最多，占疑问句总量的 61.3%，都是非真性问句；其次是特指问，占疑问句总量的 21.9%；选择问句最少，只占疑问句总量的 3.4%。

表 7-20　陵川方言真性问句与非真性问句在四种结构类中的比例

疑问句	真性问句	非真性问句	合计
是非问	0（0%）	73（94.8%）	73（61.3%）
正反问	15（35.7%）	1（1.3%）	16（13.4%）
选择问	3（7.1%）	1（1.3%）	4（3.4%）
特指问	24（57.2%）	2（2.6%）	26（21.9%）
合计	42（100%）	77（100%）	119（100%）

（八）高平方言（上党片）的疑问句

高平市位于山西省东南部，方言隶属晋语上党片晋城小片。

1. 高平方言各结构类真性问句与非真性问句比例

我们从高平方言中获取了 10014 字的原始语料，取得 71 例疑问句。其中真性问句 32 例，非真性问句 39 例，表 7-21 中是对高平方言四类问句中真性与非真性问句各占百分比的统计。

表 7-21　高平方言各结构类中真性问句与非真性问句比例表

疑问句	真性问句	非真性问句	合计
是非问	0（0%）	30（100%）	30（100%）
正反问	8（53.3%）	7（46.7%）	15（100%）
选择问	2（100%）	0（0%）	2（100%）
特指问	22（91.7%）	2（8.3%）	24（100%）
合计	32（45.1%）	39（54.9%）	71（100%）

A. 是非问共 30 例，全部都是非真性问句。例如：

（176）文信走啦？——走啦。（求证问）

（177）黑旦不在这儿来住？——不在，是天天过来。（求证问）

（178）咱也喝点儿吧？（求证问）

（179）你奶奶还有个手机？——有呀，光能接打。（诧异问）

（180）那儿还有他的地方呢？——那可不嘛，一家一半圪。（诧异问）

（181）今年顶冷的天他能暖和咾？（反诘问）

（182）人家能舍得给他钱咾？（反诘问）

B. 特指问共 24 例，其中 22 例是真性问句，2 例是非真性问句（都是反诘问）。真性问句如：

（183）这是谁买的瓜子儿？

（184）她急得走干甚呢？——人家闺女今年考试呢。

（185）妈，咱多会儿走？——一会儿就走啊。

（186）她那个闺女有多大儿啦？——十八了。

非真性问句如：

（187）人家成一家儿啦，他住上些甚？人家成了一家子了，他住什么劲儿（不该在人家那里住）？（反诘问）

（188）这是去提了甚去可真是？（反诘问）

C. 正反问 15 例，8 例真性问句，7 例非真性问句。从结构角度看，"VP

没有" 3 例，"V 不 V（+NP）" 4 例，"有没有 NP" 1 例，这些是真性问句；非真性问句 7 例，多为"是不是 +NP"或附加问。真性问句如：

（189）念的研呢没有？——念的呢。

（190）你躺不躺？——我不躺，你都你们一会儿走咾我再躺。

（191）明天有没有雪？——有。

（192）你那脚出不出脚汗臭？——不出。

非真性问句如：

（193）你是不是愿意住这屋儿？——昂。（求证问）

（194）甚至有时候一个人也喝，那就怕，是不是？（求证问）

D. 选择问句 2 例，都是真性问句，结构都是"A 还是 B"。例如：

（195）三月底面试还是三月多会面试呢？——不知道，忘记了。

（196）他是买的房呀还是租的？——买的。

2. 高平方言真性问句与非真性问句在四种结构类中的比例

真性问句中，特指问比例最高，达到真性问句总量的 68.7%；其次是正反问句，占真性问句的 25%；真性问句中也没有是非问句，是非问句主要承担非真性问句的功能，占非真性问句的 76.9%。

从总量上看，是非问在疑问句中最多，占疑问句总量的 42.3%，全部是非真性问句；其次是特指问，占疑问句总量的 33.8%；选择问句数量最少，只占疑问句总量的 2.8%。具体如下表：

表 7-22　高平方言真性问句与非真性问句在四种结构类中的比例

疑问句	真性问句	非真性问句	合计
是非问	0（0%）	30（76.9%）	30（42.3%）
正反问	8（25%）	7（18%）	15（21.1%）
选择问	2（6.3%）	0（0%）	2（2.8%）
特指问	22（68.7%）	2（5.1%）	24（33.8%）
合计	32（100%）	39（100%）	71（100%）

从以上山西 10 个方言点语料统计和分析中可以明确看出疑问句具有以下规律：

第一，官话区与晋语区在真性与非真性功能的分布上有同有异。

从表 7-23 可以看出，晋语区 8 个方言点的四类疑问句的表义功能呈现出高度一致性，与官话区方言相比较，有同有异，同异分明。

相同之处是：特指问都是真性问功能的主要承担者。我们看到，官话区和晋语区的 10 个方言点特指问的主要功能都是真性问，非真性问数量很少。

不同之处是：官话区的是非问句承载真性问功能：虽然永济方言是非问句多数属于非真性问句，但仍有 37.5% 真性问句；而晋语区的是非问全都不承担真性问功能。

第二，真性问与非真性问在结构上呈互补分布状态。

官话区和晋语区疑问句的功能在结构上都呈现出互补分布特点：

官话区的真性问功能主要由特指问、是非问和选择问承担，正反问不承担真性问功能（当地方言有正反问句，一般用于强调或厌烦等语境中，出现频率较低）。

晋语区的是非问句虽然同官话区的一样，都是最发达的，数量也最大，但晋语区各方言中是非问都不承担真性问功能；真性问功能主要由特指问、正反问和选择问承担。特指问和选择问真性、非真性在形式上区别不大，但正反问真性与非真性有明显区别（详见表 7-23）。

表 7-23　山西晋语区真性与非真性功能在是非问与正反问中的分布

	是非问	正反问
真性	无	VP 没 / 不（绝大多数）
		V 不 V
		VP 不 V / V 不 VP（很少）

续表

		是非问	正反问
非真性	求证问	"吧/哇"字问	附加问
		有标记"吗/么"字问	
		语调问句（低升）	V 不 V+NP / VP
	诧异问	调问句（高升）	

第三，真性问中，特指问所占比例最高。

如表 7-25 显示，特指问在 10 个方言点真性问句中比例都是最高的，占真性问总量的 66.4%，是真性问功能的主要承担者；其次是正反问，晋语区真性正反问句占 10 个方言点真性问句总量的 18.5%，虽然数量远远低于特指问，但晋语区多数方言点（太原南郊除外）正反问的真性问都比非真性问的比例高，数量大。从表 7-24 可以看出，正反问真性与非真性之和占疑问句总量的 11.9%，但非真性仅占 3.2%，真性占 8.7%。选择问句在山西 10 个方言点中都最不发达，尤其是晋语区。

值得注意的是，晋语区 8 点方言中，正反问句的规律高度一致，绝大多数是真性问句，非真性问句很少，只有太原南郊方言正反问句的真性与非真性却各占 50%，可能与所获语料的语境有关。

第四，非真性问句中，是非问占绝对优势。

如表 7-26 显示，不论在官话区还是晋语区，是非问都是非真性问功能的主要承担者，占非真性的 85.6%。尤其是在晋语区，是非问与其他三种问句在功能上呈现出明显的互补分布状态。

第五，非真性问句中，求证问、诧异问和反诘问呈互补分布。

从表 7-27 可以看出，在非真性问句中，特指问和选择问主要承担反诘问功能；是非问和正反问主要承担求证问功能。特指问和选择问的非真性问句都比真性问句少得多，比例相差甚远。在非真性问句中，这两类问句则主要是反诘问句，特指问句中非真性问句 10 个方言点之和共 57 例，反诘问就有 55 例，求证问 1 例，诧异问 1 例；选择问句中 10 个方言点之和仅 4 例，都是反诘问句。是非问中求证问最多，10 个方言点之和为 512 例，占所有非真性问句的 70.2%，占所有求证问句（554 例）的 92.4%。

如表 7-27 显示，诧异问也主要出现在是非问之中，但数量很小，是非问句中所有诧异问只占所有非真性问句的 6.9%。如前所述，诧异问主要通过语调提问，但并非所有语调问都是诧异问，诧异问对语境的依赖性很强，只出现在说者表示高度怀疑、惊讶的语境中。所以出现频率较低。

是非问中也有部分反诘问，10 个方言点之和有 62 例，超过特指问中的 55 例。但在是非问中，与求证问相比，反诘问的数量少得多，在是非问的非真性问句中只占 8.5%（求证问占到 70.2%）。

表 7-24　山西 10 个方言点真性问句与非真性问句总表

方言点	是非问		正反问		选择问		特指问		合计
	真性	非真性	真性	非真性	真性	非真性	真性	非真性	
永济	18	30	0	0	1	0	26	0	75
汾西	31	11	0	0	3	2	29	25	101
左云	0	18	28	6	12	1	23	5	93
朔州	0	20	2	2	2	0	14	0	40
太原	0	170	17	17	8	0	136	6	354
和顺	0	54	18	1	1	0	37	4	115
汾阳	0	187	25	6	15	0	100	12	345
平顺	0	31	6	4	1	0	16	1	59
陵川	0	73	15	1	3	1	24	2	119
高平	0	30	8	7	2	0	22	2	71
合计	49	624	119	44	48	4	427	57	1372
	673		163		52		484		

表 7-25　山西 10 个方言点真性问句比较

疑问句	永济	汾西	左云	朔州	太原	和顺	汾阳	平顺	陵川	高平	合计
是非问	18	31	0	0	0	0	0	0	0	0	49（7.6%）
正反问	0	0	28	2	17	18	25	6	15	8	119（18.5%）
选择问	1	3	12	2	8	1	15	1	3	2	48（7.5%）
特指问	26	29	23	14	136	37	100	16	24	22	427（66.4%）
合　计	45	63	63	18	161	56	140	23	42	32	643（100%）

表 7-26　山西 10 个方言点非真性问句在四种结构类中的比例

疑问句	永济	汾西	左云	朔州	太原	和顺	汾阳	平顺	陵川	高平	合计
是非问	30	11	18	20	170	54	187	31	73	30	624（85.6%）
正反问	0	0	6	2	17	1	6	4	1	7	44（6%）
选择问	0	2	1	0	0	0	0	0	1	0	4（0.6%）
特指问	0	25	5	0	6	4	12	1	2	2	57（7.8%）
合　计	30	38	30	22	193	59	205	36	77	39	729（100%）

表 7-27　山西 10 个方言点非真性问句各小类在四种结构类中的分布比例

疑问句		永济	汾西	左云	朔州	太原	和顺	汾阳	平顺	陵川	高平	合计
是非问	求证	27	7	11	18	126	42	169	25	71	16	512（70.2%）
	诧异	2	1	6	2	15	7	3	5	2	7	50（6.9%）
	反诘	1	3	1	0	29	5	15	1	0	7	62（8.5%）
正反问	求证	0	0	4	2	17	1	6	3	1	7	41（5.6%）
	诧异	0	0	1	0	0	0	0	0	0	0	1（0.1%）
	反诘	0	0	0	0	0	0	0	1	0	0	2（0.3%）
选择问	求证	0	0	0	0	0	0	0	0	0	0	0（0%）
	诧异	0	0	0	0	0	0	0	0	0	0	0（0%）
	反诘	0	2	1	0	0	0	0	0	1	0	4（0.6%）

疑问句		永济	汾西	左云	朔州	太原	和顺	汾阳	平顺	陵川	高平	合计
特指问	求证	0	0	1	0	0	0	0	0	0	0	1（0.1%）
	诧异	0	0	0	0	0	0	1	0	0	0	1（0.1%）
	反诘	0	25	4	0	6	4	11	1	2	2	55（7.6%）
合计		30	38	30	22	193	59	205	36	77	39	729（100%）

第四节　汉语方言是非问与正反问互补分布的考察 ①

一、问题的提出

如前所述，现代汉语疑问句传统上分为四类：是非、特指、选择和正反（反复问）。这种分类是结构形式的分类，不考虑疑问句之间的表义功能是否相通，有无区别。如果只就普通话的疑问句，传统四分法也无不可。但如果将各地方言与普通话进行比较，很多时候就会感到无所适从，这也造成了学术界的一些无谓的争论。例如关于苏州话的"阿VP"型问句，朱德熙（1985）认为"阿VP"是反复问句，与其他方言的"VP不VP"型问句相当；李小凡（1990）认为"阿VP"属于是非问句，因为从语感上，苏州人觉得它与普通话的"VP吗"型问句更对应。我们认为，这两种表面对立的观点其实并不矛盾。因为如果提取相关义素，两种问句都可提出[+X]和[-X]两个相反义素，也就是说，正反问和是非问都是从正、反两方面提问，也是从正、反两方面回答的。李小凡（1990）也指出，在本地人的语感中，苏州话的"阿VP"是跟普通话的是非问句和反复问句双重对应的。因此，从比较研究的角度出发，形式分类存在明显缺陷。

---

① 本节发表于陶寰等主编：《汉语方言疑问范畴研究》，中西书局，2017。这里做了部分删改。

　　许多学者也尝试从各种角度给疑问句分类，但至今仍有争议，尤其是是非问和正反问（反复问）的归属，学者们意见历来不能统一。吕叔湘（1985）认为正反问和选择问是从是非问派生出来的，即正反问属于是非问的一个下位类型。朱德熙（1982）认为正反问（反复问）是选择问句的一个特殊小类。太田辰夫（2003）认为正反问是把肯定否定并列着问，形式上和选择问相似，内容上和是非问无异。范继淹（1982）把选择问分为两类，一类为特指选择问句；另一类为是非选择问句，正反问和"吗"字是非问都包括在是非选择问句中。邵敬敏（1996）认为是非问和正反问本质上都是一种是非选择，关键是句子中出现的选择项是单项还是双项，他把二者归入是非选择问句中，分别叫作单项是非问和双项是非问。

　　值得注意的是，根据功能，学者们发现了同一形式疑问句的疑问程度有所不同。例如吕叔湘（1982）曾提出疑问程度不同的三类问句：询问句、测度问句、反诘问句；邵敬敏（2012）认为，是非问句内部可分三类："吗"字问是真正的有疑而问的疑问句（中性问句），"吧"字问是求证问句，语调问（高升调）是诧异问句，后两种疑问程度都很低；袁毓林（1993）发现北京话的是非问句大多不是真性问句——语调（升调）问句属非真性问句；"吗"字问句中的强调式（"就咱爷俩去吗"）和否定式（"小王没去上海吗"）也是非真性问句，只有无标记的"吗"字问句才是真正的真性问句。

　　我们注意到以上学者有的把正反问归入是非问，有的把是非问归入正反问，还有的把是非问和正反问都归入选择问。据刘丹青（2008），人类语言普遍存在的疑问句基本功能类别有两种，一为是非疑问句（yes-no question），二为特指疑问句（Wh-question）。现代汉语疑问句是否符合世界语言的普遍特征？是非问、正反问、选择问之间在功能上是否具有相通性？如何分类才最符合现代汉语疑问句的实际？

　　本书将从功能的角度，以"±真性"为参项，通过各类疑问句在方言中的分布考察这一问题。限于篇幅，下文将考察是非问与正反问（反复问）在方言中的分布。另外，我们主要考察方言中的真性问句，非真性问句暂不讨论。

山西方言中，真性正反问句只出现在晋语区，真性是非问只出现在官话区，前文已有论述，这里不再赘述。

需要说明的是，表 7-28 所列方言语料大多取自已经发表的方言论文或论著（见参考文献），只有山西方言的临猗话和介休话、东北方言的鞍山话、河南方言的开封话为笔者调查所得。所引资料大多是原作者清楚表明了哪些是真性问句，哪些不是，少数是笔者根据所举例句得出的判断，如湘语衡阳话。

表 7-28　真性是非问与真性正反问全国各方言分布表

方言点		真性是非问		真性正反问	
		句型	例句	句型	例句
北方方言	东北鞍山			VP-neg?	你吃饭不？ 这孩子吃饱没？
	山东章丘			VP（prt）-neg?	你吃饭（呃）不？ 你吃饭（呃）没？
	河北张北			VP-neg?	天晴嘞不？｜你来不？ 大家准备好嘞没？
	陕西高陵			VP-neg?	你会游泳不？ 给地里打药了没？
	贵州遵义			VP-neg? V-neg-VP?	你吃饭不？＝你吃不吃饭？ 你吃饭没得？＝你吃没吃饭？
	四川西充			VP-neg?	米买了没得／没？＝米买了不？ 衣服洗完了没？＝衣服洗完了不？
	甘肃文县			VP- prt -neg?	你去嘞吗不萨？ 小王上街去了吗没？
	河南开封			VP 不 V? VP 没有?	你吃饭不吃？ 你吃饭没有 [məu⁰]？
	湖北武汉			V 不 VP? V 没 VP?= VP 没?	这个伢聪不聪明？ 葡萄结冇结果？｜你下课后打球冇？

续表

方言点		真性是非问		真性正反问	
		句型	例句	句型	例句
山西方言	晋语介休			VP-neg?	你吃饭不？ 你听见了没啦？
	官话临猗	S+ 么？	你吃饭么？ 你吃唠饭啦么？		
吴语	上海	S+ 哦？	侬明早去哦？	V-neg -V? V-neg-VP?	去勿去？｜香港侬有勿有去过？ 吃勿吃饭？
湘语	衡阳			VP-neg?	你是王老师不 / 呗 [pε⁰]？｜你有针冒？
赣语	宜丰	S+ 墨ᵘ？	你吃了饭墨ᵘ？	V 不 VO? V 不 V? VO 不 V? VO 不 叻 / 咧?	你到底欢不欢喜许只妹积叻？ 正煮熟咯饭，吃不吃叻？ 个积好咯天，去街不去叻？ 你是佢哩娘不叻 / 咧？
闽语	福州	S+ 无？ S+ 未？	汝有去无？ 汝食未？	肯定结构 + 否定结构 VP-neg?	汝去怀去看电影？｜面会刢红？ 汝有字典无？｜面会红刢？ 伊去上班末？
粤语	广州	S+ 嘛？	老细老板同意嘛？	V-neg -V? V-neg-VO? 有冇 VP? VP-neg?	佢哋嚟唔嚟他们来不来？ 你中唔中意佢？ 你今年有冇返屋企过年啊？ 阿江落班下班末？
客家话	石城	S+ 么？	饭熟来么？	V（啊）-neg -V? VP（啊）-neg -VP? A（啊）-neg -AB? VP（啊）-neg?	贵唔贵？｜熟冇孰？ 新鲜（啊）唔新鲜？ 新（啊）唔新鲜？ 新鲜（啊）唔？

二、真性是非问与真性正反问的类型特点

根据上表 7-28，我们可以概括出汉语方言真性是非问和真性正反问的特点如下：

第一，北方方言中，真性问多为正反问形式，非真性问为是非问形式，二者互补分布。

从表 7-28 中可以看出，北方方言（包括山西方言）共 11 个方言点，绝大多数真性问都是用正反问的形式表达，是非问大多不是真性问句（山西官话区除外）。因此，真性问句和非真性问句在北方方言中基本处于互补分布中——是非问形式大多是非真性问句，正反问大多是真性问句。有不少学者在对方言疑问句考察过程中也发现了这个问题。例如：

赵学玲（2007）认为山东章丘话的是非问形式都是非真性问句，要么是测度问（本文的求证问），要么是反诘问，普通话真性"吗"字问句当地都用正反问形式。关彦琦（2008）认为，张北话习惯用正反问来表达普通话是非问所传达的疑问信息。王咪咪（2008）认为，高陵话是非问句很不发达，只有一种用上升语调问句。当地最常用的、与普通话真性问句相当的是以"不""没"结尾的正反问。胡光斌（2010）把是非问分为是非问1（"心中无数"，即本文"真性问"）和是非问2（"心中有数"，即本文"求证问"），他认为遵义方言中的是非问只有是非问2，没有是非问1。王春玲（2011）认为，西充话的是非问句均带有问话人的意见和态度（即本文所说"求证问"或"诧异问"），普通话"VP吗"所表达的意思在西充话里都用正反问形式表达。莫超（2004）认为白龙江流域汉语方言没有是非问句，普通话的是非问句在当地方言中用正反问的形式来表现，甚至非真性问句都是正反问形式。赵葵欣（2012）认为，武汉话的是非问句只有语调型和 [pə⁰] 尾型。语调型是"明知故问"的疑问句，疑问度很低；[pə⁰] 尾型是"推测"型是非问，疑问度也很低。真性问句在武汉话中是用正反问形式表达的。

当然，北方方言中也存在真性是非问（如山西晋南官话区等），上述互补分布应该是显示出了北方方言大多数方言点真性是非问与正反问的分布特点或趋势，但应该不是绝对的特点。

第二，南方是非问与正反问界限模糊，是非问的句末语气词还有否定词的痕迹。

南方各大方言的正反问大多是真性问句（个别是非真性问句），是非问中既有非真性问句，也有真性问句，但以非真性问句居多（湘语衡阳话全为非真性问句）。值得注意的是，真性是非问句末的语气词大多是还未完全虚化的否定词或虽已虚化，但仍有否定词的痕迹。具体如下：

1. 邵敬敏等（2010）把上海话的"VP勿"归入是非问，把"VP勿VP""V勿VP"归入正反问，并说"VP勿"是"V勿V"的后省式（邵认为上海话"VP哦"的"哦"是"勿啊"的合音形式，是求证问标记，但据张谊生先生告知，"VP哦"是使用频率更高的真性问句）。试比较（转引自30—31页）：

是非问	正反问
侬明早去勿？	侬明早去勿去？
伊是美国人勿？	伊是美国人勿是？

因此，上海话真性是非问句末的疑问语气"勿"明显仍是否定词，参照北方方言正反问句"VP不/没"，我们认为上例叫作正反问也无不可。

2. 闽方言真性是非问与正反问很难判断。陈泽平（2004）认为，在疑问语气的语调作用下，福州话处于句末的"无""觟""末""可以很方便地'重新分析'为句末语气词"，甘于恩（见邵敬敏等，2010：98页）认为，福州话"无""末"等否定词处于句末的问句可以相当于普通话的"吗"字问句。例如：

汝有去无？（≈你去了吗？）

汝食末？（≈你吃了吗？）

但同时甘于恩又认为，福州话这类问句其实是正反问句的省略形式，因为句末的"无""末""怀"等句末否定词仍不读轻声，没有虚化，而且不论是福州话还是闽南话，这些句末否定词都可以单独回答问题，表示否定。因此，他倾向于把这些句子处理为正反疑问句，视为向是非问转化的过渡形式。

3. 据邵宜（见邵敬敏等，2010），赣方言宜丰话"墨⁼[mæ^{33}]"字句是真性是非问。例如：

你昨日上了课墨⁼？

你吃了饭墨⁼？

而彭兰玉（1995）却认为湘语衡阳话的"冒⁼"字句是正反问句。例如：

其走嘎冒⁼？

你有针冒⁼？

我们认为以上宜丰话和衡阳话应是同一类问句，都是表示已然态的否定词"没"的弱化形式。我们发现邵宜（见邵敬敏等，2010）文中正反问句只列举了"不"字句，没有"没"字句，因此笔者判断真性是非问的"墨⁼"字句即"没"字句。"墨⁼"应是"没"的弱化或虚化形式。

4. 我们看到，粤语真性是非问句末的"嘛"和客家话真性是非问句末的"么"已完全不同于否定词的读音，应该说是非问与正反问的界限趋于分明，但"嘛"和"么"应该也是由否定词虚化而来，后文将专门分析。

第三，北方方言正反问大多是"VP-neg"形式，并且"VP 不"蕴含"VP 没"。

我们看到，表 7-28 中北方方言正反问句大多数是"VP 不 / 没"句式。有的方言虽也有"VP-neg-VP"，但以"VP-neg"问句更常用。表中所选方言点只有贵州遵义话、河南开封话和湖北武汉话有"VP 不 VP"的变形说法。值得注意的是，遵义话虽有"V-neg-VP"句，但胡光斌（2010）强调，口语中以说"VP 不 / 没"为常；开封话"不"字句是"VP 不 V"，但"没"字句却只能是"VP 没有"；武汉话虽然"不"字句和"没"字句都有"V 不VP"和"V 没 VP"，但"没"字句同时也有"VP 没"，与"V 没 VP"可以自由转换。显然，如果一种方言中有"VP 不"，就一定会有"VP 没"；但如果有"VP 没"，却不一定有"VP 不"。

赵葵欣（2012）的统计也支持此观点，她统计了全国 23 种方言，其中北方方言 16 种，发现"VP 不"和"VP 没"在大多数方言（16 种北方话中的 12 种）中可以同时存在，如果两者不能在同一方言点共现，一定是有"VP 没"，没有"VP 不"，如北方方言 4 个方言点（浚县、武汉、扬州、随州）都是只有"VP 没"，没有"VP 不"（南方各方言两类句型大都能同时在同一方言点存在）。

第四，南方各方言中大多也有"VP-neg"问句。

从上表可看出，南方各方言中虽然存在"VP 不 VP"的各种变式句，但句末为否定词的问句也大都存在。例如吴语上海话的"VP 哦"，湘语衡阳话的"X+ 冒⁼"，赣语宜丰话的"VP 墨⁼"，闽语福州话的"VP 无 / 未 / 怀"，粤语广州话的"VP 未"，客家石城话的"VP 唔"等。

第五，少数方言"VP 不"="VP 没"。

我们看到，北方方言少数方言点的正反问句"VP 不"意义可以是"VP 没"。例如河北张北话既可以说"天晴了没"，也可以说"天晴嘞不"；四川西充话"衣服洗完了没"完全等同于"衣服洗完了不"。我们调查了山西吕梁片临县城庄镇郝家湾村和大禹乡大禹沟村，其中城庄镇郝家湾村话在正反问句末用"没啦"或其合音形式，大禹乡大禹沟村则用"不"，两句意义完全相同，参见本章第二节（346 页）。

上古汉语正反问句多为"VP 不（否）"，中古时多被"VP 无"替换（吴福祥，1997），这些方言点的"VP 不"有可能是上古汉语的遗存形式。

第六，是非问和正反问表义功能相同。

1. 如上所述，北方方言大多数方言点真性问句没有是非问形式，只有正反问形式。不少学者发现普通话的"吗"字问句在方言中只能是正反问句。例如：

普通话	张北话
你能上去吗？	你能上去不？
你有哥哥吗？	你有哥哥没？

普通话	开封话
你吃饭吗？	你吃饭不吃？
你吃饭了吗？	你吃饭没有 [məu⁰]？

普通话	遵义话
你吃饭吗？	你吃饭不？
你吃饭了吗？	你吃饭没得（ / 没有）？

　　　　　普通话　　　　　　　　　文县城关话

你是学生吗?　　　　　　　　　你是学生吗不是?

你去吗?　　　　　　　　　　　你去嘞吗不萨?

　　2. 南方既有真性是非问,又有真性正反问的方言中,是非问和正反问可以互换。例如粤语"S+嘛"句式可以和正反问句"V唔V"互换,意义基本不变(转引自邵敬敏等,2010:109页)。例如:

你中意佢嘛?→你中唔中意佢?

你去嘛?→你去唔去?

　　3. 如上所述,福州话以否定词"无""末"结尾的问句,有学者认为是正反问句的省略形式,但与普通话的"吗"字问句意义相当,因为都是用肯定或否定形式回答。例如(转引自邵敬敏等,2010:97页):

汝有去无?(≈你去了吗?)

汝食末?(≈你吃了吗?)

　　书中用"≈"是因为作者认为普通话"吗"字问可以用"是""不"来作答,而福州话只能用"有/无""食了/未食"来作答。其实普通话"吗"字问句最自然的答句也应是"去了/没有(去)"或"吃了/没(吃)",二者都是从肯定/否定角度作答,表义功能应该是相同的。二者的差别只是方言词语的差别。

　　即使所引语料中有些方言看不出是非问与正反问转换的直接证据,但真性是非问与真性正反问都是用肯定或否定形式(包括点头或摇头的动作)作答这一点所有方言应该都是一致的,因此是非问与正反问的表义功能在现代汉语中应是相同的。吴福祥(1997:49页)也认为,"由语气词结语的是非问和由否定词结语的反复问结构形式虽然不同,语义功能却大体一致,都可以用肯定、否定来回答,也都可以用点头、摇头来示意"。

三、从历时角度看是非问与正反问的关系

（一）"VP-neg" 应是沿袭古汉语的说法

北方方言大面积出现的 "VP-neg" 问句，目前学术界最有影响的解释是，"VP 不／没" 是 "VP-neg-VP" 的省略形式。但根据历时文献来看，"VP-neg" 在西周时期就已见于文献（吴福祥，1997），与 "VP-neg-VP" 是并行出现的，没有足够证据证明前者是后者的省略形式，相反，很多事实说明，"VP 不／没" 句式是沿袭古汉语的说法。

梅祖麟（1978）和朱德熙（1985）指出，"为 VP 不" 和 "为 VP 不 VP" 是现代汉语反复问句的两个源头。历史文献中 "VP-neg" 例句远远超出 "VP-neg-VP"，傅惠钧（2006）认为，上古汉语 "饮酒否" 类例句，显然不是 "饮酒否饮酒" 省略而来。结合北方大多数方言只有 "VP-neg"，而且 "VP-neg" 无法还原为 "VP-neg-VP" 等特点来看，"VP-neg" 应该是沿袭古汉语的说法。邢向东（2005）从陕北沿河方言的角度对这一观点提出了支持。

（二）是非问多由 "VP-neg" 语法化而来

关于 "么" 的来源，学界多数人认为来自 "无"，首先提出这一观点的是王力（1980：452 页）。王力明确提出："麼" 就是 "无"，"没" 也是 "无"，"麼""没" 的共同来源都是 "无"，而且王力（同上：458 页）还说 "麼" 是 "否定词"。也就是说，语气词 "麼" 是由否定词 "麼" 逐渐虚化而来的，否定词 "麼" 与 "无""没" 是同源关系。其他很多学者也对 "无""没""么" 之间的演变关系做过历时考察，结论与王力基本相同，不再赘述。

吴福祥（1997）细致梳理了 "VP-neg" 句式的历时发展及语气词 "麼" 的产生：是非问语气词 "麼" 产生的过程肇端于正反问句 "VP-neg" 句尾否定词的虚化以及由此造成的 "VP-neg" 句式的分化，其时间可追溯到后汉，最初导致句尾否定词虚化的是谓词前出现了否定副词 "莫、不、宁" 等。这

种虚化和分化的结果导致后汉"VP 不（否）"语义上被分成"VP 不1（否1）"（正反问句）和"VP 不2（否2）"（非正反问句）两类，六朝时期，"VP 不（否）"的词汇虚化和句式分化的进程加快，最终促使"无"在唐代大量进入两类"VP-neg"，并由"无2"蜕变出语气词"麽（磨／摩）"，如果不考虑读音和字形的因素，"麽"字句其实在中古已经产生。

山西官话区"么"字问句与晋语区"没"字问句的语法化关系和南方各方言是非问与"VP-neg"问句界限模糊的特点对上述学者的论断提供了支持。

四、真性是非问与正反问都是一般疑问句

（一）共时和历时平面都显示，是非问与正反问在功能上相通

从上文分析可以看出，不论是共时平面还是历时平面，是非问都是非真性问句居多，正反问则是真性问句居多，二者在功能上处于互补分布。山西方言真性是非问与真性正反问在地域上的互补分布也显示，二者是处于不同历史层面上的同类疑问句。

从历时层面看，上古汉语中就有"VP-neg"和"VP-neg-VP"两种句式。据吴福祥（1997），中古时期"VP-neg"的 neg 率先在有否定副词（"莫""不""宁"等）的"F-VP-neg"句中发生虚化，变成是非问的语气词，这种从正反问发展而来的是非问一开始就是非真性问。又据王力（1989：312 页），上古汉语的是非问句既有真性问也有非真性问，语气词"哉"是纯粹反诘，"与（欤）、邪（耶）"是要求证实；纯粹传疑的只有"乎"。因此现代汉语是非问句是从上古和中古两种是非问发展而来的，而且古代是非问多数都是非真性问。从袁毓林（1993）对用北京话写成的五部作品中"吗"字问的统计也可看出，是非问最初多为非真性问。五部作品中，"吗"字非真性问用法占绝对多数，但历时地看，真性问与非真性问的比例从 20 世纪 30 年代作品《月牙儿》的 1：8 到 80 年代作品《豆棚瓜架雨如丝》的 5：8，真性是非问在逐步增多，这在一定程度上反映了半个世纪以来北京

话"吗"字句的变迁。而且袁毓林发现，非真性用法多为否定句，这与吴福祥所说"VP-neg"的句末语气词是在否定副词句率先虚化的事实遥相呼应。

从共时层面看，如前文所述，是非问与正反问在北方方言中基本处于互补分布状态，大多数北方方言是处于功能上的互补分布——真性问多用正反问，非真性问多用是非问。我们认为，功能上互补分布的原因与二者表义功能基本相同直接相关，因为根据语言的经济原则，表义相同必然会在功能上发生分化。此外，南方大多数方言都有"VP-neg"问句，而且很多方言点是非问与正反问界限模糊，是非问的句末语气词还有否定词的痕迹。这说明很多方言正反问的句末否定词的语法化还没有彻底完成，与上述山西晋语区与官话区的真性是非问的"么"与真性正反问的"没"类似。

（二）真性是非问与真性正反问从功能上应属于同类，都是一般疑问句

如前所述，人类语言普遍存在的疑问句基本功能一为是非疑问句，二为特指疑问句。根据前文的方言事实，二分系统也符合现代汉语疑问句的实际。我们认为，在现代汉语中，应该首先区分真性问和非真性问，真性是非问和真性正反问都是 yes-no question，如果提取义素，可以表述为 $[X, -X]$，所以这两类疑问句从表义功能的本质上说应该是相通的。

第五节　从山西方言看汉语疑问句的类型特征

一、山西方言疑问句的功能类型与其他各地方言基本相同

首先，是非问和正反问句的功能在北方各地方言中呈现出互补分布状态：正反问主要承担真性问功能，是非问主要承担非真性问功能，南方方言中是非问大多仍残存着正反问的痕迹，因此其真性问句也主要是由正反问句承担。这一类型特点与山西晋语区方言的特点基本一致。与此相反，山西官话区方

言中，是非问主要承担真性问功能，正反问句很不发达，而且主要承担非真性功能，这与北方部分方言基本一致。

二、特指问和正反问是真性问功能的主要承担者

从方言语料中可以很清楚地看出，特指问在疑问句中很发达，总数量仅次于是非问，但真性问句的数量远超过是非问，特指问主要承担真性问功能。

正反问和是非问在很多方言中呈现出互补分布的趋势，正反问多用于真性问，是非问多用于非真性问。

三、真性问与非真性问逐步呈现出互补分布的趋势

如前文所述，特指问句（狭义）和列项选择问句主要承载真性问功能。是非问和正反问（包括正反选择问）是真性问还是非真性问，在不同地域的分布有所差别，如在山西方言中，官话区是非问承载真性问功能，正反问承载非真性问功能；在晋语区则相反，正反问承载真性问功能，是非问承载非真性问功能。即使在同一方言区，同一形式问句中，真性与非真性在形式上也趋于分明。

四、选择问句呈现萎缩趋势，大都可以用特指问或正反问句替代

首先，在各地方言中，选择问句都呈现出萎缩趋势，如前所述，正反选择问句与正反问句、是非问句的功能相当，而后两者更经济。山西方言大量存在正反问与正反选择问句分界不清现象（正反问句的正与反之间有连接二者的语气词），而且正反选择问句在山西方言中大面积保存，只是在地域上与正反问构成互补分布格局：有正反选择问句的方言区一般没有正反问句，有正反问句的方言区则没有正反选择问句。

其次，列项选择问句，由于其不太经济的结构形式，使得使用者更愿意选择功能相近的特指问句，现代汉语中列项选择问句只是作为特指问句的变体形式存在于特定语境中（强调语境中出现）。据考察，全国各地方言中，

列项选择问句都很不发达，所占比例都很小，这从山西各地方言语料统计数据中看得很清楚。选择问句在各地方言中真性问中的比例很少能超过15%，大都不超过10%；非真性问句比例更小。这一特点山西方言与全国方言基本一致。

五、广义特指问应包含狭义特指问和列项选择问

如前所述，传统分类中的特指问句与列项选择问句在功能上基本一致，都是要在某一范围内做出选择，其答句都是针对疑问焦点（疑问代词或疑问选项）进行回答，因此两类结构可以在同一个疑问句中和谐共现，共同担负同一个内容的疑问功能。二者的区别：从形式上看，特指问是用疑问代词提问，列项选择问句是用列出选项提问；从功能上看，特指问提问时并未划定特定的选择范围，列项选择问句则划定了特定的选择范围。除此之外，特指问更简洁、更经济，列项选择问相对冗余、繁琐，这也正是选择问句萎缩的一个重要原因，没有特殊的需要，问话人喜欢选用更经济的特指问句。因此从功能的角度看，正反选择问句应与特指问句合并为广义的特指问句。

六、是非问与正反问、正反选择问都是一般疑问句

是非问与正反问、正反选择问在大多数方言中真性与非真性功能上往往互补，三者的答句都是"肯定／否定"回答，都可以用点头／摇头作答，同一语境中可以相互替换，甚至在地域上呈现出互补分布状态。因此三者应该合为一类，都是一般疑问句（极性疑问句）。

也就是说，汉语疑问句功能应该分为两类：特指问句和一般疑问句（极性疑问句）。列项选择问句是特指问的一个变体，是非问、正反问和正反选择问都是一般疑问句的变体。正像音位变体一样，变体和变体之间功能是互补的，每个变体都只出现在属于自己的特定位置（语境）中。疑问句的分类应是：

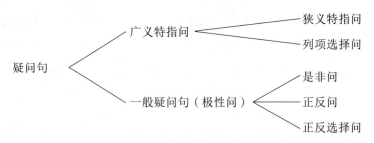

另外，正反问句的非真性问主要有附加问（"是不是""对不对"等）和"V 不 V+VP"，这与北京口语基本一致。

山西方言与其他方言疑问句类型方面的差别主要体现在形式上，例如，山西晋语区正反问句大多数是"VP 不／没"结构，"V 不 V"和"VP 不 V"只在并州片和上党片零星出现，几乎没有"V 不 VP"结构，更没有"可VP"问句。

总之，山西方言疑问句的功能类与全国各方言基本一致，形式类有部分差异。

第八章 山西方言复句关联标记模式的类型特征

第一节 复句关联标记模式研究概述

一、普通话复句关联标记研究

关联词语在复句中具有特殊的地位，它可以用来联结复句中的各个分句，并标明复句内部的逻辑关系，因此关联标记一直受到很多研究者的重视。专著方面有：邢福义（1985、2001）把汉语复句分成因果、并列、转折三大类，并从"语表－语里－语值"的角度充分分析了汉语复句的关联标记及复句内部的逻辑语义关系；王维贤等（1994）按照所分复句的种类，对每类复句关联标记所表示的逻辑语义关系进行了详细的论述；周刚（2002）详细论述了汉语复句中关联词语的套用能力；姚双云（2008）基于汉语复句语料库，详细描写了现代汉语复句关联标记的使用功能与搭配功能。另外还有很多单篇论文从不同的角度对汉语复句关联标记的使用情况进行了论述，如李晓琪（1991）考察了现代汉语复句中常用关联词语在句中的分布位置，并对其进行了归类；黄慧英、萧国政（1996）对现代汉语里一个新的关联词语"不说"的形成动因与关联功能进行了论述；江蓝生（2004）分析了"的话"从跨层非短语结构到助词演变的语法化过程；邢福义、姚双云（2007）探讨了"为此"由介词短语演变为连词的虚化过程；金鑫（2009）以历时、共时两个角度探讨了"一头"演变为并列复句关联标记的固化过程，并对其产生关联标记用法的认知动因进行了分析。

二、汉语方言复句关联标记研究

随着现代汉语复句中关联标记研究的深入，部分学者也开始对汉语方言复句的关联标记进行有益的尝试。方言著作方面如：何耿镛（1993）简单地对客家话中表转折、条件、并列、顺承、递进与选择关系的一些关联标记进行了描写；陈泽平（1998）分析了福州话中比较特殊的几个复句关联标记；徐慧（2001）描写了益阳方言表因果、假设、并列与顺承关系复句的关联标记；邢向东（2006）分析描写了陕北晋语中一些复句的关联标记；黑维强（2016）对绥德方言复句中的关联标记进行了全面的描写与分析。同时也有一些学术论文探讨了汉语方言复句中的关联标记，如荆秀（2014）研究了山西闻喜方言复句的关联标记，并与普通话的复句关联标记进行了对比；袁艳青（2015）按照因果、并列、转折这三大类复句，对静乐方言复句的关联词语进行了全面的描写与分析。还有一些单篇论文对汉语方言复句的关联标记进行了描写，如邢向东（2003）分类描写了陕北晋语沿河方言中与普通话不同的复句关联标记，并且分析了一些关联标记的语法化过程；张文光、侯建华（2008）分析了唐山方言中的特殊连词"一个"及相关复句；陶伏平（2010）分析了湖南慈利通津铺话复句的连词，前置连词与后置连词是其划分的两类复句关联词语。

三、汉语复句关联标记模式研究

近年来国内学者开始对汉语复句的关联标记及关联模式进行考察，并采取了语言类型学的方法，如储泽祥、陶伏平（2008）研究了汉语因果复句的关联标记模式，并将其划分为三类模式"居中黏结式""居端依赖式""前后配套式"，指出其他语言的关联标记模式也包含在这三类之内，遵循 Dik 的"联系项居中"原则，对汉语因果复句关联标记的居中程度进行了细致的分析；丁志丛（2008）从历时与共时的角度探讨了有标转折复句的使用情况与关联标记模式，并与英语、日语的有标转折复句进行了比较，证明了有标转折复句有很强居中倾向的类型共性；戴庆厦、范丽君（2010）研究了藏缅语因果复句的关联标记，并通过与汉语的对比，发现了藏缅语关联标记的共性与个性特征，认为关联标记大多都是居中的，以及一个关联标记可以引导多种语义关系的复句；王春辉（2010）从跨语言的角度，研究了汉语条件句标记及其语序类型，总结出汉语的优势语序是连词前附在条件分句上，并且这种语序模式与 VO 型语言的语序类型相和谐。

　　还有少数关于汉语方言复句关联标记模式的学术论文如：陶伏平（2008）按照邢福义分出的因果、并列、转折三大类复句，对湖南慈利通津铺话连词在复句中的关联作用进行了全面细致的分析；赵霞（2011）、王颖君（2011）按照储泽祥对汉语因果复句所建构的三种复句关联模式分别对湘乡方言、山东乳山方言的复句关联模式、关联标记在句中的分布位置以及每类复句关联标记的居中程度，进行了全面细致的考察；彭小球（2012）也对湖南益阳方言复句的关联标记、关联模式的优先序列以及关联标记的一些个性特征进行了全面的分析。

四、本章关联标记模式分类及其依据

　　本章第二节讨论平遥方言复句关联标记"门"从后置到前置的语法化历程，从第三节开始，讨论山西方言复句关联标记模式的类型特征。

　　本章根据 Dik 的"联系项居中"原则，参照储泽祥、陶伏平（2008）对现代汉语因果复句类型的归纳，对山西方言复句关联模式进行较为全面的考察和分析。

　　如前所述，储泽祥、陶伏平（2008）把复句关联标记分为三类：居中黏结式、居端依赖式、前后配套式。我们又根据组合方式的不同把这三类结构分为九小类，分别是：

　　居中黏结式：

　　A 式：S1+g，S2　　　　　　　　B 式：S1，g+S2

前后配套式：

C 式：g1+S1，g2+S2　　　　　　　D 式：S1+g1，g2+S2

E 式：g1+S1+g2，S2　　　　　　　F 式：S1+g1，S2+g2

G 式：g1+S1，S2+g2

居端依赖式：

H 式：g+S1，S2　　　　　　　　　I 式：S1，S2+g

　　本章主要考察这九类结构在山西各地方言中的分布特征。调查结果显示，山西各地方言尽管关联标记的词形不尽相同，但关联标记模式大同小异。这里选取三个方言点进行分析：官话区以临猗方言为代表，晋语区以中区的平遥方言、中北区的朔城区方言、北区的左云方言为代表。

第二节　山西平遥方言复句关联标记"门"的演变

——从后置到前置 [①]

　　平遥县位于黄河中游，黄土高原东部的太原盆地西南，山西省中部。平遥县东面与祁县相接，西面与汾阳县相邻，南面与沁源县相靠，北面与文水县相连，西南面与介休市接壤，东南面又与武乡县、沁县毗邻，地理坐标为东经 111°56′～112°31′，北纬 37°12′～37°21′。据《中国语言地图集》（2012），平遥方言属晋语并州片。

一、平遥方言后置的关联标记与 VO 语序不和谐

　　考察山西方言复句关联标记模式类型，我们发现，晋语区复句关联标记不如普通话发达，很多复句靠"意合法"表达分句间的关系。但值得注意的

---

① 本部分发表在《中国语文》2018 年第 6 期。本节做了局部修改。

是，山西方言中有不少语气助词大多数居于两个分句之间，且后置于前一分句（偏正复句的偏句）末。例如①：

虚拟、假设、条件句：

（1）我有空儿咾的话，就和你去看电影。（阳泉）

（2）有钱动咾，就能买房子咧。（阳城）

（3）我是你动喽，我就不去。（潞城）

（4）今儿个（要是）下雨时价要是今天下雨，我就能好好睡一觉啦。（大同）

（5）兀会那时你（要是）好好儿念书时价的话，就不是块这样儿啊就不是这样子（没出息）了。（五台）

（6）今儿（要是）不下雨时地的话，我就能晒粮食咧。（太原）

（7）有文化来咧的话，就不用种地咧。（兴县）

（8）你那会儿要好好学习散＝的话，"散＝"为"时间"的合音，早考上咧。（汾阳）

转折、让步句：

（9）有韭菜时价，没有鸡蛋。虽然有韭菜，但是没鸡蛋。（阳高）

（10）有韭菜散＝"时间"的合音，没鸡蛋。虽然有韭菜，但是没鸡蛋。（介休）

（11）我再没脑子也，能听下你的意思咾。即使我再没有脑子，也能听懂你的意思。（平遥）

（12）应该给咱们2400是，给咾1900。虽然应给2400元，但只给了1900元。（文水）

（13）有钱时地价，没啦时间；有时间时地价，没啦钱。有钱但没时间；有时间但没钱。（岚县）

（14）有文化吧外＝，没素质。虽然有文化，但是没素质。（长子）

以上例句中，山西晋语区不同方言中的"时价／时地／时地价／散＝""动咾／动喽""来咧""也""是""吧外＝"等关联词都附着在前一分句（偏句）句末，也在两个分句的中间，属于储泽祥、陶伏平（2008）所说的"居中黏结式"，完全符合Dik的"联系项居中"原则。

　　有意思的是，平遥方言的部分副词也可以出现在前分句句末起关联标记的作用。例如："我再没脑子也，能听下你的意思咾。"句中的"也"是一个副词，在复句中具有一定的关联作用，但因为副词一般处于主语后，不符合"联系项居中"原则，因此当地方言往往把"也"附于前一分句句末，后一分句则可以不再出现"也"（也可出现）。再如：

　　（15）（不管）你说甚也，我不听你的啦。无论你说什么，我也不听你的了。

　　（16）你去不去也，我要去咧。无论你去不去，我也要去。

　　（17）外头下的雨再多也，我要出去咧。无论外面雨下得再大，我也要出去。

　　所以，包括平遥话在内的山西方言，复句的关联标记后附于前一分句句末是优势结构，也完全符合"联系项居中"原则。但是，世界语言的倾向性共性是：VO 型语言的关联标记前置于小句，OV 型语言的关联标记后置于小句（转引自储泽祥、陶伏平，2008：414 页）。显然，山西方言以上后置的复句关联标记虽符合"联系项居中"原则，但与山西方言的 VO 语序不和谐。

　　值得注意的是，我们发现山西平遥方言中，有一个复句关联标记，读音为 [məŋ²¹³]，本文记作同音字"门"（当地方言深臻摄与曾梗摄合流），已经稳定地居于后一分句的前端，与 VO 语序完全和谐，但共时平面仍能发现其曾经后置的痕迹。本节就是要在前贤研究的基础上，分析山西平遥方言复句关联标记"门"由后置到前置的演变轨迹。

二、关联标记"门"的分布与功能

（一）"门"可以出现在转折、因果、递进等复句中

　　"门"作为关联标记，一般前置于转折、因果、递进复句的后一分句前端。

　　转折复句如：

　　（18）兀家长得丑，门学习可好咧。他长得丑，但学习特别好。

　　（19）有奶是有奶咧，门就是不够孩儿吃。（妈妈）有奶是有奶，但不够孩子吃。

（20）应该给咱们 3000，门给了 2500。应该给咱们3000元，但只给了2500元。

（21）做得多咾啷，怕吃不咾；门做得少咾啷，怕不够吃。

因果复句如：

（22）夜来昨天我有点点得脑头疼，门就没啦没有来上班儿。

（23）这几天居舍家里热＂可特别忙，门就没啦没有瞭看你去。

（24）兀家他这几天看病去啦，门就老不在居舍家里。

（25）兀家他想孩儿想得不行，门就老给孩儿打电话。

递进复句如：

（26）西坡儿村名离这儿就远，门连公交也不通。

（27）人家闺女学习好，门人也长得惜人好看。

（28）这件件衣服买动买的时候便宜，门还好看。

（29）兀家他今年结咾婚，门还生下个小子男孩。

以上三类例句中，"门"都附在后一分句前端。调查时我们询问发音人"门"是否可以省略？省略后语义关系是否会发生变化？发音人虽主观认为"门"可以省略，省略后分句间的语义关系不变，但在语流中，"门"总是被发音人不由自主地加上，因为只有加上"门"句子才自然，所以"门"一般不能省去。

（二）"门"也能后置于前一分句句末

如前所述，山西晋语区复句关联标记多附着在前一分句句末。那么，这个"门"能否附在前一分句句末呢？询问发音人时，发音人认为"门"附在前一分句句末可以成立，语义关系不变，但后一分句前端的"门"一般也不能省略，前一分句句末的"门"属于可说可不说的成分。前例（18）—（29）都可以出现两个"门"，这里每类列举一例：

（18'）兀家长得丑（门），门学习可好咧。他长得丑，但学习特别好。

（22'）夜来昨天我有点点得脑头疼（门），门就没啦没有来上班儿。

（26'）西坡儿村名离这儿就远（门），门连公交也不通。

因此我们推断，"门"早期与其他多数关联标记一样，也是后附在前一分句句末的，后来结构发生了重新分析，"门"由后置于前一分句句末变为前置于后一分句句首了。关于这一点，会在下文中详细讨论。

（三）关联标记"门"的主要功能是连接作用

以上因果、递进复句中，除了"门"外，还必须有另外的副词，如"就""连""也""还"等起关联作用，若没有这些副词，只用"门"句子就不成立；转折复句可以没有副词作为关联标记，如上述转折复句中，只有例（19）有关联副词"就是"，其他三例都只有"门"一个标记，但"门"所出现的转折复句，前后分句之间往往是相反、相对的事件或情况，若没有"门"，用"意合法"也能表达转折关系。也就是说，"门"作为关联标记，主要功能是关联作用，表达分句间语义关系的功能较弱。

三、语气词"门"和关联标记"门"

（一）单句末的语气词"门"

晋语普遍存在一个语气词"么"，一般后附在单句末，具有较强的主观色彩，邢向东（2002）、范慧琴（2007）、郭利霞（2015）等多位学者都有过详细深入的探讨。

平遥方言语气词"门 [məŋ²¹³]"应与其他方言的"么"同源（韵母的鼻音色彩是受声母感染所致）。"门"出现在单句句末，主要表示"确认"（也有"强调"）等语气。

值得注意的是，"门"字单句一般出现在话轮的接续句中，有两种语境：一是话轮的始发句是特指疑问句，接续句必须针对始发句中的疑问代词做客观回答，我们简称为"特指答句"，"门"在这种答句中带有较强的确认语气；二是申诉性答句，即答话人对始发句进行申诉、反驳，整个句子除了确认、强调语气外，还带有较强的反驳和申诉语气。

1. 特指答句中的"门"

"门"出现在特指答句末，例如：

（30）问：谁拿的我的充电器咧？　　　答：我拿的咧门。

（31）问：你哪天来的太原咧？　　　　答：夜来昨天来的门。

（32）问：你爸爸今年多少年纪啦咧？　答：五十啦门。

以上三组问答中，问话人是在客观发问，答话人在客观作答，"门"可有可无。但句末如果删去"门"，就没有了确认语气，或语气很弱。

2. 申诉性答句中的"门"

申诉性答句或者是对始发句所述观点的反驳，或者是对对方某种行为的否定，接续句往往具有"明明是这样啊，你怎么能说是那样呢"的语气。例如：

（33）问：你不是拿的着我的充电器啊？　答：我夜来昨天（明明）给咾你啦门。

（34）问：你说的话不对。　　　　　　　答：我说的（明明）（就）对的咧门。

（35）你看不行哇吧？我就说不行门。

以上三例中，状语位置上也可以出现表确认或强调语气的副词，经常用到的是"明明"和"就"，与"门"的功能基本相同。状语和语气词共现时语气更强烈。如果同时删除"明明/就"和"门"，句子仍成立，基本意思不变，但没有了"确认""强调"的语气；如果删除其一，去掉句末的"门"或去掉状语"明明/就"，句子的"确认""强调"语气就会减弱。

值得注意的是，以上例句中的申诉和反驳语气应该不是"门"所具有的，而是话轮中的申诉语境所具有的，"门"在这种语境中仍是"确认""强调"语气。

除了以上所述语气外，"门"还可以附带多种主观语气（埋怨、责备、讽刺、催促等），因与本文无关，不再赘述。

（二）申诉性答句中的"门"与主观弃择句中的"门"

郭利霞（2015）发现，山西方言普遍存在一种"主观弃择句"。平遥方言中也有这种句式，完整的主观弃择句如：

（36）问：你坐的着汽车去的太原啊？　　　答：（我坐的）动车门，（你说）汽车。

（37）问：你爸爸今年有五十啦哇？　　　　　答：四十门，（你说）五十。

（38）问：外"兀块（那个）"的合音是小英家妈哇？

　　　　　答：姨姨门，（你说）妈。

（39）问：今晌午咱们多炒些鸡蛋哇，你爷爷好吃炒鸡蛋。

　　　　　答：（好吃）煮鸡蛋门，（你说）炒鸡蛋。

以上完整式主观弃择句，可记作"P门，Q"，"门"一般附在 P 之后，这种结构显然是复句形式。很明显，这种复句是由例（33）—（35）中申诉性单句演变而来。

首先，从语义角度看，申诉性单句和"P门，Q"结构都是质问对方"明明是这样啊，你怎么能说是那样呢"，有很强烈的申诉和反驳语气。

其次，从结构角度看，"P门，Q"中的"Q"是显性的，申诉性单句则是受经济原则的制约，省略了（或者说是隐去了）"Q"，如果需要，这种单句隐含的"Q"都可以凸显。如例（33）—（35）都可以变为"P门，Q"结构：

（33′）你不是拿的着我的充电器啊？——我夜来昨天（明明）给咾你啦门（，你说是我还拿的着）。

（34′）你说的话不对。——我说的（明明）（就）对的咧门（，你非说我说的不对）。

（35′）你看不行哇吧？我就说不行门（，你非说行）。

以上三句显示，申诉性单句与主观弃择句的区别只是"Q"是含省略（隐现）的问题，二者在语义上是一脉相承的，主观弃择句是由申诉性单句发展而来的。

主观弃择句与申诉性单句一样，强烈的"申诉"和"反驳"语气应是由语境或构式表达出来的，不是"门"的功能，"门"的主要作用仍是表达"确认"和"强调"的语气。

值得注意的是，"门"在主观弃择句中不能省略，否则不成话或会改变分句间关系，如上例（36）—（39）去掉"门"后，在不同语境中，要么不成话，要么会变为选择关系的复句。因此，"门"在主观弃择句中除了语气功能外，还具有一定关联标记和成句的作用。

（三）特指答句中的"门"与转折、因果、递进复句中的"门"

我们认为，前文所列转折、因果和递进复句是由特指答句中的语气词"门"发展而来的，具体如下。

1. 复句与单句中的"门"都具有"真实"和"确认"义，因为单句语气词"门"的主要功能是"确认"（也表"强调"），所以"门"在复句中所附着的分句，其所述事件必须是真实存在的，起码是说者"确认"其具有真实性。这是语气词"门"和关联标记"门"共同的语义基础。

"门"可以用于转折、因果、递进等复句之中，这是因为这几类复句中的两个分句，无论是偏句还是正句，都是现实世界中真实存在的，起码是说话人认为真实存在的，是说者确认的事实，所以"门"既可以附着于前句，也可以附着于后句。

如果复句中的分句是虚拟、假设或未实现的事实，则不能用"门"。例如：

（40）第明明天下雨咾咾 / *门，我就不来啦。

（41）今早晨多吃上些桑 ＂是的话 / *门，这阵阵就不饿啦。

（42）我要不咾去北京 *门，要不咾去上海 *门。

（43）你是去北京 *门，上海 *门，还是广州啊？

以上例句中，例（40）、（41）是假设复句（包括虚拟语气），例（42）、（43）是选择复句。这些表达非真实事件的复句，不论前句还是后句都不能用"门"。也就是说，根据平遥方言，"门"一定不能附着于不表达真实事件的分句上。

2. 在问答原因的话轮中，"门"字单句大都隐含着因果复句的语义关系。

特指问答话轮中，有一类始发句用疑问代词"怎地为什么"询问原因，接续句必须针对"怎地"回答，答句末一般要后附语气词"门"，而且答句虽是单句，但隐含着因果关系，如果语境需要，可以显现为复句形式。例如：

（44）问：怎地你还吐出来？　　　答：皮皮门（，就吐出来啦）。

（45）问：怎地这次没啦没有考好？　答：前两天我感冒啦门（，就没啦考好）。

（46）问：怎地兀家他老是肚儿疼？　答：凉的吃得多啦门（，就老是肚儿疼）。

以上例句中的答句如果加上括号中的后一分句，就是一个完整的因果复句，只是受经济原则的制约，后一分句一般不说出来。

显然，这类回答原因的单句与主观弃择句一样，都隐含着复句的语义关系，也都很容易使单句中的语气词"门"与复句关联标记建立起密切联系。

3. 转折、因果和递进复句的前后两个分句，可以形成一组有复句语义关系的话轮。调查中我们发现，"门"字单句出现的话轮中，始发句和接续句之间经常隐含着复句的语义关系；而转折、因果、递进复句的前后两个分句也可以形成一组话轮。如上文的例子都可以变为话轮中的前句和后句，这里仅举三例说明：

（18′）问：兀家他长得丑。

　　　答：（门）人家学习可好咧。（问答两句为转折关系）

（22′）问：夜来昨天我有点点得脑头疼。

　　　答：（门）就没啦来上班儿？（问答两句为因果关系）

（27′）问：人家闺女学习好。

　　　答：（门）人也长得惜人好看。（问答两句为递进关系）

值得注意的是，当问答两句之间有复句语义关系时，答句句首往往会用一个"门"来标记。关于这一点，将在下文分析。

总之，通过以上分析我们可以看出，"门"作为语气词和作为复句关联标记有共同的语义基础，即都必须出现在可以"确认"、具有"真实性"的语境中。"门"字单句在话轮中经常隐含着复句的语义关系，"门"字复句的两个分句在话轮中也可以变为前后两个有意义关联的单句，因此，复句中的

关联标记"门"与单句中表达确认语气的语气词"门"有着直接的关系。复句关联标记"门"是由单句语气词"门"发展而来的,即:

单句→隐含复句关系的单句(省略式复句)→复句。

四、结构的重新分析与"门"前置的句法诱因

(一)复句关联标记"门"由后置到前置是结构重新分析的结果

如前所述,单句中的语气词"门"往往是后置于句末的,隐含复句关系的单句语气词"门"也都可以后置于句末;成为复句后,"门"仍能后置在前一分句句末,既表达确认、强调的语气功能,也具有关联标记的作用,如例(33′)—(35′)。由此我们可以确认,复句关联标记最初应该是后置于前一分句句末的。

如果用 S 表示单句,用 P 表示复句的前一分句,用 Q 表示复句的后一分句,用 m 表示关联标记"门",那么最初的结构应该为:Pm, Q。但从上文可以看出,转折、因果、递进等复句中的"门"更习惯前置于后一分句句首,结构应是:P, mQ。两者的演变关系应该是:

Sm → Pm, Q → P(m), mQ → P, mQ

我们以"我前两天感冒得不行,就没啦考好"一句为例,看"门"由后置到前置的演变过程:

(47)问:怎地你这次考成个这这样?

　　　　答:a. 我前两天感冒得不行门。

　　　　　　b. 我前两天感冒得不行门,就没啦考好。

　　　　　　c. 我前两天感冒得不行(门),门就没啦考好。

　　　　　　d. 我前两天感冒得不行,门就没啦考好。

以上例句中,a 句是单句,"门"附着在接续句末;b、c、d 都是复句,"门"的位置既可以是 Pm, Q(b 句),也可以是 P(m), mQ(c 句),还可以是 P, mQ(d 句)。其中 P, mQ(d 句)说法最自然。

主观弃择句在共时平面也有如下同样的演变过程:

（48）问：你兀那件件风衣是人家给咾你的哇？答：买下的门。

问：你兀那件件风衣是人家给咾你的哇？答：买下的门，（你说）给咾的别人给的。

问：你兀那件件风衣是人家给咾你的哇？答：买下的（门），门（你说）给咾的。

问：你兀那件件风衣是人家给咾你的哇？答：买下的，门（你说）给咾的。

总之，"门"的位置的变化实际上是经过了结构的重新分析，可以图解如下：

$$（Pm,|Q）\quad\rightarrow\quad（P,|mQ）$$

（二）"门"由后置到前置的句法诱因

1. 紧缩复句的高频使用模糊了"门"的后置与前置的界限

调查中我们发现，平遥方言"门"字复句中，紧缩复句的出现频率很高。紧缩复句没有语音停顿，"门"在两个小句中间，既不前附也不后附，是真正的居中：

（49）你丢咾东西门不早说。

（50）兀家他明知道不行门还要考唎。

（51）兀家他泡上衣服门不洗啦。

（52）你不知道门也不问问人。

以上紧缩复句在当地方言中出现的频率很高。这应是"门"由后置到前置演变的诱因之一，也是"门"能发生结构重新分析的主要原因：既不前附也不后附的"门"，模糊了后置与前置的界限，使"门"的结构有了重新分析的可能。

2. "门"是话轮中始发句和接续句语义关联的标记

如前所述，"门"在复句中由后置到前置是经过了结构的重新分析。但山西方言（包括平遥方言）有很多后置的关联标记，大部分并没有发生前置的变化，"门"率先发生由后置到前置的结构变化，我们认为更重要的诱因是话轮中"门"成为标识话轮中接续句与始发句具有复句语义关系的关联标记。

首先，"门"只出现在接续句，不能出现在始发句。例如：

（53）a. 问：怎地你夜来昨天没啦上班儿？答：我夜来昨天有点点得脑头疼咧门。

　　　b. 问：我夜来昨天有点点得脑头疼。答：门你就不来上班儿啊？

　　　c. 问：怎地你夜来昨天没啦上班儿？答：我夜来昨天有点点得脑头疼门。

　　　问：（责问语气）门你就不来上班儿啊？

上例中"我夜来昨天有点点得脑头疼"一句，在 a 组和 c 组中都是接续句，句末都附着"门"，但在 b 组处于始发句位置，句末不能附着"门"，当我们试着给 b 组的问句末加"门"时，发音人坚决反对。经过大量例句的反复核实，我们发现，平遥方言单句的语气词"门"只出现在话轮的接续句中，不出现在始发句中。

其次，"门"在单句中的后置或前置，与话轮中的始发句有密切关系：当始发句是特指问句时，接续句必须针对始发句中的疑问代词回答问题，没有别的选择（否则就是不合作），这时"门"出现在句末，只表达确认语气。例如前文中的例（30）—（32）：

（30'）问：谁拿的我的充电器咧？　　答：我（拿的咧）门。

（31'）问：你哪天来的太原咧？　　答：夜来昨天（来的）门。

（32'）问：你爸爸今年多少年纪啦咧？　答：五十啦门。

如果话轮中的始发句不是特指问句，甚至不是疑问句，接续句与始发句之间就失去了必然联系，各种回答都有可能出现。如上例（53b），始发句是"我夜来昨天有点点得脑头疼"，接续句可以是"你去医院看去来没啦咧""这阵阵现在还疼不疼啦""你要多注意休息""我也夜来昨天有点点得脑头疼"等多种可能，这些句子都是合格的接续句，但没有语义关联。平遥方言中，与始发句没有语义关联的接续句首不能加"门"，如果两者有类似复句的语义关系，说话人就会在接续句首用"门"来标记这种关系。如上例（53b）句中是接话人根据始发句推导出了"你就不来上班儿"，与始发句构成了因果关系，为提醒听话人注意这种语义关系，接话人就会在句首加"门"做关联标记，（53c）句的第三句也是如此。再如：

（54）甲：兀家他闺女学习可特别好咧。　　乙：门人家长得也惜人漂亮。

（55）甲：今日的风刮得大咧。　　　　　　乙：门不怎地怎么冷。

例（54）的接续句与始发句之间是递进关系（"门"相当于普通话的"而且"）；例（55）的接续句与始发句之间有转折关系（"门"相当于普通话的"但是"）。所以这两句都用"门"在句首做语义关联标记。

总之，紧缩句模糊了"门"前置和后置的界限，使其能发生结构的重新分析；"门"作为话轮中前后两个单句有语义关联的标记，是另一个重要诱因，这一诱因能够回答为什么在众多的后置关联标记中，"门"率先发生了结构的重新分析。

此外，关联标记由后置到前置，平遥方言的"门"并非孤例。我们在平遥方言中还发现了两类关联标记的后置与前置在共时平面共存的说法，这些说法在山西其他方言中也能见到。具体如下：

例证一："唥是"/"啦是"的后置与前置

平遥方言（并州片）：

（56）a. 我吃上个苹果啊，香蕉**唥是**，梨儿咧？

　　　b. 我吃上个苹果啊，香蕉，**唥是**梨儿咧？

（57）a. 我去我二姑家**唥是**，去我大姑家咧？

　　　b. 我去我二姑家，**唥是**去我大姑家咧？

兴县方言（吕梁片）：

（58）a. 我是听你的**啦是**，听那他的嘞？

　　　b. 你去北京呀，去上海也，**啦是**去西安也？

平遥方言的两个例句中，a 句中的"唥是"后置于分句句末，b 句中的"唥是"前置于分句前端。a 句和 b 句处于自由替换阶段，两个分句间停顿很短暂。

兴县方言的"啦是"，语流中缓读时一般后置于前句，急读时句中无停顿，"啦是"既不前附也不后附；b 句在语流中则一定是前置于后一分句前端。前置与后置的分化条件是：二选一复句中多后置，多选一复句中多前置，一般是前置于最后一个分句前端。

平遥方言和兴县方言这种关联标记由后置到前置的共时演变与平遥方言"门"的演变路径基本一致，导致其演变的动因，也应是追求与 VO 语序相和谐。

例证二："时地"的后置与前置

（59）a. 我是你**时地**，我就不去。（太原市）

　　　　b. **时地**我是你，我就不去。（平遥县）

上例中，a 句太原话用"时地"后置于前一分句，表达虚拟语气；b 句平遥话则是用"时地"前置于复句前端，与后一分句的"就"遥相呼应，表达虚拟语气的"时地"与后一分句中的"就"构成"前后配套式"（储泽祥、陶伏平，2008）。我们看到，a 句的说法与山西晋语区大多数方言的类型一致，是一种优势的说法，"时地"处于两个分句之间，符合"联系项居中"原则；b 句"时地"前置于复句句首，不符合"联系项居中"原则，但与 VO 语序更和谐。不过这种联系项前置于复句句首的说法在山西方言中处于劣势，所以很少见到，即使在平遥县，同义复句也更多用后语序表达（"我是你桑 = "时间" 合音娘 = ，我就不去"）。

例证三："么"的前置与后置

（60）咱吃米吧？么不兰吃面？么不兰吃扁食？（沁水端氏镇方言）

沁水端氏方言这种说法，与平遥方言的"门"具有相同的功能。

总之，如前所述，世界语言的倾向性共性是：VO 型语言的关联标记前置于小句，OV 型语言的关联标记后置于小句。平遥方言复句关联标记"门"和其他山西方言关联标记由后置到前置的演变动因应是为追求与 VO 语序相和谐。这种演变在山西方言中目前还是零星的，非系统性的。它的发展前景有两种可能：一是成为优势语序，逐步替代后置标记；二是被优势的后置标记所同化。

我们看到，粤语（参见麦耘，1993）、吴语（参见徐烈炯、刘丹青，2007）

等方言中也有与平遥方言"门"前后置重新分析类似的现象。关于各方言同类现象的比较研究，我们将另文讨论。

第三节　山西官话区复句关联标记模式
——以临猗方言为例 [①]

如前所述，山西官话区位于山西省南部，属于中原官话汾河片，临猗县位于山西官话区的核心地带，周围各方言点在复句关联标记的差别主要体现在标记词的读音或词形有别，关联标记的位置基本一致。这里以临猗方言为例讨论山西官话区方言的关联标记模式。

调查显示，临猗方言的关联标记分布在前文提到的 A、B、C、D、H 等结构中，其中最集中的是 B、C 两种结构，两类中又以 B 式最优。下面按复句的语义类分别分析（复句关联标记模式分为居中黏结式、前后配套式和居端依赖式三类，三类下面又细分为九小类，详见本章第一节）。

一、假设复句的关联标记与关联标记模式

临猗方言的假设复句一般需要关联标记，用意合法的较少。例如：

（1）你考上大学，你妈肯定给你买电脑哩。

上例是意合法构成的假设复句，这样的说法在当地方言口语中也存在，但一般会说：

（1′）你考上大学咾（着），你妈肯定给你买电脑哩。

临猗方言假设复句的关联标记包含两大类：一类是假设语气的，一类是

---

① 本节发表在邢向东主编：《语言与文化论丛》（第一辑），中国社会科学出版社，2020 年。这里略有改动。

虚拟语气的。因为两类复句都有居中黏结 A 式和居中黏结 B 式，所以我们姑且把假设句和虚拟句分别叫假设1、假设2 和虚拟1、虚拟2。两类假设复句一般情况下是偏句在前，阐述某种假设；正句在后，是以这种假设为依据推断出某种结果。

（一）居中黏结式

1. 假设1 和虚拟1——居中黏结 A 式：S1+g，S2

A 式结构主要用于假设1 和虚拟1，这是假设复句的主流，在口语中出现频率较高，所用关联标记大都是语气助词：假设句一般用"咾（着）[lɑu⁰tʂuɤ⁰]"，虚拟句一般用"些ᵉ[ɕiɛ⁰]"，二者都附着在偏句（前分句）句末，相当于普通话"的话"义。例如：

（2）你走太原去咾（着）的话，叫我着。

（3）这活（要是）给我咾（着）的话，我可给伢"人家"合音干不来。

（4）你今儿个感冒不行咾（着）的话，就不要走书房上学去啦。

（5）咱走（得）再迟些咾（着）的话，就跟不上赶不上啦。

（6）我想走些ᵉ的话，早坐上车走啦。

（7）你先头要是好好学习些ᵉ的话，哪用受这苦嘟呢。

（8）我知道你买下些ᵉ的话，我就不买啦。

（9）我要知道能迟到些ᵉ的话，（就）早起上一会儿。

以上例句中，例（2）—（5）是假设语气，"咾着"的"着"可有可无，加上"着"语气更和缓；例（6）—（9）是虚拟语气，标记词"些ᵉ"，结合晋语区同类标记的发音，我们认为是"时"的音变形式。"咾（着）"和"些ᵉ"是临猗方言假设复句中最主要的结构形式。

2. 假设2 和虚拟2——居中黏结 B 式：S1，g+S2

用 B 式的假设复句都是假设2 和虚拟2，这类复句的关联标记都是否定形式（"要不"或"不些ᵉ"），往往出现在正句（后分句）的句首，例如：

（10）这药得饭后吃，要不胃难受哩。

（11）（多亏）我烧下喝哩开水啦，要不你回来连口滚水开水也喝不上。

（12）等咾他半天，不些″我早到啦。等了他半天，否则我早到了。

（13）想着他要买哩，不些″我早买下啦。以为他会买，否则我早就买了。

以上例（10）、（11）是假设语气，例（12）、（13）是虚拟语气。

值得注意的是，B 式和 A 式在假设复句的表达方面呈互补分布：用 A 式的假设句（假设1、虚拟1）是偏句阐述某种假设，正句说明如果偏句所提假设成立将会产生什么结果，相当于普通话"如果……就……"的表义特点；用 B 式（假设2、虚拟2）则相反：偏句提出一个事实，正句则提出如果违反这个事实或事实不存在，就会产生什么后果，相当于普通话"……，否则……"的表义特点。口语中会根据语境和表义要求选择 A 式或选择 B 式。

（二）前后配套 C 式：g_1+S_1，g_2+S_2

临猗方言假设复句中前后配套式说法很少，大多数前后配套式都可变为居中黏结式。例如：

（14）要不是今年雨水多，哪能打下这么多（粮食）。

（15）他要不是会耍嘴儿善于说话，一般为贬义，指只说不干，哪能选上村长。

这类复句的关联标记一般是"要不是……，哪能……"结构，但这类结构大都可以变换为居中黏结式 B 式：

（14′）今年雨水多，要不（是）哪能打下这么多（粮食）。

（15′）他会耍嘴儿，要不（是）哪能选上村长。

以上两例"要不是"和"哪能"发生直接组合，位于正句句首，表义与例（14）、（15）完全相同。这类结构其实与"假设2"表义一致，结构也可以发生转换，例如：

（14″）今年雨水多，要不能打下这么多（粮食）？

（15″）他会耍嘴儿，要不能选上村长？

这类复句在形式上与"假设2"的唯一区别是，"假设2"是直陈结果，而这类复句则是用反问的形式表达结果。我们认为这类复句是"假设2"的变体形式，而且"假设2"的使用频率相对更高，所以把例（14）、（15）归入"假设2"中，即前后配套式是居中黏结式的变体形式。

另一类前后配套式是让步假设复句，临猗方言用"再……，也……"结构表达，例如：

（16）伢再不学着，也比你强。人家即使不学习，也比你（的成绩）强。

（17）我再没本事，也要叫我孩供到大学哩。

上两例的偏句与正句的语意是相背的，假设与结果不一致，偏句先让一步，承认假设的事实，正句则说出不因假设实现而改变的结果。

从上面的分析可以看出，临猗方言假设复句以居中黏结式结构占主流，只有让步复句才用前后配套式表义，没有居端依赖式。

表 8-1　临猗方言假设复句关联标记模式（括号表示此类只是变体形式）

	居中黏结式		前后配套式	居端依赖式
	A式：S_1+g, S_2	B式：S_1, g+S_2	C式：g_1+S_1, g_2+S_2	
假设1	X咾（着），Y	—	—	—
虚拟1	X些＂，Y	—	—	—
假设2	—	X，要不 Y	（要不是 X，哪能 Y）	—
虚拟2	—	X，不些＂Y	—	—
让步	—	—	再 X，也 Y	

二、因果、目的复句的关联标记与关联标记模式

临猗方言因果关联标记包括两类，一类是说明因果，一类是推论因果。目的复句与因果复句接近，我们归为一类分析。

临猗方言因果、目的复句可以用意合法表示，例如：

（18）我俩都是临猗人，能吃到一块儿。因为我俩都是临猗人，所以我们能吃到一起（饮食习惯相同）。

（19）你车先往边上，叫我车先过去。

例（18）是因果关系复句，例（19）是目的关系复句。二者都可用意合法表示，这种意合法在临猗方言口语中普遍存在，但因果、目的关系也可以用关联标记表示。

（一）居中黏结 B 式：S₁，g+S₂

临猗方言因果关联标记包括两类，一类是说明因果，一类是推论因果。目的句应分为求得句和求免句，因果和目的复句大都用居中黏结 B 式（S₁，g+S₂）表达意义。

1. 说明因果复句

（20）我爸（就）说咾伢人家两句，伢就不来啦。

（21）孩眼认羡慕／喜欢伢兀个东西，我才买去。孩子喜欢那个东西，我才买的。

以上是说明因果复句的例句。一般用副词"就"或"才"在正句谓词前做状语，根据不同的语境用不同的副词，都相当于普通话的"因为……，所以……"。

2. 推论因果复句

（22）他去啦，兀那么我（就）不去啦。

（23）伢你忙（得）顾不得，兀那么我（就）不走你屋去啦。既然你忙得顾不上，我就不去你家了。

（24）他说话着磕磕磕结巴，（兀）还想当头儿咧！

以上是推论因果复句的例句。用"兀那么／就""还"附着于正句前端，起关联作用。

需要说明的是，推论因果复句中，"兀"和"就"在同一分句中共现，二者的功能基本相同。当"兀"出现时，"就"可有可无；"就"出现时，"兀"也可有可无；两者共现时，肯定语气就会加强。当地口语中二者共现的使用频率更高些。

另值得注意的是，"兀／就"与"还"都是推论因果复句的关联标记，两者可以互换，意义基本不变，但结构和语用上略有差异。试比较：

（22′）a. 他去啦，兀那么我（就）不去啦。

　　　　b. 他去啦，我还去嗦哩！

（24′）a. 他说话着磕磕磕结巴，（兀）还想当头儿咧！

　　　　b. 他说话着磕磕磕结巴，兀肯定当不咾头。/ 兀能当咾头儿？

上例（22′）中 a 句用"兀"，位于正句前端，"就"位于状语位置，是一种陈述性推断；b 句用"还"做状语，是一种反诘性推断。例（24′）a 句用"还"做关联标记（"兀"可有可无），也是反诘性推断；b 句用"兀"做关联标记，既可以是陈述性推断，也可以是反诘性推断。

3. 目的复句

目的复句包括求得和求免两类，这两类的关联标记基本一致，都是前置于正句前端。例如：

（25）你叫车停（到）边上，好叫伢兀一 [uei⁵³] 挂车过呀。

（26）你给我捎（得）买一袋盐，省我再跑一回。

（27）大人一天栽撞奔波劳累不停，还不（都）是为咾下〝孩子女的总称啊！

以上是目的复句，例（25）、（27）为求得句，例（26）为求免句。临猗方言中一般用"好""省""还不"等附着于正句前端，起关联标记作用。三者在不同语境根据表达需要出现（如"求得"与"求免"的不同语境），一般不能相互替换。例（27）中的"为咾"是作为动宾短语的中心语，不是关联标记。

（二）前后配套 C 式：g₁+S₁，g₂+S₂

临猗方言的因果、目的复句也可以用前后配套 C 式表达。例如：

（28）你（连）车都〝自行车还不会骑哩，还学开车呀？

（29）为叫伢你得你们撵走去赶走的时候吃上口热饭，我五点就起来（做饭）啦。

例（28）是推论因果复句，当地方言中一般用"连……，还……"表达，但"连"可有可无，如果"连"不出现，这一结构与上述 B 式完全相同。

例（29）是目的复句，当地方言可以是"为……，就……"表达，但也可以用 B 式表达，而且用 B 式表达在当地口语中更地道：

（29′）我五点起来做饭，就是为叫伢你得攃走去吃上口热饭么。

所以，临猗方言因果、目的复句主要是用 B 式表达的。

值得注意的是，当地方言中有的复句一般语境中用 B 式表达，但在特定语境中也可以用 A 式表达，二者都是居中黏结式。试比较：

（30）a. 我爸说咾伢两句，伢就不来啦。

　　　b. 我爸说咾伢两句就，伢（就）不来啦。

（31）a. 你（连）车都"自行车都不会骑，还学开车也？

　　　b. 你（连）车都"自行车不会骑还，学开车也？

以上两句中的 a 句都是常规表达形式，b 句都是变式表达形式，我们合为一类。

从上面的分析可以看出，临猗方言因果复句以居中黏结式占绝对主流，前后配套式都能转换成居中黏结式，没有居端依赖式。

表8-2　临猗方言因果、目的复句关联标记模式（括号表示此类只是变体形式）

	居中黏结式		前后配套式	居端依赖式
	A式：S_1+g，S_2	B式：S_1，g+S_2	C式：g_1+S_1，g_2+S_2	
说明因果	—	X，就／才 Y	—	—
推论因果	（X还／就，Y）	X，兀／就／还 Y	（连 X，还 Y）	—
目的复句	—	X，好／省／还不 Y	（为 X，就 Y）	—

三、条件复句的关联标记与关联标记模式

条件复句应包括充足条件、必要条件和无条件三种。临猗方言的条件复句也包括这三类。

条件复句可以通过意合法表达意义。例如：

（32）你好好下苦学，肯定能考上大学。

（33）这页"一个"的合音月下上两场雨，庄稼没问题能长好。

但条件复句在一般语境中大都会有关联标记，而且与前两种复句相比，条件复句的关联标记模式比较复杂，既有居中黏结式，又有前后配套式，还有居端依赖式。具体如下。

（一）居中黏结 B 式：S1，g+S2

临猗方言条件复句有居中黏结式，但只有 B 式，没有 A 式。例如：

（34）你好好下苦学，就能考上大学。

（35）你妈来接你，你就能走啦。

（36）我妈叫买，我才敢买（手机）哩。

（37）今年这麦不行啦，除非这几天赶紧下上一场大雨。

（38）咱先走吧，粹＝管他作呀不管他怎样。

（39）你写作业吧，管他来不来。

上例（34）、（35）是充分条件句，一般用副词"就"充当关联标记；例（36）、（37）是必要条件句，用副词"才""除非"充当关联标记；例（38）、（39）是无条件句，用副词"粹＝管""管"充当关联标记。这些标记都在状语位置，"就""才"一般在正句主语之后，"除非""粹＝管""管"一般在正句前端。B 式是当地口语中的优势句式。

（二）前后配套式

前后配套式在条件复句中主要是 C 式和 D 式。例如：

1. 前后配套 C 式：g1+S1，g2+S2

（40）咱这哒老是一下雨就停电。

（41）只要你好好下苦学，就能考上大学。

（42）只有你说他，他才听。

（43）除非你考上大学，我才能给你买电脑。

（44）除非你和我去，要不我不去。

（45）粹"管／管你作说，伢就（是）不听。无论你怎么说，他就是不听。

以上例句中，前两例是充分条件句，关联标记一般用"只要……，就……"，例（40）是紧缩复句，关联标记是"一……就……"；例（42）—（44）是必要条件句，当地口语关联标记一般用"只有……，才……""除非……，才／要不……"等；例（45）是无条件句，关联标记一般用"粹"管／管……，就……"

前后配套式只有在表达强调语气时使用，前一个关联标记口语中往往省略，这样，C 式就变为 B 式了。例如：

（40′）咱这哒老是下雨就停电。

（41′）你好好下苦学，就能考上大学。

（43′）你考上大学，我才能给你买电脑。

（44′）你和我去，要不我不去。

（45′）你作说，伢就（是）不听。无论你怎么说，他就是不听。

以上例句中，去掉前一关联标记，在当地口语中仍然成立，因此 C 式可以变换为 B 式。

2. 前后配套 D 式：S1+g1，g2+S2

（46）他回来咾（着），咱就吃饭。

（47）伢回来咾（着），咱才能吃饭哩。

上例（46）是充足条件句，一般用关联标记"……咾（着），就……"；例（47）是必要条件句，一般用关联标记"……咾（着），才……"。"着"是语气词，表达较为舒缓的语气。

这类条件复句可以叫作假设条件句，偏句既是条件又是假设，因此可以同假设复句一样，在偏句末附着语气助词"咾（着）"。"咾（着）"可省略，省略后 D 式也就转换成了 B 式。

（三）居端依赖 H 式：g+S1，S2

（48）但凡我明儿个有空，我肯定去哩。

（49）粹＝管无论他走啊不走，咱走吧。

（50）不管作着无论怎样（先）叫我喝上口，渴死啦。

（51）管他吃不吃，咱先吃吧。

上例（48）是充分条件句，在偏句首用"但凡"做关联标记，这类复句的使用频率不高；其他三句都是无条件句，在偏句句首用"粹＝管""不管作着""管"做关联标记，形成居端依赖式结构模式。这类模式在临猗方言中属于使用频率较低的结构模式，只在强调语境中使用，而且这类复句都可以转换为其他结构。例如：

（48′）我明儿个有空，我就肯定去哩。

（49′）他走啊不走，咱都走。

（51′）他吃不吃，咱都先吃吧。

我们看到，上例删除句首的关联标记，复句仍能成立，语义不变，但在正句中都添加了副词"就"或"都"，使复句的关联标记模式变为了 B 式。只有例（50）的句首关联标记不能删除，删除以后便不再是无条件复句。

值得注意的是，我们在当地方言中发现了一例 I 式（S1，S2+g）例句：

（52）你作说，伢不听嘅。

这个例句的关联标记处于句末，"嘅"既是表达肯定语气的语气词，也是关联标记，因为"嘅"不仅是语气词，还有成句作用，删除后复句关系无法成立。但是，这个复句其实是个变式句，可以变换为 B 式或 C 式：

（52′）（粹＝管）你作说，伢都不听（嘅）。

此例中句首的"粹＝管"可以省略，"都"不能删除。因此 B 式和 C 式在当地使用频率较高，居端依赖 I 式只是特定语境中的变式句。

从上面的分析可以看出，临猗方言条件复句以居中黏结式和前后配套式占主流，大多数复句在 B 式和 C 式之间可以自由转换，D 式和 H 式应是前两者的变式句，当地更常用 B、C 两式表达同样的意义。

表 8-3　临猗方言条件复句关联标记模式（括号表示此类只是变体形式）

	居中黏结式		前后配套式		居端依赖式
	A式： S1+g， S2	B式： S1，g+S2	C式： g1+S1，g2+S2	D式： S1+g1， g2+S2	H式： g+S1，S2
充分条件	—	X，就 Y	（只要 X，就 Y） 一 X，就 Y	（X 咾（着）， 就 Y）	（但凡 X，Y）
必要条件	—	X，才 Y X，除非 Y	（只有 X，才 Y） （除非 X，才 / 要不 Y）	（X 咾（着）， 才 Y）	—
无条件	—	X，粹ᵘ管 / 管 Y	（粹ᵘ管 / 管 X，就 Y）	—	（粹ᵘ管 / 管 X，Y）

四、转折复句的关联标记与关联标记模式

临猗方言转折复句可以通过意合法表达意义。例如：

（53）（兀人）有文化，没素质。

（54）说嘴吧儿吧儿，尿床哗儿哗儿。（小孩）虽然已经能说会道了，但还经常尿床。

转折复句在多数语境中使用关联标记，主要是用居中黏结 B 式和前后配套 C 式表达，也有少量复句用居中黏结 A 式表达。

（一）居中黏结式

1. 居中黏结 A 式：S1+g，S2

临猗方言转折复句用居中黏结 A 式的关联标记是语气助词"些⁼"，例如：

（55）都快做完啦些⁼，伢他不干啦。都快做完了，他倒不干了。

（56）我说咾半天些⁼，伢不听，光在哇儿"兀哒（那里）"的合音打游戏哩！

如前文所述，"些⁼"在假设复句中是虚拟语气的关联标记，用于转折复句时，常常表达惊讶、难以置信、生气等语用色彩，属于转折复句中的强

转类。

2. 居中黏结 B 式：S1，g+S2

居中黏结 B 式的关联标记一般用转折连词"可"或副词"就／就是"或"倒"做关联标记。例如：

（57）我和伢八八八八九九九说咾半天，可伢一句都没听进去。

（58）你说这么好兀么好，可我觉着不好。

（59）我将刚起来，可／就又瞌睡啦。

（60）他想来，可／就是没工夫时间。

（61）事情就快完啦，伢他倒不干啦。

上例（57）、（58）属于重转，只能用"可"做关联标记；例（59）、（60）属于轻转，既可以用"可"，也可以用"就／就是"，还可以"可"与"就／就是"共现，共现时转折语气得以加强；例（61）属于弱转，用"倒"表示"意外"之意。

A 式和 B 式可以相互转换，转换后基本意思不变，只是语用色彩有细微变化。例如：

（55′）都快做完啦，可伢他（倒）不干啦都快做完了，他倒不干了。

（56′）我说咾半天，可伢（就是）不听，光在哇儿"兀哒（那里）"的合音打游戏哩！

上两例与例（55）、（56）的意义完全一致，只是少了惊讶、难以置信等语气。

B 式也大都可以转成 A 式。例如：

（57′）我和伢八八八八九九九说咾半天些″，伢一句都没听进去。

（59′）我将起来些″，又瞌睡啦。

（60′）他想来些″，没工夫时间。

（61′）事情就快完啦些″，伢他不干啦。

上例中只有例（58）不能转换成 A 式，因为无法带有惊讶和难以置信的语气。其他各例都可以转换，转换后的语气同 A 式。

（二）前后配套 C 式：g1+S1，g2+S2

转折复句也可以用前后配套 C 式表达。关联标记比较多，例如：

（62）这村干净咾是干净，就是太小啦。

（63）休看伢个侏侏汉儿，可有劲儿着哩。

（64）你一天光说要买这要买兀，就不说好好学习。

（65）我当还以为强孩媳妇有多好看（些＝），也就一般人吧。

（66）倒不是他脑都＝脑子有多好，就是肯下苦功夫。

上例中分别用了"是……，就是……""休看……，可……""光……，就……""当……，也就……""倒不是……，就是……"。其中例（63）、（64）属于强转，例（62）、（65）属于轻转，例（66）属于弱转。例（65）中的"些＝"属于可有可无的成分，加上"些＝"就具有了惊讶的语气。

值得注意的是，假设、因果（包括目的）、条件三类复句的前后配套式大都可以转换为居中黏结式，前后配套是强调语境中才使用，但转折复句的前后配套式大都不能转换成居中黏结式，即前一分句的关联标记无法删除。居中黏结式也大都不能转换为前后配套式。

综上所述，临猗方言转折复句主要用居中黏结式和前后配套式，无居端依赖式。居中黏结式主要是 B 式，也可以用 A 式，A 式的语用色彩较强，与 B 式可以自由转换，语用色彩也随之转换。值得注意的是，前后配套式不能转换为居中黏结式，居中黏结式也不可以转换为前后配套式。

表 8-4　临猗方言转折复句关联标记模式（括号表示此类只是变体形式）

	居中黏结式		前后配套式	居端依赖式
	A 式：S1+g, S2	B 式：S1, g+S2	C 式：g1+S1, g2+S2	
强转	（X 些＝，Y）	X，可 Y	休看 X，可 Y | 光 X，就 Y	—
轻转	—	X，就 / 就是 Y	是 X，就是 Y | 当 X，也就 Y	—
弱转	—	X，倒 Y	倒不是 X，就是 Y	—

五、并列复句的关联标记与关联标记模式

并列复句应包括平列和对举两类，临猗方言的平列类并列复句也可用意合法表示。例如：

（67）这孩，吃下么肥胖，长下么低（，真真恡人真令人发愁）。

（68）他不吃烟，不喝酒。

不过，大多数的并列复句，尤其是对举类并列复句一般要用关联标记。临猗方言并列复句的关联标记模式主要有居中黏结 B 式和前后配套 C 式。

（一）居中黏结 B 式：S_1，$g+S_2$

临猗方言并列复句有居中黏结 B 式，没有 A 式。例如：

（69）他懒，你也懒?

（70）他不吃烟，也不喝酒。

（71）这孩，吃下么肥吃得那么胖，又长下么低又长得那么低（，真真恡人真令人发愁）。

用居中黏结 B 式的都是平列类并列复句，关联标记一般用"……，也……""……，又……"等。

（二）前后配套 C 式：g_1+S_1，g_2+S_2

临猗方言并列复句前后配套式也只有 C 式。例如：

（72）伢在屋破＂吃饭破＂看电视。

（73）你一会儿做这，一会儿做兀，嗏"什么"的合音都做不成！

（74）伢又不吃烟又不喝酒。

（75）他是不唱歌，不是不跳舞。

（76）不是我不想去，是没工夫去。

上文例（72）—（74）是平列类，例（75）、（76）是对举类。平列类的关联标记有"破＂……破＂……""一会儿……，一会儿……""又……，

又……”，其中“破$^{=}$……破$^{=}$……”相当于普通话“一边儿……，一边儿……”；对举类的关联标记一般是“是……，不是……”或“不是……，是……”。

并列复句的关联标记模式相对整齐且简单。部分复句的 B 式和 C 式之间可以相互转换。我们发现，B 式和 C 式能够互相转换的前提是，两个分句共用一个主语。

B 式转换为 C 式如：

（70′）他又不吃烟，又不喝酒。

（71′）这孩，又肥，又长下么低（，真真怄人令人发愁）。

C 式转换为 B 式如：

（74′）伢不吃烟，也不喝酒。

（75′）他不唱歌，不是不跳舞。

如果前后分句不是共用一个主语，如例（69），则不能发生转换。另外，C 式中的“破$^{=}$……破$^{=}$……”“一会儿……，一会儿……”两个结构式也不能转换为 B 式。

综上所述，临猗方言并列复句主要用居中黏结 B 式和前后配套 C 式，没有居端依赖式。B 式和 C 式之间的转换是有条件的：两个分句的主语不同时不能发生转换，C 式中的“破$^{=}$……破$^{=}$……”“一会儿……，一会儿……”也不能转换为 B 式。所以，很显然，在并列复句中，居中黏结 B 式和前后配套 C 式都是当地方言中的优势结构。

表 8-5　临猗方言并列复句关联标记模式

	居中黏结式		前后配套式	居端依赖式
	A 式：S_1+g，S_2	B 式：S_1，g+S_2	C 式：g_1+S_1，g_2+S_2	
平列	—	X，也 Y X，又 Y	破$^{=}$X，破$^{=}$Y | 又 X，又 Y 一会儿 X，一会儿 Y	—
对举	—	—	是 X，不是 Y | 不是 X，是 Y	—

六、递进复句的关联标记与关联标记模式

递进复句包括一般递进和衬托递进。临猗方言的递进复句很少用意合法表示，一般要加关联标记。关联标记模式也是居中黏结 B 式和前后配套 C 式。具体如下。

（一）居中黏结 B 式：S1，g+S2

（77）他认得我，还知道我小名儿。

（78）他不做，还老在边上弹弦挑毛病。

（79）他不想在这哒住，我还不想叫他住哩。

（80）屋（里）大人父母奈的话你不听，连你师傅奈的话你都不听？

上文前两例是一般递进，后两例是衬托递进。一般递进的关联标记一般为"……，还……"；衬托递进的关联标记一般为"……，连……"或"……，还……"。这类复句都可以转换为前后配套 C 式。

（二）前后配套 C 式：g1+S1，g2+S2

（81）不光是因为太远，我也没工夫去。

（82）他不光个人不学，还捣蛋边儿上同学都学不成。

（83）还说他敢赚骗你哩，他连他屋（里）大人家里父母都敢赚骗。

（84）他连他屋（里）大人都敢赚，还不敢赚你？他连他父母都敢骗，还不敢骗你？

（85）不要说你不给钱，你就是给钱我也不去。

（86）下孩小孩子都能提起，你还提不起？

上文例（81）—（83）属于一般递进，例（84）—（86）属于衬托递进。一般递进的关联标记有"不光……，也……""不光……，还……""还说……，连……"等，其中偏句前的"还说"可以替换为"不光"，但正句中的"也""还""连"之间不能相互替换。衬托递进复句的关联标记是"连……，还……""不要说……，就是……""都……，还……"等。

前后配套 C 式有部分复句可以转换为居中黏结 B 式，如上例（82）、（84）、（86）可以删除第一个关联标记，转换为 B 式：

（82′）他个人不学，还捣蛋边儿上同学都学不成。

（84′）他屋（里）大人他都敢赚，还不敢赚你？他连他父母都敢骗，还不敢骗你？

（86′）下孩小孩子能提起，你还提不起？

其他例句的关联标记无法删除。

但值得注意的是，B 式都能转换为 C 式，例如：

（77′）他不光认得我，还知道我小名儿。

（78′）他不光不做，还老在边上弹弦挑毛病。

（79′）不要说他不想在这哒住，我还不想叫他住哩。

（80′）不光屋（里）大人父母奈的话你不听，连你师傅奈的话你都不听？

综上所述，临猗方言递进复句主要用居中黏结 B 式和前后配套 C 式，没有居端依赖式。B 式都可以转换为 C 式，但 C 式只有部分复句可以转换为 B 式。所以，很显然，在并列复句中，居中黏结 B 式和前后配套 C 式都是当地方言中的优势结构。

表 8-6　临猗方言递进复句关联标记模式

居中黏结式		前后配套式	居端依赖式
A式：S₁+g, S₂	B式：S₁, g+S₂	C式：g₁+S₁, g₂+S₂	
一般递进 —	X，还 Y	不光 X，也 / 还 Y 还说 X，连 Y	—
衬托递进 —	X，连 Y X，还 Y	连 X，还 Y｜都 X，还 Y 不要说 X，就是 Y	—

七、选择复句的关联标记与关联标记模式

选择复句包括未定选择和已定选择两类，已定选择又包括先舍后取和先取后舍两个小类。选择复句可以用意合法表达，例如：

（87）输啦，赢啦？

（88）吃苹果也，吃梨也？

临猗方言选择复句也可以通过关联标记表达。关联标记模式主要包括居中黏结 B 式和前后配套 C 式。具体如下。

（一）居中黏结 B 式：S₁，g+S₂

（89）你喝米汤也，还是喝豆浆也？

（90）你要红哩也，是要绿哩也？

（91）我想代初二语文，要不咾代初三语文。

（92）输啦，赢啦，还是平局？

（93）天天在屋（里）种庄稼，还不胜 / 还不敢出去打工哩。

上文例（89）—（92）是未定选择，其中例（92）是数者选一，其他是二者选一，关联标记一般是"……，还是 / 是……"或"……，要不咾……"；例（93）是已定选择中的先舍后取类，关联标记一般为"……，还不胜 / 还不敢……"。已定选择中的先取后舍类不能用 B 类，只能用前后配套式的关联标记。

值得注意的是，当地方言中 B 式有一种变式句，可以转换成居中黏结 A 式，例如：

（94）你喝米汤也还是，豆浆也？

（二）前后配套 C 式：g₁+S₁，g₂+S₂

（95）你是今儿个走也，还是明儿个走也？

（96）要不咾你买，要不咾我买。

（97）或者你去，或者我去。

（98）他天天不是打扑克，就是打麻将。

（99）你要不咾今儿个走，要不咾明儿个走。

（100）他宁在屋里种庄稼，也不出去打工。

上文例（95）—（99）都是未定选择，关联标记较为丰富，有"是……，还是……""要不咾……要不咾……""或者……或者……""不是……，就是……"等，其中"要不咾"和"或者"可以互换，意义不变。前分句的"要不咾"既可以处于句首，也可以处于主语之后。

值得注意的是，已定选择的 B 式和 C 式之间不能相互转换——先舍后取只能用 B 式，先取后舍只能用 C 式。

未定选择问句的 B 式和 C 式之间可以相互变换，试比较：

（95′）你今儿个走也，还是明儿个走也？

（96′）你买，要不咾我买。

（98′）他天天打扑克，要不咾就打麻将。

上例都是由 C 式转变为 B 式，二者之间可以相互转换，意义基本不变。C 式中"不是……，就是……"是固定格式，前一标记不能删除，但这一组关联标记可以换为"……，要不咾……"结构。

综上所述，临猗方言选择复句主要用居中黏结 B 式和前后配套 C 式，B 式在特定语境中可以变换为 A 式，没有居端依赖式。未定选择复句的 B 式和 C 式之间基本可以自由变换，但已定选择的 B 式和 C 式之间不能变换：先舍后取选择句只能用 B 式；先取后舍选择句只能用 C 式。所以，选择复句中，居中黏结 B 式和前后配套 C 式都是当地方言中的优势结构。

表 8-7　临猗方言选择复句关联标记模式（括号表示此类只是变体形式）

		居中黏结式		前后配套式	居端依赖式
		A 式：S_1+g, S_2	B 式：S_1, g+S_2	C 式：g_1+S_1, g_2+S_2	
未定选择		（X 还是，Y）	X，还是 / 是 Y X，要不咾 Y	是 X，还是 Y 不是 X，就是 Y 要不咾 X，要不咾 Y	—
已定选择	先舍后取	—	X，还不胜 / 还不敌 Y	—	—
	先取后舍	—	—	宁 X，也不 Y	—

八、顺承复句的关联标记与关联标记模式

顺承复句是前后分句按时间、空间或逻辑事理上的顺序说出连续的动作或相关的情况，分句之间有先后相承的关系。临猗方言的顺承复句大都是意合法构成，如：

（101）她拿出钥匙，开开箱都″箱子，提出包袱，取出一双新鞋。

（102）王强吃完饭，看了会电视，走书房上学去啦。

顺承复句也可以用关联标记，其关联标记模式也是居中黏结 B 式和前后配套 C 式。

（一）居中黏结 B 式：S1，g+S2

（103）我（先）在村里住了多年，后次／完咾才住到城里。

（104）你（先）等一下，一会儿我就来啦。

上例中后分句句首"后次""一会儿"等是使用频率较高的两个关联标记，表示时间的先后顺序。

（二）前后配套 C 式：g1+S1，g2+S2

（105）红红先做咾一会儿作业，又看咾会儿电视，完咾又打电脑去啦。

（106）你先叫你奈作业做完，再走他屋他家恋″其″玩耍。

（107）他先扫咾院都″，接住又叫门前扫咾扫。

（108）你头（里）先走着，一会儿我就撵着你啦。

（109）他将一开始声儿小，后次慢慢就大啦。

顺承复句中的居中黏结 B 式都可以转换为前后配套 C 式，如例（103）、（104）的前分句都可以添加标记"先"，C 式大多数也可以变换为 B 式，但"一开始……，后次……"的前一关联标记不能删除。

综上所述，临猗方言顺承复句主要用居中黏结 B 式和前后配套 C 式，B 式和 C 式大都可以相互转换，部分 C 式不能转换为 B 式，口语中 C 式使用

频率更高些。

表 8-8　临猗方言顺承复句关联标记模式

	居中黏结式		前后配套式	居端依赖式
	A式：S_1+g，S_2	B式：S_1，$g+S_2$	C式：g_1+S_1，g_2+S_2	
顺承复句	—	X，后次/完咩 Y X，一会儿 Y	先/又 X，完咩 Y 先 X，再/接住/一会儿 Y 一开始 X，后次 Y	—

　　以上分析了山西官话区临猗方言每类复句的关联标记模式。可以看出，前五类属于偏正复句，后四类属于联合复句。总体来说，偏正复句的关联标记模式中居中黏结式占优势；联合复句的关联标记模式中前后配套式占优势。

表 8-9　临猗方言复句关联标记模式（括号表示变体形式）

		居中黏结式		前后配套式					居端依赖式	
		A	B	C	D	E	F	G	H	I
偏正复句	假设复句	+	+	+（+）	－	－	－	－	－	－
	因果复句	（+）	+	（+）	－	－	－	－	－	－
	目的复句	－	+	（+）	－	－	－	－	－	－
	条件复句	－	+	+（+）	（+）	－	－	－	（+）	－
	转折复句	（+）	+	+	－	－	－	－	－	－
联合复句	并列复句	－	+	+	－	－	－	－	－	－
	递进复句	－	+	+	－	－	－	－	－	－
	选择复句	（+）	+	+	－	－	－	－	－	－
	顺承复句	－	+	+	－	－	－	－	－	－

第四节　山西晋语中区复句关联标记模式
——以平遥方言为例 [①]

如前所述，复句标记模式分为三大类九小类，我们对平遥方言复句关联标记的考察与临猗方言依据相同。需要说明的是，平遥方言的转折、因果和递进复句中，有一个关联标记是由语气助词"门"担负的，"门"既可后置于前一分句句末，又能前置于后一分句的前端，我们已在本章第二节做了专门分析，本节没有涉及。

一、假设、让步复句的关联标记与关联标记模式

平遥方言假设复句的关联标记同临猗方言一样，也包含两大类：一类是假设语气，一类是虚拟语气。假设和虚拟语气又可以根据是一致假设还是相背假设分为两类，我们也把这两小类分为假设1、假设2和虚拟1、虚拟2。两类假设复句一般情况下也是偏句在前，阐述某种假设；正句在后，是以这种假设为依据推断出某种结果。另外，我们把让步复句也归入假设复句中。

平遥方言假设、让步复句的关联标记主要是居中黏结式，也有前后配套式和居端依赖式。

据调查，平遥方言假设复句常用的关联标记有 33 个，从关联标记的词类性质看，有连词、语气词和超词形式等。

（一）居中黏结式

平遥方言假设复句关联标记非常丰富，据调查，居中黏结式常用的关联

---

① 本节语料由 2017 级硕士郝晶晶提供。

标记有 26 个，如：是、就、散ᵉ"时间"的合音、散ᵉ是、散ᵉ娘ᵉ、散ᵉ娘ᵉ是、散ᵉ唧、散ᵉ唧是、唧是、是散ᵉ、咾散ᵉ、咾、咾咾、咾就、动咾、不散ᵉ、不散ᵉ是、不是散ᵉ、不散ᵉ娘ᵉ、不散ᵉ娘ᵉ是、不散ᵉ唧、不散ᵉ唧是、不咾散ᵉ、不咾、不咾咾、不咾就。这些关联标记很多相互之间是一种自由替换关系。其中"咾"与"咾咾、咾就、动咾"用法和意义都一致，常用于表示假设语气；"散ᵉ"与"散ᵉ是、散ᵉ娘ᵉ、散ᵉ娘ᵉ是、散ᵉ唧、散ᵉ唧是、唧是、是散ᵉ、咾散ᵉ"的用法与意义一致，常用于表示虚拟语气；"不咾"与"不咾咾、不咾就"用法与意义一致；"不散ᵉ"与"不散ᵉ是、不是散ᵉ、不散ᵉ娘ᵉ、不散ᵉ娘ᵉ是、不散ᵉ唧、不散ᵉ唧是、不咾散ᵉ"意义和用法一致。为节省篇幅，下文例句只用较为简单的"咾""动咾""散ᵉ""是""不散ᵉ""不咾"等关联标记。

　　1. 居中黏结 A 式：S1+g, S2

（1）你腰疼得不行咾，回居舍睡睡去哇。你的腰如果疼得受不了的话，回家里睡一下去吧。

（2）你走太原动咾，叫上我。

（3）你把外ᵉ"那块"即"那个"的合音拿出来是，我没啦个放处。你把那个东西拿出来的话，我没有一个可以放的地方。

（4）这活计给咾我就，给人家做不了。这个活儿交给我的话，我给人家做不好。

（5）你今儿感冒得不行咾就，不用去学校去啦。你今天感冒得厉害的话，就不用去学校了。

（6）我知道要迟到时，早起来啦。我知道要迟到的话，早就起来啦。

（7）我想走散ᵉ，早坐上车走啦。我想走得话，早就坐车走了。

　　上文例（1）—（5）是假设语气，例（6）、（7）是虚拟语气。假设语气当地方言一般用"咾""动咾""是"作为关联标记，虚拟语气一般用"时"或"散ᵉ"表示，"散ᵉ[sɑŋ⁰]"是"时间"的合音形式（当地方言咸山摄与宕江摄合流）。"是"在句末已经虚化为语气助词，例（3）、（4）是变式句，"是""就"是副词状语，在正常语境中处于正句（后一分句）状语位置，如果强调偏句，"是""就"可以前移至偏句（前一分句）句末，其他副词也同此，将在"居中黏结 B 式"中分析。

值得注意的是，"动唠"只能用于假设语气，不能用于虚拟语气，但"唠"既可以用于假设语气，也可以用于虚拟语气，甚至可以和只表虚拟语气的"散⁼"连用，例如：

（8）你好好用功学习散⁼，这阵阵不用受苦啦。你如果好好用功学习的话，现在就不用吃苦了。

（9）我知道你买下吃的散⁼，我不买啦我。知道你买下吃的的话，我就不买了。

（10）兀家后天不来唠散⁼，咱们没啦个能替兀家的人。他后天不来的话，咱们都没有可以替换他的人。

这三例都是虚拟语气，但例（8）、（9）两例前分句句末用的"散⁼"可以被替换为"唠"，例（10）则是"唠"与"散⁼"连用，显然，"唠"和"散⁼"在平遥方言中都可以表示虚拟语气。但这三例中的"散⁼"都不能被替换为"动唠"，"动唠"只表示假设语气。

2. 居中黏结 B 式：S1，g+S2

（11）你把外⁼"那块"合音拿出来，我是没啦个放处。你把那个东西拿出来的话，我没有一个可以放的地方。

（12）这活计给唠我，就给人家做不唠。这个活儿交给我的话，我给人家做不好。

（13）这药得饭后吃咧，不唠就不顶事啦。这种药得饭后吃，不然的话就不管用了。

（14）等唠兀家半天不来，不唠 / 不散⁼我们早到啦。等了他好长时间（他）都不来，不然的话我们早就到了。

（15）我滚下水啦，不唠 / 不散⁼你们连口滚水也喝不上。（幸好）我提前烧了开水，不然你们连热水也喝不上。

（16）你发唠大财，我也不眼气你。（即使）你发了财，我也不羡慕你。

（17）我不想吃你做下的饭，哪怕你做得多好吃。

上文例（11）—（13）是假设语气，一般用副词"就""是"等做关联标记；例（14）、（15）是虚拟语气，一般用"不唠"或"不散⁼"做关联标记；例（16）、（17）是让步语气，一般用副词"也""哪怕"做关联标记。

平遥方言部分假设复句的居中黏结 A 式和 B 式之间可以相互转换，即关联标记既可以前置于后一分句前端，又可以后置于前一分句后端。例如：

（11′）你把外[＝]"那块"合音拿出来是，我没啦个放处。你把那个东西拿出来的话，没有一个可以放的地方。

（12′）这活计给咾我就，给人家做不咾。这个活儿交给我的话，（我）给人家做不好。

以上两例都是由 B 式变换为 A 式，二者语用色彩不同，关联标记位于哪个分句，哪个分句就是说话的焦点。显然，B 式的关联标记前移至前一分句句末变换为 A 式，语义重心在前一分句；A 式的关联标记后移至后一分句前端，语义重心也到了后一分句。A 式和 B 式在当地方言中的使用频率都很高。

但另一部分 A 式和 B 式不能替换：首先是 A 式的"动咾"只表示假设，只能后附于前一分句的末端，不能移至后一分句前端；其次是"不咾"和"不散[＝]"只能处于后一分句前端，不能处于前一分句句末；最后，让步复句的关联标记一般只有 B 式，没有 A 式。

（二）前后配套式

平遥方言前后配套式的假设复句的关联标记有："（要是）……散[＝]／咾，……""（拾[＝]活[＝]）……散[＝]／咾，……""（再）……散[＝]／咾，……""（早）……散[＝]／咾……""要不是……散[＝]／咾，……""……散[＝]／咾，（就）……"等。

1. 前后配套 E 式：g1+S1+g2，S2

（18）你要是去太原咾／动咾，叫上我。

（19）你要是好好用功学习散[＝]／咾，这阵阵就不用受苦啦。你如果好好刻苦学习的话，现在就不用吃苦了。

（20）拾[＝]活[＝]兀家后天不来散[＝]／咾，咱们没啦个能替兀家的人。万一他后天不来的话，咱们就没有可以替换他的人。

（21）兀家要不是有个好口散[＝]／咾，选不上村长。他要不是嘴巴上会讨好人的话，就不会被选为村长。

（22）咱们再走得迟些儿散＝/咾，赶不上啦。咱们如果再走得迟一点，就赶不上了。

（23）我再累得不行也，我要去地儿去咧。即使我再怎么累，也要去地里面（干活）。

上文例（18）是假设语气，一般用关联标记"要是……咾/动咾，……"；例（19）—（22）是虚拟语气，一般用"要是……散＝/咾，……""拾＝活＝……散＝/咾，……""要不是……散＝/咾，……"等关联标记；例（23）是让步复句。例（22）是一种变式句，关联标记一般用"再……也，……"；例（23）也是变式句，"也"在常式句里处于后分句状语位置，在强调前一分句时移至前一分句句末。

从上例可以看出，E 式是一种在前分句构成的框式关联标记，相当于普通话的"如果……的话，……"，除了让步复句以及前一关联标记带否定词时不能删除外，其他复句中的第一关联标记大都可以删除，意义保持不变。例如：

（18′）你去太原咾/动咾，叫上我。

（19′）你好好用功学习散＝/咾，这阵阵就不用受苦啦。你如果好好刻苦学习的话，现在就不用吃苦了。

（20′）兀家后天不来散＝/咾，咱们没啦个能替兀家的人。万一他后天不来的话，咱们就没有可以替换他的人。

（21′）＊兀家有个好口散＝/咾，选不上村长。他要不是嘴巴上会讨好人的话，就不会被选为村长。

（22′）咱们走得迟些儿散/咾，赶不上啦。咱们如果再走得迟一点，就赶不上了。

（23′）我累得不行也，我要去地儿去咧。即使我再怎么累，也要去地里面（干活）。

可以看出，上例中我们把例（18）—（22）中的前一关联标记删除后，大都能成立而且意义不变，只有例（21′）删除前一关联标记后，句子不能成立：即第一关联标记是否定形式时不可删除，其他第一关联标记都可以删除。

值得注意的是，删除第一标记后，前后配套 E 式便与居中黏结 A 式相同。当地方言中以 A 式说法为常，只有在强调前一分句时才添加前一标记。

2. 前后配套 C 式：g1+S1，g2+S2

（24）哪怕兀家发咾大财，我也不眼气兀家。哪怕他发了财，我也不羡慕／嫉妒他。

（25）你再瞌睡得不行，也得先吃上口饭咧。即使你瞌睡得很厉害，也得先吃上点饭。

（26）你再有钱，我也不眼气羡慕／嫉妒你。

平遥方言前后配套 C 式很不发达，只有让步复句才有这种关联标记模式。一般用"哪怕……，也……"或"再……，也……"表示。

上例（24）的第一个关联标记"哪怕"可以删除，删除后意义不变，后两例的"再"不可删除，只能是前后配套 C 式，不能用居中黏结 B 式表达。

不过，让步复句的前后配套 C 式和 E 式之间可以相互转换。例如：

（24′）哪怕兀家发咾大财也，我不眼气兀家。哪怕他发了财，我也不羡慕／嫉妒他。

（25′）你再瞌睡得不行也，得先吃上口饭咧。你瞌睡得再厉害，也得先吃上点饭。

（26′）你再有钱也，我不眼气羡慕／嫉妒你。

上例都是由 C 式变换为 E 式。C 式和 E 式在当地口语中都可以说，但 E 式更常用。

3. 前后配套 D 式：S1+g1，g2+S2

（2′）你走太原动咾，就叫上我。

（5′）你今儿感冒得不行咾，就不用去学校去啦。你今天感冒得厉害的话，就不用去学校了。

（6′）我知道要迟到时，就早起来啦。我知道要迟到的话，就早起来啦。

（19′）你好好用功学习散⁼／咾，这阵阵就不用受苦啦。你好好用功学习的话，现在就不用吃苦了。

上面前两例是假设语气，后两例是虚拟语气。从这四例可以看出，前后配套 D 式其实就是居中黏结 A 式和 B 式的套合。语气助词"动咾""咾""散⁼"等与副词"就"分别处于前分句句末和后分句句首，共同起关联标记的作用。

前后配套 D 式实际上也是一种居中黏结式，因为两个关联标记都处于两个分句之间，完全符合"联系项居中"原则。

（三）居端依赖 H 式：g+S₁，S₂

平遥方言假设复句的关联标记属于居端依赖式的很少，例如：

（27）你要是今儿去太原，叫上我。要是你今天去太原的话，叫上我。

上例是我们仅发现的居端依赖 H 式例句。同样的意思，当地更地道的口语是用"咾"或"动咾"构成居中黏结 A 式：

（27′）你今儿去太原动咾/咾，叫上我。你今天去太原的话，叫上我。

所以，居端依赖 H 式只是居中黏结 A 式的一种变体形式。

从以上分析可以看出以下几点：

第一，平遥方言假设复句的关联标记最优模式是用居中黏结式，尤其是 A 式。当地方言使用频率最高的是"……动咾/咾，……"和"……时/散＂/咾，……"两类假设关系标记模式，前者是假设语气，后者是虚拟语气。B 式的假设1可以转换为 A 式；E 式假设1、虚拟1都可以转换为 A 式。

其次是 B 式，A 式只出现在假设 1 和虚拟 1 中，B 式除了虚拟 1 中不出现之外，其他假设复句都可以使用 B 式，部分 C 式可以删除第一关联标记变为 B 式。

第二，前后配套 D 式的两个关联标记都居中（一个在前分句句末，一个在后分句句首），其实也是居中黏结式的一种，不同的是，居中的是两个标记分别附着在两个分句上。

第三，前后配套的 C 式和 E 式的第二个关联标记都居中，部分复句的第一关联标记删除后就变为居中黏结 B 式。

第四，完全不居中的居端依赖式最不发达，大多数居端依赖式当地口语都可以变为 A 式，A 式是更地道的方言说法。

表 8-10　平遥方言假设复句关联标记模式（括号表示此类是变体形式）

	居中黏结式		前后配套式			居端依赖式
	A 式：S_1+g, S_2	B 式：$S_1,g+S_2$	C 式：g_1+S_1,g_2+S_2	D 式：S_1+g_1,g_2+S_2	E 式：$g_1+S_1+g_2$, S_2	H 式：$g+S_1,S_2$
假设₁	X 动咾 / 咾，Y	X，就 / 也 Y	—	X 动咾 / 咾，就 Y	要是 X 咾 / 动咾，Y	（要是 X，Y）
虚拟₁	X 散＂ / 时，Y	—	—	X 时 / 散＂ 咾，就 Y	要是 X 散＂ / 咾，Y	—
假设₂	—	X，不咾 Y	—	—	—	—
虚拟₂	—	X，不咾 / 不散＂ Y	—	—	要不是 X 咾 / 散＂，Y	—
让步	—	X，也 Y	哪怕 X，也 Y 再 X，也 Y	—	再 X 也，Y	—

二、因果、目的复句的关联标记与关联标记模式

平遥方言因果复句也可以用意合法表示，这里只关注带有关联标记的复句。本节仍将说明性因果复句、推断性因果复句与目的复句合并到一起进行分析。平遥方言因果复句关联标记有连词"兀咾"，关联副词"就、是、还"，超词形式"是为咾"等。

平遥方言因果复句的关联模式有三种，分别是居中黏结式、前后配套式、居端依赖式。

（一）居中黏结式

平遥方言居中黏结式因果复句有 A 式、B 式两种类型，即有一些关联标记后置于前一分句句末，另一些关联标记前置于后一分句前端或谓语核心之前。平遥方言居中黏结式因果复句常用的关联标记有："就、还、咾咾就、才"。

1. 居中黏结 A 式：S1+g，S2

（28）我爸爸说咾兀家两句就，兀家不来啦。我爸爸就说了他几句，他（就）不来了。

（29）我待见兀个东西才，我要的。我喜欢那个东西，我才要的。

（30）兀家去咾咾就，我不去啦。既然他去了，我就不去了。

（31）兀家甚的话说不咾两句还，当甚的头儿咧唧！他什么话都说不了两句，当什么领导呢。

上文例（28）、（29）是说明因果复句，例（30）、（31）是推论因果复句。这四例均是居中黏结 A 式：关联标记"就、才、咾咾就、还"后置于偏句（前分句）句末，取消了因句的自足性，并对果句形成依赖，从而构成完整的因果复句。A 式大多是 B 式的变体形式，口语中已成常态。

2. 居中黏结 B 式：S1，g+S2

（32）兀家做咾多少年买卖啦，兀咾兀家挣下些钱儿啦。他做了很多年买卖了，那么他肯定挣了好多钱。

（33）兀家把车靠到一边边，好让兀挂车过去。他把车靠到一边，目的是让那辆车过去。

（34）你给我浇一下地哇，省下我再跑一趟。你替我浇浇地吧，省得我再去一趟。

（35）大人们热＂可特别动弹，是为咾孩儿们能过得好。家长努力工作，是为了孩子们能过得好。

上文例（32）是推论因果复句，例（33）—（35）是目的复句。四例均是居中黏结 B 式，关联标记前置于正句（后分句）前端，关联标记"兀咾、好、省下、是为咾"位于因句与果句之间，既起黏结的作用，又取消了果句的自足性，使其对因句形成依赖。

平遥方言 A 式和 B 式常是一种转换关系。例如：

（28′）我爸爸说咾兀家两句，兀家就不来啦。我爸爸说了他几句，他就不来了。

（29′）我待见兀个东西，我才要的。我喜欢那个东西，我才要的。

（30′）兀家去咾，咾就我不去啦。他去了，那我就不去了。

（31′）兀家甚的话说不咾两句，还当甚的头儿咧。他什么话都说不了两句，还当什么领导呢。

上例都是由 A 式变换为 B 式。我们看到，B 式和 A 式的关联标记相同，但位置不同：B式的关联标记都在后分句前端，A式的关联标记都在前分句末端。很显然，A式是B式的变体形式。关联标记前移后，由强调正句（后分句）变为强调偏句（前分句），其他意义没有变化。

值得注意的是，例（30′）中既有附于前分句末端的"咾"，又有附于后分句前端的"咾就"，即A式和B式在同一句中共现，同时担负关联标记的功能。但目的复句的关联标记不能前移，只有B式，没有A式。

（二）前后配套式和居端依赖式

平遥方言因果复句关联标记模式中，前后配套式和居端依赖式都很不发达，使用频率较低。

1. 前后配套C式：g_1+S_1, g_2+S_2；E式：$g_1+S_1+g_2, S_2$

前后配套式因果复句常用的关联标记是"连……，还……"，例如：

（36）a. 兀家连车子自行车不会骑，还学开车啊？他连自行车都不会骑，还学开车吗？

b. 兀家连车子自行车不会骑还，学开车啊？他连自行车都不会骑，还学开车吗？

上例中，a句属于前后配套C式，关联标记"连，还"分别前置于前后分句的主语或结构核心之前；b句属于前后配套E式，关联标记"连，还"分别位于前一分句的前端与后端。这些配套的关联标记分别前置或后置于分句，取消了分句的自足性，将因句与果句关联起来，而且配套的关联标记具有前后呼应的作用。

显然，上例b句是a句的变体形式。而这种前后配套式a句和b句都可以变换为居中黏结B式。因为平遥方言中前一分句的关联标记"连"可以删除，删除后语义不变，因此这种前后配套式（不论C式还是E式）都是居中黏结B式的变体形式。

2. 居端依赖H式：$g+S_1, S_2$

居端依赖式在平遥方言因果复句中更不发达，一般常用的关联标记只有

1个，即"为咾"。"为咾"前置于因句前端。例如：

（37）为咾你们早些儿吃上饭，我早起来做开啦。为了让你们早点吃上饭，我很早
就开始做了。

上例中"为咾"前置于前一分句前端，取消了前一分句的自足性，并对后一分句形成依赖，构成一个完整的复句。但与前例（35）相比较，显然例（37）也能用居中黏结B式表达：

（37'）我早早起来做饭，是为咾你们早些儿吃上饭。我很早就开始做饭，是为了让你们早点吃上饭。

因此，居端依赖式也应是居中黏结式的变体形式。

以上分析显示，平遥方言因果、目的复句的关联标记模式主要是居中黏结式。前后配套的C式、E式和居端依赖H式都可以转换为居中黏结B式，都是B式的变体形式。在居中黏结式中，A式也是B式的变体形式。所以因果、目的复句关联标记最优模式是B式。

表8-11　平遥方言因果、目的复句关联标记模式（括号表示此类是变体形式）

	居中黏结式		前后配套式		居端依赖式
	A式：S₁+g, S₂	B式：S₁, g+S₂	C式：g₁+S₁, g₂+S₂	E式：g₁+S₁+g₂, S₂	H式：g+S₁, S₂
说明因果	（X就/才，Y）	X，就/才Y	—	—	—
推论因果	（X咾咾就，Y）（X还，Y）	X，咾就/还Y X，兀咾Y	（连X，还Y）	（连X还，Y）	—
目的复句	—	X，好Y X，省下Y X，是为咾Y	—	—	（为咾X，Y）

（表头A式、C式、E式、H式中S及g带下标，见上文说明）

三、条件复句的关联标记与关联标记模式

平遥方言条件复句也可以用意合法表示，这里只关注带有关联标记的复句。平遥方言条件复句常用的关联标记，从词类性质看，有连词"不管""贵

贱""好赖";副词"才""也""就";超词形式"甚不甚""再怎地"等。平遥方言条件复句的关联模式有三种类型:居中黏结式、前后配套式和居端依赖式。

（一）居中黏结式

条件复句包括充足条件、必要条件和无条件三种,平遥方言也不例外。这里只关注带有关联标记的条件复句。平遥方言居中黏结式条件复句常用的关联标记有:"才、也、就、死活、好赖、贵贱、管、甚不甚、不说甚"等。

1. 居中黏结 A 式:S1+g, S2

（38）你好好吃苦学习就,能考上大学咾。只要你刻苦学习,就能考上大学。

（39）兀家们全回来咾才,我们开始吃饭咧。他们都回来了,我们才吃饭呢。

（40）老师说咾兀家多少次也,兀家不听。老师说了他多少次,他也不听。

居中黏结 A 式不是条件复句常式句,都是由 B 式变来的。因此 A 式在条件句中很少使用。

2. 居中黏结 B 式:S1, g+S2

（41）你好好吃苦学习,就能考上大学咾。只要你刻苦学习,就能考上大学。

（42）兀家们全回来,我们才开始吃饭咧。他们都回来了,我们才吃饭呢。

（43）老师说咾兀家多少次,兀家也不听。无论老师说了他多少次,他也不听。

（44）兀家受不咾这儿的苦,死活要今儿走咧。他受不了这儿的苦了,无论如何要今天走。

（45）这个人脾气可不好咧,贵贱我不想和兀家处。这个人脾气不好,无论如何我都不想和他相处。

（46）兀个地方可不好住咧,好赖我不想住啦。那个地方不好住,无论如何我不想住了。

（47）咱们先走哇,管兀家走不走。咱们先走吧,不管他走不走。

上文例（41）是充足条件句,例（42）是必要条件句,例（43）—（47）都是无条件句。显然无条件句的关联标记比较丰富。例（38）—（40）显示,充足条件句、必要条件和无条件句中的关联副词都可以由后分句状语位置移至前分句句末，由 B 式变为 A 式时，这种说法在当地方言中已很常见。

（二）前后配套式

平遥方言前后配套式的条件复句使用的关联标记有："（只要），就""（但凡），就""（除非），才""（不管），都""一，就""怎地，也""再怎地，也"。其中，"只要、但凡、除非、不管"在前后配套的模式中可以省略，与其配套的关联标记"就、才、都"则不能省略。

1. 前后配套 C 式：g1+S1，g2+S2

（48）这儿老是一下咾雨，就停咾电啦。这儿总是只要一下雨，就停电。

（49）（但凡）我第明有时间，就瞭你去啦。只要我明天有时间，就去看你了。

（50）只有你做的饭，我才吃。

（51）（除非）下下雨，玉稻黍才能长下。除非下点雨，玉米才能长成。

（52）怎地兀家不好好学习，兀家也比我强。他不管怎样不学习，学习也比我强。

（53）再怎地温室合里种下的菜蔬，也不如自家种下的。温室里种的蔬菜不管怎样，也不如家里种的。

上文例（48）、（49）是充足条件句，一般用"一……，就……"标记；例（50）是必要条件句，一般用"只有……（咾），才……"标记；例（51）—（53）是无条件句，第一关联标记"除非""怎地／再怎地"往往处于句首，第二关联标记一般用"也"或"才"。

上例中多数充足条件和必要条件句第一关联标记都可删除，删除后 C 式就变换为 B 式：

（49′）我第明有时间就，瞭你去啦。只要我明天有时间，就去看你了。

（50′）你做的饭才，我吃咧。

上例与例（49）、（50）复句的意义基本相同，只是删除第一关联标记后，语义重心由第一分句转移到第二分句。

2. 前后配套 E 式：g1+S1+g2，S2

（48′）这儿老是一下咾雨就，停咾电啦。这儿总是只要一下雨，就停电。

（49″）（但凡）我第明有时间就，瞭你去啦。只要我明天有时间，就去看你了。

（50″）（只有）你做的饭才，我吃咧。

（51′）（除非）下下雨才，玉稻黍能长下。除非下点雨，玉米才能长成。

（52′）怎地兀家不好好学习也，兀家比我强。他不管怎样不学习，学习也比我强。

很显然，E 式是 C 式的变体形式，这种说法在当地口语中已很常见。带括号的三个关联标记可以删除，删除后就变为居中黏结 A 式。

3. 前后配套 D 式：S1+g1，g2+S2

（53′）温室合里种下的菜蔬再怎地，也不如自家种下的。温室里种的蔬菜不管怎样，也不如家里种的。

D 式在当地口语中较少，只有无条件句的关联标记"再怎地"才可由句首移至前分句句末。上例中的"也"可以删除，删除后就变为居中黏结 A 式。

（三）居端依赖 H 式：g+S1，S2

平遥方言居端依赖式的条件复句只有 H 式，而且多为居中黏结 B 式的变体。例如：

（47′）管兀家走不走，咱们先走哇。不管他们走不走，咱们先走把。

很显然，H 式是居中黏结 B 式的变式句，两者的不同是由前后分句语序不同造成的。

从以上分析中可以看出，平遥方言条件复句最主要的关联模式仍是居中黏结式。其中，A 式都是 B 式的变式句，虽在当地方言中已很活跃，但 B 式的关联标记更全面。

前后配套 C 式也比较常见，尤其是无条件句，大都用 C 式（充足条件和必要条件大都用居中黏结 B 式或 A 式）。E 式大都是 C 式的变体形式，D 式大都是 A 式的变体形式，因此居中黏结式才是当地条件复句最主要的关联标记模式。

表 8-12　平遥方言条件复句关联标记模式（括号表示此类是变体形式）

	居中黏结式		前后配套式			居端依赖式
	A式：S₁+g，S₂	B式：S₁，g+S₂	C式：g₁+S₁，g₂+S₂	D式：S₁+g₁，+g₂+S₂	E式：g₁+S₁+g₂，S₂	H式：g+S₁,S₂
充分条件	X就，Y	X，就Y	一X，就Y（但凡X，就Y）	—	一X就，Y（但凡X就，Y）	（管X，Y）
必要条件	X才，Y	X，也Y	只有X，才Y	—	（只有X才，Y）	—
无条件	X也，Y	X，管Y X，死活 / 贵贱 / 好赖 Y	（除非X，才Y）再怎地X，也Y	X再怎地，也Y	（除非X才，Y）（怎地X也，Y）	—

A式写法用 S_1+g，S_2；B式 S_1，$g+S_2$；C式 g_1+S_1，g_2+S_2；D式 S_1+g_1，$+g_2+S_2$；E式 $g_1+S_1+g_2$，S_2；H式 $g+S_1,S_2$。

四、转折复句的关联标记与关联标记模式

平遥方言转折复句也可以用意合法表示，这里只关注带有关联标记的复句。从关联标记的词类性质看，常用的关联标记有：连词"可是""蹅仅说"；副词"也""就是"；超词形式"也不说""没啦想见"。我们这里主要分析平遥方言中转折程度重的重转类转折复句与转折程度轻的轻转类转折复句。从关联标记模式角度看，平遥方言转折复句只有居中黏结式和前后配套式，没有居端依赖式。居中黏结式既有A式也有B式，但A式可以转换为B式，B式中的大多数却不能转换为A式。

（一）居中黏结式

1. 居中黏结A式：S_1+g，S_2

A式只有一种关联标记，例如：

（54）我们回咾居舍寻兀家散＂，兀家去咾地儿啦。我们回到家找他时，他去下地了。

（55）我们都吃咾饭啦散＂，兀家们回来啦。

以上两例，关联标记"散＂"是"时间"的合音形式，在假设复句中是

虚拟语气的标记，即后分句表达的结果是说者意想不到的情况，与临猗方言相同，都有惊讶的语用色彩。

A 式在当地口语中是比较地道的转折形式，但也可以转换为 B 式：

（54′）我们回咾居舍寻兀家，兀家倒去咾地儿啦。

（55′）我们都吃咾饭啦，兀家们倒回来啦。

A 式也可以转换为前后配套 C 式，即 A 式的"散＂"和 B 式的"倒"同时共现：

（54″）我们回咾居舍寻兀家散＂，兀家倒去咾地儿啦。

（55″）我们都吃咾饭啦散＂，兀家们倒回来啦。

以上三种形式在平遥方言中可以自由替换，意义基本不变。

2. 居中黏结 B 式：S₁, g+S₂

平遥方言转折复句的居中黏结 B 式关联标记有"可是、就是、倒、不说说、也不说"等。例如：

（56）我和兀家他说咾半天，可是兀家一句没啦没有听进去。

（57）这村儿干净咾干净，就是没甚公交车。这个村子挺干净的，就是没有什么公交车。

（58）你来将将起来咾，倒瞌睡啦？刚刚起来，你倒（又）瞌睡了吗？

（59）大人地儿忙得不行，你不说说给大人做上圪丝。家长在地里忙得很，你也不说来给家长做上一点。

上例中"可是"是重转，"就是"是轻转，"倒"是弱转。值得注意的是，例（57）"S+A 咾（是）A，就是……"是一种固定格式，从这一角度看，也可以说是前后配套式。

除了 B 式的"倒"类标记可以转换为 A 式，其他 B 式不可以转换为 A 式。

（二）前后配套 C 式：g₁+S₁, g₂+S₂

平遥方言前后配套 C 式的转折复句常用的关联标记有四对："还说，也""蹉仅，不""蹉仅、不说说 / 也不说"。试比较：

（60）我还说兀家长得多惜人咧，<u>也</u>长得一般。我还以为她长得有多好看，也长得
一般（吧）。

（61）你<u>蹅仅</u>说买多来贵的衣裳，<u>不</u>说怎地个考好。你只说买多贵的衣服，不说怎
么考好。

（62）兀家<u>蹅仅</u>说问大人要钱儿，<u>不</u>说说自家出去挣去。他只向父母要钱，不说自
己出去挣钱。

（63）兀家他大人<u>蹅仅</u>说让孩儿好好学，<u>也不</u>说检查检查孩儿的作业。

　　上例中的关联标记"还说……，也……"是弱转，其他三例是重转。"蹅
仅说"中的"蹅"在晋语区普遍存在，是"只是/仅仅"之意。

　　C 式在一般情况下不可以转换为 A 式和 B 式。

　　从上文可以看出，转折复句的关联标记模式标记简单，只有居中黏结式
和前后配套式，没有居端依赖式。前后配套式也只有 C 式一种。居中黏结 A
式可以转换为 B 式和 C 式，但在当地却是较为地道的方言说法。

表 8-13　平遥方言转折复句关联标记模式

	居中黏结式		前后配套式	居端依赖式
	A 式：S₁+g, S₂	B 式：S₁, g+S₂	C 式：g₁+S₁, g₂+S₂	
转折复句	X 散＝, Y	X，可是 Y|X，倒 Y X，就是 Y|X，不说说 Y	还说 X，也 Y 蹅仅 X，不/不说说/也 不说 Y	—

五、并列复句的关联标记与关联标记模式

　　并列复句有平列式和对举式两类，这里只关注带有关联标记的并列复句。

　　平遥方言并列复句常用的关联标记有：连词"一下"，副词"也、又、
是"，还有超词形式"一头啷、有阵阵"等。平遥方言并列复句有居中黏结
式、前后配套式两种模式。

（一）居中黏结式

平遥方言并列复句居中黏结式有 A 式和 B 式两种，即存在关联标记前置与后置两种情况，但 A 式只是 B 式的变体形式。常用的关联标记有"捎的、也、又、还、是"等。

先看 B 式，其中例（65）—（67）是平列关系，例（68）是对举关系。

（64）兀家在居舍做的饭，捎的唱的歌子。他在家一边做着饭，一边唱着歌。

（65）兀家不想动弹，我也不想动弹。他不喜欢干活，我也不喜欢干活。

（66）兀家不唱歌子，是兀家不跳舞。他既不唱歌，也不跳舞。

（67）你吃得兀来子肉，又长得一圪丝丝高。你那么胖，又长得那么低。

上例（66）可以变换为 A 式，例如：

（66′）兀家不唱歌子是，兀家不跳舞。他既不唱歌，也不跳舞。

（68）兀家不吃烟是，不喝酒。他不抽烟，也不喝酒。

虽然 A 式说法在当地方言中已经成为常态，但很显然，A 式是 B 式的变体形式。

另外，B 式的关联标记"捎的"可以成对出现，例如：

（64′）兀家在居舍捎的做的饭，捎的唱的歌子。他在家一边做着饭，一边唱着歌。
"捎的"成对出现后，就由 B 式变为 C 式（前后配套式）。

（二）前后配套 C 式：$g_1 + S_1$，$g_2 + S_2$

平遥方言前后配套 C 式的并列复句常用的关联标记有"捎得……，捎得……""一下……，一下……""也……，也……""又……，又……""有阵阵……，有阵阵……""一头嘟……，一头嘟……""一面面……，一面面……""不蹉不仅……，也……"。例如：

（69）一下一会儿我做这，一下一会儿我做外="那块"合音，甚做不下个甚什么都做不好。

（70）兀家捎得开车，捎得打电话。他一边开车，一边打电话。

（71）第明你来也行，不来也行。明天你来也行，不来也行。

（72）兀家老婆老汉一头嘟想要个女子，一头嘟想要个小子。他夫妻俩一个想要女孩，一个想要男孩。

（73）我有阵阵有时觉见买下的碗托子好吃，有阵阵有时觉见自家做下的好吃。

（74）我是想叫你多学上些东西，不是想骂你。

（75）不是我不想去浇地，是这两天这儿没水。

上文例（69）—（73）是平列关系，例（74）、（75）是对举关系。C 式的关联标记一般都是成对出现，两个标记都不可删除。

从上面的分析我们可以看出，并列复句在平遥方言中既有居中黏结式，又有前后配套式，居中黏结式主要是 B 式，A 式是 B 式的变体，B 式中有少部分关联标记可以成对出现，如"捎的"，但多数不能转换为 C 式。C 式的关联标记都是成对出现的，而且大多数不能删除任何一个。当地方言中并列复句没有居端依赖式。

表 8-14　平遥方言并列复句关联标记模式

	居中黏结式		前后配套式	居端依赖式
	A 式：S_1+g, S_2	B 式：S_1, $g+S_2$	C 式：g_1+S_1, g_2+S_2	
平列	X 是，Y	X，捎的 Y X，也 Y X，是 Y	捎的 X，捎的 Y 也 X，也 Y 一头嘟 X，一头嘟 Y	—
对举	—	X，又 Y	是 X，不是 Y 不是 X，是 Y	—

六、递进复句的关联标记与关联标记模式

递进复句包括一般递进和衬托递进。递进复句可以用意合法表达，这里只关注有关联标记的递进复句。

平遥方言递进复句常用的关联标记有：连词"不蹼不仅"，副词"还、连"，超词形式"倒回来、不要说"等。平遥方言递进复句的关联标记模式

有居中黏结式与前后配套式两种。

（一）居中黏结式

居中黏结式的递进复句常用的关联标记有"还、特别是、再说唧、倒回来、不要说、不说说、更不要说"等。

1. 居中黏结 A 式：S1+g，S2

（76）兀家他独自家自己不学习还，热‖可‖一直影响那周围的人不能学。

（77）大人的话你不听不要说／不说说，老师说的话你不听。别说你不听家长的话，老师的话你也不听。

上文例（76）是一般递进，是 B 式的变体形式，对照下文例（78），虽是变体，但当地使用频率较高；例（77）是衬托递进，前一分句句末加"不要说"或"不说说"，表示转折关系。"不要说／不说说"也可以前置句首，构成居端依赖式，两者是替换关系，但因当地习惯上更多让"不要说／不说说"处于前分句句末，我们归入居中黏结 A 式。

2. 居中黏结 B 式：S1，g+S2

（78）兀家他独自家自己不学习，还热‖可‖一直影响那周围的人不能学。

（79）你一点点不为我，倒回来还害我咧。你一点都不为我（好），反过来还害我。

（80）我去外儿太远，再说唧我没甚时间去。我去那里有点远，再说呢我没什么时间去。

上文前两例是一般递进，第三例是衬托递进。平遥方言递进复句居中黏结式主要是 B 式，最常用的关联标记有"还""再说唧""倒回来"等。"还"可以前移至前分句句末。

（二）前后配套式

平遥方言前后配套式递进复句的常用关联标记有"（不蹉不仅），还／连／也""越，越""正不来，又""不要说，（连／就是／还）""不说说，（就是／还／连）""是／还，倒回来"等。例如：

1. 前后配套 C 式：g1+S1，g2+S2

（81）兀家（不蹂不仅）把自家的钱儿花咾，还把居舍的钱儿花啦。

（82）我不蹂不仅英语学得好，数学也学得好。我不只英语学得好，数学也学得好。

（83）你越不想起，越瞌睡得不行。你越不想起床，你就越瞌睡。

（84）正不来兀家还不想动弹，你又甚不用兀家做。他本来就不想劳动，你又什么都不用他做。

（85）不要说兀家哄你，兀家（连）大人哄咧。别说他骗你，他连家长也骗。

（86）不要说我做不咾，（就是）兀家不会做。别说我不会做，他也不会做。

（87）不说说我吃这个苹果咧，（就是）不吃不给你。别说我吃这个苹果呢，不吃也不给你。

上文前三例是一般递进，后四例是衬托递进。带括号的关联标记是可以删除的标记，删除后有的变为居端依赖式，有的变为居中黏结式。

2. 前后配套 D 式：S1+g1，g2+S2

（88）你不说我的好是，倒回来骂我咧。你不夸我，反过来骂我。

（89）兀家不过来做还，倒回来一直叨个没完。他不过来帮忙做，反过来一直唠叨。

（90）兀家不想住不要说，我们（还）不想留兀家。别说他不想住这儿，我们也不想留他。

（91）你花咾多少钱儿不说说，（还）把时间都扔啦。别说你花了不少钱，还把时间浪费掉了。

上文例（88）、（89）、（91）是一般递进，例（90）是衬托递进。例（88）关联标记"是"已经虚化为语气助词；例（89）是变式句，常式句中"还"处于后分句前端。例（90）后一关联标记"还"可以删除，删除后就变为居中黏结 A 式了。

从上例可以看出，D 式在当地方言中并不发达。

3. 前后配套 E 式：g1+S1+g2，S2

（92）兀家（不蹂不仅）把自家的钱儿花咾还，把居舍家里的钱儿花啦。

上例是一般递进，也是变式句，"还"处于后分句前端时，就变为前后配套 C 式了。所以 E 式在当地方言中也不发达。

（三）居端依赖 H 式：g+S₁，S₂

（93）不要说兀家哄你，兀家（连）大人哄咧。别说他骗你，他连家长也骗。

（94）不要说我做不咾，（就是）兀家不会做。别说我不会做，他也不会做。

（95）不说说我吃这个苹果咧，（就是）不吃不给你。别说我吃这个苹果呢，不吃也不给你。

上例都是衬托递进。居端依赖式在当地方言中也不发达，主要由处于前分句前端的"不要说／不说说"构成。后分句的关联标记既可出现，也可不出现。出现时是前后配套 C 式，不出现就是居端依赖 H 式。值得注意的是，例（93）的"连"删除后，"大人"要重读，且"人"的韵母要拖长，是通过重音形式表达前后分句的关联关系。口语中后一关联标记不删除时的使用频率更高。

从以上分析中可以看出，平遥方言递进复句最主要的关联标记模式是居中黏结 B 式和前后配套 C 式，居中黏结 A 式、前后配套 D 式和 E 式、居端依赖 H 式大都是变式句，或者说是 B 式和 C 式的变体形式。

表 8-15　平遥方言递进复句关联标记模式（括号表示此类是变体形式）

	居中黏结式		前后配套式			居端依赖式
	A 式：S₁+g, S₂	B 式：S₁, g+S₂	C 式：g₁+S₁, g₂+S₂	D 式：S₁+g₁,g₂+S₂	E 式：g₁+S₁+g₂, S₂	H 式：g+S₁,S₂
一般递进	（X 还，Y）	X，还 Y	不蹉不仅 X，还／也 Y 越 X，越 Y	（X 是／还，倒回来 Y）	（不蹉不仅 X 还，Y）	—
衬托递进	X 不要说／不说说，Y	X，倒回来 Y X，再说嘫 Y	正不来 X，又 Y 不要说／不说说 X，连／就是 Y	（X 不要说／不说说，还 Y）	—	（不要说／不说说 X，Y）

七、选择复句的关联标记与关联标记模式

选择复句包括未定选择和已定选择两类，其中已定选择又包括先舍后取和先取后舍两小类。平遥方言的选择复句也不例外。

平遥方言选择复句常用的关联标记有：连词"还是"，副词"也、就是"，语气助词"唓是"，超词形式"还不如、不咾是"。平遥方言选择复句的关联标记模式有两种：居中黏结式与前后配套式。

（一）居中黏结式

平遥方言居中黏结式的选择复句常用的关联标记有"还是、唓是、不咾、不咾是、还不如"。

1. 居中黏结 A 式：S1+g，S2

（96）你喝米汤咧还是，你喝豆浆咧？你喝稀饭呢，还是喝豆浆呢？

（97）兀家吃苹果、橘子唓是，香蕉咧？他吃苹果、橘子还是香蕉呢？

上例 A 式都是未定选择复句。A 式都是变式句，常式句的关联标记可以移至后分句前端，这样就变为居中黏结 B 式。但当地 A 式的使用频率也比较高。

2. 居中黏结 B 式：S1，g+S2

（98）你喝米汤咧，还是喝豆浆咧？你喝稀饭呢，还是喝豆浆呢？

（99）兀家吃苹果、橘子，唓是香蕉咧？他吃苹果、橘子还是香蕉呢？

（100）我计划代初二的语文，不咾代初三的语文。我计划教初二的语文，或者初三的语文。

（101）兀家在居舍天天种地，还不如出去寻上个做的咧。他在家天天种地，还不如出去找个工作呢。

（102）自家吃上些亏，也不多占个便宜。（宁愿）自己多吃点亏，也不多占便宜。

上文前三例是未定选择复句，后两例是已定选择复句。未定选择句中，疑问句一般用"还是"或"唓是"做关联标记，陈述句一般用"不咾"做关

联标记；已定选择句中多用"还不如"或"也"做关联标记。

（二）前后配套 C 式：g1+S1，g2+S2

前后配套 C 式常用的关联标记有"不咾……，不咾……""不咾是……，不咾是……""不是……，就是……""（要是）……，还不如……"等。例如：

（103）不咾我今儿去，不咾你今儿去。要不我今天去，要不你今天去。

（104）不咾是你买礼，不咾是我买礼。要不你买礼物，要不我买礼物。

（105）兀家不是天天耍扑克，就是耍麻将。他整天不是玩扑克，就是打麻将。

（106）（要是）兀家他上学甚也学不下，还不如早些儿学上个技术咧。

（107）（宁可）自家吃上些亏，也不多占个便宜。宁愿自己多吃点亏，也不多占便宜。

上文前三例是未定选择复句，后两例是已定选择复句。未定选择句常用关联标记是"不咾……，不咾……"或"不是……，就是……"，已定选择常用的关联标记是"要是……，还不如……"（先取后舍）或"宁可……，也不……"，已定选择的前一个关联标记可以删除，意义不变，删除后就变为居中黏结 B 式。

另外，后分句关联标记是副词时，可以变为前后配套 E 式。试比较：

（107′）a.（宁可）自家吃上些亏，也不多占个便宜。宁愿自己多吃点亏，也不多占便宜。

　　　　b.（宁可）自家吃上些亏也，不多占个便宜。宁愿自己多吃点亏，也不多占便宜。

上例中 a 句是 C 式，删除第一关联标记变换为居中黏结 B 式；b 句"也"前移至前分句句末，则由 C 式变换为前后配套 E 式，删除"宁可"后则变换为居中黏结 A 式。因 E 式仅发现此一例变换式，不再单独分析。

从上文分析中可以看出，平遥方言选择复句关联标记模式主要是居中黏结 B 式和前后配套 C 式，A 式虽也较常用，但显然是 B 式的变体形式，少量 C 式也可以变换为前后配套 E 式。

表 8–16　平遥方言选择复句关联标记模式（括号表示此类是变体形式）

		居中黏结式		前后配套式	居端依赖式
		A式：S_1+g，S_2	B式：S_1，$g+S_2$	C式：g_1+S_1，g_2+S_2	
未定选择		（X 还是，Y） （X 嘟是，Y）	X，还是 Y X，嘟是 Y X，不咾 Y	不咾 X，不咾 Y 不是 X，就是 Y 不咾是 X，不咾是 Y	—
已定选择	先舍后取	—	X，还不如 Y	要是 X，还不如 Y	—
	先取后舍	—	X，也 Y	宁可 X，也不 Y	—

八、顺承复句的关联标记与关联标记模式

顺承复句是前后分句按时间、空间或逻辑事理上的顺序说出连续的动作或相关的情况，分句之间有先后相承的关系。平遥方言顺承复句常用的关联标记有：连词"接住、完咾"，副词"再"，超词形式"后头来"等。平遥方言顺承复句有两种关联模式，分别是居中黏结式与前后配套式。

（一）居中黏结式

平遥方言居中黏结式的顺承复句常用的关联标记有"接住、完咾、溜当、再、后背来、后头来"。

1. 居中黏结 A 式：S_1+g，S_2

（108）你做起你的作业再，瞭兀家去。你先做完自己的作业，再去看他。

很显然，A 式是 B 式的变体形式，参见下例（113），即副词前移至前分句句末，这种变式当地方言使用频率还比较高。

2. 居中黏结 B 式：S_1，$g+S_2$

（109）兀家前晌儿剥的山药，接住后晌儿剥的红薯。他上午拿的土豆，接着下午拿的红薯。

（110）干干人名做咾阵阵作业，完咾看咾阵阵电视。干干先做了一会儿作业，之后

又看了一会儿电视。

（111）你等一下，溜当我就出去啦。你先等我一下，马上我就出去了。

（112）我在村儿住咾几年，后背来我下的城。我先在村里住了几年，后来去的城里。

（113）你做起你的作业，再瞭兀家去。你先做完自己的作业，再去看他。

B式都是常式句，关联标记都在后分句前端。

值得注意的是，B式一般都可以转换为前后配套式C式，即在前分句都可加上"先……"等标记，因此B式应是前后配套C式的变体形式。

（二）前后配套C式：g1+S1，g2+S2

前后配套C式常用的关联标记有"先，接住／完咾／溜当／后背来／后头来""将才／将敢刚才，就""将开头头，后背来／后头来"。例如：

（114）兀家先把居舍打扫咾，接住把院儿打扫咾。他先把家里打扫了，接着把院子打扫了。

（115）我们先一搭儿游咾游，完咾一起回去居舍。我们先一起逛了逛，然后我们一起回的家。

（116）你先前头走哇，溜当我就追上你啦。你先前面走吧，马上我就赶上你了。

（117）兀家先生下女子，后头来生下小子。她先生了女孩，后来生了个男孩。

（118）你将才才吃咾饭，你就饥啦？你刚刚才吃了饭，又饿了吗？

（119）将敢你出门子，外头就下起雨。你刚刚出了门，外面就下起雨。

（120）将开头头我见兀家在这儿，我后背来不见兀家啦。刚开始看见他在这里，后来就不见他了。

（121）兀家将开头头说话声音小，后头来慢慢说大啦。刚开始他说话声音小，后来慢慢大声说啦。

前后配套式的第一个关联标记一般是"先""将敢刚才／将开头头"等，后一关联标记常用"接住接着""完咾""后头来／后背来"等。

从上文分析可以看出，平遥方言顺承复句既可以是居中黏结式，也可以是前后配套式。居中黏结式主要是B式，A式虽也较常用，但应是B式的变体形式；前后配套式只有 C 式，值得注意的是，居中黏结 B 式都可以变换为前后配套 C 式，因此前后配套 C 式是平遥方言顺承复句的优势模式。

表 8-17 平遥方言顺承复句关联标记模式（括号表示此类是变体形式）

	居中黏结式		前后配套式	居端依赖式
	A 式：S₁+g，S₂	B 式：S₁，g+S₂	C 式：g₁+S₁，g₂+S₂	
顺承复句	（X 再，Y）	X，再 Y|X，接住 Y X，后背来 Y X，溜当 Y	先 X，接住 / 完咾 Y 将才 X，就 Y 先 X，后头来 Y	—

以上分析了山西晋语区平遥方言每类复句的关联标记模式，前五类属于偏正复句，后四类属于联合复句。总体来说，偏正复句的关联标记模式中居中黏结式占优势；联合复句的关联标记模式是前后配套式占优势。

表 8-18 平遥方言复句关联标记模式（括号表示此类是变体形式）

		居中黏结式		前后配套式					居端依赖式	
		A	B	C	D	E	F	G	H	I
偏正复句	假设复句	+	+	+	+	+	－	－	（+）	－
	因果复句	（+）	+	（+）	－	（+）	－	－	－	－
	目的复句	－	+						（+）	－
	条件复句	+	+	+（+）	+	+（+）	－	－	（+）	－
	转折复句	+	+	+	－	－	－	－	－	－
联合复句	并列复句	+	+	+	－	－	－	－	－	－
	递进复句	+（+）	+	+	（+）	（+）	－	－	（+）	－
	选择复句	（+）	+	+	－	－	－	－	－	－
	顺承复句	（+）	+	+	－	－	－	－	－	－

第五节　山西晋语中北区复句关联标记模式

——以朔州城区方言为例 ①

朔州市位于山西省北部，桑干河上游，西北毗邻内蒙古自治区，南连雁门关，根据《中国语言地图集》（2012），方言隶属晋语五台片。

如前所述，复句关联标记模式分为三类：居中黏结式、前后配套式、居端依赖式，三类结构又可以根据组合方式的不同分为九小类。调查发现，朔城区方言复句的关联标记模式存在 A、B、C、D、H 五小类，其中最集中的是 B、C 两种结构。下面按复句中各分句间的意义关系分别分析。

一、假设复句的关联标记与关联标记模式

朔城区方言的假设复句虽可以用意合法，但用关联标记的说法更自然。例如：

（1）你好好念书，肯定凭比你哥有出息。

（2）你多吃上些饭，肯定能肉哩。

以上两例是用意合法构成的假设复句，这种说法在当地口语中也存在，但更自然的说法是用关联法表示：

（1′）你好好念书哩哩，肯定凭比你哥有出息。

（2′）你（要是）多吃上些饭哩哩，肯定能肉哩。

朔城区方言假设复句的关联标记包含两类：一类是假设，一类是虚拟。假设和虚拟根据关联标记的位置又可以分为两类，我们也把这两类称为假设1、假设2 和虚拟1、虚拟2。两类假设复句均以偏句为前分句，正句为后分

---

①　本节语料由 2016 级硕士常娥提供。

句为常见形式。

（一）居中黏结式

1. 居中黏结 A 式：S1+g，S2

A 式结构主要用于假设1和虚拟1，所用关联标记大多是语气助词"动接＂""嘞（嘞）/哩（哩）""时接＂"，假设句一般用"动接＂""嘞（嘞）/哩（哩）"，虚拟句一般用"时接＂"，附着在前分句句末，意思都相当于普通话的"的话"。例如：

（3）走动接＂叫上我。

（4）你不来嘞（嘞），别人越不来啦。

（5）你那要算肉胖哩（哩），我这肉得了不哩啦胖得不得了了。

（6）我省嘞知道这咋做时接＂，不问你啦。

（7）你不是那会耍钱儿时接＂，买下住处啦。

（8）你不鼓啰他时接＂，他把这些营生做完啦。

以上例句，前三句是假设语气，后三句是虚拟语气。表虚拟语气的"时接＂"与其他方言中的"时价"表义功能相同，"接＂"是"价"的促化形式。表假设语气的"嘞""哩"可以重叠，也可以不重叠，重叠后语气更和缓，也更常用。"动接＂"和"嘞（嘞）/哩（哩）"都表示假设，但"嘞（嘞）/哩（哩）"更常用。

2. 居中黏结 B 式：S1，g+S2

B 式结构中的关联标记可以只用副词"就"。例如：

（9）你省嘞知道电视咋修，就好办啦。

（10）我省嘞知道这咋做，就不问你啦。

上文例（9）属于假设1，例（10）属于虚拟1。因为只用副词"就"，两个分句间的语义关系不如有专职关联标记的复句明确，如例（9）也可以理解为条件关系。

B 式结构更主要是用于假设复句的假设2和虚拟2，这类复句的关联标记均为带"不"的否定形式"不嘞 / 不哩""不是啊""不是啊时接＝"，一般出现在后分句的句首，意思相当于普通话的"否则"。例如：

（11）你不要说他，不嘞他又恼呀。

（12）晌午多吃上些，不哩后晌饿哩。

（13）我腿疼哩，不是啊我和你去。

（14）年轻那会儿混哩，不是啊时接＝娶过媳妇啦。

以上例（11）、（12）是假设语气，例（13）、（14）是虚拟语气。"不嘞 / 不哩"用于假设，也可说成"不嘞嘞 / 不哩哩"；"不是啊""不是啊时接＝"用于虚拟，两个关联标记可以互换使用，后者表达的语气更和缓一些。

另外需要注意的是，以上采用居中黏结 A 式和 B 式的假设复句在表达方面呈现出互补分布的情况：采用 A 式的假设复句，也就是假设1和虚拟1，是前分句阐述假设，后分句说明以该假设为依据，若该假设成立会产生的结果，在句式上相当于普通话"如果……，就……"典型的假设句表述方式；采用 B 式的假设复句，也就是假设2和虚拟2，情况正好相反，相当于普通话的"……，否则……"的句式。

（二）前后配套式 C 式：g₁+S₁，g₂+S₂

前后配套 C 式也是朔城区方言假设复句的一种表达方式，主要关联标记有用于假设的"要是……，就……""一时接＝……，就……"；用于虚拟的"（要）不是……，早就 / 哪能……"等。例如：

（15）穿上衫子，一时接＝冷，就冻着啦。

（16）扭＝你们要是在外头吃饭，就连我叫上。

（17）我要是那会好好念书，我就这阵不用打工嘞。

（18）要不是扭＝你们帮衬，囊＝我们早就穷得不能啦。

（19）要不是扭＝这人你这人勤谨，穷得哪能买下这房哩。

以上例（15）、（16）是假设语气，例（17）—（19）是虚拟语气。这两种语气的假设复句一般均可以变换成居中黏结 B 式：

（15′）穿上衫子，冷就冻着啦。

（16′）扭＂你们在外头吃饭，就连我叫上。

（17′）我那会好好念书，我就这阵不用打工嘞。

（18′）扭＂你们帮衬哩，不是囊＂我们早就穷得不能啦。

（19′）扭＂这人你这人勤谨，要不是穷得哪能买下这房哩。

可以看出例（15′）—（19′）由前后配套式变为居中黏结式是直接删去前分句的关联标记，例（16′）—（19′）是将前分句的关联标记后移，与后分句的关联标记直接组合，出现在后分句句首，表义与例（15）—（19）相同。

值得注意的是，以上例（15）—（19）的假设复句在朔城区方言中还可以用一种特殊的前后配套形式表示，这类关联标记主要有"要是……啊时接＂，就……""要是……嘞嘞，就……""一时接＂……嘞嘞，就……""（要）不是……啊时接＂，早就……""（要）不是……啊时接＂，哪能……""省嘞……时接＂，就……"，我们暂且将其标记为：g1+S1+g2, g3+S2。例如：

（15″）穿上衫子哇，一时接＂冷嘞嘞，就冻着啦。

（16″）扭＂你们要是在外头吃饭嘞嘞，就连我叫上。

（17″）我要是那会好好念书啊时接＂，我就这阵不用打工嘞。

（18″）不是扭＂你们帮衬啊时接＂，囊＂我们早就穷得不能啦。

（19″）要不是扭＂这人你这人勤谨啊时接＂，穷得哪能买下这房哩。

以上例句是居中黏结 A 式和前后配套 C 式的叠加套合形式，后置于前分句句末的"时接＂""嘞嘞"等是 A 式，"要是……，就……"是 C 式。两种形式叠加有加强前分句（偏句）的作用。

上例中的三个标记可以任意删除两个：删除前置偏句的"要是"，复句属于前后配套 D 式（S1+g1, g2+S2）；删除后置偏句的"时接＂""嘞嘞"，就是前后配套 C 式；删除正句前端的"就""哪能"等，就是前后配套 E 式（g1+S1+g2, S2）。

上例也可以两两删除：删除"要是……，就……"等，就是居中黏结 A

式；删除"要是……时接＝／嘞嘞"，就是居中黏结 B 式；删除"……嘞嘞／时接＝，就……"，就是居端依赖 H 式。

以上各种表达方式在朔城区方言的假设复句中都是存在的，表义基本相同。

通过以上分析可以看出，朔城区方言假设复句以居中黏结式和前后配套式为主，但前后配套式均可以变换成居中黏结式，而且表义不变。

表 8-19　朔城区方言假设复句关联标记模式（括号表示此类只是变体形式）

	居中黏结式		前后配套式			居端依赖式
	A 式： S_1+g, S_2	B 式： S_1, $g+S_2$	C 式： g_1+S_1, g_2+S_2	D 式： S_1+g_1, g_2+S_2	特殊： $g_1+S_1+g_2$, g_3+S_2	H 式： $g+S_1$, S_2
假设₁	X 动接＝，Y X 嘞（嘞）／哩（哩），Y （X 啊时接＝，Y） （X 嘞嘞，Y）	X，就 Y	（要是 X，就 Y） （一时接＝X，就 Y）	（X 啊时接＝，就 Y） （X 嘞嘞，就 Y）	要是 X 啊时接＝，就 Y 要是 X 嘞嘞，就 Y 一时接＝X 嘞嘞，就 Y	（要是 X，Y）
虚拟₁	X 时接＝，Y （X 不是啊时接＝，Y） （X 省嘞时接＝，Y）	—	—	（X 啊时接＝，早就 Y） （X 啊时接＝，哪能 Y） （X 时接＝，就 Y）	（要）不是 X 啊时接＝，早就 Y （要）不是 X 啊时接＝，哪能 Y 省嘞 X 时接＝，就 Y	—
假设₂	—	X，不嘞（嘞）／不哩（哩）Y	—	—	—	—
虚拟₂	—	X，不是啊 Y X，不是啊时接＝Y	（要不是 X，早就／哪能 Y）	—	—	—

二、因果、目的复句的关联标记与关联标记模式

朔城区方言因果复句的关联标记包括两类：一类是说明因果，一类是推

论因果。目的复句也分为求得句和求免句，与因果复句接近，因此归为一类分析。

朔城区方言因果复句和目的复句可以用意合法表示，如：

（20）海共不穿衣裳，闹得感冒啦。

（21）别吃得嘞，你爸回来再吃。

这两类复句使用关联法表示的频率也很高。因果、目的复句关联标记模式主要有居中黏结式和前后配套式，无居端依赖式。

（一）居中黏结 B 式：S₁，g+S₂

1. 说明因果复句

朔城区方言的说明性因果复句一般为前分句说明原因，后分句表述由于这一原因而产生的结果。主要关联标记有"不哩""这不是""就尖″因""怨不得""就说""着弄得"等超词形式，意思相当于普通话的"因为……，所以……"。例如：

（22）那狗他一天天日瞎嘞，不哩没人信他那话。

（23）年轻时候不学好，这不是这阵还没差″闹找下媳妇。

（24）我晌午没吃饭，就尖″因人儿嫌我肉哩。

（25）心情不好，怨不得不和我说话。

（26）人儿这会儿有办法啦，我就说咋再也没来过这儿。

（27）那娃娃就嚎哩，着弄得我一点办法也没啦。

其中例（24）是由因溯果的说法，即先说结果，后说原因，为的是突出造成这种结果的原因。

2. 推论因果复句

推论性因果复句是前分句说明推论的依据（原因），后分句表述推论出的结果。主要关联标记是"就""那""还"，附着在后分句的首句，表义相当于普通话的"既然……，就……"。例如：

（28）扭″你们去啦，我就不去啦。

（29）人儿橇这么认真，那做啥事也能做成哩。

（30）他不好好念书，那就剩下个爬长不学好啦。

（31）你大爸还是个赖孙哩，还能养下个好种子嘞！

　　需要说明的是，在朔城区方言中，"那""就"可互换，即句中出现"就"，"那"可有可无；出现"那"，"就"可有可无，且表义相同；二者也可以一起出现在后分句的句首起关联作用，有加强语气和进一步表明结果的作用。但"那""就"单说的频率更高些。

　　另外需要注意的是，关联标记"还"可与"那""就"互换，也可与"那"一同出现在句中，但语用略有差异，试比较：

（28′）a. 扭＂你们去啦，我就不去啦。

　　　　b. 扭＂你们去啦，我还去做啥哩！

（31′）a. 你大爸还是个赖孙哩，那能养下个好种子嘞！

　　　　b. 你大爸还是个赖孙哩，还能养下个好种子嘞！

　　　　c. 你大爸还是个赖孙哩，那还能养下个好种子嘞！

　　上两例中的 a 句分别用"就""那"，从语气上来说是一种陈述性推论，b 句用"还"是一种反诘性推论；例（31′）的 c 句"那"与"还"一起出现，既可以理解为陈述性推论，也可以理解为反诘性推论。

　　3. 目的复句

　　目的复句中，求得和求免的关联标记基本一致，主要有"省哩""为嘞""好""（好）叫"，且均位于后分句的句首。例如：

（32）多穿上些衣裳，省哩冷了没个穿得。

（33）他爸他妈这阵做营生的嘞，为嘞给他多攒些钱儿。

（34）赶紧吃饭哇，（吃完）（好）叫你爸睡一阵阵。

（35）咱找个背地处好说话。

（36）你没做的帮家里头做上些营生，（好）叫你妈堂＂他们歇一歇。

　　以上例（32）是求免句，例（33）—（36）为求得句，根据表达需要，以上关联标记分别出现在求得和求免句中，不能互相替换。

（二）前后配套 C 式：g1+S1，g2+S2

朔城区方言的因果、目的复句也可以用前后配套 C 式表达。例如：

（37）那地方连讨吃的乞丐也不去，你还去做啥哩。

（38）为嘞得些利，堂＝他们那人们啥还做哩。

以上例（37）是推论性因果复句，当地方言一般用"连……，还……"表示，但也可以省略"连"，省略后的句式与上述居中黏结 B 式完全相同，表义也一样。例（38）是目的复句，当地方言也可以用"为嘞……，还……"表达，但也可以变换为居中黏结 B 式，且 B 式更常用些：

（38'）堂＝他们那人们啥做哩，就为嘞得些利。

综上，朔城区方言的因果、目的复句主要采用居中黏结 B 式表达。

通过以上分析可以看出，居中黏结式在朔城区方言的因果、目的复句中占主流，虽也可以用前后配套式表示，但均能变换成居中黏结式，没有居端依赖式。

表 8–20　朔城区方言因果、目的复句关联标记模式（括号表示此类只是变体形式）

	居中黏结式		前后配套式	居端依赖式
	A 式：S1+g，S2	B 式：S1，g+S2	C 式：g1+S1，g2+S2	
说明因果	（X 就尖＝因，Y）	X，不哩 Y ｜X，这不是 Y X，就尖＝因 Y X，怨不得 Y X，就说 Y ｜X，着弄得 Y	—	—
推论因果	—	X，就 Y ｜X，那 Y X，还 Y	（连 X，还 Y）	—
目的复句	—	X，省哩 Y ｜X，为嘞 Y X，好 Y ｜X，（好）叫 Y	（为嘞 X，还 Y）	—

三、条件复句的关联标记与关联标记模式

条件复句应包括充足条件、必要条件和无条件三种，朔城区方言的条件复句也包含这三类，同样也可以用意合法表示。例如：

（39）这人勤谨些，能攒个房钱。

（40）他不走，我不去。

以上是用意合法表示的，但在朔城区方言中，条件复句中一般都会用关联标记。

（一）居中黏结 B 式：S₁，g+S₂

朔城区方言中，条件复句可以用居中黏结 B 式表示，例如：

（41）是个男的，就比你强。

（42）学下些手艺，这辈子就有饭吃啦。

（43）到了节令才能种哩。

（44）他儿结婚，我再咋也得去哩。

（45）过一个儿的光景哇，管人儿咋不咋哩。过自己的光景吧，管别人怎样不怎样呢（别人爱咋不咋）。

其中例（41）、（42）是充足条件句，关联标记一般为副词"就"；例（43）为必要条件句，一般以副词"才"充当关联标记；例（44）、（45）为无条件句，以超词形式"再咋也"和副词"管"为主要关联标记。以上这些关联标记均在句中充当状语，其中"就""才""再咋也"一般出现在后分句的主语之后，而"管"一般出现在后分句主语之前。

（二）前后配套式

条件复句也可以用前后配套式表示，主要是其中的 C 式和 D 式。

1. 前后配套 C 式：g₁+S₁，g₂+S₂

（46）那娃自从进了城，一有个啥事情就找他舅去啦。

（47）这男娃们，一娶过媳妇就忘了娘啦。

（48）这会儿这娃们，除嘞念书，不嘞没出路。

（49）就得你去嘞，别人谁也不能。

（50）娃们过得再咋不好，也不能叫老人们受罪。

（51）（不）管捣没捣乱，反正在场的人也/都/就写一份检查。

以上例句中，例（46）、（47）为充足条件句，关联标记为"一……就……"；例（48）、（49）为必要条件句，主要关联标记为"除嘞……，不嘞……""就……，也……"；例（50）、（51）为无条件句，主要关联标记为"再咋……，也……""（不）管……，也/都/就……"。

在朔城区方言中，用前后配套式表示的条件复句可以删去前分句的关联标记，变换成居中黏结 B 式，例如：

（46′）那娃自从进了城，有个啥事情就找他舅去啦。

（47′）这男娃们，娶过媳妇就忘了娘啦。

（48′）这会儿这娃们，得念书嘞，不嘞没出路。

（49′）得你去嘞，别人谁也不能。

（50′）娃们过得不好，也不能叫老人们受罪。

（51′）捣没捣乱，反正在场的人也/都/就写一份检查。

两种形式的区别在于采用前后配套式的条件复句带有一种强调的意味，而采用居中黏结式则语气更平缓一些，而且当地人在日常口语中使用后者的频率更高。

2. 前后配套 D 式：S1+g1，g2+S2

（52）老人们接意感觉不入法嘞（嘞），就赶紧吃药。

（53）人吃饱嘞（嘞），才能喂狗嘞。

（54）吃不吃嘞，都做饭。

以上例句，例（52）为充足条件句，关联标记为"……嘞（嘞），就……"，例（53）为必要条件句，关联标记为"……嘞（嘞），才……"，例（54）是无条件句，关联标记为"……嘞，都……"，这些条件复句的前分句既是假设又是条件，可以将其称为假设条件句。这类复句前分句句末的关联标记可以省略，省略后就变为居中黏结 B 式。

（三）居端依赖 H 式：g+S₁，S₂

（55）管你学不学，你看哇，钱儿是花啦。

（56）不管咋先吃饭哇，饿死啦。

以上例句均为无条件句，在前分句句首用"管""不管咋"做关联标记，形成居端依赖的结构模式，而且可以变换为其他模式，如：

（55′）你学不学，你看哇，钱儿也花啦。（居中黏结 B 式）

（56′）先吃饭哇不管咋，饿死啦。（居中黏结 A 式）

可以看到，例（55）可以省去前分句的关联标记，变为居中黏结 B 式（非典型），例（56）是将前分句句首的关联标记后移到前分句句尾，成为居中黏结 A 式。

通过以上分析可以看出，朔城区方言的条件复句以居中黏结式和前后配套式为主，而且以前后配套式表达的条件复句大都可以变换成居中黏结 B 式，较少出现的居端依赖式也可以变换成居中黏结式，因此，前后配套式和居端依赖式应是居中黏结式的变式句。

表 8-21　朔城区方言条件复句关联标记模式（括号表示此类只是变体形式）

	居中黏结式		前后配套式		居端依赖式
	A 式：S₁+g, S₂	B 式：S₁, g+S₂	C 式：g₁+S₁, g₂+S₂	D 式：S₁+g₁, g₂+S₂	H 式：g+S₁, S₂
充分条件	—	X，就 Y	一 X，就 Y	（X 嘞（嘞），就 Y）	—
必要条件	—	X，才 Y	（除嘞 X，不嘞 Y）（就 X，也 Y）	（X 嘞（嘞），才 Y）	—
无条件	X 不管咋，Y	X，再咋也 Y X，管 Y	（再咋 X，也 Y）（（不）管 X，也 / 都 / 就 Y）	（X 嘞（嘞），再 Y）	（管 X，Y）（不管咋 X，Y）

四、转折复句的关联标记与关联标记模式

朔城区方言转折复句可以通过意合法表示。例如：

（57）吃去挺好吃，看上去寡达不怎么样。

（58）说得好听，做的那事情没法看。

但使用关联标记的转折复句，尤其是居中黏结 B 式和前后配套 C 式更为常见，也更自然。

（一）居中黏结 B 式：S₁, g+S₂

朔城区方言转折复句可以用居中黏结 B 式表示，其关联标记有"倒还""倒"，以及副词"就／就是""可是"。例如：

（59）看这阵这忙成个啥，倒还那阵阵把那营生做完啦。

（60）他将回来钻了两天，倒走啦。

（61）天还没咋亮嘞，你妈就起来啦。

（62）可喜人嘞，就是没念成个书。

（63）说得可好听嘞，可是做起来就不一定啦。

（64）亲友们都想去嘞，可是忙得顾不下。

以上例句中，例（59）、（60）属于弱转，例（61）、（62）属于轻转，例（63）、（64）属于强转。其中例（59）的"倒还"，有"幸好、幸亏"的意思，例（60）的"倒"有"意外"的意思。

（二）前后配套 C 式：g₁+S₁, g₂+S₂

朔城区方言的转折复句可以用前后配套 C 式表示，例如：

（65）出外头这么多年啦，我当你多挣下钱儿啦，半天也寡达不怎么样。

（66）不要看人儿这阵这样儿，过几年（可）就凭比扭"你们强啦。

（67）忙成个这啦，你儿不说是过来给帮帮忙，还在那儿耍嘞。

（68）娃娃倒是个好娃娃，就是家里头大人寡达不怎么样。

这些例句中出现的关联标记分别为"当……，半天……""不要看……，（可）就……""不说是……，还……""倒是……，就是……"。例（66）的"可"可以省略，但省略后就由强转变为了轻转。

此处需要注意的是，朔城区方言转折复句的前后配套式不能转换为居中黏结式，也就是说前分句的关联标记不能删除，而居中黏结式一般也不能转换为前后配套式。

由以上可知，朔城区方言的转折复句以居中黏结式和前后配套式为主，没有居端依赖式。

表 8-22　朔城区方言转折复句关联标记模式（括号表示此类只是变体形式）

	居中黏结式		前后配套式	居端依赖式
	A式：S_1+g，S_2	B式：S_1，$g+S_2$	C式：g_1+S_1，g_2+S_2	
强转	—	X，可是 Y	不要看 X，（可）就 Y	—
轻转	—	X，就 / 就是 Y	当 X，半天 Y 不说是 X，还 Y	—
弱转	—	X，倒 / 倒还 Y	倒是 X，就是 Y	—

五、并列复句的关联标记与关联标记模式

并列复句应包括平列和对举两类，朔城区方言平列复句可以用意合法表示。例如：

（69）人儿这娃们不吃烟，不喝酒，可是好娃娃嘞。

（70）咱村里头那家这阵回去咱村里那个家现在回去，站没个站处，坐没个坐处。

不过，朔城区方言的并列复句大多采用关联标记，尤其是对举并列复句。而前后配套式是朔城区方言并列复句最主要的关联标记模式。

（一）居中黏结 B 式：S_1，$g+S_2$

朔城区方言并列复句只有居中黏结 B 式，没有居中黏结 A 式。例如：

（71）他不去，我也不去。

（72）你看那，吃饭嘞，又吃小零食嘞，往着吃呀吃着饭，又吃零食，这样会积食。

以上例句均是平列类并列复句，关联标记主要是"……，也……""……，又……"等。

（二）前后配套 C 式：g1+S1，g2+S2

朔城区方言的并列复句也采用前后配套 C 式表示。例如：

（73）小娃们不要学那就吃饭就说话一边儿吃饭一边儿说话的毛病。

（74）那老人看上个咋也不咋，也能吃嘞，也能喝嘞，就是身上不入法舒服。

（75）咱就立儿拉嗒拉呱、聊天，就立儿到把这些营生做啦还。

（76）你一阵阵叫我做这（嘞），一阵阵叫我做那（嘞），我不知道该做啥嘞。

（77）你看人儿能就哩儿走，就哩儿看书嘞。

（78）我这会儿碰哒打个工，碰哒回村里头种个地，过得还将就。

（79）这人老们，有时候想回村嘞，有时候想在儿们跟前钻的嘞。

（80）一个没家，不是儿们那钻的，就是女儿们那钻的。

（81）这些营生是我做的，不是你做的。

（82）不是我不想去，是他不叫我去。

以上例（73）—（79）是平列类，例（80）—（82）是对举类。平列类并列复句的关联标记较多，有"就……，就……""也……，也……""就立儿……，就立儿……""一阵阵……，一阵阵……""就哩儿……，就哩儿……""碰哒……，碰哒……""有时候……，有时候……"；对举类并列复句的关联标记主要是"不是……，就是……""是……，不是……"或"不是……，是……"。

可以看出，并列复句的关联标记模式相对整齐，且部分居中黏结 B 式和前后配套 C 式可以相互变换。例如：

（72'）你看那，又吃饭，又吃小零食，往着吃呀吃着饭，又吃零食，这样会积食。

（74'）那老人看上个咋也不咋，能吃嘞，也能喝嘞，就是身上不入法舒服。

（76'）你叫我做这（嘞），又叫我做那（嘞），我不知道该做啥嘞。

以上是可以相互转换的例句。可以发现，凡前后分句主语一样，或共用一个主语的，B 式和 C 式大都可以相互变换。例（71）前后分句主语不一致，不能转换；关联标记为"碰哒……，碰哒……""有时候……，有时候……"的复句也不能相互转换。

综上，朔城区方言的并列复句主要采用居中黏结 B 式和前后配套 C 式表示，无居端依赖式，且 B 式和 C 式可以有条件地相互转换。

表 8-23　朔城区方言并列复句关联标记模式

	居中黏结式		前后配套式	居端依赖式
	A 式：S_1+g，S_2	B 式：S_1，$g+S_2$	C 式：g_1+S_1，g_2+S_2	
平列	—	X，也 Y X，又 Y	就 X，就 Y 就立儿 X，就立儿 Y 就哩儿 X，就哩儿 Y 一阵阵 X，一阵阵 Y 碰哒 X，碰哒 Y 有时候 X，有时候 Y 也 X，也 Y	—
对举	—	—	是 X，不是 Y 不是 X，是 Y 不是 X，就是 Y	—

六、递进复句的关联标记与关联标记模式

递进复句包括一般递进和衬托递进。朔城区方言的递进复句一般都要用关联标记表示，很少用意合法表示。

（一）居中黏结 B 式：S_1，$g+S_2$

（83）平时不帮你妈做营生倒算了，反过来你还嫌你妈迟嘞。

（84）他不想来，我还不叫他来嘞。

以上两例是以居中黏结式表示的递进复句，例（83）为一般递进，例（84）为衬托递进，两类递进复句的关联标记均是"……，还……"，且均可以转换成前后配套 C 式。

（二）前后配套 C 式：g1+S1，g2+S2

（85）不要说你看不惯，就连我也看不惯。

（86）不要说他做得不像，就是你哇凭比人儿强啊？

（87）不要说扭゠你们老师还教不了你嘞，我越教不了你。

（88）不用说那儿啦，老子也扯球蛋。

（89）连饭还吃不将来嘞，不用说做别的啦。

（90）你舅年轻那会可好耍钱儿嘞，不蹉不仅把一个儿的钱儿输啦，还把你姥娘的也输啦。

（91）不蹉不仅你不爱见他，就连我也不爱见。

以上例（85）—（87）为衬托递进，例（88）—（91）为一般递进。衬托递进的关联标记主要是"不要说……，就连……""不要说……，就是……""不要说……，越……"，关联标记"就连""就是"一般位于后分句句首，"越"位于后分句主语之后，后分句的这三个关联标记一般情况可以互相替换；一般递进的关联标记有"不用说……，也……""连……，不用说……""左不来……，就……""不蹉不仅……，就……""不蹉不仅……，还……""不蹉不仅……，就连……"等。

采用前后配套 C 式的递进复句部分可以转换为居中黏结 B 式，像例（85）可以通过删除前分句的关联标记，将后分句的关联标记改为"越"；上例大多数直接删除前分句的关联标记，就可以变为 B 式。例如：

（85'）你看不惯，我越看不惯。

（86'）他做得不像，就是你哇凭比人儿强啊？

（87'）扭゠你们老师还教不了你嘞，我越教不了你。

（89'）饭还吃不将来，不用说做别的啦。

（91'）你不爱见他，我越不爱见。

居中黏结 B 式均可以转换为 C 式，例如：

（83'）不蹉不仅平时不帮你妈做营生，反过来你还嫌你妈迟嘞。

（84′）不要说他不想来，我还不叫他来嘞。

综上，朔城区方言的递进复句以居中黏结 B 式和前后配套 C 式为主，无居端依赖式，且 B 式均可以转换成 C 式，C 式只有部分可以转换成 B 式。

表 8-24　朔城区方言递进复句关联标记模式

	居中黏结式		前后配套式	居端依赖式
	A 式：S₁+g, S₂	B 式：S₁, g+S₂	C 式：g₁+S₁, g₂+S₂	
一般递进	—	X，反过来还 Y	不用说 X，也 Y 连 X，不用说 Y 左不来 X，就 Y 不蹉不仅 X，就 / 还 / 就连 Y	—
衬托递进	—	X，还 Y	不要说 X，就连 / 就是 / 越 Y	—

七、选择复句的关联标记与关联标记模式

选择复句包括已定选择和未定选择两类，已定选择又分为先舍后取和先取后舍两个小类。选择复句可以用意合法表示。例如：

（92）吃米呀，吃面呀，你定哇。

朔城区方言的选择复句也可以用关联标记表示，且主要采用居中黏结 B 式和前后配套 C 式表示。

（一）居中黏结 B 式：S₁, g+S₂

（93）你要玩具呀，还是吃的呀？

（94）你去，要不咾就叫别人去，不嘞迟呀。

（95）天天在这家里头钻的嘞，不妨儿 / 不如出去转达去。

以上例句中，例（93）、（94）是未定选择，主要关联标记是"……，还是……""……，要不咾……"；例（95）是已定选择，且为先舍后取，主要关联标记为"……，不妨儿 / 不如……"，已定选择的先取后舍句不能用居

中黏结 B 式表示。

值得说明的是，凡用居中黏结 B 式表示的未定选择句和已定选择的先舍后取类复句均可以转换为前后配套 C 式表示。

（二）前后配套 C 式：g1+S1，g2+S2

（96）或管你，或管你妹，把雨伞给你爸送将去。

（97）要不咾吃面，要不咾吃米，你看哇。

（98）要不咾给我在学校好好念书，要不咾就给我滚回家里去。

（99）你今儿是念书去呀，还是耍去呀？

（100）这娃们长大嘞，宁在外头混，也不想回家。

以上例（96）—（99）都是未定选择，关联标记为"或管……，或管……""要不咾……，要不咾……""是……，还是……"，其中"或管……，或管……"和"要不咾……，要不咾……"可以互换且表义不变；例（100）为已定选择的先取后舍句，主要关联标记为"宁……，也……"。这里需要说明的是，已定选择的先取后舍类复句只能采用前后配套 C 式表示。

另外，未定选择的选择复句居中黏结 B 式和前后配套 C 式可以相互转换。试比较：

（93′）a. 你要玩具呀，还是吃的呀？

　　　　b. 你是要玩具呀，还是吃的呀？

（94′）a. 你去，要不咾就叫别人去，不嘞迟呀。

　　　　b. 要不咾你去，要不咾就叫别人去，不嘞迟呀。

（95′）a. 天天在这家里头钻的嘞，不妨儿／不如出去转达去。

　　　　b. 与其天天在这家里头钻的嘞，不妨儿／不如出去转达去。

（96′）a. 或管你，或管你妹，把雨伞给你爸送将去。

　　　　b. 你，或管你妹，把雨伞给你爸送将去。

（98′）a. 要不咾给我在学校好好念书，要不咾就给我滚回家里去。

　　　　b. 给我在学校好好念书，要不咾就给我滚回家里去。

（99′）a. 你今儿是念书去呀，还是耍去呀？

b. 你今儿念书去呀，还是耍去呀？

以上例（96′）是已定选择中先舍后取类复句的 B 式和 C 式的表达，两种表达方式的表义相同，只是 C 式前后分句的关联标记结合，较 B 式表述先舍后取的意义更强烈些。

综上，朔城区方言选择复句以居中黏结 B 式和前后配套 C 式表示，无居端依赖式。未定选择复句的 B 式和 C 式可以自由转换，已定选择中先舍后取类复句的 B 式可以转换为 C 式，而先取后舍类复句则只能用 C 式表示，不能转换为 B 式。

表 8-25　朔城区方言选择复句关联标记模式（括号表示此类只是变体形式）

		居中黏结式		前后配套式	居端依赖式
		A 式: S_1+g, S_2	B 式: S_1, g+S_2	C 式: g_1+S_1, g_2+S_2	
未定选择		—	X, 还是 / 是 Y X, 要不咾 Y	是 X, 还是 Y 不是 X, 就是 Y 要不咾 X, 要不咾 Y 或管 X, 或管 Y 也 X, 也 Y	—
已定选择	先舍后取	—	X, 不妨儿 / 不如 Y	（与其 X, 不防儿 / 不如 Y）	—
	先取后舍	—	—	宁 X, 也 Y	—

八、顺承复句的关联标记与关联标记模式

顺承复句是在时间上形成纵线序列，表示事物间先后相继关系的复句。在朔城区方言中，顺承复句可以用意合法表示。例如：

（101）咱吃饭哇，吃了饭说。

（102）扭＂你们走嘞，人儿人家来啦。

顺承复句也可以用关联标记表示，且主要采用居中黏结 B 式和前后配套 C 式。

（一）居中黏结 B 式：S₁，g+S₂

朔城区方言的顺承复句可以用居中黏结 B 式表示，一般不用居中黏结 A 式表示。用 B 式表示的主要关联标记为"……，就哩儿……""……，接正……"等。例如：

（103）咱吃完饭，就哩儿就睡。

（104）那媳妇生完头一个，接正又生了一个。

（105）你吃哇，我一阵阵吃。

以上例句通过在前分句句首或主语后添加表示先后顺序的副词"先"，均可变换为前后配套式。例如：

（103′）咱先吃完饭，就哩儿就睡。

（104′）那媳妇先生完头一个，接正又生了一个。

（105′）你先吃哇，我一阵阵吃。

（二）前后配套 C 式：g₁+S₁，g₂+S₂

朔城区方言的顺承复句也可以用前后配套 C 式表示，主要关联标记为"先开头……，后头……""起先……，后头……""先……，再……""将接……，就哩儿……""将接……，就……""一……，就……""头哩儿……，二哩儿……""前头……，后头……""就哩儿……，就哩儿……"等。例如：

（106）囊＂我们先开头说了一阵阵话，后头才去吃的饭。

（107）起先我接义觉得那人还不赖，后头就寡达啦。

（108）先吃完饭，再耍手机哇。

（109）我将接刚刚把衣裳晾出个，就哩儿到下雨啦。

（110）我将接刚刚给你洗了衣裳，就怎＂弄上泥啦。

（111）这两天一吃上些饭，肚子就疼得不能啦。

（112）扭＂你们头哩儿走，堂＂他们二哩儿就来啦。

（113）扭＂你们前头走嘞，人儿人家后头到来啦。

（114）人儿人家那出门，就哩儿走，就哩儿就回来啦。

以上前后配套式的例句大多可通过删除前分句的关联标记模式变换为居中黏结 B 式，但例（109）、（110）、（112）、（113）、（114）不能转换为 B 式，因为这些例句前后分句的关联标记在时间线上联系过于紧密，若删去前分句的关联标记，会导致前后分句表义不清。

综上，朔城区方言的顺承复句以居中黏结 B 式和前后配套 C 式为主，没有居端依赖式。其中，B 式均可转换成 C 式，C 式除部分前后分句的关联标记在时间上表述紧凑的之外，也可以转换为 B 式。

表 8-26　朔城区方言顺承复句关联标记模式

	居中黏结式		前后配套式	居端依赖式
	A 式：S1+g，S2	B 式：S1，g+S2	C 式：g1+S1，g2+S2	
顺承复句	—	X，就哩儿 Y X，接正 Y X，一阵阵 Y	先开头 X，后头 Y| 起先 X，后头 Y 先 X，再 Y| 将接 X，就哩儿 Y 将接 X，就 Y| 一 X，就 Y 头哩儿 X，二哩儿 Y| 前头 X，后头 Y 就哩儿 X，就哩儿 Y	—

以上是对朔城区方言九类复句的关联标记及关联标记模式的分析，其中前五类为偏正类复句，后四类为联合类复句。通过表 8-27 可以看出，偏正类复句的关联标记模式是居中黏结式占优势，联合类复句的关联标记模式是前后配套式占优势。

表 8-27　朔城区方言复句关联标记模式（括号表示此类只是变体形式）

		居中黏结式		前后配套式					居端依赖式	
		A	B	C	D	E	F	G	H	I
偏正复句	假设复句	+（+）	+	（+）	（+）	—	—	—	（+）	—
	因果复句	（+）	+	（+）	—	—	—	—	—	—
	目的复句	—	+	（+）	—	—	—	—	—	—
	条件复句	+	+	+（+）	（+）	—	—	—	（+）	—

续表

		居中黏结式		前后配套式					居端依赖式	
		A	B	C	D	E	F	G	H	I
偏正复句	转折复句	−	+	+	−	−	−	−	−	−
联合复句	并列复句	−	+	+	−	−	−	−	−	−
	递进复句	−	+	+	−	−	−	−	−	−
	选择复句	−	+	+（+）	−	−	−	−	−	−
	顺承复句	−	+	+	−	−	−	−	−	−

第六节　山西晋语北区复句关联标记模式 ①

——以左云方言为例

左云县隶属于山西省大同市，地处山西北部边缘。依据《中国语言地图集》（2012），左云方言属于山西晋语区大包片。

一、假设复句的关联标记与关联标记模式

假设复句包括一致关系和相背关系两类，其中，相背关系的假设复句主要指让步假设复句。左云方言的假设复句一般需要关联标记，用意合法的较少。例如：

（1）（你）到时候来不了，打电话跟我说一下就行。

上例是意合法构成的假设复句，这样的说法在当地口语中也存在，但更常说的是：

---

① 本节是作者与硕士李艳合作，论文发表在刘顺主编：《汉语句式研究·第三集》，南京大学出版社，2019年。这里做了局部修改。

（1′）到时候来不了来 [læ^0]，打电话跟我说一下。到时候来不了的话，打电话告我一下。

左云方言假设复句关联标记模式较为复杂，具体如下。

（一）假设一致关系的居中黏结式

一致关系的假设复句，主要指偏句在前，阐述某种假设；正句在后，是以这种假设为依据推断出某种结果。

1. 居中黏结 A 式：S1+g，S2

假设复句有居中黏结 A 式，且 A 式在口语中出现频率较高，所用关联标记主要是语气助词"来 [læ^0]""哇 [ua^0]"，二者都附着在偏句（前分句）句末，相当于普通话"的话"义。例如：

（2）你想吃葫芦来，到我们院嘞里摘去哇吧。

（3）这（东西）完了之后坏了来，你拿过了拿过来就行。

（4）（她）照住那学哇，那得就不赖不错啦。

（5）早知道你买上买了哇，我得就不买啦。

左云方言假设句里包括假设语气和虚拟语气两种，以上例句中，例（2）、（3）是假设语气，例（4）、（5）是虚拟语气。假设语气和虚拟语气又可以根据关联标记的位置分为两类，我们姑且把这两小类分为假设1、假设2和虚拟1、虚拟2，A 式中是假设1和虚拟1，假设语气1一般用"来"，虚拟语气1一般用"哇"，假设2和虚拟2是出现在 B 式的，将在下文讨论。

2. 居中黏结 B 式：S1，g+S2

B 式的关联标记主要为否定形式，如："没了（／没来）""没""不是哇""不是"，往往出现在正句（后分句）的句首，B 式的假设复句都是假设2和虚拟2。例如：

（6）这药得吃完饭吃，没了对胃不好。这个药得吃完饭喝，否则对胃不好。

（7）今儿说啥也得去哩，没再没空儿啦。今天无论如何都得去，不然再没时间了。

（8）让被她磨蹭了半天，不是哇不然的话早来啦。

（9）幸亏早起早上滚了壶水烧了壶水，不是你这一刻儿立刻喝啥哩？

上文例（6）、（7）是假设语气，一般用关联标记"没了""没"；例（8）、（9）是虚拟语气，一般用关联标记"不是哇""不是"。

值得注意的是，A 式和 B 式在假设复句的表达方面呈互补分布：用 A 式的假设句（假设1、虚拟1）是偏句阐述某种假设，正句说明如果偏句所提假设成立将会产生什么结果，相当于普通话的"要是……，就……"的表义特点；用 B 式（假设2、虚拟2）则相反，偏句提出一个事实，正句则说明如果违反这个事实或事实不存在，就会产生什么后果，相当于普通话的"……，否则/不然的话……"的表义特点。口语中会根据语境和表义要求选择 A 式或 B 式。

（二）假设一致关系的前后配套式

1. 前后配套 C 式：g1+S1，g2+S2

左云方言的假设复句也有前后配套 C 式，可能是受普通话影响出现的。配套出现的一般为"要是……，（那）就……"等。此时，语气助词"来""哇"依然可以加在前分句句末，构成多个标记搭配。例如：

（10）要是（病）厉害严重了，那就不好不容易看治啦。

（11）要是以后还去（来），就叫上带上我。

（12）要是慢一步（哇），今儿就又白来啦。

口语中，前后配套 C 式往往可以变成居中黏结式："……来/哇，（就）……"。

2. 前后配套 D 式：S1+g1，g2+S2

这种结构的出现，主要是因为假设复句的特殊标记——语气助词，语气助词附在前分句句末，作为前分句的标记，与后分句的标记一起构成配套 D 式，一般为"……来，就……"（假设语气）、"……哇，就……"（虚拟语气）。例如：

（13）明儿个明天还难活难受来，就先缓上休息一天。

（14）出得早来，就多等上一阵儿。

（15）前半年就张罗哇，这阵儿现在就做完啦。

第一个标记位于前分句句末，第二个标记位于后分句句首，两个标记共同位于复句中间，起连接作用，这里的前后配套式更像是居中黏结式，或者说本质上一样。

3. 前后配套 E 式：g1+S1+g2，S2

E 式中的前一个关联标记为否定形式"不""（要）不是"等，后一个标记为语气助词"来""哇"。例如：

（16）今儿今天不去来，再没空儿啦。

（17）不是让他冲也影响哇，我早做完啦。

但这类结构大都可以变换为居中黏结 B 式，口语中 B 式使用较多，即"……，没了 / 没……""……，不是哇 / 不是……"。例如：

（16'）今儿得去，没了再没空儿啦。

（17'）让他冲也影响的，不是哇我早做完啦。

（三）假设让步复句的居中黏结式

假设复句中有一类是让步假设句，偏句与正句的语意是相背的，假设与结果不一致，偏句先让一步，承认假设的事实，正句则说出不因假设实现而改变的结论。

1. 居中黏结 B 式：S1，g+S2

让步假设句有居中黏结 A 式和 B 式，A 式是 B 式的变体形式。

B 式关联标记一般用"……，也……"。例如：

（18）明儿个明天下刀子，我也得去哩。（下刀子：夸张说法，天上下刀子，形容天气不好。）

（19）你拿将了拿来了，我也不要你的。

2. 居中黏结 A 式：S1+g，S2

B 式在口语中常常变为居中黏结 A 式，关联标记为"……也，……"。

例如：

（18′）明儿个下刀子也，我得去哩。

（19′）你拿将也，我不要你的。

（20）拿上一堆也，人家不稀罕。

由于"也"的特殊性（在向语气词语法化的过程中），"也"常可以由后分句前移到前分句末尾，形成"……也，……"结构。口语中左云方言的 A 式比 B 式使用频率更高，这与平遥、原平等方言的说法基本一致，副词由前置于后分句到后置于前分句的变换，已经失去了副词的功能，成为典型的关联标记，也更符合"联系项居中"原则。

（四）假设让步复句的前后配套式

1. 前后配套 C 式：g1+S1，g2+S2

常用的搭配有"再／就是／哪怕……，也……"等。例如：

（21）你再想要，也不能刁抢别人的。

（22）人儿再不学，也比你强。

（23）你就是说死，人家也不听。

（24）哪怕你回家咋怎样闹闹腾腾哩，也不能在这儿扎眼惹眼。

2. 前后配套 E 式：g1+S1+g2，S2

前后配套 E 式是 C 式的变体，常见的有："再／就是／哪怕……也，……"等。例如：

（25）再丑也，人家不嫌。

（26）就是远也，我得去哩。

（27）哪怕就来一个也，你得好好儿迎接哩。

让步假设句一般需要前后标记配套使用，共同完成"假设＋让步转折"的语义表达，因为如果只用一个标记"也"，有时容易与一般转折句混淆，例如："丑也，人家不嫌。"加上前一个标记后，会使让步假设关系更明确。后一个关联标记不可以省去。总体来看，让步假设句常是配套出现，但若在语境清楚的情况下，前一个关联标记可以不加，只用后一个标记"也"，所以在口语交际中，让步假设句也可由前后配套式转变为居中黏结式。

从上面的分析可以看出，左云方言的假设复句关联标记以居中黏结式为主流，前后配套式次之，没有居端依赖式。在口语交际中，前后配套式常可以变为居中黏结式。

表 8-28　左云方言假设复句关联标记模式（括号表示此类只是变体形式）

	居中黏结式		前后配套式			居端依赖式
	A式：S$_1$+g, S$_2$	B式：S$_1$, g+S$_2$	C式：g$_1$+S$_1$, g$_2$+S$_2$	D式：S$_1$+g$_1$, g$_2$+S$_2$	E式：g$_1$+S$_1$+g$_2$, S$_2$	
假设₁	X 来，Y	—	（要是 X，（那）就 Y）	X 来，就 Y	—	—
虚拟₁	X 哇，Y	—		X 哇，就 Y	—	—
假设₂	—	X，没了 / 没 Y	—	—	（不 X 来，Y）	—
虚拟₂	—	X，不是哇 / 不是 Y	—	—	（（要）不是 X 哇，Y）	—
让步	（X 也，Y）	X，也 Y	再 / 就是 / 哪怕 X，也 Y	—	（再 / 就是 / 哪怕 X 也，Y）	—

二、因果、目的复句的关联标记与关联标记模式

目的复句与因果复句接近，本文放到一起分析。左云方言因果复句、目的复句可以用意合法表示，例如：

（28）时间一长，（身体）乏累得不能不行啦。

（29）早早儿出了，等得打奶牛奶哩。

例（28）是因果复句，例（29）是目的复句，这种意合法在左云方言口语中普遍存在，但因果、目的关系也常用关联标记表示。

（一）居中黏结 B 式：S$_1$, g+S$_2$

左云方言因果复句可分为说明因果和推论因果两类。目的复句分为求得句

和求免句。因果复句和目的复句大都用居中黏结 B 式表达意义。

1. 因果复句

（30）我们孩子可很好吃豆角哩，没我年年给种两个（豆角）。

（31）那年两人打了一架，没了这会儿见了不说话。

（32）管事儿的不在，你就先回去哇吧。

（33）我那硬疼得不行啦，才去检查的。

（34）早起早上我妈说人儿人家两句，人儿得就潜＂置气得不回啦。

（35）将来估计出去不好混，没他这得就回啦。

（36）进了医院，就得钱哩。

（37）有他去，我得就不去啦。

以上例句，例（30）—（34）是说明因果，例（35）—（37）是推论因果。因果复句常用"……，没（了）……""……，就／得／才……"等，根据不同的语境使用不同的副词，都相当于普通话的"……，所以／因此……""（既然）……，那么就……"。

2. 目的复句

（38）大老远跑你这儿（买），就为你给便宜点儿哩么！

（39）（她）跟婆婆可很好哩，为人儿给她看照看孩子哩。

（40）（纪念品）留上哇，防以后看看。

（41）把这两个钱装上，防出去买个啥什么东西。

（42）你听话，好得我完了之后领你买东西去。

（43）我给帮你捎回了哇，省得你完了还得去取去哩。

（44）早早儿就把拿的东西拾掇好，省得走呀走的时候又忙的。

上文例（38）—（42）为求得句，例（43）、（44）为求免句。求得句常用关联标记"……，（就）为……""……，防……""……，好得……"，相当于普通话的"为了""以便""好（让）"；求免句常用关联标记"……，省得……"等。

（二）前后配套 C 式：g1+S1, g2+S2

左云方言因果复句没有配套式；目的复句可以用前后配套 C 式表达，但很少，只有"为……，就 / 得 / 才……"。例如：

（45）为省钱，就坐火车走哇。

（46）为坐人家那顺车，早得就起起床等上啦。

（47）为他能帮个忙哩，我才给他这些这么多的。

从上面的分析可以看出，左云方言因果复句和目的复句以居中黏结 B 式为主流，目的复句中存在少数前后配套 C 式，二者都没有居端依赖式。

表 8-29　左云方言因果、目的复句关联标记模式

	居中黏结式		前后配套式	居端依赖式
	A 式：S1+g, S2	B 式：S1, g+S2	C 式：g1+S1, g2+S2	
说明因果	—	X，没 / 没了 Y	—	—
推论因果	—	X，就 / 得 / 才 Y	—	—
求得	—	X，（就）为 / 防 / 好得 Y	为 X，就 / 得 / 才 Y	—
求免	—	X，省得 Y	—	—

三、条件复句的关联标记与关联标记模式

条件复句分为充足条件、必要条件和无条件三种。左云方言的条件复句也包括这三种。条件复句可以通过意合法表达意义，例如：

（48）多下点儿心亏心血，肯定能考住考上大学。

但条件复句在一般语境中大都会有关联标记，条件复句的关联标记模式类型较多，具体如下。

（一）居中黏结 B 式：S1, g+S2

左云方言条件复句有居中黏结式，但只有 B 式，没有 A 式。例如：

（49）多会儿（手）肿消了，就能抓东西啦。

（50）那（营生）做得多了，就会啦。

（51）等大人家长来接你，你才能走哩。

上文例（49）、（50）是充足条件句，关联标记用"……，就……"；例（51）是必要条件句，关联标记用"……，才……"。

（二）前后配套式

1. 前后配套 C 式：g1+S1，g2+S2

条件复句还有前后配套 C 式。例如：

（52）只要多操点儿心，就不咋咋儿没什么事儿。

（53）就只有你说，人家才听哩。

（54）除非你拿过了，这才给你做哩。

（55）除非你跟我去哇，没我不去啊！

（56）不管她去不去，咱也得去哩。

（57）管你说啥哩，人家才不操心哩。

（58）管你打哩骂哩，人家还那样儿的。

以上例句中，例（52）是充足条件句，受普通话影响，关联标记用"只要……，就……"；例（53）—（55）是必要条件句，关联标记一般用"就……，才……""除非……，才 / 没（了）……"等，"就……，才……"相当于普通话的"只有……，才……"；例（56）—（58）是无条件句，关联标记一般用"不管 / 管……，也 / 才 / 还……"，根据具体语境选择搭配成分。

前后配套式只有在表达强调语气时使用，一般前一个关联标记都可以省略，省略后前后配套 C 式就转换成居中黏结 B 式。例如：

（52′）多操点儿心，就不咋咋儿没什么事儿。

（54′）你拿过了，这才给你做哩。

（56′）她去不去，咱也得去哩。

2. 前后配套 E 式：g1+S1+g2，S2

E 式主要用于无条件复句，关联标记为"不管 / 管……也，……"，属于 C 式的变式。例如：

（59）不管贵贱也，我买呀。

（60）管你说多少也，人家不听。

（三）居端依赖 H 式：g+S1，S2

左云方言条件复句还存在居端依赖 H 式，主要用于无条件复句。H 式是 C 式的变式。例如：

（61）管她去哩不去，咱们去得行啦。

从上面的分析可以看出，左云方言条件复句以居中黏结 B 式为主流，前后配套式次之，在口语交际中，前后配套式往往可以转换为 B 式。条件复句虽有居端依赖式，但属于变式，使用频率不高。

表 8-30　左云方言条件复句关联标记模式（括号表示此类只是变式）

	居中黏结式		前后配套式		居端依赖式
	A 式：S1+g，S2	B 式：S1，g+S2	C 式：g1+S1，g2+S2	E 式：g1+S1+g2，S2	H 式：g+S1，S2
充足条件	—	X，就 Y	只要 X，就 Y	—	—
必要条件	—	X，才 Y	就 X，才 Y 除非 X，才 / 没（了）Y	—	—
无条件	—	—	不管 / 管 X，也 / 才 / 还 Y	（不管 / 管 X 也，Y）	（管 / 不管 X，Y）

四、转折复句的关联标记与关联标记模式

左云方言转折复句可以通过意合法表达意义，例如：

（62）可多很多次跟你说啦说过，从来不记。

但转折复句在多数语境中使用关联标记，具体如下。

（一）居中黏结式

1. 居中黏结 B 式：S1，g+S2

左云方言转折复句有居中黏结 B 式。例如：

（63）不知道，也不懂得问。

（64）那孩学习哇吧就那样儿的，不过做营生去可倩很好哩。

（65）（作文）交是交啦，不过写得不甚不怎么好。

（66）不知道啥时候把个辫套儿丢啦，没过也还有好些些哩。

（67）早得就说来哩，就是一直没顾上。

（68）疼哇吧得不甚不怎疼，就是难活难受哩。

上文例（63）属于重转，一般用"也"做关联标记；例（64）—（66）属于轻转，一般用"不过""没过"做关联标记；例（67）、（68）属于弱转，用"就是"做关联标记，相当于普通话的"只是"。"不过"常可以与"也"连用，转折意味更强。例如：

（69）给的不甚不怎么多，不过也够啦。

2. 居中黏结 A 式：S1+g，S2

A 式是 B 式的变式。左云方言转折复句的 B 式在口语中可以转换为 A 式，A 式只用于重转句，关联标记用"也"。例如：

（70）人家瘦也，劲儿可大哩。

（71）不好不喜欢吃也，不能扔了哇。

（72）（质量）不好也，够用一两年啦。

"也"由前置到后置，与前文所分析的动因基本一致，不再赘述。

（二）前后配套 C 式：g1+S1，g2+S2

转折复句也可以用前后配套 C 式表达，不过这种结构不太常用。例如：

（73）人家是不给咱们送啦，不过还能让别人捎。

（74）也不是不让你说话，就是只是你声音小点儿。

前后配套 C 式关联标记一般用："是……，不过（也 / 还）……""也不是……，就是……"，相当于普通话的"虽是……，但……""虽……，可是 / 只是……"。前后配套使用时，会加重转折语气。

综上所述，左云方言转折复句主要用居中黏结式，前后配套式不太常用，无居端依赖式。

表 8-31　左云方言转折复句关联标记模式（括号表示此类只是变式）

	居中黏结式		前后配套式	居端依赖式
	A 式：S_1+g, S_2	B 式：S_1, g+S_2	C 式：g_1+S_1, g_2+S_2	
强转	（X 也，Y）	X，也 Y	是 X，不过（也）/ 不过（还）Y	—
轻转	—	X，不过 / 没过 Y	是 X，不过 / 没过 Y	—
弱转	—	X，就是 Y	也不是 X，就是 Y	—

五、并列复句的关联标记与关联标记模式

并列复句包括平列和对举两类，左云方言的并列复句也可以用意合法表示，例如：

（75）你这天天头不梳，脸不洗！

（76）你要追求数量哩，人家要质量哩。

不过，大多数的并列复句，尤其是对举类并列复句一般要用关联标记，具体如下。

（一）居中黏结 B 式：S_1, g+S_2

左云方言并列复句有居中黏结 B 式，没有 A 式。例如：

（77）我不想叫让他来，我也不想寻他去。

（78）在这儿不用做饭，又不用洗锅！

（79）他去苏州啦，不是去海南啦。

（80）我把那给人啦，不是扔啦。

以上例句，例（77）、（78）是平列；例（79）、（80）是对举。表平列关系的关联标记常用"也""又"；表对举关系的关联标记常用"不是"等。

（二）前后配套 C 式：g1+S1, g2+S2

左云方言并列复句还有前后配套 C 式。例如：

（81）那人正烟也不吃，酒也不喝。

（82）输输液上两天，火也没下下消下去，钱也白花啦。

（83）我老常经常就看电视就做营生干活儿。

（84）每天一回家又得忙饭，又得哄照顾孩子。

（85）这（钱）是给你学习用的，不是买那些乱七八糟（用）的。

（86）我不是不动弹，是不知道咋怎样做哩？

上文例（81）—（84）是平列类，例（85）、（86）是对举类。平列类的关联标记一般用"也……，也……""又……，又……""就……，就……"，其中"就……，就……"相当于普通话"一边……，一边……"；对举类的关联标记一般是"是……，不是……""不是……，是……"等。

综上所述，左云方言并列复句主要用居中黏结 B 式和前后配套 C 式，无居端依赖式。一般情况下 B 式和 C 式可以互相转换，但 C 式中存在不可以转换为 B 式的结构，如"就……，就……""不是……，是……"，有的虽然可以省去前标记转换为 B 式，但表达有些别扭、不自然，C 式在并列复句中占有一席之地。所以，在并列复句中，前后配套 C 式与居中黏结 B 式同样都是当地方言中的优势结构。

表 8-32　左云方言并列复句关联标记模式

	居中黏结式		前后配套式	居端依赖式
	A式：S_1+g, S_2	B式：S_1, $g+S_2$	C式：g_1+S_1, g_2+S_2	
平列	—	X，也／又 Y	也 X，也 Y 又 X，又 Y 就 X，就 Y	—
对举	—	X，不是 Y	不是 X，是 Y 是 X，不是 Y	—

六、递进复句的关联标记与关联标记模式

递进复句包括一般递进和衬托递进。左云方言的递进复句很少用意合法表示，一般要加关联标记。

（一）居中黏结 B 式：S_1, $g+S_2$

左云方言的递进复句有居中黏结 B 式，没有 A 式。例如：

（87）我见过你们主任，还跟他说过两句话哩。

（88）一个儿自己不想去，还老不让人儿人家别人去。

（89）这儿这地方的不行，那些更不行。

（90）大人家长的话不听，连老师的话你也敢不听？

以上例句，例（87）—（89）是一般递进，例（90）是衬托递进。一般递进关系常用"……，还／更……"；衬托递进关系用"……，连……也……"等。

（二）前后配套 C 式：g_1+S_1, g_2+S_2

左云方言递进复句也常用前后配套 C 式。例如：

（91）他不光一个儿自己不学，还冲也影响人儿人家别人学不成。

（92）不躔不只这一个，那些也退回啦。

（93）一个这还 [xəʔ³²] 尚且做不将做不来哩，更别说别的啦。

（94）家人还不管哩，别人更没人管他。

（95）别说你不给钱啦，就是给我也不去。

（96）别说骂你啦，人家连大人还敢骂哩。

以上例（91）、（92）属于一般递进，例（93）—（96）属于衬托递进。一般递进的关联标记有"不光 / 不蹅不只……，还 / 更 / 也……"等。衬托递进的关联标记有"还 [xəʔ³²]……，更别说 / 更……""别说……，就是……也……""别说……，连……也 / 还……"等，其中"还 [xəʔ³²]……，更别说 / 更……"相当于普通话的"尚且……，更别说……"。

（三）居端依赖 H 式：g+S₁，S₂

递进复句还存在居端依赖 H 式，不过不多。例如：

（97）孩子还 [xəʔ³²] 能提动哩，你提不动？

（98）我还会哩，你不会？

"还 [xəʔ³²]"相当于普通话的"尚且"，此结构只用在反问句中，当不用于反问句时转换为前后配套式。例如：

（97′）一个孩子还能提动哩，你（一个大人）更能提动。

综上所述，左云方言递进复句主要用居中黏结 B 式和前后配套 C 式，少数用居端依赖 H 式。居中黏结式和居端依赖式都可以转换为前后配套式，但前后配套式中却有一些结构不可以转换为居中黏结式或居端依赖式。可见在递进复句中，前后配套 C 式具有一定优势。

表 8-33　左云方言递进复句关联标记模式

	居中黏结式		前后配套式	居端依赖式
	A 式：S₁+g，S₂	B 式：S₁，g+S₂	C 式：g₁+S₁，g₂+S₂	H 式：g+S₁，S₂
一般递进	—	X，还 / 更 Y	不光 / 不蹅不只 X，也 / 还 / 更 Y	—

续表

	居中黏结式		前后配套式	居端依赖式
	A 式：S_1+g，S_2	B 式：S_1，g+S_2	C 式：g_1+S_1，g_2+S_2	H 式：g+S_1，S_2
衬托递进	—	X，连 N 也 Y	还 X，更别说／更 Y 别说 X，就是 N 也 Y 别说 X，连 N 也／还 Y	还 X，Y

七、选择复句的关联标记与关联标记模式

选择复句包括未定选择和已定选择两类，已定选择又包括先舍后取和先取后舍两个小类。选择复句可以用意合法表达，例如：

（99）你要红的哩，要粉的？

左云方言选择复句还可以通过关联标记表达，具体如下。

（一）居中黏结 B 式：S_1，g+S_2

左云方言选择复句有居中黏结 B 式。例如：

（100）黑夜喝蛋汤哩，是喝稀粥哩？

（101）带上领带儿好，还是不带好？

（102）我估划打算考老师，要么儿考公务员。

（103）这儿这个单位给上这点儿（钱），还不如到别处去哩。

以上例（100）—（102）是未定选择，关联标记一般用"是""还是""要么（儿）"等，其中"是""还是"一般用于疑问句中，表示疑问式选择；例（103）是已定选择，且是先舍后取类，关联标记用"还不如"，已定选择中的先取后舍类不能用 B 式，只能用前后配套式。

值得注意的是，当地方言中 B 式有一种变式句，即转换成居中黏结 A 式（S_1+g，S_2），但仅限于关联标记"是"。例如：

（104）你想换单位哩是，一劲儿彻底换个工作哩？

（二）前后配套 C 式：g₁+S₁，g₂+S₂

选择复句还常用前后配套 C 式。例如：

（105）那（菜）是个人自己种的，是买的？

（106）这个这是扔这儿呀，还是拿回去呀？

（107）那伙人那群人天天不是打扑克，就是打麻将。

（108）要么赶快吃，要么就走。

（109）与其个去了让碰拒绝，还不如趁早别张那口别说哩。

（110）宁在家圪吸呆的，也不出去受受苦去。

（111）我宁饿的，也不吃那些东西。

以上例句，例（105）—（108）都是未定选择，关联标记十分丰富，有"是……，是……""是……，还是……""不是……，就是……""要么……，要么……"等，其中前两个主要用于疑问式选择。例（109）—（111）是已定选择，例（109）先舍后取，关联标记用"与其……，还不如……"，例（110）、（111）是先取后舍，关联标记用"宁……，也不……"。

综上所述，左云方言选择复句主要用居中黏结 B 式和前后配套 C 式，部分 B 式可以转换为 A 式，没有居端依赖式。居中黏结式与前后配套式使用频率相差无几，只是，有些情况必须使用前后配套式，否则无法完整表达意思，如"不是……，就是……""宁……，也不……"。因此，选择复句中，前后配套 C 式与居中黏结 B 式同样都是优势结构。

表 8-34　左云方言选择复句关联标记模式（括号表示此类只是变式）

	居中黏结式		前后配套式	居端依赖式
	A 式：S₁+g，S₂	B 式：S₁，g+S₂	C 式：g₁+S₁，g₂+S₂	
未定选择	（X 是，Y）	X，是 / 还是 Y X，要么 Y	是 X，是 / 还是 Y 不是 X，就是 Y 要么 X，要么 Y	—

续表

		居中黏结式		前后配套式	居端依赖式
		A式：S₁+g, S₂	B式：S₁, g+S₂	C式：g₁+S₁, g₂+S₂	
已定选择	先舍后取	—	X，还不如Y	与其X，还不如Y	—
	先取后舍	—	—	宁X，也不Y	—

八、顺承复句的关联标记与关联标记模式

顺承复句是前后分句按时间、空间或逻辑事理上的顺序说出连续的动作或相关的情况，分句之间有先后相承的关系。左云方言的顺承复句可以用意合法表达，例如：

（112）吃完饭，送孙子上幼儿园。

但顺承复句常使用关联标记，其关联标记模式主要是居中黏结 B 式和前后配套 C 式。

（一）居中黏结 B 式：S₁，g+S₂

左云方言顺承复句有居中黏结 B 式，常用的关联标记有"就""得""完了""后来"等。例如：

（113）（我）每天进了门，就赶快做饭。

（114）夜儿昨晚吃完饭，我们得就睡啦。

（115）放好东西，完了过来寻我。

（116）他那会儿那时候在村子住的来，后来搬进城的。

（二）前后配套 C 式：g₁+S₁，g₂+S₂

顺承复句还有前后配套 C 式，常用关联标记"先……，再/完了……""一……，就/得……"等。例如：

（117）先把你那作业做完，再出去要去。

（118）我先回了趟家，完了才出来的。

（119）今儿正一开门就有人来啦。

（120）人家一进门得就吃开开始吃啦。

综上所述，左云方言顺承复句主要用居中黏结 B 式和前后配套 C 式，B 式和 C 式大都可以相互转换，口语中 C 式使用频率更高些。

表 8-35　左云方言顺承复句关联标记模式

	居中黏结式		前后配套式	居端依赖式
	A 式：S_1+g，S_2	B 式：S_1，$g+S_2$	C 式：g_1+S_1，g_2+S_2	
顺承复句	—	X，就 / 得 Y X，完了 / 后来 Y	先 X，再 / 完了 Y 一 X，就 / 得 Y	—

以上分析了山西左云方言每类复句的关联标记模式，前五类属于偏正复句，后四类属于联合复句，总体来说，偏正复句的关联标记模式是居中黏结式更占优势，联合复句的关联标记模式是前后配套式更占优势。

表 8-36　左云方言复句关联标记模式（括号表示此类只是变式）

		居中黏结式		前后配套式					居端依赖式	
		A	B	C	D	E	F	G	H	I
偏正复句	假设复句	+（+）	+	+（+）	+	（+）	—	—	—	—
	因果复句	—	+	—	—	—	—	—	—	—
	目的复句	—	+	+	—	—	—	—	—	—
	条件复句	—	+	—	—	（+）	—	—	（+）	—
	转折复句	（+）	+	+	—	—	—	—	—	—
联合复句	并列复句	—	+	+	—	—	—	—	—	—
	递进复句	—	+	+	—	—	—	—	+	—
	选择复句	（+）	+	+	—	—	—	—	—	—
	顺承复句	—	+	+	—	—	—	—	—	—

第七节　山西方言复句关联标记模式的类型学价值

——兼与其他方言 / 语言比较

　　近年来，从语言类型学的角度尤其是从"联系项居中"原则角度研究复句的成果不断，例如储泽祥、陶伏平（2008）对普通话因果复句的关联标记模式从语言类型学的角度进行了深入的分析，论证了"联系项居中"原则与复句关联标记的关系及类型，得出"居中黏结式""前后配套式""居端依赖式"三种类型；丁志丛（2008）用精确的统计数据，令人信服地证明了汉语转折复句的关联标记优势模式是居中黏结式；范丽君（2011）从历时和共时角度对汉藏语因果类复句进行了全面系统的分析，并从类型学角度分析了汉藏语因果类关联标记位置与"联系项居中"原则的联系；张建（2012）基于对 2000 年《人民日报》1000 万字语料的统计分析，发现现代汉语并列、递进、选择、因果、转折五类复句的关联标记模式的构成遵循着经济性原则；董秀英（2012）指出，相对于其他 VO 型语言，汉语假设标记的位置受"联系项居中"原则制约更明显。李贤卓（2015）以汉语方言中"时"类条件标记为例，讨论了源于时间词的条件标记的分布、句法和源流问题，指出"时"的位置完全符合"联系项居中"原则；范丽君（2015）认为，藏缅语假设复句后置关联标记符合"联系项居中"原则，而且"联系项居中"原则比"语序和谐性"原则起的作用要强；另外，华中师大三篇学位论文——赵霞（2011）、王颖君（2011）、彭小球（2012）分别全面分析了各自母语方言的关联标记模式，彭小球还比较了湖南益阳方言复句关联标记模式与普通话的异同。

　　本节试图在语言类型学视角下，通过比较看山西晋语区与官话区关联标记模式的异同，以及二者与普通话和其他方言的关联标记模式的异同。

一、山西晋语区与官话区复句关联标记模式的异同

从本章第三、四、五、六节中可以看出，山西方言复句关联模式具有一定的共性，也有部分差异，总体来看，大同小异。

（一）晋语区和官话区假设复句都多用居中黏结 A 式

从前面的分析可以看出，A 式在山西方言中，不论是晋语区还是官话区，都是假设复句的优势模式，即假设复句多用语气助词后置于前分句末端，起关联标记作用。试比较（下面把晋南官话区简称"晋南"，把中部晋语区简称"晋中"，中北部和北部晋语复句关联标记差别不大，都用朔州方言代表，简称"晋北"）：

（1）a. 你今儿个感冒不行咾（着）的话，不要走书房上学去啦。（晋南·临猗）

b. 你今儿感冒得不行咾（就），不用去学校去啦。（晋中·平遥）

c. 你今儿感冒得不能嘞嘞，不用念书去啦。（晋北·朔州）

（2）a. 我想走些，早坐上车走啦。我想走得话，早就坐车走了。（晋南·临猗）

b. 我想走散＝"时间"的合音，早坐上车走啦。（晋中·平遥）

c. 我想走啊时接，早坐上车走啦。（晋北·朔州）

以上例（1）是假设语气，例（2）是虚拟语气，山西方言不论晋语区还是官话区，都是用语气助词后置于前分句句末表示假设关系。

（二）假设复句中，居中黏结 A 式和 B 式要么是互补关系，要么是变换关系

从前几节的分析中可以看出，居中黏结 A 式主要出现在假设复句中，但假设复句中并非只有 A 式，没有 B 式，而是各司其职，呈现出互补分布格局。用 A 式的假设句（假设1、虚拟1）是偏句阐述某种假设，正句说明如果偏句所提假设成立将会产生什么结果，相当于普通话的"如果……就……"的表义特点；用 B 式（假设2、虚拟2）则相反：偏句提出一个事实，正句则

提出如果违反这个事实或事实不存在，就会产生什么后果，相当于普通话的"……，否则……"的表义特点。口语中会根据语境和表义要求选择 A 式或选择 B 式。例如：

（3）a. 你走太原去咾（着）的话，叫我着。（晋南·临猗）

　　　b. 你走太原（动）咾，叫上我。（晋中·平遥）

　　　c. 走动接叫上我。（晋北·朔州）

（4）a. 我知道你买下些的话，我就不买啦。（晋南·临猗）

　　　b. 我想走散＂，早坐上车走啦。如果我想走得话，早就坐车走了。（晋中·平遥）

　　　c. 你不鼓啰他时接，他把这些营生做完啦。（晋北·朔州）

（5）a. 这药得饭后吃，要不胃难受哩。（晋南·临猗）

　　　b. 这药得饭后吃咽，不咾就不顶事啦。（晋中·平遥）

　　　c. 晌午多吃上些，不哩后晌饿哩。（晋北·朔州）

（6）a. 等咾他半天，不些我早到啦。等了他半天，否则我早到了。（晋南·临猗）

　　　b. 等咾兀家半天不来，不散＂我们早到啦。（晋中·平遥）

　　　c. 年轻那会儿混哩，不是啊时接娶过媳妇啦。（晋北·朔州）

以上例（3）、（4）分别是假设1和虚拟1的例句，例（5）、（6）分别是假设2和虚拟2的例句。从例句可以看出，假设1、虚拟1是用居中黏结 A 式，假设2 和虚拟2 是用居中黏结 B 式。

（三）晋语区和官话区都是居中黏结式（尤其是 B 式）占优势

从前几节的分析中可以看出，不论是官话区还是晋语区，所有的复句中都有居中黏结 B 式，而且 B 式在大多数复句类型中都是最主要的关联标记模式。

例如官话区临猗方言，九类复句中，假设复句中有居中黏结 A 式，因果复句、转折复句、选择复句中的 A 式是 B 式的变体形式。所有九类复句中也都有前后配套 C 式，但在假设、因果、目的、条件类复句中 C 式都可以变换为 B 式，而转折、并列和递进三类复句中的 C 式不可以变换为 B 式。

晋语中区，平遥方言的九类复句中也都有居中黏结 B 式，虽然五类偏正复句中除了目的复句外都有居中黏结 A 式，但因果复句中的 A 式是 B 式的变体形式；前后配套 C 式虽是除目的复句外其他八类复句中都具有的关联标记模式，但在假设、因果两类中 C 式很不发达，条件复句中的 C 式大都能转换为 B 式，而且口语中更多选择 B 式。

晋语中北区和北区，例如朔州方言的九类复句中也都有居中黏结 B 式：偏正类复句共五大类，且三大关联标记模式中以居中黏结 B 式和前后配套 C 式为主，虽五类复句都有居中黏结 B 式和前后配套 C 式，但假设、因果、目的复句的前后配套 C 式均是 B 式的变体。因此，居中黏结 B 式是偏正类复句的主流关联标记模式。

我们也对山西西部（晋语吕梁片）和东南部（晋语上党片）方言的复句关联标记模式做了考察，这两片方言复句关联标记模式也是以"居中黏结式"占主流。

西部（晋语吕梁片）如：

表 8-37　方山县大武镇方言复句关联标记模式（括号表示此类是变式）

		居中黏结式		前后配套式					居端依赖式	
		A	B	C	D	E	F	G	H	I
偏正复句	假设复句	+	+	+	−	−	−	−	−	−
	因果复句	−	+	（+）	−	−	−	−	−	−
	目的复句	−	+	（+）	−	−	−	−	（+）	−
	条件复句	−	+	（+）	−	−	−	（+）	（+）	−
	转折复句	（+）	+	+	−	−	−	−	−	−
联合复句	并列复句	−	+	+	−	−	−	−	−	−
	顺承复句	−	+	+	−	−	−	−	−	−
	递进复句	−	+	+	−	−	−	−	−	−
	选择复句	−	+	+	−	−	−	−	−	−

东南部（晋语上党片）如：

表 8-38 阳城县北留镇方言复句关联标记模式（括号表示此类是变式）

		居中黏结式		前后配套式					居端依赖式	
		A	B	C	D	E	F	G	H	I
偏正复句	假设复句	+	+	(+)	–	–	–	–	(+)	–
	因果复句	–	+	(+)	–	–	–	–	(+)	–
	目的复句	–	+	–	–	–	–	–	(+)	–
	条件复句	–	+	(+)	(+)	–	–	–	(+)	–
	转折复句	(+)	+	(+)	–	–	–	–	–	(+)
联合复句	并列复句	–	+	+	–	–	–	–	–	–
	递进复句	–	+	+	+	–	–	–	–	–
	选择复句	–	+	+	–	–	–	–	–	–
	顺承复句	–	+	+	–	–	–	–	–	–

从以上方言可以看出，居中黏结 B 式都是各方言的优势模式。

（四）前后配套 C 式在联合复句中更发达，这是官话区和晋语区的共同特点

从前几节包括本节的表 8-37 和表 8-38 可以看出，前后配套 C 式在偏正复句中不如联合复句中发达，这是官话区和晋语区共同的特点。例如官话区临猗方言，假设、因果、目的、条件四类偏正复句中，C 式大都属于变式句，在当地口语中更容易转换为 B 式，只有转折复句中的 C 式不可以转换为 B 式；而联合复句中，并列、递进、选择、顺承四类联合复句中的 C 式都无法转换为 B 式，C 式是每类复句中主要的关联标记模式，与 B 式同样常用。

再如晋语平遥方言，在偏正复句的假设、因果复句中，C 式很少且不常用，条件复句中的 C 式大都是 B 式的变式句，口语中 B 式出现频率更高，偏正复句中也只有转折复句中的 C 式较为常用而且不能转换为 B 式；联合

复句中，与官话区相同，并列、递进、选择、顺承四类复句中 C 式都是主要关联标记模式的承担者，与 B 式同样重要，甚至比 B 式更加常用。

晋语中北区和北区，例如朔州方言联合类复句的关联标记模式只有居中黏结 B 式和前后配套 C 式，不过，虽然居中黏结 B 式在联合类复句中也是主要的关联标记模式，但前后配套 C 式在联合类复句中的使用频率更高，且关联标记比 B 式更多。因此，在联合类复句中，前后配套 C 式已占据其关联标记模式的主流地位。

总之，山西方言复句关联标记模式的共同规律是：前后配套 C 式在偏正复句中处于弱势，即使出现也大多能转换成居中黏结式；但前后配套式在联合复句中处于强势，大多数使用频率较高的复句关联标记都是前后配套式，而且不可以转换为居中黏结式。

（五）晋语中部的平遥方言，居中黏结 A 式比官话区和晋北晋语要发达

晋语中区平遥方言的 A 式明显比官话区和晋语中北区和北区发达，除了假设复句和转折复句中的 A 式之外，因果、条件、并列、递进、选择、顺承等大多数复句中，都有 A 式，这是因为平遥方言的 B 式中副词性关联标记大都能转换为 A 式。副词性关联标记大都在后分句主语后做状语，由 B 式到 A 式的转换，使得关联标记更加居中，更符合"联系项居中"原则，这也是 B 式转换为 A 式的动因。

官话区和晋语北区的居中黏结 A 式只出现在偏正复句中，主要是假设复句和转折复句中，A 式还出现在因果复句或条件复句中，但属于 B 式的变式结构。

不过，在对晋语中北区和北区，例如朔州方言调查中发现，也有部分方言复句中副词性关联标记可以由前置到后置，如五台片的原平、大包片的左云等方言，"也""才""就""还"等副词也可以处于前分句句末，但与平遥方言相比，晋北方言这类现象还是比较少，也更容易受到语境的制约。

（六）山西方言关联标记模式的分布既符合"联系项居中"原则，也与VO语序相和谐

刘丹青（2003）表述 Dik 的"联系项"的优先位置是：（ⅰ）在两个被联系成分之间；（ⅱ）如果联系项位于某个被联系成分上，则它会在该被联系成分的边缘位置。山西方言关联标记模式的分布基本符合"联系项居中"原则。

首先，山西方言复句关联标记模式以 B 式为优势模式，而 B 式（S1，g+S2）的特点是关联标记模式处于后分句前端，根据"联系项居中"原则，g 处于 S1 和 S2 之间，正是处于两个联系项之间。

其次，除了 B 式之外，山西方言中关联标记最常用的就是 C 式（g1+S1，g2+S2），C 式有两个关联标记，但后一标记也是处于后分句前端，山西方言基本没有处于后一分句句末的关联标记。

再次是 A 式（S1+g，S2），A 式的关联标记在偏正复句的前分句末端，是用语气助词兼关联标记，也是完全处于居中的位置。

接着是 D 式。D 式（S1+g1，g2+S2）在官话区较少使用，但在晋语区还比较常见，事实上，D 式虽也是前后配套的两个关联标记，但两个标记都居中——一个在前分句末端，一个在后分句前端，应是比较典型的居中黏结式。

在晋语区的关联标记模式中还有前后配套的 E 式（g1+S1+g2，S2）和居端依赖的 H 式（g+S1，S2），我们看到，E 式有两个关联标记，虽前一个在前分句句首，但后一个在前分句句末，也是居中的位置。只有居端依赖的 H 式不符合"联系项居中"原则，但 H 式在山西方言中很少使用，而且大多数都能转换为 B 式。

因此，山西方言关联标记模式总体上符合 Dik 的"联系项居中"原则。

另外，世界语言的倾向性共性是：VO 型语言的关联标记前置于小句，OV 型语言的关联标记后置于小句（转引自储泽祥、陶伏平，2008：414 页）。

山西方言复句关联比较模式以 B 式（S1，g+S2）为最优，B 式是最符合 VO 语序的关联标记，晋语区中部（平遥）方言的很多 A 式是 B 式的变体，C 式中很多前一关联标记常常省略，很容易转换为 B 式，所以，山西方言复句关联标记模式基本符合世界语言的这一普遍规律。

（七）晋语中区平遥方言 B 式向 A 式的转换是为更加符合"联系项居中"原则

从第四节可以看出，平遥方言的很多居中黏结 B 式可以转换为 A 式，大部分 A 式都是由 B 式变换而来，如前所述，从世界语言联系项普遍规律来看，B 式与 VO 语序更加和谐，平遥方言 B 式转换为 A 式，不符合大多数 VO 语言的语序规律。

我们看到，平遥方言 B 式转换为 A 式的，大都是由副词兼做关联标记一类。我们知道，副词在句子中一般只能做状语，而汉语状语的位置处于主语之后，谓语中心语之前，虽说也基本位于后分句前部，但毕竟不是很居中，为了符合"联系项居中"这一语言规律，副词"还""就""也"等前移至前分句末端，这样的位置更加居中，更符合"联系项"的优势位置。试比较（平遥方言）：

（7）a. 我爸爸说咾兀家两句就，兀家不来啦。我爸爸说了他几句，他就不来了。

　　　b. 我爸爸说咾兀家两句，兀家就不来啦。我爸爸说了他几句，他就不来了。

（8）a. 兀家们全回来咾才，我们开始吃饭咧。他们都回来，我们才吃饭呢。

　　　b. 兀家们全回来咾，我们才开始吃饭咧。他们都回来，我们才吃饭呢。

（9）a. 老师说咾兀家多少次也，兀家不听。老师说了他多少次，他都不听。

　　　b. 老师说咾兀家多少次，兀家也不听。老师说了他多少次，他都不听。

从上例可以看出，a 句都是居中黏结 A 式，b 句都是居中黏结 B 式。B 式的关联标记都处于后分句主语之后，不是典型的居中模式，前移至前分句句末（a 句）变为 A 式后，就是典型的居中模式。所以 B 式向 A 式的转换居中程度更高，更加符合"联系项居中"原则。

范丽君（2015）考察了藏缅语假设复句的关联标记后发现，藏缅语假设复句的关联标记与"联系项居中"原则相和谐，但与语序类型不甚和谐。她认为"联系项居中"原则比"语序和谐性"原则起更大的作用。所以"联系项居中"原则与 VO 语言的语序原则相比较，在关联标记模式上前者更胜一筹。当两者发生矛盾时，"语序和谐性"原则会让位给"联系项居中"原则。

（八）山西方言复句关联标记模式的等级序列

从上文的分析中可以看出，山西方言复句关联标记模式最优势模式是居中黏结式，其次是前后配套式，居端依赖式只在条件复句中作为变体存在。因此，山西方言复句关联标记模式的等级序列为：

居中黏结式＞前后配套式＞居端依赖式

其蕴含关系为：

居端依赖式⊃前后配套式⊃居中黏结式

这个序列表示：如果一类复句中有居端依赖式，就一定有前后配套式；如果有前后配套式，就一定有居中黏结式。

在本章第一节中，我们把所有关联标记模式分为九类，晋南官话区出现了四类，晋语区出现了六类，六类关联标记模式中，B 类是最具优势的模式，其次是 C 式（如前所述，山西各地方言中的 C 式的第一个关联标记常常可以删除，从而变换为 B 式），再次是 A 式，在偏正复句中大都是非变式句，在联合复句中大都是变式句。接着依次是居中程度很强的 D 式（非变体标记三类）、前后配套 E 式（非变体形式一类，变体形式三类）、居端依赖 H 式（变体形式四类）。因此，这六类标记模式按其出现频率和常用度分类，其等级序列为：

B 式＞C 式＞A 式＞D 式＞E 式＞H 式

其蕴含关系为：

H 式⊃E 式⊃D 式⊃A 式⊃C 式⊃B 式

这个序列表示：如果一种语言有居端依赖 H 式，一般就有 E 式；如果一种语言有 E 式，一般就会有 D 式（因果复句除外）；如果一种语言有 D 式，一般就会有 A 式；如果一种语言有 A 式，一般就会有 C 式；如果一种语言有 C 式，就会有 B 式。

因此山西方言复句关联标记模式以居中黏结式为最优模式。

表 8-39　山西方言复句关联标记模式的比较表

		假设	因果	目的	条件	转折	并列	递进	选择	顺承
中北部/北部晋语（朔州方言）	A	+ (+)	(+)	-	+	-	-	-	-	-
	B	+	+	+	+	+	+	+	+	+
	C	(+)	(+)	(+)	+ (+)	+	+	+	+ (+)	+
	D	(+)	-	-	(+)	-	-	-	-	-
	H	(+)	-	-	(+)	-	-	-	-	-
中部晋语（平遥方言）	A	+	(+)	-	+	+	+	+ (+)	(+)	(+)
	B	+	+	+	+	+	+	+	+	+
	C	+	(+)	-	+ (+)	+	+	+	+	+
	D	+	-	-	+	-	-	(+)	-	-
	E	+	(+)	-	+ (+)	-	-	(+)	-	-
	H	(+)	-	(+)	(+)	-	-	(+)	-	-
南部官话（临猗方言）	A	+	(+)	-	-	(+)	-	-	(+)	-
	B	+	+	+	+	+	+	+	+	+
	C	+ (+)	(+)	(+)	+ (+)	+	+	+	+	+
	D	-	-	-	(+)	-	-	-	-	-
	H	-	-	-	(+)	-	-	-	-	-

二、从比较角度看山西方言复句关联标记模式的类型学价值

从前文可以看出，山西复句关联标记模式以居中黏结式为主，居中黏结

式中又以 B 式为主，即关联标记处于后分句前端。这一特点与共同语及汉语方言甚至世界各种语言的规律基本一致。

（一）与共同语的比较

丁志丛（2008）通过对 400 万字的连续文本语料库的统计显示：转折复句"居中黏结式"的使用频率最高，用例为 6487 次，占 87%；"前后配套式"的使用频率次之，用例为 1382 次，占 15%；"居端依赖式"最低，用例为 624 次，占 7%。居中黏结式都是本文所说的 B 式，即关联标记居于后分句前端，如转折标记"……，但是……""……，可……"和让步标记"……，虽然……""……，不论……"，语料中转折复句没有发现本文所说的 A 式（关联标记附于前分句句末）。

丁志丛（2008）还从历时的角度考察了先秦、唐宋、明清时期的语料，发现汉语转折复句一直是居中黏结式占主流，虽然随着时间的推移，前后配套式的比例有所上升，但居中黏结式仍占绝对优势。

姚双云（2008）考察了因果标记"所以"单用和搭配使用的情况，发现"所以"单独使用的比例为 78%，与其他标记搭配使用的比例为 22%。也是本文所说的 B 式。

不过，丁志丛（2008）发现，汉语口语主要用于现场交际，具有即时性，多使用较为短小的单句，使用复句时，也多用单标式和简单的配套式复句。配套式和多标式复句多出现在科技语体中，前后配套式关联标记与科技语体长于表达较为复杂的逻辑语义关系相适应。

（二）与其他方言比较

如前所述，王颖君（2011）、赵霞（2011）、彭小球（2012）分别全面分析了山东乳山方言、湖南湘乡方言和湖南益阳方言的关联标记模式。

王颖君（2011）认为，山东乳山方言的九大复句的关联标记模式和普通话基本一致，分别是居端依赖式、居中黏结式和前后配套式。其中并列复句、递进复句和选择复句的关联标记只有居中黏结式和前后配套式，不存在居端依赖式；让步复句的关联标记只有居端依赖式和前后配套式，不存在居中黏结式；顺承复句、转折复句、条件复句、假设复句和因果复句的关联标记则是这三种关联标记模式都存在，从分布来看，只有前后配套式是每类复句都有的模式，因此乳山方言中关联标记模式的倾向是：前后配套式＞居中黏结式＞居端依赖式。

赵霞（2011）通过考察湖南湘乡方言的复句关联标记模式，得到了湘乡方言复句关联标记模式的优先序列，即：居中黏结式＞前后配套式＞居端依赖式。居中黏结式绝大多数是我们所说的 B 式，只有假设复句"的话"，条件复句"也好"属于居中黏结 A 式。

彭小球（2012）认为，通过考察益阳方言复句关联标记模式，发现当地方言存在居端依赖式、居中黏结式和前后配套式三种模式，可以说模式齐全，但只有居中黏结式是每类复句中都具有的模式，前后配套式和居端依赖式并不在所有复句中出现：居端依赖式只在因果大类中的因果句、假设句、条件句和目的句出现，其他八类复句都没有这一模式类型；前后配套式出现的类要多一些，口语出现在除了推断句、目的句和转折句之外的其他所有复句中。所以居中黏结式和前后配套式两种模式是益阳方言复句两种主要的关联标记模式，这两种模式都有关联标记处在居中位置，说明益阳方言复句关联标记具有明显的居中倾向。益阳方言复句关联标记有前置和后置两种情况，前置关联标记 125 个，占总数的 90.58%，后置关联标记 13 个，只占总数的 9.42%，这说明益阳方言复句关联标记主要前置于分句。

通过对比发现，湖南湘乡方言和益阳方言与山西方言的关联标记模式更接近，都是以居中黏结式为最优模式，山东乳山方言的关联标记模式以前后配套式为最优模式，这与山西方言不太一致，但山西方言联合复句中前后配套式比较占优势，这方面两类方言又相对一致。

不过，相比较而言，山西方言的居中黏结 A 式比上述三种方言发达，在偏正复句中，不仅有由语气助词构成的后置型关联标记（A 式），而且关联副词也可以前移，由前置于后分句前端转换为后置于前分句句末，因此，山西方言居中黏结 A 式比其他方言更发达。

（三）与藏缅语其他语言的比较

范丽君（2011）发现，藏缅语因果复句关联标记位置分类按照关联标记在因句和果句中出现的位置，可以将藏缅语因果复句的关联标记分为"因句后置型关联标记"（即"居中黏结 A 式"）、"因句前置型关联标记"（即"居端依赖 H 式"）、"果句前置型关联标记"（即"居中黏结 B 式"）、"框式关联标记"（即"前后配套式"）等四种。这四种标记中"因句后置型关联标记"出现频率最高，是优势语序。在所统计的 25 种藏缅语中，有 21 种语言有因句后置型关联标记，占到 84%，有 12 种语言有果句前置型关联标记，有 4 种语言有因句前置型关联标记和框式关联标记，所以，藏缅语因句后置型关联标记是优势语序。

山西方言与藏缅语上述特点相比较，居中黏结 A 式明显不如藏缅语发达，只在偏正复句中有 A 式，联合复句中很少有 A 式出现，多是居中黏结 B 式和前后配套 C 式。

（四）与汉、英、日语的比较

丁志丛（2008）还把汉语转折复句的关联标记与英、日两种语言做了比较。汉、英、日语虽属于三种不同类型的语言（分别属于孤立语、屈折语和黏着语），语言的结构类型也不相同，但有标转折复句中的关系标记在三种语言中表现出了相同的倾向共性，即"联系项居中"的倾向：汉、英、日语中非常一致地使用"后续前置关系标记"（即本文所说的居中黏结 B 式），而不使用"后续后置关系标记"。后续前置关系标记位于分句之间，后分句之首，正好处于"居中"的位置。而且，后续前置关系标记在三种语言的有标复句体系中都居于主体地位。除了这种主体标记外，汉语和英语中都有一定量的"先行前置关系标记"，而且，一般要与后续前置关系标记配套使用，语意重心仍然在后分句上，同样表现出了强烈的"居中"倾向（即本文所说的前后配套 C 式）。在日语中，除了用为后续前置关系标记的接续词外，还有大量用为先行后置关系标记的接续助词，接续助词位于前一个句子的句末位置，它的功能也是将前后两个分句关联起来，表达转折语义关系。虽然接续助词和接续词一个前置一个后置，但是，二者都居于两个句子或小句之间，也是处于"居中"位置（即我们所说的前后配套 D 式）。因此，汉、英、日语中的转折关系标记都表现出了强烈的居中倾向。

从山西方言关联标记模式可以看出，山西方言居中黏结 B 式占绝对优势，前后配套 D 式虽不占主流，但大多数方言点都有这种形式（也可以算是居中黏结式的特殊形式）。所以，山西方言关联标记模式也是居中优势明显的方言，这种特点与世界语言的普遍规律是一致的。

结　语

　　本书主要运用语言类型学、历史语言学和描写语言学的理论和方法，较为全面地描写、分析了山西方言的语法规律。全书包括山西方言人称代词、指示代词、定语领属关系、副词、时体系统、处置式、疑问句、复句关联标记模式等八方面内容，较为全面地反映了山西方言语法的特点。

　　人称代词部分，本书描写分析了山西方言人称代词复数的类型特征、山西方言人称代词领属形式的类型特征、山西方言领属位置人称代词的叠加并置现象，最后对山西晋语区与官话区人称代词进行了比较。而且首次总结了山西方言主宾语位置上单复数转换的类型特点、主宾语位置与领属位置人称代词转换的方式和类型特点，揭示了山西方言特有的人称代词叠加并置现象，对山西官话区与晋语区人称代词在类型特征上的异同进行了归纳和概括。

　　指示代词部分，本书描写分析了山西方言指示代词特有的语法现象，第一是以盂县和兴县方言为例，揭示了山西方言指示代词四分现象，分析了已经固化的四分形式和临时性四分形式的区别与成因；第二是分析了山西晋语区吕梁片兴县方言指人代词的复杂形式，揭示了兴县方言指人代词"单数—少数—较多数—最多数""亲近—中性—疏远"等特有的功能与意义；第三是分析了山西方言特有的指示代词叠加现象，揭示出山西方言指代词的指示与称代功能分化现象；第四是在大量田野调查的基础上，揭示了山西方言指示代词与结构助词的语法共性，并对从指示代词到结构助词的语法化历程进行了深入考察。

　　定语领属的类型特征部分，本书先分别抽样分析了山西官话区和晋语区定语领属的类型特征，发现南部官话区方言亲属领属依存性的级差明显，例如临猗方言定语领属依存性的等级序列为：直系血亲长辈＞非直系血亲长辈／平辈＞血亲长辈／平辈之配偶＞姻亲长辈＞姻亲平辈＞血亲晚辈；晋语区各片方言依存性的级差不如官话区，例如并州片文水方言：直系血亲长辈／姻亲长辈＞非直系血亲长辈／（血亲／姻亲平辈）＞配偶／晚辈。官话区和晋语区定语领属依存性的共同点：姻亲⊃血亲，晚辈⊃平辈⊃长辈；社会称谓领属与亲属领属总体来说是一种投射关系，其蕴含共性是：下级⊃平级⊃上级。按照领属关系的依存性可排列出以下优先等级序列：并置式＞三身代词／"家"式＞领属标记式。

　　副词部分，本书描写和分析了山西各片方言副词的语义特点、结构特点和语法功能，揭示了山西各片方言副词的共性和差异，并用语义指向理论和方法分析了部分副词的语义指向。

　　时体系统部分，本书描写和分析了山西方言和语法化程度较高的时体标记，发现山西方言时体标记处于互补分布之中："去"基本只出现在官话区，"来"则只出现在晋语区。二者功能相同，在地域上互补。山西方言表过去时的"去／来"、表现在时的"啦／咧／啊"等和表将来时的"也"已完全虚化，是用语法手段而非词汇手段形成了三种"时"的对立，形成了较为成熟的"时"范畴。这部分的创新点在于，我们根据山西方言的翔实语料，得出了山西方言时体系统，并揭示出这种时体系统与近代汉语的渊源关系。

　　处置式部分，本书对山西方言处置式的分布和特点进行了高度概括，重点研究了山西官话区较为特殊的处置标记：一个是处置式与被动式共同标记词"叫"，另一个是小范围存在的处置式标记"眊"。我们认为"眊"由视觉动词语法化为处置式经历了"身域→心域→言语行为域"的过程，在此基础上，因为"眊"的受事都具有"被致使"义，处置标记可以处于隐含状态；"眊"虽没有致使义，但经常与具有"被致使"义的受事发生直接组合关系，逐渐感染上了致使义，从而具有了处置标记的功能。"眊"与"叫"的语法化路径相同，与手持义动词（把、将）的路径相反。从视觉动作义虚化为处置式标记具有一定的类型学意义。

　　疑问句部分，本书既有山西方言内部的比较研究，也有全国各大方言间的比较研究。经过充分的比较和定量分析，我们认为：特指问和正反问是真性问功能的主要承担者；真性问与非真性问逐步呈现出互补分布的趋势；大部分选择问句都可以用特指问或正反问句替代；列项选择问是特指问的一个变体，是非问、正反问和正反选择问都是一般疑问句的变体。正像音位变体一样，变体和变体之间功能是互补的，每个变体都只出现在属于自己的特定位置（语境）中。因此，汉语疑问句功能应该分为两类——特指问句和一般疑问句（极性问句）：

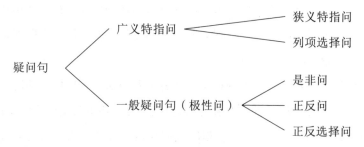

这个系统符合全世界疑问句只有一般疑问句和特指疑问句的普遍规律。

　　复句关联标记模式部分，本书首先对山西平遥方言较为特殊的关联标记前置和后置相互转换的现象做了分析，其次对山西方言关联标记模式做了较为全面的考察，并与其他汉语方言的复句关联标记模式做了比较。我们认为，山西各地假设复句的关联标记绝大多数都是后置式（附着于前一分句句末）；居中的关联标记前置和后置之间在山西方言中或是互补关系，或是转换关系；前后配套式更多出现在联合复句中；山西方言关联标记模式的分布既符合"联系项居中"原则，也与 VO 语序和谐。总体来说，山西方言复句关联标记最优势模式是居中黏结式，其次是前后配套式，居端依赖式只在条件复句中作为变体存在。因此，山西方言复句关联标记模式的蕴含共性为：

　　居端依赖式⊃前后配套式⊃居中黏结式

　　另外，平遥方言复句关联标记"门"是由单句语气词"门"发展而来的，即：单句→隐含复句关系的单句（省略式复句）→复句。这是重新分析的结果：

$$Sm \quad \rightarrow \quad Pm+ Q \quad \rightarrow \quad P（m）+mQ \quad \rightarrow \quad P+mQ$$

　　无论后置还是前置，"门"都处于两个分句之间，完全符合"联系项居中"原则。追求与 VO 语序相和谐，应是"门"从后置到前置的推动力。

　　总之，本书是从语言类型学、历史语言学和描写语言学视角考察山西方言语法事实，尝试在类型学广阔的视野下，归纳山西方言语法的类型特征，考察山西方言与全国汉语方言在类型特征上的异同，检验山西方言是否符合世界语言的普遍规律，并尝试探索山西方言语法与古代、近代语法的渊源关系。

　　用语言类型学和历史语言学的理论和方法研究山西方言语法，一方面能为现代汉语语法、全国方言语法提供更为丰富的方言事实，揭示山西方言语法方面的特点，同时也能为语言学理论尤其是语言类型学理论提供更为丰富的类型特征。

　　李荣先生曾说，山西方言是"一座富矿"，蕴含着无数的宝藏。本书只是揭示了山西方言语法的冰山一角，还有很多有山西方言特色的语法现象，例如副词语法化为连词现象、指示词句法功能的类型特征、古阿尔泰语言的底层残留等，还有待我们去深入探索，也期待有更多年轻学者的加入，山西方言语法研究大有可为。

参考文献

白　鸽：《冀州方言的领属范畴》，复旦大学汉语言文字学科《语言研究集刊》编委会：《语言研究集刊》（第十辑），上海辞书出版社，2013年。

〔英〕伯纳德·科姆里著，沈家煊、罗天华译，陆丙甫校：《语言共性和语言类型》，北京大学出版社2010年版。

曹逢甫著，王静译：《汉语的句子与子句结构》，北京语言大学出版社2004年版。

曹广顺：《〈祖堂集〉中的"底（地）""却（了）""著"》，《中国语文》1986年第3期。

曹广顺：《近代汉语助词》，语文出版社1995年版。

陈昌来：《论现代汉语句子的语义结构》，《烟台师范学院学报》（哲学社会科学版）2000年第1期。

陈　晖：《湖南泸溪梁家潭乡话人称代词试释》，《中国语文》2016年第4期。

陈妹金：《汉语假性疑问句研究》，《南京师大学报》（社会科学版）1992年第4期。

陈鹏飞：《豫北晋语语音演变研究》，延边大学出版社2004年版。

陈　平：《论现代汉语时间系统的三元结构》，《中国语文》1988年第6期。

陈前瑞：《汉语体貌研究的类型学视野》，商务印书馆2008年版。

陈前瑞：《语法化与汉语时体研究》，学林出版社2017年版。

陈伟蓉：《惠安闽南方言的领属结构》，复旦大学汉语言文字学科《语言研究集刊》编委会：《语言研究集刊》（第十辑），上海辞书出版社，2013年。

陈卫恒：《音节与意义暨音系与词汇化、语法化、主观化的关联：豫北方言变音的理论研究》，北京语言大学出版社2011年版。

陈玉洁：《人称代词复数形式单数化的类型意义》，《语言教学与研究》2008年第5期。

陈玉洁：《汉语指示词的类型学研究》，中国社会科学出版社2010年版。

陈泽平：《试论完成貌助词"去"》，《中国语文》1992年第2期。

陈泽平：《福州方言研究》，福建人民出版社1998年版。

陈泽平:《北京话和福州话疑问语气词的对比分析》,《中国语文》2004 年第 5 期。

陈振宇、叶婧婷:《从"领属"到"立场"——汉语中以人称代词为所有者的直接组合结构》,《语言科学》2014 年第 2 期。

陈志明:《〈论语〉疑问句考察》,《山西师大学报》(社会科学版)2000 年第 1 期。

陈　卓:《安徽芜湖话的定语领属范畴》,复旦大学汉语言文字学科《语言研究集刊》编委会:《语言研究集刊》(第十辑),上海辞书出版社,2013 年。

储泽祥、邓云华:《指示代词的类型和共性》,《当代语言学》2003 年第 4 期。

储泽祥、陶伏平:《汉语因果复句的关联标记模式与"联系项居中原则"》,《中国语文》2008 年第 5 期。

崔淑慧:《代县方言研究》,山西人民出版社 2005 年版。

崔希亮:《人称代词修饰名词时"的"字隐现问题》,《世界汉语教学》1992 年第 3 期。

戴庆厦、范丽君:《藏缅语因果复句关联标记研究——兼与汉语比较》,《中央民族大学学报》(哲学社会科学版)2010 年第 2 期。

戴耀晶:《现代汉语时体系统研究》,浙江教育出版社 1997 年版。

邓思颖:《粤语框式虚词结构的句法分析》,《汉语学报》2006 年第 2 期。

邓思颖:《粤语句末"住"和框式虚词结构》,《中国语文》2009 年第 3 期。

丁　力:《现代汉语列项选择句研究》,华中师范大学出版社 1998 年版。

丁启阵:《现代汉语"这"、"那"的语法分布》,《世界汉语教学》2003 年第 2 期。

丁志丛:《有标转折复句的关联标记模式及相关解释》,《求索》2008 年第 12 期。

董秀英、徐　杰:《假设句句法操作形式的跨语言比较》,《汉语学报》2009 年第 4 期。

董秀英:《汉语后置假设标记与"联系项居中原则"》,《华文教学与研究》2012 年第 3 期。

杜克俭、李　延:《临县方言的指示代词》,《语文研究》1999 年第 2 期。

段德森:《古汉语指示代词的转化》,《语文研究》1992 年第 1 期。

范慧琴:《定襄方言语法研究》,语文出版社 2007 年版。

范继淹:《是非问句的句法形式》,《中国语文》1982 年第 6 期。

范丽君:《汉藏语因果类复句研究》,中央民族大学博士学位论文,2011 年。

范丽君:《联系项居中原则在藏缅语假设复句中的分布》,《民族语文》2015 年第 3 期。

范晓林:《晋北方言领属代词的重叠》,《中国语文》2012 年第 1 期。

方　梅:《指示词"这"和"那"在北京话中的语法化》,《中国语文》2002 年第 4 期。

方　梅:《会话结构与连词的浮现义》,《中国语文》2012 年第 6 期。

方　梅:《单音指示词与双音指示词的功能差异——"这"与"这个"、"那"与"那个"》,《世界汉语教学》2016 年第 2 期。

冯春田:《秦墓竹简选择问句分析》,《语文研究》1987 年第 1 期。

冯春田:《试论结构助词"底（的）"的一些问题》,《中国语文》1990 年第 6 期。

冯春田:《近代汉语语法问题研究》,山东教育出版社 1991 年版。

冯春田:《近代汉语语法研究》,山东教育出版社 2000 年版。

傅惠钧:《〈儿女英雄传〉选择问句研究》,《北京大学学报》2000 年第 S1 期。

傅惠钧:《明清汉语正反问的分布及其发展》,《古汉语研究》2004 年第 2 期。

傅惠钧:《关于正反问历史发展的几个问题》,《古汉语研究》2006 年第 1 期。

傅惠钧:《略论近代汉语"VnegVP"正反问》,《语言教学与研究》2010 年第 5 期。

傅惠钧:《明清汉语疑问句研究》,商务印书馆 2011 年版。

高名凯:《汉语语法论》,科学出版社 1957 年版。

高名凯著,叶文曦编选:《高名凯文选》,北京大学出版社 2010 年版。

龚　娜:《湘方言程度范畴研究》,湖南师范大学博士学位论文,2011 年。

龚千炎:《汉语的时相　时制　时态》,商务印书馆 1995 年版。

关彦琦:《张北话疑问句研究》,河北师范大学硕士学位论文,2008 年。

郭　辉、郭海峰:《亳州方言词法特点举偶》,《第五届晋方言国际学术研讨会论文集（未刊）》,2017 年。

郭利霞:《山西山阴方言的主观弃择句"X 么（Y）"》,《中国语文》2015 年第 1 期。

郭　锐:《"吗"问句的确信度和回答方式》,《世界汉语教学》2000 年第 2 期。

郭校珍:《娄烦方言的人称代词》,《语文研究》1997 年第 2 期。

郝丽红:《〈六韬〉判断句疑问句研究》,曲阜师范大学硕士学位论文,2011 年。

何耿镛:《客家方言语法研究》,厦门大学出版社 1993 年版。

黑维强:《绥德方言调查研究》,北京师范大学出版社 2016 年版。

洪　波、曾惠娟、郭　鑫:《台语第一人称称谓系统及其类型意义》,《民族语文》

2016 年第 4 期。

侯精一:《晋语的分区（稿）》,《方言》1986 年第 4 期。

侯精一:《现代晋语的研究》,商务印书馆 1999 年版。

侯精一主编:《现代汉语方言概论》,上海教育出版社 2002 年版。

侯精一、温端政主编:《山西方言调查研究报告》,山西高校联合出版社 1993 年版。

胡德明:《从反问句生成机制看反问句否定语义的来源》,《语言研究》2010 年第 3 期。

胡光斌:《遵义方言语法研究》,巴蜀书社 2010 年版。

胡双宝:《文水话的量词、代词和名词》,《语文研究》1983 年第 1 期。

黄伯荣、廖序东:《现代汉语》,高等教育出版社 1997 年版。

黄伯荣:《陈述句、疑问句、祈使句、感叹句》,上海教育出版社 1984 年版。

黄国营:《"吗"字句用法初探》,《语言研究》1986 年第 2 期。

黄慧英、萧国政:《现代汉语里一个新的关联词语"不说"》,《汉语学习》1996 年第
　5 期。

黄晓雪、贺学贵:《从〈歧路灯〉看官话中"叫"表处置的现象》,《中国语文》2016
　年第 6 期。

黄正德:《汉语正反问句的模组语法》,《中国语文》1988 年第 4 期。

江蓝生:《说"麼"与"门"同源》,《中国语文》1995 年第 3 期。

江蓝生:《跨层非短语结构"的话"的词汇化》,《中国语文》2004 年第 5 期。

蒋　华:《指示代词研究述评》,《徐州师范大学学报》（哲学社会科学版）2006 年第
　1 期。

蒋冀骋:《结构助词"底"来源之辨察》,《汉语学报》2005 年第 1 期。

蒋绍愚、曹广顺主编:《近代汉语语法史研究综述》,商务印书馆 2005 年版。

蒋绍愚:《近代汉语研究概况》,北京大学出版社 1994 年版。

焦妮娜:《从方言和近代汉语看指示代词到名词化标记的语法化》,吴福祥、崔希亮主
　编:《语法化与语法研究》（四）,商务印书馆 2009 年版。

金立鑫:《词尾"了"的时体意义及其句法条件》,《世界汉语教学》2002 年第 1 期。

金立鑫:《"S 了"的时体意义及其句法条件》,《语言教学与研究》2003 年第 2 期。

金立鑫:《汉语时体表现的特点及其研究方法》,竟成主编:《汉语时体系统国际研讨

　会论文集》，百家出版社 2004 年版。

金立鑫：《解决汉语补语问题的一个可行性方案》，《中国语文》2009 年第 5 期。

金　鑫：《关联标记"一头"的固化动因及其句法语义特征分析》，《汉语学习》2009
　年第 4 期。

荆　秀：《山西闻喜方言的复句关系表达手段研究》，陕西师范大学硕士学位论文，
　2014 年。

荆亚玲、汪化云：《杭州方言中的框式状语》，《语言研究》2021 年第 2 期。

黎锦熙：《新著国语文法》，商务印书馆 1992 年版。

李崇兴、祖生利、丁　勇：《元代汉语语法研究》，上海教育出版社 2009 年版。

李崇兴：《〈祖堂集〉中的助词"去"》，《中国语文》1990 年第 1 期。

李崇兴：《助词"底"的来源之我见——读三篇讨论助词"底"的来源的文章》，《汉
　语学报》2003 年第 6 期。

李大勤：《"WP 呢？"问句疑问功能的成因试析》，《语言教学与研究》2001 年第 6 期。

李广瑜、陈　一：《关于同位性"人称代词单 + 一个 NP"的指称性质、语用功能》，
　《中国语文》2016 年第 4 期。

李会荣：《娄烦方言疑问句研究》，华中师范大学硕士学位论文，2005 年。

李建校、崔　容、郭鸿燕、余跃龙：《榆社方言研究》，山西人民出版社 2007 年版。

李建校、刘明华、张　琦：《永和方言研究》，九州出版社 2009 年版。

李杰群：《"甚"的词性演变》，《语文研究》1986 年第 2 期。

李　蓝、曹茜蕾：《汉语方言中的处置式和"把"字句（上）》，《方言》2013 年第 1 期。

李　蓝、曹茜蕾：《汉语方言中的处置式和"把"字句（下）》，《方言》2013 年第 2 期。

李　蓝：《汉语的人称代词复数表示法》，《方言》2008 年第 3 期。

李临定：《现代汉语动词》，中国社会科学出版社 1990 年版。

李　明：《试谈言说动词向认知动词的引申》，吴福祥，洪波主编：《语法化与语法研
　究》（一），商务印书馆 2003 年版。

李　讷、石毓智：《论汉语体标记诞生的机制》，《中国语文》1997 年第 2 期。

李　荣：《现代汉语方言大词典》，江苏教育出版社 2002 年版。

李如龙：《动词的体·前言》，张双庆主编：《动词的体》，香港中文大学中国文化研究

所吴多泰中国语文研究中心 1996 年版。

李思明：《从变文、元杂剧、〈水浒〉、〈红楼梦〉看选择问句的发展》，《语言研究》
　　1983 年第 2 期。

李思明：《正反选择问句中否定词发展初探》，《安庆师院学报》（社会科学版）1984
　　年第 1 期。

李铁根：《现代汉语时制研究》，辽宁大学出版社 1999 年版。

李卫锋：《山西汾阳方言语法研究》，河北师范大学博士学位论文，2016 年。

李文浩：《也谈同位复指式"人称代词＋一个 NP"的指称性质和语用功能》，《中国语
　　文》2016 年第 4 期。

李贤卓：《从类型学看汉语"时"类条件标记》，《外国语（上海外国语大学学报）》
　　2015 年第 2 期。

李小凡：《也谈反复问句》，胡盛仑主编：《语言学和汉语教学》，北京语言学院出版社
　　1990 年版。

李小凡：《苏州方言的体貌系统》，《方言》1998 年第 3 期。

李小凡：《现代汉语词尾"了"的语法意义再探讨》，中国语文杂志社编：《语法研究
　　和探索》（十），商务印书馆 2000 年版。

李小凡：《现代汉语体貌系统新探》，商务印书馆编辑部编：《21 世纪的中国语言学》
　　（一），商务印书馆 2004 年版。

李小军：《汉语人称代词复数表示法的演化趋势及特征——从语音弱化与标记化的角
　　度看》，《中国语言学报》2014 年第 16 期。

李小平：《山西临县方言亲属领格代词"弭"的复数性》，《中国语文》1999 年第 4 期。

李晓琪：《现代汉语复句中关联词的位置》，《语言教学与研究》1991 年第 2 期。

李　艳：《句末"没"从否定副词到疑问语气词的渐变》，《深圳大学学报》（人文社会
　　科学版）2010 年第 4 期。

李艳惠、石毓智：《汉语量词系统的建立与复数标记"们"的发展》，《当代语言学》
　　2000 年第 1 期。

李宇明：《"NP 呢？"句式的理解》，《汉语学习》1989 年第 3 期。

李宇明：《反问句的构成及其理解》，《殷都学刊》1990 年第 3 期。

李宇明:《疑问标记的复用及标记功能的衰变》,《中国语文》1997 年第 2 期。

李宇明:《论"反复"》,《中国语文》2002 年第 3 期。

李振中、肖素英:《现代汉语结构助词"的"来源问题研究》,《北方论丛》2008 年第 3 期。

梁建青:《文水方言的人称代词》,《和田师范专科学校学报》2005 年第 4 期。

梁银峰:《汉语动相补语"来"、"去"的形成过程》,《语言科学》2005 年第 6 期。

廖秋忠:《廖秋忠文集》,北京语言学院出版社 1992 年版。

林　茜:《〈醒世姻缘传〉反问句研究》,山东师范大学硕士学位论文,2009 年。

林　曙:《确定范围副词的原则》,《上海师范大学学报》(哲学社会科学版) 1993 年第 1 期。

林裕文:《谈疑问句》,《中国语文》1985 年第 2 期。

刘丹青、刘海燕:《崇明方言的指示词——繁复的系统及其背后的语言共性》,《方言》2005 年第 2 期。

刘丹青:《亲属关系名词的综合研究》,《语文研究》1983 年第 4 期。

刘丹青:《苏州方言的发问词与"可 VP"句式》,《中国语文》1991 年第 1 期。

刘丹青:《粤语句法的类型学特点》,《亚太语文教育学报》2001 年第 2 期。

刘丹青:《语序类型学与介词理论》,商务印书馆 2003 年版。

刘丹青:《汉语关系从句标记类型初探》,《中国语文》2005 年第 1 期。

刘丹青主编:《语言学前沿与汉语研究》,上海教育出版社 2005 年版。

刘丹青编著:《语法调查研究手册》,上海教育出版社 2008 年版。

刘丹青:《汉语指示代词的类型学研究·序言》,陈玉洁:《汉语指示词的类型学研究》,中国社会科学出版社 2010 年版。

刘丹青主编:《名词性短语的类型学研究》,商务印书馆 2012 年版。

刘丹青:《汉语方言领属结构的语法库藏类型》,复旦大学汉语言文字学科《语言研究集刊》编委会:《语言研究集刊》(第十辑),上海辞书出版社,2013 年。

刘丹青:《汉语指代词的若干库藏类型学特征》,复旦大学汉语言文字学科《语言研究集刊》编委会:《语言研究集刊》(第十八辑),上海辞书出版社,2017 年。

刘丹青讲授,曹瑞炯整理:《语言类型学》,中西书局 2017 年版。

刘　坚、江蓝生、白维国、曹广顺:《近代汉语虚词研究》,语文出版社 1992 年版。

刘镜芙:《〈金瓶梅词话〉中的选择问句》,《中国语文》1994 年第 6 期。

刘勋宁:《现代汉语句尾"了"的来源》,《方言》1985 年第 2 期。

刘勋宁:《现代汉语词尾"了"的语法意义》,《中国语文》1988 年第 5 期。

刘勋宁:《现代汉语句尾"了"的语法意义及其与词尾"了"的联系》,《世界汉语教学》1990 年第 2 期。

刘勋宁:《〈祖堂集〉"去"和"去也"方言证》,郭锡良主编:《古汉语语法论集》,语文出版社 1998 年版。

刘勋宁:《现代汉语句尾"了"的语法意义及其解说》,《世界汉语教学》2002 年第 3 期。

刘永生:《从句子层面看领属性"$N_1/P + 的 + N_2$"结构中"的"字的隐现》,《修辞学习》2004 年第 6 期。

刘宇红:《指示语的多元认知研究》,《外语学刊》2002 年第 4 期。

刘月华、潘文娱、故　韡:《实用现代汉语语法》(增订本),商务印书馆 2001 年版。

刘月华:《对话中"说""想""看"的一种特殊用法》,《中国语文》1986 年第 3 期。

刘月华:《语调是非问句》,《语言教学与研究》1988 年第 2 期。

刘子瑜:《敦煌变文中的选择疑问句式》,《古汉语研究》1994 年第 4 期。

卢小群、李　蓝主编:《汉语方言时体问题新探索》,中央民族大学出版社 2014 年版。

卢小群:《湖南土话代词研究》,中国社会科学出版社 2004 年版。

陆丙甫、金立鑫主编:《语言类型学教程》,北京大学出版社 2015 年版。

陆俭明:《由"非疑问形式 + 呢"造成的疑问句》,《中国语文》1982 年第 6 期。

罗福腾:《山东方言里的反复问句》,《方言》1996 年第 3 期。

罗自群:《现代汉语方言持续标记的比较研究》,中央民族大学出版社 2006 年版。

吕明臣:《现代汉语应对句的功能》,《汉语学习》2000 年第 6 期。

吕叔湘:《汉语语法分析问题》,商务印书馆 1979 年版。

吕叔湘:《中国文法要略》,商务印书馆 1982 年版。

吕叔湘:《论底、地之辨及底字的由来》,吕叔湘:《汉语语法论文集》(增订本),商务印书馆 1984 年版。

吕叔湘:《疑问·否定·肯定》,《中国语文》1985 年第 4 期。

吕叔湘:《指示代词的二分法和三分法——纪念陈望道先生百年诞辰》,《中国语文》
　　1990 年第 6 期。

吕叔湘著,江蓝生补:《近代汉语指代词》,学林出版社 1985 年版。

吕枕甲:《运城方言两个表时间的助词》,《方言》1993 年第 2 期。

马建忠:《马氏文通》,商务印书馆 1983 年版。

马启红:《太谷方言副词说略》,《语文研究》2003 年第 1 期。

马启红:《太谷方言"圪"字研究》,《语文研究》2008 年第 4 期。

马庆株:《时量宾语和动词的类》,《中国语文》1981 年第 2 期。

马庆株:《略谈汉语动词时体研究的思路——兼论语法分类研究中的对立原则》,中国
　　语法杂志社编:《语法研究和探索》(九),商务印书馆 2000 年版。

马文忠、梁述中:《大同方言志》,语文出版社 1986 年版。

麦　耘:《广州话"先"再分析》,郑定欧主编:《广州话研究与教学》,中山大学出版
　　社 1993 年版。

梅祖麟:《现代汉语选择问句的来源》,《"中研院"历史语言研究所集刊》1978 年第
　　49 册。

梅祖麟:《词尾"底""的"的来源》,梅祖麟:《梅祖麟语言学论文集》,商务印书馆
　　2000 年版。

莫　超:《白龙江流域汉语方言语法研究》,中国社会科学出版社 2004 年版。

潘家懿:《临汾方言里的"来"和"去"》,《语文研究》1984 年第 1 期。

裴瑞玲、王跟国:《汉语单数人称代词音变式的功能演变及性质》,《语言研究》2015
　　年第 4 期。

彭兰玉:《衡阳话中的疑问句》,《古汉语研究》1995 年第 S1 期。

彭兰玉:《湘乡方言的疑问句初探》,《语言研究》2006 年第 3 期。

彭小川:《广州话是非问句研究》,《暨南学报》(哲学社会科学版)2006 年第 4 期。

彭小球:《湖南益阳方言有标复句研究》,华中师范大学博士学位论文,2012 年。

齐沪扬:《论现代汉语语气系统的建立》,《汉语学习》2002 年第 2 期。

乔全生、程丽萍:《汾西方言研究》,九州出版社 2009 年版。

乔全生、王晓燕:《中阳方言的人称代词》,《山西大学学报》(哲学社会科学版) 2003
　　年第 1 期。

乔全生:《洪洞方言研究》,中央文献出版社 1999 年版。

乔全生:《晋方言语法研究》,商务印书馆 2000 年版。

裘锡圭:《关于殷墟卜辞的命辞是否问句的考察》,《中国语文》1988 年第 1 期。

邵敬敏:《现代汉语选择问研究》,《语言教学与研究》1994 年第 2 期。

邵敬敏:《现代汉语疑问句研究》,华东师范大学出版社 1996 年版。

邵敬敏:《是非问内部类型的比较以及"疑惑"的细化》,《世界汉语教学》2012 年第
　　3 期。

邵敬敏等:《汉语方言疑问范畴比较研究》,暨南大学出版社 2010 年版。

沈慧云:《晋城方言的指示代词》,《语文研究》1986 年第 2 期。

沈家煊:《语言的"主观性"和"主观化"》,《外语教学与研究》2001 年第 4 期。

沈家煊:《如何处置"处置式"?——论把字句的主观性》,《中国语文》2002 年第
　　5 期。

沈家煊:《"语法化"研究综观》,吴福祥主编:《汉语语法化研究》,商务印书馆 2005
　　年版。

沈　明编纂:《太原方言词典》,江苏教育出版社 1994 年版。

沈　明:《晋语的分区(稿)》,《方言》2006 年第 4 期。

沈　明:《山西岚县方言》,中国社会科学出版社 2014 年版。

盛益民、陶　寰、金春华:《吴语绍兴方言的定语领属》,复旦大学汉语言文字学科
　　《语言研究集刊》编委会:《语言研究集刊》(第十辑),上海辞书出版社,2013 年。

盛益民:《中国境内语言人称包括性问题的类型学研究》,《民族语文》2017 年第 4 期。

施其生:《汕头方言的反复问句》,《中国语文》1990 年第 3 期。

石汝杰、刘丹青:《苏州方言量词的定指用法及其变调》,《语言研究》1985 年第 1 期。

石毓智、李　讷:《汉语发展史上结构助词的兴替——论"的"的语法化历程》,《中
　　国社会科学》1998 年第 6 期。

石毓智:《论现代汉语的"体"范畴》,《中国社会科学》1992 年第 6 期。

石毓智:《论"的"的语法功能的同一性》,《世界汉语教学》2000 年第 1 期。

石毓智:《量词、指示代词和结构助词的关系》,《方言》2002 年第 2 期。

石毓智:《汉语研究的类型学视野》,江西教育出版社 2004 年版。

史素芬:《山西武乡方言的选择问句》,《语文研究》2002 年第 2 期。

史秀菊、刘晓玲、李　华:《盂县方言研究》,九州出版社 1999 年版。

史秀菊、双建萍、张　丽:《兴县方言研究》,北岳文艺出版社 2014 年版。

史秀菊、双建萍:《交城方言研究》,北岳文艺出版社 2014 年版。

史秀菊:《临猗方言的结构助词"奈"与"哩"》,《语文研究》2003 年第 1 期。

史秀菊:《山西临猗方言人称代词的音变》,《方言》2003 年第 4 期。

史秀菊:《河津方言研究》,山西人民出版社 2004 年版。

史秀菊:《晋南解州片方言表趋向和事态意义的"去"》,《语文研究》2007 年第 3 期。

史秀菊:《近代汉语句末助词"来""去""了""也"在晋方言中的分布与功能》,乔全
　生主编:《晋方言研究:第三届晋方言国际学术研讨会论文集》,希望出版社 2008
　年版。

史秀菊:《晋语盂县方言指示代词四分现象的考察》,《语言科学》2010 年第 5 期。

史秀菊:《山西方言的特指疑问句(一)》,《山西大同大学学报》(社会科学版)2011
　年第 5 期。

史秀菊:《山西方言的特指疑问句(二)》,《山西大同大学学报》(社会科学版)2011
　年第 6 期。

史秀菊:《沁河流域民俗语汇:以端氏方言为例》,山西人民出版社 2016 年版。

史秀菊:《山西临猗方言的定语领属》,陶寰、盛益民主编:《汉语方言领属范畴研
　究》,中西书局 2019 年版。

宋金兰:《汉藏语选择问句的历史演变及类型分布》,《民族语文》1996 年第 1 期。

宋晓蓉:《〈论语〉特指式疑问句分析》,《四川师范大学学报》(社会科学版)1996 年
　第 1 期。

宋秀令:《汾阳方言的人称代词》,《语文研究》1992 年第 1 期。

宋秀令:《汾阳方言的指示代词与疑问代词》,《山西大学学报》(哲学社会科学版)
　1994 年第 1 期。

孙立新:《关中方言代词概要》,《方言》2002 年第 3 期。

孙立新:《西安方言研究》,西安出版社 2007 年版。

孙立新:《关中方言语法研究》,中国社会科学出版社 2013 年版。

孙韶蓓、谢之君:《选择疑问句的认知研究》,《西南交通大学学报》(社会科学版)
　　2006 年第 4 期。

孙锡信:《汉语历史语法要略》,复旦大学出版社 1992 年版。

孙小花:《五台方言研究》,九州出版社 2009 年版。

〔日〕太田辰夫著,蒋绍愚、徐昌华译:《中国语历史文法》,北京大学出版社 2003
　　年版。

唐正大:《关中方言第三人称指称形式的类型学研究》,《方言》2005 年第 2 期。

唐正大:《认同与拥有——陕西关中方言的亲属领属及社会关系领属的格式语义》,
　　《语言科学》2014 年第 4 期。

陶伏平:《湖南慈利通津铺话连词、介词研究》,湖南师范大学博士学位论文,
　　2008 年。

陶伏平:《湖南慈利通津铺话复句连词》,《湖南城市学院学报》2010 年第 4 期。

陶　寰、盛益民主编:《汉语方言领属范畴研究》,中西书局 2019 年版。

田希诚:《和顺方言志》,语文出版社 1990 年版。

田希诚:《山西方言语法研究》,北岳文艺出版社 2016 年版。

田　元:《汉语方言甚词的比较考察》,宁波大学硕士学位论文,2013 年。

汪化云、姜淑珍:《吴语中的后置副词状语》,《中国语文》2020 年第 2 期。

汪化云:《汉语方言指示代词三分现象初探》,《语言研究》2002 年第 2 期。

汪化云:《也说"兀"》,《语文研究》2007 年第 1 期。

汪化云:《汉语方言代词论略》,巴蜀书社 2008 年版。

汪化云:《玉山方言中的框式状语》,《中国语言学报(JCL)》2014 年第 1 期。

王春辉:《汉语条件句标记及其语序类型》,《语言科学》2010 年第 3 期。

王春玲:《西充方言语法研究》,中华书局 2011 年版。

王丹丹、崔山佳:《常山话的框式状语"死……死"》,《汉字文化》2017 年第 20 期。

王丹丹:《常山方言的框式状语》,《温州职业技术学院学报》2018 年第 1 期。

王　芳:《光山方言的领属结构》,复旦大学汉语言文字学科《语言研究集刊》编委会:

《语言研究集刊》(第十辑),上海辞书出版社,2013年。

王　力:《汉语史稿》,中华书局1980年版。

王　力:《中国现代语法》,商务印书馆1985年版。

王　力:《汉语语法史》,商务印书馆1989年版。

王　利:《山西东部方言研究:壶关卷》,九州出版社2012年版。

王临惠:《临猗方言中"走"的语法特点》,《语文研究》1998年第1期。

王咪咪:《陕西高陵方言的疑问句》,《安康学院学报》2008年第5期。

王巧明:《湘桂边苗族平话程度范畴研究》,湖南师范大学博士学位论文,2019年。

王维贤等:《现代汉语复句新解》,华东师范大学出版社1994年版。

王文卿:《晋源方言研究》,语文出版社2007年版。

王学奇:《释"去"》,《河北师范大学学报》(哲学社会科学版)1999年第2期。

王雪樵:《运城话中的一种"把"字句》,《中国语文》1996年第4期。

王颖君:《山东乳山方言复句的关联标记模式研究》,华中师范大学硕士学位论文,
　　2011年。

魏　兴、郑　群:《西方语法化理论视角下对汉语话语标记"你看"的分析》,《外国
　　语文》2013年第5期。

吴斗庆:《上党地区方言研究:阳城卷》,九州出版社2012年版。

吴福祥:《敦煌变文语法研究》,岳麓书社1996年版。

吴福祥:《从"VP-neg"式反复问句的分化谈语气词"麼"的产生》,《中国语文》
　　1997年第1期。

吴福祥:《再论处置式的来源》,《语言研究》2003年第3期。

吴福祥:《汉语体标记"了"、"着"为什么不能强制性使用》,商务印书馆编辑部编:
　　《21世纪的中国语言学》(二),商务印书馆2006年版。

吴福祥:《南方语言正反问句的来源》,《民族语文》2008年第1期。

吴建明:《莆仙话的人称领属语》,复旦大学汉语言文字学科《语言研究集刊》编委会:
　　《语言研究集刊》(第十辑),上海辞书出版社,2013年。

吴剑锋:《言语行为与现代汉语句类研究》,华东师范大学博士学位论文,2006年。

吴茂刚:《中古"VP(A)+甚(极、非常)"的句法语义关系及"甚(极、非常)"

的词性再辨》，四川大学汉语史研究所、四川大学中国俗文化研究所编：《汉语史研究集刊》（第十六辑），巴蜀书社，2013 年。

吴早生：《汉语领属结构的信息可及性研究》，中国社会科学出版社 2011 年版。

吴早生：《汉语领属结构的领格类型》，《安徽大学学报》（哲学社会科学版）2016 年第 2 期。

吴振国：《现代汉语选择问句的删除规则》，《华中师范大学学报》（哲学社会科学版）1992 年第 5 期。

伍云姬主编：《湖南方言的代词》，湖南师范大学出版社 2009 年版。

武文杰：《现代汉语视觉行为动词研究》，人民出版社 2011 年版。

武玉芳：《山西大同县东南部方言及其变异研究》，中国社会科学出版社 2010 年版。

武玉芳：《晋北方言领属代词复数和单数的连用》，《方言》2016 年第 2 期。

夏俐萍：《湖南益阳方言的领属结构》，复旦大学汉语言文字学科《语言研究集刊》编委会：《语言研究集刊》（第十辑），上海辞书出版社，2013 年。

向　熹：《简明汉语史（下）》（修订本），商务印书馆 2010 年版。

项梦冰：《关于东南方言结构助词的比较研究》，《语言研究》2001 年第 2 期。

小川环树：《苏州方言的指示代词》，《方言》1981 年第 4 期。

谢晓安、张淑敏：《甘肃临夏方言的疑问句》，《兰州大学学报》（社会科学版）1990 年第 3 期。

刑福义、姚双云：《连词"为此"论说》，《世界汉语教学》2007 年第 2 期。

邢福义：《复句与关系词语》，黑龙江人民出版社 1985 年版。

邢福义：《现代汉语的特指性是非问》，《语言教学与研究》1987 年第 4 期。

邢福义：《汉语复句研究》，商务印书馆 2001 年版。

邢　虹：《现代汉语新兴单音节极性程度补语研究》，上海师范大学硕士学位论文，2016 年。

邢向东、张永胜：《内蒙古西部方言语法研究》，内蒙古人民出版社 1997 年版。

邢向东：《神木方言研究》，中华书局 2002 年版。

邢向东：《陕北晋语沿河方言复句关系的表达手段》，《汉语学报》2003 年第 6 期。

邢向东：《陕北晋语沿河方言的反复问句》，《汉语学报》2005 年第 3 期。

邢向东:《陕北晋语语法比较研究》,商务印书馆 2006 年版。

邢向东:《论晋语时制标记的语气功能——晋语时制范畴研究之一》,《安徽大学学报》
　　(哲学社会科学版)2015 年第 4 期。

邢向东:《晋语过去时标记"来"与经历体标记"过"的异同——晋语时制范畴研究
　　之二》,《语文研究》2017 年第 3 期。

徐　丹:《趋向动词"来/去"与语法化——兼谈"去"的词义转变及其机制》,沈家
　　煊、吴福祥、马贝加主编:《语法化与语法研究》(二),商务印书馆 2005 年版。

徐　慧:《益阳方言语法研究》,湖南教育出版社 2001 年版。

徐　杰、李　莹:《汉语"谓头"位置的特殊性及相关句法理论问题》,《汉语言文学
　　研究》2010 年第 3 期。

徐　杰、张林林:《疑问程度和疑问句式》,《江西师范大学学报》(哲学社会科学版)
　　1985 年第 2 期。

徐烈炯、刘丹青:《话题的结构与功能》(增订本),上海教育出版社 2007 年版。

徐默凡:《"这"、"那"研究述评》,《汉语学习》2001 年第 5 期。

徐通锵:《历史语言学》,商务印书馆 2001 年版。

徐阳春、钱书新:《试论"的"字语用功能的同一性——"的"字逆向凸显的作用》,
　　《世界汉语教学》2005 年第 3 期。

徐阳春:《"的"字隐现的制约因素》,《修辞学习》2003 年第 2 期。

徐阳春:《也谈人称代词做定语时"的"字的隐现》,《中国语文》2008 年第 1 期。

徐阳春:《板块、凸显与"的"字的隐现》,《语言教学与研究》2011 年第 6 期。

许宝华、宫田一郎主编:《汉语方言大词典》,中华书局 1999 年版。

[汉]许慎撰,[清]段玉裁注:《说文解字注》,中州古籍出版社 2006 年版。

闫亚平:《人称代词的立场建构功能及其"立场化"走向》,《世界汉语教学》2018 年
　　第 4 期。

杨荣祥:《从历史演变看"VP+甚/极"的句法语义结构关系及"甚/极"的形容词
　　词性》,《语言科学》2004 年第 2 期。

杨永龙:《句尾语气词"吗"的语法化过程》,《语言科学》2003 年第 1 期。

杨增武:《山阴方言的人称代词和指示代词》,《语文研究》1982 年第 2 期。

姚双云:《复句关系标记的搭配研究》,华中师范大学出版社 2008 年版。

余跃龙、郝素伟:《浮山方言研究》,九州出版社 2009 年版。

俞光中、〔日〕植田均:《近代汉语语法研究》,学林出版社 2000 年版。

俞　敏:《俞敏语言学论文集》,商务印书馆 1999 年版。

袁艳青:《静乐方言复句关系有标记手段研究》,陕西师范大学硕士学位论文,2015 年。

袁毓林:《正反问句及相关的类型学参项》,《中国语文》1993 年第 2 期。

曾兰燕:《独山方言研究》,世界图书出版公司 2016 年版。

曾立英:《"我看"与"你看"的主观化》,《汉语学习》2005 年第 2 期。

曾美燕:《结构助词"的"与指示代词"这 / 那"的语法共性》,《语言教学与研究》
　2004 年第 1 期。

张安生:《宁夏同心话的选择性问句——兼论西北方言"X 吗 Y"句式的来历》,《方
　言》2003 年第 1 期。

张　斌主编:《新编现代汉语》,复旦大学出版社 2002 年版。

张伯江、方　梅:《汉语功能语法研究》,江西教育出版社 1996 年版。

张伯江:《领属结构的语义构成》,《语言教学与研究》1994 年第 2 期。

张伯江:《疑问句功能琐议》,《中国语文》1997 年第 2 期。

张伯江:《从施受关系到句式语义》,商务印书馆 2009 年版。

张丹星:《清末民初北京话的选择问句和反复问句研究》,北京大学硕士学位论文,
　2013 年。

张惠英:《汉语方言代词研究》,语文出版社 2001 年版。

张济卿:《汉语并非没有时制语法范畴——谈时、体研究中的几个问题》,《语文研究》
　1996 年第 4 期。

张济卿:《论现代汉语的时制与体结构(上)》,《语文研究》1998 年第 3 期。

张济卿:《论现代汉语的时制与体结构(下)》,《语文研究》1998 年第 4 期。

张　建:《汉语复句关联标记模式的组合经济性》,《汉语学报》2012 年第 4 期。

张　敏:《汉语方言反复问句的类型学研究:共时分布及其历时蕴含》,北京大学博士
　学位论文,1990 年。

张　敏:《从类型学和认知语法的角度看汉语重叠现象》,《国外语言学》1997 年第

2 期。

张　敏:《认知语言学与汉语名词短语》,中国社会科学出版社 1998 年版。

张邱林:《陕县方言选择问句里的语气助词"曼"——兼论西北方言选择问句里的"曼"类助词》,《汉语学报》2009 年第 2 期。

张维佳、张洪燕:《远指代词"兀"与突厥语》,《民族语文》2007 年第 3 期。

张维佳:《山西晋语指示代词三分系统的来源》,《中国语文》2005 年第 5 期。

张文光、侯建华:《唐山方言中的特殊连词"一个"及相关复句》,《唐山师范学院学报》2008 年第 1 期。

张亚军:《海安方言中人称代词充当定语的领属结构》,复旦大学汉语言文字学科《语言研究集刊》编委会:《语言研究集刊》(第十辑),上海辞书出版社,2013 年。

张谊生:《现代汉语副词研究》,学林出版社 2000 年版。

张谊生:《论现代汉语的范围副词》,《上海师范大学学报》(社会科学版)2001 年第 1 期。

张谊生:《试论叠加、强化的方式、类型与后果》,《中国语文》2012 年第 2 期。

张　玥:《论上海方言人称代词单复数指称混用现象——考察指称混用下的语义场及领属关系》,《福建论坛》(社科教育版)2011 年第 8 期。

章士钊编:《中等国文典》,商务印书馆 1907 年版。

赵葵欣:《武汉方言语法研究》,武汉大学出版社 2012 年版。

赵日新:《形容词带程度补语结构的分析》,《语言教学与研究》2001 年第 6 期。

赵　霞:《湘乡方言复句的关联标记模式研究》,华中师范大学硕士学位论文,2011 年。

赵学玲:《山东章丘方言的疑问句及疑问语气词》,《济南大学学报》(社会科学版)2007 年第 6 期。

赵元任:《钟祥方言记》,科学出版社 1956 年版。

赵元任:《中国话的文法》,《赵元任全集》(第一卷),商务印书馆 1968 年版。

赵元任:《汉语口语语法》,商务印书馆 1979 年版。

赵元任:《赵元任语言学论文集》,商务印书馆 2002 年版。

郑娟曼、张先亮:《"责怪"式话语标记"你看你"》,《世界汉语教学》2009 年第

2 期。

中国社会科学院、澳大利亚人文科学院编:《中国语言地图集（香港）》，朗文出版（远东）有限公司 2012 年版。

中国社会科学院语言研究所、中国社会科学院民族学与人类学研究所、香港城市大学语言资讯科学研究中心编:《中国语言地图集》（第 2 版），商务印书馆 2012 年版。

周　刚:《连词与相关问题》，安徽教育出版社 2002 年版。

朱德熙:《北京话、广州话、文水话和福州话里的“的”字》,《朱德熙文集》（第 2 卷），商务印书馆 1980 年版。

朱德熙:《语法讲义》，商务印书馆 1982 年版。

朱德熙:《汉语方言里的两种反复问句》,《中国语文》1985 年第 1 期。

朱德熙:《“V-neg-VO”与“VO-neg-V”两种反复问句在汉语方言里的分布》,《中国语文》1991 年第 5 期。

朱德熙:《朱德熙文选》，北京大学出版社 2010 年版。

朱冠明:《关于“VP 不”式疑问句中“不”的虚化》,《汉语学报》2007 年第 4 期。

朱俊玄:《现代汉语“们”的单数用法》,《汉语学习》2012 年第 6 期。

朱　磊:《现代汉语程度副词的新形式和新功能研究》，上海师范大学硕士学位论文，2018 年。

祝敏彻:《汉语选择问、正反问的历史发展》,《语言研究》1995 年第 2 期。

祝敏彻:《近代汉语句法史稿》，中州古籍出版社 1996 年版。

祝敏彻:《〈国语〉〈国策〉中的疑问句》,《湖北大学学报》1999 年第 1 期。

祖生利:《近代汉语“们”缀研究综述》,《古汉语研究》2005 年第 4 期。

左思民:《现代汉语的“体”概念》,《上海师范大学学报》（哲学社会科学版）1997 年第 2 期。

Dik, Simon C.: The Theory of Functional Grammar. Part 1: The Structure of the Clause. Berlin & New York: Mouton De Gruyter, 1997.

Rijkhoff, Jan: The Noun Phrase. Oxford: Oxford University Press, 2002.

后　记

　　本书是作者的两个国家社科基金项目"晋方言语法史研究（05BYY052）"和"类型学视野下的晋方言语法比较研究（13BYY047）"的部分研究成果。其中部分内容已作为论文发表，部分内容是第一次与读者见面。

　　本书在撰写过程中使用了大量语料，其中大部分语料来自田野调查，少部分语料来自学生建设的母语语料库，还有一部分语料是在学生家长的帮助下获得的。自 2006 年以来，大部分田野调查都有研究生或本科生的参与，所以这里要特别感谢我的学生及其家长，感谢田野调查时各地的发音合作人，没有他们的积极参与和付出，就没有这些成果的问世。

　　感谢语法学界的各位师友。每次发表论文时匿名专家的建设性意见，学术会议或私下交流时师友们的热烈讨论与中肯意见，都让我获益匪浅，为本书内容增色不少。

　　本书是山西大学建校 120 周年校庆丛书之一，感谢学校的资助与支持，使这本小书能尽早与读者见面。

　　感谢我的家人的宽容和支持，他们是我安心研究的依靠和动力。

　　最后，本书符号和表格繁多，为排版工作带来很多麻烦，感谢商务印书馆各位先生的辛苦付出，尤其感谢薛亚娟女士的辛苦付出，她严谨认真的精神令人感佩。

　　由于本人水平有限，加之为赶在山西大学建校 120 周年之前出版，时间仓促，书中还有很多不尽如人意之处没有来得及修改，而且可能会有疏漏甚至错误之处，这些由本人负全责。恳请专家学者批评指正。

史秀菊

2021 年 12 月 22 日

图书在版编目（CIP）数据

山西方言语法研究 / 史秀菊著. —北京：商务印书馆，2023
 ISBN 978-7-100-20774-4

 I.①山… II.①史… III.①西北方言—语法—方言研究—山西 IV.① H172.2

中国版本图书馆 CIP 数据核字（2022）第 031677 号

山西方言语法研究
史秀菊 著

商 务 印 书 馆 出 版
（北京王府井大街 36 号　邮政编码 100710）
商 务 印 书 馆 发 行
北京顶佳世纪印刷有限公司印刷
ISBN 978-7-100-20774-4

2023 年 1 月第 1 版　　开本 787×1092　1/16
2023 年 1 月北京第 1 次印刷　印张 34¼

定价：168.00 元